国家社会科学基金青年项目
“先秦儒家情理主义道德哲学形态研究”（11CZX065）结项成果

江苏“道德发展智库”成果

“道德国情与道德哲学前沿”江苏高校优秀创新团队成果

天津医科大学首届卓越教师发展支持计划成果

先秦儒家情理主义道德哲学形态研究

郭卫华 著

中国社会科学出版社

图书在版编目（CIP）数据

先秦儒家情理主义道德哲学形态研究／郭卫华著．—北京：中国社会科学出版社，2018.7

ISBN 978－7－5203－2848－7

Ⅰ.①先…　Ⅱ.①郭…　Ⅲ.①儒家—伦理学—研究—先秦时代
Ⅳ.①B222.05②B82－092

中国版本图书馆 CIP 数据核字(2018)第 160958 号

出 版 人　赵剑英
责任编辑　张　林
特约编辑　闫纪琳铖
责任校对　王佳玉
责任印制　戴　宽

出　　版　中国社会科学出版社
社　　址　北京鼓楼西大街甲 158 号
邮　　编　100720
网　　址　http://www.csspw.cn
发 行 部　010－84083685
门 市 部　010－84029450
经　　销　新华书店及其他书店

印刷装订　北京君升印刷有限公司
版　　次　2018 年 7 月第 1 版
印　　次　2018 年 7 月第 1 次印刷

开　　本　710×1000　1/16
印　　张　21.5
字　　数　326 千字
定　　价　99.00 元

总　序

东南大学的伦理学科起步于20世纪80年代前期，由著名哲学家、伦理学家萧昆焘教授、王育殊教授创立，90年代初开始组建一支由青年博士构成的年轻的学科梯队，至90年代中期，这个团队基本实现了博士化。在学界前辈和各界朋友的关爱与支持下，东南大学的伦理学科得到了较大的发展。自20世纪末以来，我本人和我们团队的同仁一直在思考和探索一个问题：我们这个团队应当和可能为中国伦理学事业的发展作出怎样的贡献？换言之，东南大学的伦理学科应当形成和建立什么样的特色？我们很明白，没有特色的学术，其贡献总是有限的。2005年，我们的伦理学科被批准为“985工程”国家哲学社会科学创新基地，这个历史性的跃进推动了我们对这个问题的思考。经过认真讨论并向学界前辈和同仁求教，我们将自己的学科特色和学术贡献点定位于三个方面：道德哲学；科技伦理；重大应用。以道德哲学为第一建设方向的定位基于这样的认识：伦理学在一级学科上属于哲学，其研究及其成果必须具有充分的哲学基础和足够的哲学含量；当今中国伦理学和道德哲学的诸多理论和现实课题必须在道德哲学的层面探讨和解决。道德哲学研究立志并致力于道德哲学的一些重大乃至尖端性的理论课题的探讨。在这个被称为“后哲学”的时代，伦理学研究中这种对哲学的执著、眷念和回归，着实是一种“明知不可为而为之”之举，但我们坚信，它是我们这个时代稀缺的学术资源和学术努力。科技伦理的定位是依据我们这个团队的历史传统、东南大学的学科生态，以及对伦理道德发展的新前沿而作出的判断和谋划。东南大学最早的研究生培养方向就是“科学伦理学”，当年我本人就在这个方向下学习和研究；而东南大学以科学技术为主体、文管艺医综合发展的学科生态，也使我们这些90年代初成长起来的“新生代”再次认识到，选择科技伦理为学科生长点是明智之举。如果说道德哲学与科技伦理的定位与我们的学科传统有关，那么，重大应用的定位就是基于对伦理学的现实本性以及为中国伦理道德建设作出贡献的愿望和抱负而作出的选择。定位“重大应用”而不是一般的“应用伦理学”，昭明我们在这方面有所为也有所不为，只是试图在伦理学应用的某些重大方面和重大领域进行我们的努力。基于以上定位，在“985 工程”建设中，我们决定进行系列研究并在长期积累的基础上严肃而审慎地推出以“东大伦理”为标识的学术成果。“东大伦理”取名于两种考虑：这些系列成果的作者主要是东南大学伦理学团队的成员，有的系列也包括东南大学培养的伦理学博士生的优秀博士论文；更深刻的原因是，我们希望并努力使这些成果具有某种特色，以为中国伦理学事业的发展作出自己的贡献。“东大伦理”由五个系列构成：道德哲学研究系列；科技伦理研究系列；重大应用研究系列；与以上三个结构相关的译著系列；还有以丛刊形式出现并在 20 世纪 90 年代已经创刊的《伦理研究》专辑系列，该丛刊同样围绕三大定位组稿和出版。“道德哲学系列”的基本结构是“两史一论”。即道德哲学基本理论；中国道德哲学；西方道德哲学。道德哲学理论的研究基础，不仅在概念上将“伦理”与“道德”相区分，而且从一定意义上将伦理学、道德哲学、道德形而上学相区分。这些区分某种意义上回归到德国古典哲学的传统，但它更深刻地与中国道德哲学传统相契合。在这个被宣布“哲学终结”的时代，深入而细致、精致而宏大的哲学研究反倒是必须而稀缺的，虽然那个“致广大、尽精微、综罗百代”的“朱熹气象”在中国几乎已经一去不返，但这并不代表我们今天的学术已经不再需要深刻、精致和宏大气魄。中国道德哲学史、西方道德哲学史研究的理念基础，是将道德哲学史当作“哲学的历史”，而不只是道德哲学“原始的历史”“反省的历史”，它致力探索和发现中西方道德哲学传统中那些具有“永远的现实性”的精神内涵，并在哲学的层面进行中西方道德传统的对话与互释。专门史与通史，将是道德哲学史研究的两个基本纬度，马克思主义的历史辩证法是其灵魂与方法。“科技伦理系列”的学术风格与“道德哲学系列”相接并一致，它同样包括两个研究结构。第一个研究结构是科技道德哲学研究，它不是一般的科技伦理学，而是从哲学的层面、用哲学的方法进行科技伦理的理论建构和学术研究，故名之“科技道德哲学”而不是“科技伦理学”；第二个研究结构是当代科技前沿的伦理问题研究，如基因伦理研究、网络伦理研究、生命伦理研究等等。第一个结构的学术任务是理论建构，第二个结构的学术任务是问题探讨，由此形成理论研究与现实研究之间的互补与互动。“重大应用系列”以目前我作为首席专家的国家哲学社会科学重大招标课题和江苏省哲学社会科学重大委托课题为起步，以调查研究和对策研究为重点。目前我们正组织四个方面的大调查，即当今中国社会的伦理关系大调查；道德生活大调查；伦理—道德素质大调查；伦理—道德发展状况及其趋向大调查。我们的目标和任务，是努力了解和把握当今中国伦理道德的真实状况，在此基础上进行理论推进和理论创新，为中国伦理道德建设提出具有战略意义和创新意义的对策思路。这就是我们对“重大应用”的诠释和理解，今后我们将沿着这个方向走下去，并贡献出团队和个人的研究成果。“译著系列”、《伦理研究》丛刊，将围绕以上三个结构展开。我们试图进行的努力是：这两个系列将以学术交流，包括团队成员对国外著名大学、著名学术机构、著名学者的访问，以及高层次的国际国内学术会议为基础，以“我们正在做的事情”为主题和主线，由此凝聚自己的资源和努力。马克思曾经说过，历史只能提出自己能够完成的任务，因为任务的提出表明完成任务的条件已经具备或正在具备。也许，我们提出的是一个自己难以完成或不能完成的任务，因为我们完成任务的条件尤其是我本人和我们这支团队的学术资质方面的条件还远没有具备。我们期图通过漫漫兮求索乃至几代人的努力，建立起以道德哲学、科技伦理、重大应用为三原色的“东大伦理”的学术标识。这个计划所展示的，与其说是某些学术成果，不如说是我们这个团队的成员为中国伦理学事业贡献自己努力的抱负和愿望。我们无法预测结果，因为哲人罗素早就告诫，没有发生的事情是无法预料的，我们甚至没有足够的信心展望未来，我们唯一可以昭告和承诺的是：我们正在努力！我们将永远努力！

樊　浩

谨识于东南大学“舌在谷”

2007 年 2 月 11 日

目　　录

导　言

人类如何走向美好？

我们今天正处于一个人类政治、经济、文化、科技发生巨大变化的时代，这多方面的变化彼此缩结在一起，相互影响，逐步形成一个危机与新生并存的复杂多变的局面，正如狄更斯《双城记》开篇的吟唱："这是一个最好的时代，也是一个最坏的时代；这是一个充满智慧的时代，也是一个最为愚笨的时代；这是一个明媚的岁月，又是一个黑暗的岁月；是一个充满希望的纪元，也是令人绝望的纪元；这是一个一切都在我们面前展现的时代，也是一切都向我们封闭的时代。"① 这一复杂局面挑战着人类已有文明，考验和解构着人类已有的人文智慧，同时也带给人类走向新的文明高峰的机会，如何抓住这个机会是时代赋予我们的新使命，意义丰富而深远。

这个复杂而多变的时代对中国与世界的未来发展意味着什么呢？面对纷繁复杂的世界图景，人类该如何主动地应对？作为具有意志自由和"类"的属性的人而言，我们必须积极而清明地认识世界的两个重大层面：一是客观世界的存在及其变化是真实无妄的，人作为世界中的一员，虽然具有不同于"物"的主观能动性和实践能力，但是必须承认甚至顺从客观世界之"真"，也只有这样，人才能在世界中生存，才不至于因自身的无知而陷入泥淖的困境中而不能自拔，由此人在世界中的挺立和改造世界的能力的养成必须以获得客观知识为保证，与外客观世界既保持相对的独立性又应当直面世界之"真"；二是人作为有精神生命的存在和"类"的存在，自然情欲、主观任意性与基于"类"的伦理实体性，也面

① ［英］狄更斯：《双城记》，高奋、陈姝波、张洁译，人民文学出版社 1994 年版，第 1 页。

临着一个重新整合的重要契机。从人类文明的发展史来看，无论人类历史呈现出怎样的具体样态，人类始终都致力于解决两大基本问题：“人应当如何生活?”和“我们如何在一起?”前者的追问主要源于人的意志自由或基于人的理性能力，后者的追问主要源于人的伦理实体性。就人所具有的提升、超越和创造的能力以及追求真善美的愿望而言，这两大问题的进一步延伸就是“人如何过好的生活?”以及“我们如何幸福地在一起?”也正因为如此，自人类觉醒以来，就对这两大问题进行孜孜不倦地探求。

与其他的生命形式相比，人的生命始终处于未完备的生命状态，“人力不若牛，走不若马”，但是由于人具有意识，因而成为这世界上最美丽的花朵，人因为意识的支撑，不仅不会被动地服从世界，而且还能通过意识主动构建以“精神”为联结的“人类世界”，通过“类”的集体力量弥补个体生命的微弱和不足，“人力不若牛，走不若马，牛马为用何也？人能群而彼不能群”。（《荀子·王制》）面对人类自身拥有的认识能力和实践能力，在新的时代挑战中，在希冀与痛苦并存的现代社会中，我们必须要追问和回答：如何面对我们的历史？如何构筑我们的未来？我们的生命动力来自何处？我们的目的为何？我们的终极价值目标是什么？面对这些只有人类才会觉知的追问，对追问本身予以回答的人类的生命动力源于人的两大精神因子：情感与理性。人类依托理性的认知能力能够获得对外在客观世界以及人自身的知识，为人类改造世界的实践活动提供指导，进而使人类更好地弥补自身生命的不足，在此基础上，通过理性的别异性把人从世界的自然同一中挺立出来，经由自由意志的反思性，个人成为个体；基于人的类本性，人之所以为人的本质和人的终极追求个体获得伦理普遍性。关于此，中西方文化皆有认同和表达：“人之有道也。饱食、暖衣、逸居而无教，则近于禽兽。圣人有忧之，使契为司徒，教以人伦，父子有亲，君臣有义，夫妇有别，长幼有序，朋友有信”。（《孟子·滕文公上》）“人类把伦理看作是永恒的正义，是自在自为地存在的神，在这些神面前，个人的忙忙碌碌不过是玩跷跷板的游戏罢了。”[①] 那么个体如何超越自身的个别性而获得伦理普遍性呢？这

① ［德］黑格尔：《法哲学原理》，范扬、张企泰译，商务印书馆1996年版，第165页。

就是情感。情感的哲学本质就是基于人与人、人对物的感通而拥有的合同本性，特别是以真善美为内核和导向的人类情感能够使人拥有同情共感、克己度人的能力与意志，从而消融人的个别性，使“我”成为“我们”的存在，并且，在以真善美为导向的情感支撑下，“我们能够幸福地在一起”，即如西方宗教文明所追求的“与上帝同在”和中国文明例如儒家所追求的“老吾老，以及人之老；幼吾幼，以及人之幼”的“天下一家”的大同社会。

由此，人类因何强大？因为理性！人类因何美好？情感！人类依托于对外在世界的改造中如何既能强大又走向美好？情理合一！

一　西方之美好：遵循理性而生活

伴随着人类文明的漫长发展史，“人应当如何生活？”“我们如何在一起？”只有人类才会思考的这两大终极问题不仅以有形的方式渗透于人类社会的外在器物中，而且更是深深地萦绕于人内在的精神生命中。何种应当？西方文明基于理性的价值传统，所谓“应当”就是人要过善的生活，而善就是遵循理性的指导去生活，应当的价值目标就是人在理性的指导下去追求对人类有益的东西，使人获得美好而幸福的生活。由此，西方文明对理性的强调使其走向了以理性为主导的文明路径中，同时由于情感作为人性基本内容之一，情感又始终以受理性引导、克制的暗流形式贯穿于整个西方精神文明史中。

西方由原始社会向文明社会的过渡方式表现为与血缘氏族制度相决裂，这一过渡方式直接基因式地决定了理性在其文明中的绝对地位，因为人要从基于血缘关系的自然同一性中解放出来，首先需要以理性的别异性使个体挺立出来，同时由于人的“类”本性，人又有追求同一性的价值诉求，因此又需要以理性建构形式普遍性和绝对性的“一”。因此，古希腊哲学无论从何种角度论证人对善的追求，始终都重视理性的发挥和其在道德哲学中的绝对意义。认为人类只有依托理性才会走向真善美。苏格拉底提出“知识即美德”，认为一切正义的、共荣的和好的行动，都是遵循着理性、明智而做出的，一个人要获得德性，就首先必须有关于道德行为的知识。继苏格拉底之后，柏拉图把理性追求绝对性、形式普遍性的哲学本体功能推向了极致，他提出“理念论”，认为只有理念世界才是客观真实的，人要过上美好的生活，获得永恒的价值，必须以最高的理念——善指导自身的言行。他还强调，一个有道德的人，就是一个理性控制了情感和情欲的人。在柏拉图看来，无论是个人幸福的获得还是“我们能够幸福地在一起”都离不开最高的理念——善的支撑，“没有一个城邦比暴君统治的城邦更不幸，也没有一个城邦比贤王统治的城邦更幸福；没有一个人比暴君型的个人更不幸，也没有一个人比贤王型的个人更幸福”①。亚里士多德作为古希腊伦理思想的集大成者，使西方精神文明的理性传统更为系统化，他把至善和幸福作为其伦理思想的出发点和最终归宿，认为至善就是幸福，而人要获得幸福就必须以理性做统帅，“合乎德性的活动所导致的快乐比任何其他快乐都更美好、更高尚、更令人快乐。而最美好、最高尚、最快乐的东西就是幸福”②。“德性是一种决定我们的情感和行动的品质，这种品质处于一种相对于我们的中道之中，而这种中道参照伦理性加以确定。”③ 古希腊伦理学以理性作为人类追求美好的动力，而理性的本质是别异性，其转化成的人类认识世界和改造世界的能力的前提是把人和世界处于对立之中，其所建构的人类精神世界基本上展现为一个具有更紧张、差异和矛盾的文化结构。如何化解紧张、差异和矛盾？古希腊理性精神特别是亚里士多德试图按照中道原则，以至善为终极价值目标，而建立起一种美好的、对称与和谐的人类世界。

古希腊理性精神无论把理性置于何种最高地位，但是其始终关注人的现实生活，柏拉图建立的“理念世界”虽然超越于现实世界，但是他的后继者亚里士多德又把柏拉图的“理念”从抽象中拖入到现实的具体中，“亚里士多德和他的老师相反，既不拿唯心主义的理念来骗人，也不主张禁欲主义。他从现实的实际生活出发，主张一切具体的行动和职业活动，都是在追求某种目的，是在实现某种具体的善”④。但是，现实世界和人的现实生命本身毕竟是有限的，同时人作为有精神的存在，又有

① 唐凯麟：《西方伦理学名著提要》，江西人民出版社 2000 年版，第 37 页。

② 同上书，第 52 页。

③ 同上书，第 58 页。

④ 罗国杰、宋希仁：《西方伦理思想史》，中国人民大学出版社 1985 年版，第 185 页。

追求无限的本质和要求。古希腊理性精神执着于对象性的认知，努力掌握外在世界的形势和规律，而难以从内在层面满足人的精神世界对无限性的价值诉求。由此，继古希腊理性精神传统之后，西方的精神文明传统又走向了具有超越性的宗教型文化，“西方文化有两个传统，希腊的理性精神和希伯来的超理性精神，虽然并存，却在两者之间产生了一种强烈的对立和辩证关系。理性化和超理性化就变成西方哲学、西方文化发展的一条基本途径。理性化的方式是外在化，是把一切变成外在关系；超越理性化把所有变成一种纯粹的精神存在”[①]。“上帝”超越具体的“理性”成为世界的根本。以“爱上帝”作为绝对的信仰，西方宗教文明在解答“人应当如何生活”“我们如何在一起”这两大问题时，走向“爱上帝”“信仰上帝”“希望得到上帝的眷顾”成为回答这两大追问的终极答案。人之幸福的实现、人类美好世界的构建就是一切都以“回到上帝身边”为终极价值目标。那么，人应当如何过上好的生活呢？我们如何幸福地在一起？就是每个人都要具有源于“上帝之爱”的博爱精神。由此，在超理性的西方宗教文化中，理性与情感获得合一，不过，“上帝”作为“理性”之绝对性的人格化身，理性仍居于主导地位。但是源于宗教情感的博爱精神在西方文明中却产生了深远影响，“爱”的理念成为西方人追求美好、和谐的内在精神动力，也是西方人理性化情感的基本精神形态。

在神学的统治下，“理性”绝对地服从信仰，哲学成为神学的婢女，遮蔽了人性在现实世界的光辉。到近代，随着文艺复兴“人本”反对“神本”的胜利，理性又重新获得独立和尊重，同时现实的人从基督教纵欲主义的禁欲主义解放的过程中，人的情欲和情感需求进一步得到肯定和发扬。因此，到近代，古希腊理性精神和源于宗教的非理性精神共同集中在西方人身上，这两种精神在西方的精神世界中发生着激烈冲突，其集中表现就是科学与人文的对立与较量。不过在这种对立中，理性始终居于主导地位。理性居于主导地位对西方的积极影响就是使西方自然科学技术和外在社会制度建设上获得了充足发展。因为西方的理性精神

---

① 成中英：《新觉醒时代——论中国文化之再创造》，中央编译出版社 2014 年版，第 171 页。

更为重视认知理性的发挥，由此人的实践活动更为重视对外在世界的改造活动。但是人作为有精神的生命存在，其精神追求始终致力于超越有限的物质世界和有限的现实生命而追求具有无限性和美好性的人生价值和意义。而这一追求的实现要依赖于主体的挺立。康德伦理学在西方精神史中的伟大之处就在于，他把人作为"理智主体"，进而挺立人的道德主体性。康德把理性作为其伦理学的基础，认为人遵循理性立下的准则去行动是人类获得幸福的根本途径，尽管他没有从根本上解决德性与幸福的二律背反问题，但是他提出的"只有有德性的人才配享幸福"，凸显了道德在人类生活中的深远意义。但是康德对人的道德主体性的挺立，其对"绝对命令"的强调使其道德思想走向了绝对主义，而在解决"我们如何在一起"的伦理问题时却显得无能为力。基于康德道德的这一理论缺陷，黑格尔从精神哲学的角度出发，使伦理—道德获得了辩证统一的精神形态，其对理性极为推崇，认为理性是人类所共走的康庄大道，把理性主义推向了巅峰。

西方现代社会在理性特别是工具理性独霸的现实中，理性之别异性的极端发展，使西方人陷入碎片化的精神境界中，如何从碎片化走向伦理性的整体，是现代西方人的精神困境之一。

二　中国之美好：合情合理；仁智双修

与西方理性精神传统的文明轨迹完全不同，中国文明基于血缘文化形成了情理主义传统，中国情理精神渗透于中国人的精神生命中，涵养了中华民族独特的精神气质。

中华民族为何走向情理精神传统？这与中华文明的起源方式相关。中国由原始社会向文明社会的过渡过程中，对原始社会的血缘关系进行了文化设计，即以血缘关系为基点构建社会文明秩序，并最终形成宗法社会，"祖先崇拜"成为中国人的精神信仰。"祖先崇拜"的精神信仰对中华文明的发展而言具有多重意义：一是其现实地反映了中国血缘文化传统，为血缘关系在社会关系中的绝对地位的确立和巩固提供了精神支撑。二是其凸显了"关系"特别是基于血缘的伦理关系在人类文明中的根本意义，因为"祖先崇拜"意味着人对个体生命之源乃至人与世界关系的反思和文化觉醒，在这种文化觉醒中，中国人意识到"伦"之于人类的文明意义；“祖先崇拜”不仅从外在层面昭示着人与世界的关系，而且还从内在层面疏导着人的欲求和满足着人的情感需求，并在此基础上培养着个体对家庭、家族、他人和社会的义务感和责任感。更重要的是，中华文明中“祖先崇拜”的精神信仰对中国人处理人伦关系最重要的影响，就是铸就了“施恩”—“感恩”—“报恩”的人伦互动模式，这种互动模式在现实层面上激发了血缘亲情的文明意义，在超越层面上凝聚了“厚德载物”的价值理念，与西方倾向于“征服”的价值意识形成了鲜明的文化差异。与“祖先崇拜”的精神信仰相适应，源于祭祀的“礼”成为中国早期文明的制度安排和伦理设计。不过在先秦之前，“礼”还停留于外在的制度层面，其内在的精神引导意义还不明显。

面对春秋战国时期“礼崩乐坏”的文明危机，如何重建人伦秩序和个体内在的生命和谐成为中华精神文明何去何从的核心问题。孔子以“郁郁乎文哉，吾从周”和“述而不作”的态度继承周礼，试图通过“复礼”作为重新回到犹如“三代”的美好时代。不过孔子从“礼崩乐坏”的现实中意识到，仅仅以“礼”的外在约束力远远难以满足社会现实的需要。因为人作为有精神的生命存在，不是被动地服从外在世界，而是始终从“我”的主体性需求出发认识世界和改造世界，因此要“复礼”就必须使“礼”能够激发个体内在的精神力量。那么，如何激发？以仁释礼。“礼”倾向于理性的一面，“仁”倾向于情感的一面。孔子的“以仁释礼”、仁礼统一内含着以“情”为主、情理合一的人性结构。人们践行“礼”并非外在的强制力或理性意志刚性的驱使，而是发自于每个人性内心的向善之情。并且在儒家看来，这种向善之情的天然本源就在于血缘亲情。其实，先秦时期儒家把血缘亲情作为其伦理道德的人性根源，本质上是对先民“祖先崇拜”之精神信仰传统的伦理化。血缘亲情虽然人人都拥有，但是儒家并没有停留于血缘亲情的自然本性中，而是把其置于“伦”的世界中，对其进行了伦理普遍性的提升，使血缘亲情成为更合理更有利于实现人伦和谐和个体生命圆满的积极力量。由此，其与西方把情感置于理性的绝对统治之下、置于伦理道德的对立面的理性主义传统截然不同。在儒家看来，情感不但不与伦理道德相冲突，而且是实现社会和谐和个体幸福的重要力量，“感情不一定非与道德有冲突，而道德也不必见外于法律。事实上，理想的道德（伦理）必来自精纯的感情，而理性的法律也必来自情理兼顾的道德伦理”[①]。儒家以血缘亲情在根源动力、仁礼统一的过程既是情理统一的过程，也是伦理道德获得现实性的过程，同时也是对“人如何过好的生活?”“我们如何幸福地在一起?”两大追问的现实回答。儒家虽然将“情”置于主导地位，但是其也不否认理性对人类的根本意义。所以儒家首先非常重视“智”德的培养。在儒家的道德哲学视阈中，“智”德一方面包含了认知理性，具有“知”的一面，但是其与西方对象性、外在化的理性认知又完全不同，而是展现为一种把主体的情感投入到世界万物和具体的生活情境中，正如孔子的感叹：“子在川上曰：‘逝者如斯夫！不舍昼夜。’”（《论语·子罕》）孔子一方面认识到外在世界的客观必然性和广袤性，以及个体生命的有限性，另一方面孔子又对世界万物的客观性出发体认到人的主体性在世界中的意义，感悟到人的生命虽然有限，但是可以通过对善的追求实现个体生命对无限性的追求。同时这也是儒家“智”德的真义，“知然后能作出是非善恶的正确判断，就是智”[②]。正因为儒家的“智”德既包含着对外在世界的客观认知，又包含着主体内在的情感体认，才会成就着儒家情理合一的道德哲学形态。同时也决定了儒家道德哲学虽然把“情”置于主导地位，但是又未走向情感主义。

人的理性能力使人认识到世界的客观必然性，并觉知到人与外在客观世界的差异以及人自身在世界中的价值和意义，那么如何使“智”之知性和觉悟获得现实性？儒家道德哲学诉诸“仁”。“仁”是儒家情理主义道德哲学形态的核心理念之一。儒家以仁为本体现在两个层面：一是“仁”是“人如何过好的生活?”的德性修养途径。“仁者，人也”，“为仁由己，而由人乎哉?”（《论语·颜渊》）“仁远乎哉？我欲仁，斯仁至矣。”（《论语·述而》）儒家基于人天生拥有向善之情的人性论前提，认为人要过善的生活或者好的生活，只需发掘自己的本性即可，关于此，孟子给予了更系统的论证，“恻隐之心，人皆有之；羞恶之心，人皆有之；恭敬之心，人皆有之；是非之心，人皆有之。恻隐之心，仁也；羞

---

① 成中英:《新觉醒时代——论中国文化之再创造》，中央编译出版社 2014 年版，第 171 页。

② 同上。

恶之心，义也；恭敬之心，礼也；是非之心，智也。仁义礼智，非由外铄我也，我固有之也，弗思耳矣”。（《孟子·告子上》）孟子系统地确证了人性本善的人性论思想，并由此出发，认为人之向善的生活或好的生活不必外求，只需扩充自己内在的本性，把向善之情落实到行为中，便可培养起仁义礼智四德，二是“仁”还是“我们幸福地在一起”的根本伦理途径。对于儒家的伦理优先传统而言，个体德性修养的现实价值和终极价值目标乃是实现人伦和谐。“仁”首先作为一种理性化的道德情感，其内含的自我情感修养的本质，是把自身的情感感受投入到他人的需要和利益之中，并进而转化为利他的动机、意志和行为。于是，这种关心他人利益的道德情感便在人与人之间建立起相互内在联结的桥梁。而在究诘人因何利他、这种利他的动机和行为如何长久保持以及长久保持的动力等问题时，儒家继承“祖先崇拜”之培育的“施恩—感恩—报恩”的人伦互动机制的基础之上。把这种利他的动机和行为的永久动力落实于血缘亲情之中，“仁之实，事亲是也；义之实，从兄是也；智之实，知斯二者弗去是也；礼之实，节文斯二者是也”。（《孟子·离娄下》）儒家不仅把血缘亲情作为实现人伦和谐的根源动力，而且把血缘亲情蕴含的责任与权利意识通过“伦”之“理”进行了普遍化提升。在儒家道德哲学中，“仁”不仅仅只是一种利他的道德情感，也不只是一种德性伦理，而是包含着强烈的社会责任意识和权利意识，也正因为如此，在儒家的伦理世界中才能够实现移孝作忠、由爱亲到爱人的温和过度，并且能够自然而然地演绎出“老吾老，以及人之老；幼吾幼，以及人之幼”的终极伦理价值目标。

三　现代文明之痛：“理”的独大；“情”的文明迷失

现代社会所遭遇的文明忧患到底是什么？

对这一问题的追问不再仅仅停留于原因的探寻，更重要的是我们如何从学术的角度为这一问题的化解努力建构一种指向未来的文化设计，为现代人的精神迷茫提供一束价值之灯，以期为现代社会的前进之路减少一些曲折和痛苦。

随着近现代社会理性特别是工具理性在认识世界、改造世界过程中所表现出的强大力量，理性独大的局面迅速蔓延全世界，中国近代被迫卷入世界历史的进程中，基于救亡图存，“学习西方”的社会浪潮迅速席卷中国大地，随之西方理性主义价值观也渗透到中国近现代文化中，于是两大不同的文明传统共同遭遇到理性独大（以技术理性、经济理性为主要形态的工具理性在现代文明中占据着主导地位）引发的精神文明危机。理性的根本哲学属性是别异性，人类利用理性对象性认识的能力把个体从与世界的原始同一中挺立出来，并经由实践活动，人类为自身创造了强大的属人世界。而且，现代人在以科学技术和市场经济为具体形态的工具理性的支撑下，改造世界的能力愈发强大，甚至具有上帝之手的神奇力量，并由此创造了巨大的物质财富。然而，工具理性的独大局面使其发挥作用的范围不再局限于人对物的改造中，而是渗透到了人类的精神世界和价值世界中，其带来的最深刻的伦理忧患就是：个体对自由的追求脱离“伦”的支撑而成为抽象的自由，现代人最终沦落为与人之精神诉求渐行渐远的“流浪者”与“观光客”；现代社会在市场经济和工业生产的双重裹挟中，个人的物质欲望被无限刺激，其极端结果就是以人失去主体性为代价的人与物的合一，即人也被纳入到物的价值序列中，成为利益交换的媒介物，即人被物质化、工具化，同时人与自然的和谐共生也坠落为人对自然的掠夺和占有。特别是个体对抽象自由的追求和对物的占有，使现代人的道德价值观在工具理性的支撑下直接走向个人主义。个人主义在一定程度上提升了现代人的主体性自由，但是其“从原子出发”的道德思维方式本身又潜藏着巨大的伦理风险和文明忧患：即对“伦理精神”的解构。

“伦理精神”是人之追求“生命同一性”的文化表达。西方宗教型文化以上帝为最高伦理实体，西方人对“一”的追求、终极伦理目标便是“与上帝同在”，然而由于西方文化主要依托理性主义，以“理性”为主导的文化最大的文明风险就是建构与解构同生共存，西方近代理性主义走向巅峰的文明后果就是，“理性”本身遭遇到批判甚至否认，由此，尼采从生命意志出发宣布“上帝死了”，西方人陷入无伦理依托的漂泊之境。以儒家为代表的中国文化对人类精神文明的最大贡献就是关于“伦”的文化设计。儒家道德哲学在建立之初便基于中国血缘文化传统和中国由家及国、家国一体的社会结构，建构了“人伦本于天伦”的伦理秩序。“伦”是中国人的“上帝”：从现实层面看，个体由生到死无不在对

“伦”的承诺和维系中履行自身使命，“伦”是人作为精神生命存在的现实表达；从超越意义看，人作为有限的存在，对无限和意义的追求在于自身伦理实体性的实现，正所谓“齐家、治国、平天下”，由此，“伦”对于中国人具有终极意义。而“伦”的实现，有赖于发挥精神基于伦理普遍性的同一性力量。在以知、情、意为主的精神结构中，最具有同一性品质的精神因子便是“情”。儒家以“情”为主、情理合一的道德哲学形态不仅从理论上自觉地适应了中国伦理型文化的精神诉求，而且也为现代遭遇的文明难题提供了具有重要借鉴意义的文明资源。

至此，现代人要从“流浪者”“观光客”的精神漂泊中寻求到赖以“委心”的港湾，就需要从现代理性主义文明的失败中寻求新的精神形态：重新发挥“情”的文明功能，使现代人依托理性获得强大力量的同时，也能在新的世界中寻求到超越世俗世界之上的至情至性！

上　篇

“情”—“理”的精神形态

第一章

“情”—“理”的道德哲学形态

人类精神文明的发端肇始于人的主体性的挺立，并从“精神”的层面探讨人的本质属性，以超越性、理想性的方式得出结论：追求人与实体的统一乃为人之所以为人的本质属性。这种本质属性在现实的人类精神世界和精神文明中凝结为伦理和道德。伦理的本性是个体与实体相统一的存在，道德作为实践精神，其本性是个体或道德主体对“伦”之“理”的认同和自觉维系，是一种“伦理上的造诣”。于是，在人类精神文明史中，人的“同一性”追求又实现于伦理道德的辩证统一中。人何以通过主体性的挺立而实现“同一性”追求？其答案在于人的“精神”能力。“精神”的哲学本质是理性、情感、意志的抽象同一，其哲学功能就是在人的主体能动性的发挥中实现个体与实体、伦理与道德的辩证统一。具体而言，理性发挥自身的别异性使人从与实体的直接同一中挺立出来，并意识到人作为“个体”的存在，并基于一种致力于普遍性的抽象构建“道德同一性”，对个体在反思中回归到伦理实体中提供价值导向。当然，由理性建构的“道德同一性”还处于意识的层面，属于理论理性，并且由于理性是基于个体反思而建构道德同一性，其又潜藏着解构同一性的危险。由于人类对同一性的追求实现于实践中，因此，人的同一性追求获得现实性，由意识到实践，还需要发挥“情”的合同本性，消解“理”的别异性引发的解构“同一性”的风险，并成为个体与实体相统一的重要精神动力。也正因为如此，情感、理性、意志三者当中的任何一个精神因子单独成为伦理道德的人性基地和机制，并且三者的有机统一构成了伦理道德的“精神”本性。然而，在人类现实生活中，“情”和“理”虽同属于“精神”因子，但是由于二者截然不同甚至相反的哲学本性，在现实的人类精神史中又处于紧张甚至是分裂中，于是，在人类的整部精神发展史中，又呈现为西方情理相分的理性主义、情感主义两大道德哲学形态，以及中国以“情”为主、情理合一的情理主义道德哲学形态。

第一节 伦理、道德、道德哲学

人类的精神活动和精神现象是人区别于物的根本属性，人类在认识自身以及人与世界的关系时也正是从自身的精神特征出发的，而伦理道德则是关注人类精神活动和精神现象的集中体现。

到底何为“精神”？虽然中西方精神哲学都承认人类特有的精神现象和精神活动，但在关于“精神”之“是”问题上却展现了不同的文化路向，西方立足理性主义的文化传统，更多的是从逻辑的角度探讨“精神”的本质和外在呈现，如黑格尔通过建构庞大而精微的精神哲学体系，对“精神”进行了现象学还原，就“精神”本身探讨“精神”之所“是”，“《精神现象学》基于精神的意识方面，对人的精神发展进行了‘伦理世界—教化世界—道德世界’的现象学还原；《法哲学原理》基于精神的意志方面，描述‘抽象法—道德—伦理’的自由意志的辩证运动”①。而中国精神哲学不仅探讨精神之所“是”，用一系列哲学问题如心性之辨、性情之辨、形神之辨、心物之辨等对精神现象进行解释和说明，其更为重要的特征就是把精神问题与人性问题紧密相关，以人性言说精神，与西方精神哲学把人性问题和人的精神问题分开来说形成了鲜明的文化差异②。“性”在中国文字中是“心”与“生”相合所成之字，而“心”通常指人的精神生命和精神生活。在“性”中，“心”与“生”处于有机的辩证关系中，“依普遍义究极义之心与生，而说其关系，则生必依心，而其生之‘有’乃灵；心必依生，而其‘感’乃不息”③。中国精神哲学正是从这种思维模式出发，在探讨人性问题时，既立足于现实，承认

---

① 樊浩：《“伦理”—“道德”的历史哲学形态》，《学习与探索》2011 年第 1 期。

② 刘文英：《中国传统精神哲学论纲》，《中国哲学史》2002 年第 2 期。

③ 唐君毅：《中国哲学原论 · 原性篇》，中国社会科学出版社 2005 年版，第 7 页。

“食色性也”，是人的精神生命的物质承载，同时又认为人性之根本为人之向善的追求，并且从形上学的角度探讨精神的本原。中国精神哲学认为，精神的本原就是“天道”或“天理”，《中庸》：“天命之谓性，率性之谓道。”所谓“精神”就是“天道”在人性中的“下贯”，而精神修养和精神超越就是人以主体的姿态“体天道”“存天理”，最终达到“上下与天地合流”的“天人合一”的境界，从而获得精神生命的安适、满足与愉悦，即中国精神哲学所追求的“天地境界”。中国精神哲学从天道的角度探讨精神的本原问题，从而为人的精神生活和精神生命提供了形上学根据，由此，中国精神哲学构建了自身的精神形上学，与西方精神现象学还原的思维方式形成了极为不同的理论结构。但是，中西方对“精神”的定义无论如何不同，但是都在探索人类精神文明的共同真理，即伦理道德的文明使命都是在建构和追求“精神同一性”，即个体以主体的姿态追求和实现个别性与伦理普遍性的统一。

一 “伦理”

“伦理体现的是人的实体意识，是个体与实体之间透过精神所建构和表达的不可分离的联系，因而是人的精神深处根深蒂固的家园感。”[①] 从“精神”的角度看，这里所谓的家园感实际上就是个体与伦理实体的“精神同一性”。所以“伦理”的本性是追求和实现“精神同一性”。从“伦理”的本性看，其对“精神同一性”的追求体现在两方面。

“伦”是对“精神同一性”的能动建构。中国文化从“天道”的角度言说“精神”，赋予人类精神活动以神圣性的根据，但是“精神”要发挥对现实人的指导意义，还要追寻形而下的现实表现。那么人如何从现实层面实现自身的精神本性呢？关于此，中西方精神哲学设定了相同的超越路径，即对“伦”的能动建构。在西方，“伦理”（ethics）一词源于古希腊文“ethos”，这一词语最初的含义是一群人长期所共居的地方，体现着人类群居的本性，但是这种本性与动物的群居本性又有着根本不同，即人的群居性是以风俗习惯的方式呈现的，而风俗习惯本身展现着人的主体能动性，是意志自由参与其中的。因此，人类精神文明即起源于人

① 樊浩：《“伦理”—“道德”的历史哲学形态》，《学习与探索》2011 年第 1 期。

类最初的伦理实体性，同时又发展于人类对伦理实体的能动建构中。从这个意义上说，“伦理”就是“精神”达到了它的真理性：“当精神所具有的这个理性最后作为一种理性而为精神所直观时，当它是存在着的理性时，或者说，当它在精神中是一现实并且是精神世界时，精神就达到了它的真理性：它即是精神，它即是现实的、伦理的本质。”① 并认为“伦理性的东西就是个人的实体性或普遍本质，个人只是作为一种偶性的东西同它发生关系。个人存在与否，对客观伦理来说是无所谓的，唯有客观伦理才是永恒的，并且是调整个人生活的力量”②。黑格尔把“伦理”作为“精神”的呈现，一方面揭示出了“伦”的客观性，是个体生命的“家园”；另一方面又认识到“伦”的客观性不是外在于人的生命的，而是与人的生命、人的精神生命同一的，即“伦”的客观性不会自动地呈现于人的生命中，而是人类需要以“精神”的力量去主动地呈现“伦”。关于这一点，中国文化给予了更为明确而深刻的回答。如孟子在《孟子·滕文公上》中所言：“后稷教民稼穑，树艺五谷；五谷熟而民人育。人之有道也。饱食、暖衣、逸居而无教，则近于禽兽。圣人有忧之，使契为司徒，教以人伦，父子有亲，君臣有义，夫妇有别，长幼有序，朋友有信。”在这里，孟子除了提出“五伦”说之外，其更深刻的精神意义就是“教”，也即是说，“伦”的呈现不是自然而然的，而是需要人以主体的姿态去能动地建构和维系。在中西方文化中，“伦”都展现了与个体生命处于张力中的客观性力量，这种力量不仅是个体实现内在生命和谐的客观依据，而且也是实现外在人伦和谐的秩序建构，但是其更深刻的精神哲学意义就是人要“成为一个人，并尊重他人为人”，应该从“伦”所追求的“精神同一性”出发，在齐家、治国、平天下的“伦理世界”中获得伦理普遍性。

“理”是对“精神同一性”的主体认同。如前所述，“伦”虽然展现为一种客观性力量，但是仍需要人以主体性的姿态去能动地建构，也就是孟子所说的“教以人伦”。因此，“伦”要从外在的人伦秩序的预设内

① ［德］黑格尔：《精神现象学》（下卷），贺麟、王玖兴译，商务印书馆1996年版，第4页。

② ［德］黑格尔：《法哲学原理》，范扬、张企泰译，商务印书馆1996年版，第165页。

化于人的精神生命中，还必须诉诸“理”，即需要个体对“伦”的主体认同。西方文化发挥“理”的认知能力，即通过对“伦”的对象性认识达到对“伦”的主体认同，这种主体认同不仅是对“伦”的认知，而且还是维护“伦”的意愿和行动。如苏格拉底提出的“知识即美德”深刻揭示了“伦”之“理”的主体认同本性。按照苏格拉底的理解，一个人要达到对“伦”的认同，成为一个有道德的城邦公民，首先就要认识和懂得反映城邦这一伦理实体的原则和规范，但是仅仅认识到还不够，还必须把这种认识落实到个体的行为中，以达到个体与实体的统一，并且当个体与实体发生冲突时应当服从实体的意志。正是基于此，西方伦理思想史上的“苏格拉底之死”成为一个伦理事件，苏格拉底通过理性的自觉和反思唤醒沉睡于神的伦理实体中的个体意志自由，具有革命性的意义，也正因为如此，他被雅典民主派政权以“教唆青年罪”和“不敬神”的罪名判以死刑。苏格拉底对自己的罪名进行了有力的申辩，但是未能挽救自身生命，他在能逃命的条件下仍慷慨赴死，他的理由就是作为城邦公民，应当坚守自己与城邦的伦理关系。苏格拉底之死展现出了个体意志自由与伦理实体之间内在张力、冲突的伦理悲壮，但是也正是这种伦理悲壮验证着人之所以为人的高贵之处。也正因为如此，柏拉图和黑格尔都对苏格拉底进行了很高的道德评价。中国文化对“理”进行阐释的首要特征是赋予“理”以人性预设。从字源上看，中国的“理”源于“玉”的治理，《说文解字》曰：“理，从玉，里声，治玉也。”“玉”在中国文化中不仅仅只是一种“美石”，其更深刻的文化意义是伦理精神的象征，“玉，石之美者。有五德，润泽以温，仁之方也。思理自外，可知其中，义之方也。其声舒，专以远闻，智之方也。不挠而折，勇之方也。锐廉而不枝，洁之方也”。（《说文解字》）基于“玉”的文化渊源，中国文化中的“伦”之“理”首先是人性本善的理论预设。但是人性虽然本善，却又不会自动的呈现出来，因此需要“治”，这种“治”不是来自于外在力量的“治”，而是来自于基于人的主体性觉醒的“自治”。在中国以“伦”为优先的文化中，“理”的全部意义就是对“伦”的认同和维系应当遵循的原则和规范。因此，“理”一方面体现着“伦”之客观的不可动摇性，另一方面又实现于个体对“伦”的坚守中。

从“伦”和“理”各自的内涵以及二者的联系来看，人作为“类”

的存在，“伦”展现的是一种与个体处于一定张力中的客观关系，而“理”作为人的主体性的觉醒，表征着个体对“伦”的领悟与主动维系。“伦”与“理”的辩证统一，即“伦理”作为“精神”的呈现，其精神本质即为通过“伦”的同一性建构以及个体对此种同一性的主体认同，而实现个体超越自身个别性，并成为伦理实体性的生命存在。

二 “道德”

“伦理”体现着人作为“类”的存在，在主体的觉醒中对“类”的坚守。这种坚守的实现仍落实于个体中，因此，伦理作为真实的精神，作为“调整个人生活的力量”，其作用的发挥不是以一种外在于主体的强制力使个体皈依于精神的普遍性或伦理实体性，而是使“伦”之“理”渗透到个体的主观意志中，依赖主体内在的精神力量使“伦”之“理”内化为“道”之“德”，正如黑格尔所言：“德毋宁是伦理上的造诣”，中国精神哲学对此的表达则是“克己复礼为仁”，“‘克己复礼为仁’的哲学图示，本质上是生活世界中透过道德努力的一种精神建构和精神回归运动，是伦理世界—生活世界—道德世界的精神哲学统一”①。

“道”是个体追求“精神同一性”的本体根据。“道”作为“伦”之“理”转化为“道”之“德”的中间环节，既具有“伦”的客观普遍性，同时又是对“理”的本体性升华，更确切地说，是“精神同一性”的本体根据。从伦理道德的辩证关系中，“道”具有两方面的意义：一是作为对“理”的本体提升，为普遍性的“伦”之“理”向“道”之“德”的转化提供了神圣性根据，这样，“理”不仅具有客观性，而且还具有了神圣性。中国文化中，“道”的此种意义被表达为“天道”。中国文化中的“天道”观继承了中国文化中的“天命”观，“天道远，人道迩，非所及也，何以知之？灶焉知天道”，（《左传·昭公十八年》）最初具有宗教性。随着人的主体意识的觉醒和中国道德哲学的崛起，“天道”首先被衍化为哲学概念，具有了本体意义，这主要由老子完成：“功成身退，天之道也。”“天之道，不争而善胜，不言而善应，不召而自来，繟然而善谋。”“天道无亲，常与善人。”（《道德经》）而儒家则从入世文化的角度

---

① 樊浩：《〈论语〉伦理道德思想的精神哲学诠释》，《中国社会科学》2013年第3期。

出发，又对“天道”进行道德哲学阐释，即把“天道”与性、情、心、命等贯通为一，使其作为人的道德行为的终极根据，“尽其心者知其性，知其性则知天矣；存其心，养其性，所以事天也”。（《孟子·尽心上》）“人能弘道，非道弘人”。（《中庸》）儒、道两家在关于“天道”的界定上的共同特点就是都把“天道”作为最高的、具有终极意义的天地万物之法则，其不同就是对“天道”的态度：道家以避世的方式主张“无为”“任自然”；而儒家则以入世的态度主张能动地践行天道，从而形成刚健进取的精神。二是“道”不仅从本体的角度看是“伦”之“理”的本体根据，是“天道”，而且在现实意义上还是个体行为的具体依据，即“人道”，是“天道”在“此世间”的具体体现。具体而言，人道依托于“伦”的客观关系展开的具体行为规范，“父慈子孝、兄友弟恭、夫妇有义、君惠臣忠、朋友有信”以及“四德”或是“五常”。从中国道德的生成来看，道家思想更为侧重“天道”的本体意义，而儒家思想更为注重“人道”的现实意义。但是无论如何，在整个中国道德哲学的发展历程中，“天道”和“人道”又是始终贯穿为一，即“天道”是“人道”的终极根据，支撑着人所建构的意义世界，而“人道”作为“天道”的现实表现，又为人在现实世界中的利益关系的调节提供价值导向。

“德”是个体对“精神同一性”的分享。“道”为人对“精神同一性”的追求建构了本体性根据，“精神”作为知情意的统一，不仅要以理性为基地，而且还要走向行动，在行动中体现“道”的价值指导意义，以维护“伦理”，并成为个体精神生命的灵魂，这就是“德”，“一个人做了这样或那样一件合乎伦理的事，还不能就说他是有德的；只有当这种行为方式成为他性格中的固定要素时，他才可以说是有德的。德毋宁应该说是一种伦理上的造诣”①。在中国文化中，最先对“德”从哲学角度进行系统界定的是老子，“道生之，德畜之，物形之，势成之。是以万物莫不尊道而贵德。道之尊，德之贵，夫莫之命而常自然。故道生之，德畜之，长之育之，成之熟之，养之覆之。生而不有，为而不恃，长而不宰。是谓玄德”。（《道德经》）从哲学的角度看，“德”的本质是对“道”的承接，以及由此出发的对“万物”的化育。“修之身，其德乃

① ［德］黑格尔：《法哲学原理》，范扬、张企泰译，商务印书馆1996年版，第170页。

真；修之家，其德有余；修之乡，其德乃长；修之于国，其德乃丰；修之于天下，其德乃普。”从道德哲学的角度看，“德”又是对人类所面临的“我应当如何生活”“我们如何在一起”等两大生命困境的疏解之道：对于个体内在生命而言，“德”乃是个体生命超越自身情欲获得“道”之真的修养之道；对于个体于外在伦理秩序的建构而言，一个人“得道”或“成德”的过程乃为个体获得更大伦理普遍性的过程，因此，“得道”的过程本质上就是道德主体由个体向伦理实体提升的生命过程。

三 “道德哲学”

何谓“道德哲学”？目前学术界并没有统一定论，在一般意义上，认为“道德哲学”就是“伦理学”。而康德从“道德形而上学”的概念界定出发，认为“道德哲学”就是基于“道德”的“理性知识体系”，还有的学者认为道德哲学就是对“道德”作本源的探究，或者认为道德哲学就是以哲学的方式研究“道德”，“伦理学（ethics）又称道德哲学（moral philosophy），是以哲学的方式研究道德的一门学问”[①]。但是无论从何种角度界定“道德哲学”概念，都反映了“道德哲学”的本质，即以“道德”为研究对象，同时在这样的界定中又有一个共同的缺陷，即未严格区分“伦理”与“道德”内涵。无论是在中国文化中还是在西方文化中，“伦理”和“道德”都是两个不同的概念，尤其是在中国文化中，“伦理”本身是由“伦”和“理”两个分别不同的概念组成，并且二者的辩证互动形成今天我们所说的“伦理”概念，而“道德”则是由“道”“得”“德”三个概念组成，即“德者，得也”：道德主体通过对“道”的分享而实现的“内得于己，外得于人”，在“道—得—德”的辩证互动中形成了我们今天所说的“道德”概念。在人类精神文明史中，由于“伦理”和“道德”存在精微差别，并且由于“道”是对“伦”之“理”的本体提升，其内在包含着“伦”的客观普遍性，所以道德哲学的研究对象不仅仅是“道德”，还包括“伦理”。并且由于“伦理”和“道德”不仅是两个严格区分的概念，而且二者在人类精神文明史中彼此交织在一起，所以道德哲学更根本的任务是如何使二者获得统一，而且这

① 林火旺：《伦理学入门》，上海古籍出版社2005年版，第7页。

也是道德哲学的本性所在。人类精神文明史在追问“人因何而成为人”的问题时，衍生出“我应当如何生活”的道德问题和“我们应当如何在一起”的伦理问题，并且这两大问题彼此交织在一起，一方面，“我”作为“我们”之一，“我”的精神自由的获得有赖于“我们”的存在；另一方面，由于“我们”的存在需要“我”的主动建构，所以“我们”又不可以以强制性的力量压制“我”的主体性挺立。这两大文明追问在整个人类精神史中既彼此依存，又左右摇摆，于是现代道德哲学面临着重要文明难题就是如何实现二者的统一，而这也正是道德哲学的根本使命，“历史哲学考察表明，‘伦理’‘道德’已经形成两大道德哲学和道德文明传统：以‘理智的德性’为基因、追求道德自由的‘西方传统’；道德强势话语下伦理优先的‘中国传统’。时至今日，两大传统都遭遇了伦理与道德的深刻矛盾，虽然矛盾的主要方面及其表现形态、社会后果不同，但无论如何，伦理道德的历史哲学形态正在改变，也应当改变。伦理与道德的分离甚至分裂，是其根源所在。因此，探讨和解决问题的思路，应当是二者的重新整合”[①]。道德哲学的本性应当是对“伦理—道德”的同一性建构。由此，“道德哲学”概念本身应致力于三方面基本问题的阐释和解决。

首先，“伦理”“道德”的概念区别。在日常生活中，“伦理”与“道德”往往被当作同义语使用，二者常常被相互置换使用。即使在学术研究中，从二者的严格区分出发进行道德哲学研究也未被普遍化，“有一种有被广泛接受的见解，认为伦理与道德只是对待同一个或者相似对象的不同历史话语或概念表述，至多，它们在历史上有区别，但在现代和现实生活中，已经合而为一。然而，历史上，西方文明之所以诞生‘ethics’和‘morality’两个不同概念，中国文明之所以创生‘伦理’与‘道德’两种话语，就是因为它们之间具有精微而深刻的区分”[②]。在上文对“伦理”“道德”的概念阐释中，我们可以看到，“伦理”和“道德”是两个有着深刻区别的概念：“伦理”指向主体之外的外在客观力量，表征着人的“类”本性，当然这种外在客观力量又不同于自然界的客观力量，

---

① 樊浩：《“伦理”—“道德”的历史哲学形态》，《学习与探索》2011年第1期。

② 同上。

而是从“人”的本性出发，反映人的需求的客观力量，并需要人的积极主动参与，“人在社会上，必然生存于各种客观的关系之中，但是只有对所有关系有所领悟和认同，才能使之成为伦理关系，成为自觉的、主动的、人伦性的关系。这就是说，伦理关系是通过人的领悟、认同、自觉维系的客观关系”①。“道德”则是基于人的主体力量对外在客观力量的主体认同和以“行动”为旨归的关于“善”的追求。二者的深刻差别实际上揭示出“伦理”“道德”分别对于人类精神生命的不同意义。人类在构建自身精神生命的过程中，最基本的前提就是“人的本质是什么”或者“人因何而成为人”的文明追问，而对这一问题的回答，人类精神文明总是从人的“类”本性出发，认为人的本质就在于对“精神同一性”的追求，于是现有的人类精神文明首先预设“一”：西方基督教文明的“一”是上帝，世俗世界中一切人的终极归宿应当是回到上帝身边；佛教文明认为，“佛”是世界的“一”，人的终极归宿也即最美好的归宿是“得道成佛”；而以儒家为代表的中国文化则认为“仁者，人也”，人的终极价值在于与他人伦理地在一起。而且不同文明形态对“一”的预设都有一个共同特征，就是具体的人对“一”的追求体现为个体向伦理实体的回归，所以人最首要的本性就是如何成为伦理性的存在。也正是从这个意义上，“伦理”对于人的精神生命而言，是个体超越自身自然情欲和主观任意性向伦理实体回归的同一性追求，即人要从“禽兽”中超拔出来，必须做到“父子有亲，君臣有义，夫妇有别，长幼有序，朋友有信”，个别性的人成为“伦理性的存在”本质上就是成为与伦理实体同一的存在。同时，人的精神生命以及人对“精神同一性”的追求是展现于人的能动性和主体性的发挥中，“伦理”对于具体的、现实的个体而言，是一种先在的“实然”和“应然”，这种“实然”和“应然”要转化为个体内在的“必然”和“自然”，还需要个体以主体的姿态把“伦”之“理”内化为自身的本体诉求，这便是“道德”，因此，“道德”对于人的精神生命而言，其本质既是对“伦”的反省和认同，更是对“伦”之“理”的践行，同时也正是在对“伦”之“理”“颠沛必于是，造次必于是”的践履中，个体回归到“精神同一性”中。由此，“伦理”“道德”

① 宋希仁：《西方伦理思想史》，人民出版社 2004 年版，第 4 页。

的精微差别正是源于二者在人的精神生命和人类精神文明史中分别扮演着不同的角色。

其次，以哲学的反思性、批判性和建构性挖掘“伦理”“道德”的本体联系。从人的精神生命本性来看，“伦理”和“道德”虽然分别具有不同的道德哲学功能，但是由于二者的共同使命或共同基础都是人的“精神同一性”追求，所以二者之间的联系才是二者关系的本质。“道德哲学”不仅要挖掘二者的精微差别，而且更要建立其二者之间有机的联系。当然这种联系本身并不是二者的简单相加，而是以“精神统一性”为内在根基的辩证综合。“伦理”的道德哲学功能是构建个体与外在客观世界的“精神”联系，是在人之“类”的绵延中逐步形成的。所以对于具体的现实的个体而言，“伦理”具有先在性，也正因为如此，西方的“伦理”概念最初源于“风俗习惯”，当人们对这种风俗习惯进行主体的反思和自觉认同时，“风俗习惯”便升华为“伦”之“理”，中国文化中，孔子将作为社会制度和风俗的“周礼”提升到“伦理实体”的高度也正是源于这样的文明发展路向。所以无论西方文化还是中国文化，“伦理”都是人类精神文明的第一个形态，“与西方精神史相似，‘伦理’同样是中国道德文明与道德哲学的第一个历史哲学形态”①。源于“风俗习惯”的“伦理”彰显着外在世界的客观性，但是这种客观性和自然界的“客观性”又截然不同，因为这种客观性的存在和意义需要由个体作为主体的认同，又是以个体的意识和反思为主体条件的，因此，“伦理”的存在意义必然过渡到“道德”。“道德”的道德哲学功能就是将“伦”之“理”转化为个体内在的“道”之“德”，从形而上的角度看，“伦理”和“道德”一脉相承，二者难以明确区别开来。然而，落实到人的生活世界中，“伦理”和“道德”之间又存在一定的张力，也即是说，“伦理”对于现实、具体个体来说，具有先在性，这种先在性既制约着个体主观能动性的发挥，同时又面临着来自于个体反思和主体觉醒的解构风险。伦理追求社会至善，致力于对所有人的普遍性约束，道德追求个体至善，是建立在对社会普遍性伦理规则进行反思基础上的主体觉悟。在人类现实的生活世界中，总存在社会至善与个体至善的冲突和矛盾，“但道德哲学的

① 樊浩：《“伦理”—“道德”的历史哲学形态》，《学习与探索》2011年第1期。

确是有限度的，道德哲学所追求的普遍性并不能期望得到所有人的实际同意，更无法希望得到所有人的实际遵行。虽然道德原则规范的成立也并不依赖于此。永远会有例外情况发生，但社会之所以需要道德规范不正是因为总是会有例外？现代道德要面向所有人，立意于所有人来追求它的客观普遍性，但事实上，它所追求的‘道德共识’并不意味着所有人的实际同意，而可能只是大多数人的同意；其‘应当意味着能够’也不是指所有人的‘能够’，而只是大多数人在正常情况下的‘能够’。现代道德哲学的限度也就是人性的限度、众人的限度、社会的限度”①。面对着这种现实层面的“限度”，道德哲学应当致力于“伦理—道德”的统一。因为在现实层面，虽然存在“伦理”与“道德”的内在张力，但是二者作为人类精神文明的顶层设计，应当统一在一起才能实现精神的完善，也才能创造出一个有安全感和幸福感的社会。

最后，从“精神”的角度建构“伦理—道德”的同一性。如上所述，“伦理”和“道德”一方面存在精微差别，另一方面二者作为从人性出发的对人的精神生命的文化设计，又彼此内在相关：“伦理”作为对“我们如何在一起”文明追问的文化设计，体现着人的“类”本性，但是这种“类”本性在人类生活中的彰显不是自发或出自本能的，而是需要通过人的“主体性”的觉醒和挺立，即经由“道德”（主体基于价值追求的践行）而实现“伦理”的普遍性。中西方虽然形成了不同的文明传统，但是在“伦理”—“道德”的同一性建构中具有相通之处：西方苏格拉底按照希腊拉斐尔神庙的古老神谕提出“认识你自己”的伦理要求，“认识你自己”本质上不是个体性的凸显，而是以主体性的姿态认识“我”的伦理实体性，即超越于经验性的、感性的、个体性之上的具有普遍性的理性知识，即“理念”，所谓个体的美德就是按照伦理普遍性的要求去行动，如何按照伦理普遍性要求去行动，苏格拉底进而提出人要以理性控制自身情欲，以求得知识和智慧，从而获得基于美德的幸福。另外，近代黑格尔从“精神”的角度出发进一步揭示了伦理道德的内在一致性，“德毋宁说是一种伦理上的造诣”；中国明确地、系统地揭示出伦理道德内在一致性的孔子的“克己复礼为仁”，与苏格拉底“认识你自己”的伦

---

① 何怀宏：《道德哲学的可能性与限度》，《复旦学报》（社会科学版）2006 年第 4 期。

理要求具有文明相通之处，所谓“仁”德就是通过制约和超越自身的自然情欲和主观任意性实现“礼”的伦理普遍性，孔子在此释“仁”德，本质上是对伦理普遍性即“礼”的强调，孔子正是通过“仁”“礼”互释建构了“伦理—道德”的同一性，“先秦道德哲学的总体镜像是伦理与道德共生。孔子强调伦理或所谓‘人伦’，老子强调道德，有所谓《道德经》。确实，‘伦理’与‘道德’共生互动，是‘轴心时代’中国之于希腊道德文明历史哲学形态的卓异之处”①。“准确地说，由于孔子发现只有通过‘仁’的道德努力才能解决‘礼’的‘伦理问题’，所以一开始他就比较自觉地将伦理与道德相同一，但其根本是伦理预置或伦理关怀下的道德，《论语》的根本气质特征是‘伦理优先’”②。中西方在“道德哲学”的建构中都揭示出“道德”作为对“我应当如何生活”的文明追问，应当以“伦理”为其价值目标，即“伦理”—“道德”的真理形态为精神的同一。然而现代社会中，由于理性特别是工具理性的独霸，其“别异性”的哲学本性，引导现代人过度关注“我”的个体性存在，“可是现代意识中却没有这种共通的存在，只有自我。而对于自我的关注集中在个人的真实性［authenticity］上，集中在它独特的、不能消减而又不受约束的个性上。对自我真实性的强烈关心使得动机，而不是行动——即自我内在的冲压，而不是它对社会的道德影响——成为伦理与审美判断的源泉”③。“自我”的凸显乃至不受约束对道德哲学影响最大、冲击最深的就是引发伦理—道德的分离乃至分裂，而此种分裂的后果就是，道德哲学难以为人类所遭遇的生命困境提供疏解之道，如现代西方哲学中丹尼尔·贝尔揭示出的资本主义文化矛盾、马尔库塞提出的“单向度的人”本质上都是现代西方社会源于伦理道德分裂而导致的与人的精神生命相悖的文明后果。同时，中国在现代化建设中，对科技理性、经济理性的过度推崇而导致的“无伦理”“没精神”的中国难题本质上也是伦理—道德分裂的结果。因此，道德哲学应当从致力于人类关于“个体性

① 樊浩：《“伦理”—“道德”的历史哲学形态》，《学习与探索》2011年第1期。

② 同上书，第11页。

③ ［美］丹尼尔·贝尔：《资本主义文化矛盾》，赵一凡、蒲隆、任晓晋译，生活·读书·新知三联书店1989年版，第65页。

与普遍性统一”的“精神”需求，在承认“伦理”“道德”内在张力的同时，更应当实现二者的“精神同一”：“伦理”应当为“道德”提供普遍性要求，以超越个体的个别性，使个体生命获得“意义”的饱沃，由现实性的存在提升为神圣性的存在，同时，“伦理”也需要“道德”的基于批判、反思、建构的主体性诉求使“伦”之“理”能够立足生命的本真要求，使个体生命真正获得终极关怀。

第二节 “理”与“情”的道德哲学本性

人类精神文明以预设的方式回答人的本质在于人的同一性追求和同一性存在，而且这种“同一性”的道德哲学表达就是人如何由个别性的存在提升为实体性的存在。由此出发，人类精神文明仍有待探讨的是“人应当如何生活”的道德追问和“我们如何在一起”的伦理追问何以能够获得现实性？“道德哲学最深刻的形而上学难题在于：伦理道德的基地是理性，但又不能停滞于理性；理性必须走向行动，但尚未达到行动”①。“由理性向行为过渡的中介，或理性形态的伦理，向现实形态或实践形态的伦理过渡的中介形态，这个中介就是：冲动或冲动形态的伦理”②，“伦理冲动的人性机制有两种：意志和情感，准确地说，伦理意志和伦理情感”③。由此我们看到，人类要以道德哲学的方式回归到“同一性”中，需要依托于人性中的三种要素：理性、情感和意志。而且在这三种要素中，“意志”缺乏相对的独立性，其功能的发挥有待于“理性下命令”，情感与意志的功能相通，“情感，本质上是一种特殊的意志，即主观形态的意志，具有行为的品质”。在中国文化中，与意志相比，“情”更具主导意义，“心者，一身之主宰；意者，心之所发；情者，心之所动；志者，心之所之，比于情、意尤重”，“心之所之谓之志……意又是志之经营往来底，是那志底脚……问：情比意如何？曰：情又是意底骨子。志

① 樊浩：《道德形而上学体系的精神哲学基础》，中国社会科学出版社 2006 年版，第 270 页。

② 同上书，第 271 页。

③ 同上书，第 274 页。

与意都属情，‘情’字较大。‘性’‘情’皆从心，所以说‘心统性情’”。(《朱子语类卷一》) 由此，在道德哲学的人性基地中，“理”和“情”成为更具主导意义的精神因子，并成为人回归到“同一性”中的主要精神动力。

一 “理”之别异性

人类精神文明在以道德哲学的方式追寻人的本质属性的精神历程中，普遍认识到道德哲学必须以理性为人性基地。而理性之所以成为道德哲学的基地，源于自身的“精神”本性。

“‘精神’的本性是自由，而‘自由’有两种意义，‘一个是从外在的控制下得到解放’，‘一个就是从情欲内在的束缚下得到解放’，正因为如此，‘精神’才可以成为‘世界历史’。”① 而人类获得这两种“解放”并实现精神自由的前提条件或首要条件便在于人的理性。因为“理性”的哲学本质是“别异”。人追求解放首先是认识到自己是被“控制”、被“束缚”的，也只有人才会有这种认识和这种感觉。而这种认识首先是由理性完成的，人经由理性认识到自己与世界、他人的别异，并根据自身需求的逻辑推知如何做才会是“有益的”，而这一点在苏格拉底的“美德即知识”中得到了最直接的表述。柏拉图的《美诺篇》中记载，苏格拉底在与学生美诺讨论什么是美德的问题时，以假设论证法提出“美德即知识”的结论，而且进一步认为美德只有被正当利用时才是有益的，而正当利用的根据就是在于得到理性的指导。苏格拉底提出“知识即美德”的道德论断的革命性意义在于人们开始从“我”的角度或个别性出发去辨别和认识事情，“我”从“我们”的自然同一性中分离出来，于是，“我应当如何生活”的道德觉悟便在理性的别异中破茧而出。人类通过理性获知在自然界中什么是对人有益的，因而开启了人与“自然”的分离，并走上了“征服自然”的人类之路；人类通过理性的别异性获知身心之间、人我之间、人与社会之间的区别和矛盾，从而走上了追寻“我应当如何生活”“我们如何在一起”的“精神苦旅”。

理性的“别异性”促使人从自然同一性中分离出来，使人意识到

---

① ［德］黑格尔：《法哲学原理》，范扬、张企泰译，商务印书馆1996年版，第10页。

"我""你""他"的区别，以一种外在的、"对象性"的方式认识世界、改造世界。但是由于人的同一性追求，理性更深刻的道德哲学本质是在"你""我""他"的区别之上追求和构建普遍性：一是以理性作为人的共同属性。人类精神文明普遍认为理性是人区别于动物的根本属性，也是人之所以为人共有的属性。同时，在人类的精神结构中，把理性置于何种地位，又彰显了中西方文明的根本不同，西方理性主义文明将理性置于本根性的地位，并认为理性是人获得道德的精神根源，如亚里士多德将美德分为"理智的美德"和"道德的美德"，前者是理性发现真理的能力，后者是理性通过控制情感和欲望产生的美德，无论哪种美德，理性都是必不可少的前提条件之一。中国伦理性文化也重视理性的作用，但是中国的理性未走向西方强大的认知理性，而是以一种性理之理、情理之理的形态隐含于中国式的精神结构中，发挥道德哲学功能，"故西方以智为领导原则，而中国则以仁为领导原则……智，只润于仁中，调适而上遂。并未暂乎离乎仁，下降凝聚，转而为理解"①。二是理性建构普遍性的能力的彰显。理性之所以成为人区别于动物的根本属性，并成为道德哲学的首要前提，还在于其建构普遍性的能力。道德哲学的本务是通过超越和扬弃人的自然情欲和主观任意性，发挥人向上向善的本愿而实现个体与伦理实体的统一。如前所述，在人的同一性追求中，人类精神文明先预设一个"一"，如西方文化中的柏拉图的"理念论"、基督教的"上帝"、黑格尔的"伦理实体"概念，中国文化中的"天"、佛教中的"佛"、道家文化中的"道"、朱熹的"天理"、陆王心学的"心"。而对"一"的预设都是通过发挥人的理性能力而完成的，"形式就是作为概念认识的那种理性，而内容是作为伦理现实和自然现实的实体性的本质的那种理性，两者自觉的同一就是哲学理念"②。正是基于理性，人类在认识到人与世界的区别的同时，也相信自身有能力自觉地追求与世界的同一，因为理性能够建构表达同一性的"最高概念"。当然，由于理性是从人与世界的区别出发建构"同一性"，其更凸显"我"的理性能力特别是"我"的理性算计能力，所以其在建构"同一性"时，也隐含着解构

---

① 牟宗三：《历史哲学》，吉林出版集团有限责任公司 2010 年版，第 15 页。

② ［德］黑格尔：《法哲学原理》，范扬、张企泰译，商务印书馆 1996 年版，第 11 页。

“同一性”的风险。

在人类精神文明的发展历程中，无论是“理”的别异性还是建构形式普遍性等文化功能的发挥，最终都是指向或表征人的主体性的挺立。人作为有精神的生命存在，其与其他生命形式的最根本区别就是，不会被动地服从外在客观世界和顺从自身的自然本性，而是发挥基于理性的意志自由能动地认识世界、改造世界，此即人的主体性的挺立过程。从道德哲学的角度看，人的主体性表现为向善性和超越性。人作为有精神的生命存在，不会向其他生命形式那样被动地服从外在客观世界和自身自然欲求的驱使，而是通过自身的主体能动性去构建属于人的世界。即首先通过人的理性认知能力探求世界之“真”和人性之“真”，并基于人的“类”本性，追求“善”或“应当”，凸显人之所以为人的高贵之处，并以此作为评价人的行为之善恶属性，进而使人性更为完善。而人性走向完善的途径就是通过挺立自身的主体性和基于理性的道德自觉，确立崇高的道德理想和道德境界。人作为源自于自然的生命存在，始终羁绊于生老病死的生命困境，但是人的高贵和伟大之处却又是力图超越这种困境，通过理性的别异性和反思能力使“自我”从世俗和大众之中卓然挺立。理性对人的主体性的激发避免了人沉沦于自然欲望主观任意性之中，进而使道德主体重新确认个体利益与整体利益之间的关系，并由此通过维护社会整体利益和长远利益实现人的价值和意义，“‘意义’之所以被称为意义，‘价值’之所以被称为价值，不是说它全无利益的内涵，而是说它是对眼前的和个体的利益的有限性的扬弃和超越，是对无限和永恒的追求”①。

二 “情”之合同性

道德哲学以理性为基地，并通过人类的理性能力预设性地建构反映同一性的“最高概念”，但是这种“最高概念”还都是主观的，还是以意识为表现形式，只是一种可能性，而人类如何将意识转化为意志、行为，将向上向善的“本愿”转化为一种现实性，其人性根源还在于人的情感。

在人类的精神结构中，理性从“别异性”的角度出发构建形式普遍

---

① 樊浩：《伦理精神的价值生态》，中国社会科学出版社 2001 年版，第 188 页。

性，使人类从外在的客观世界中挺立出来认识世界、改造世界。但是由于“人”的本性或生命的终极意义在于追求与实体的同一。因此，人类还需要另外一种精神力量把人类从理性的“别异”中重新推到“同一”中。而这种精神力量主要是由“情”迸发出。“情”存在于关系中，其道德哲学功能就是基于对“伦”的实体的认同和信念，通过其“合同”本性，激发个体回归到伦理实体中。而且，“情”合同本性主要是以“多样性”的方式激励个别的人回归到伦理实体中。如孟子所言：“君子之于物也，爱之而弗仁；于民也，仁之而弗亲。亲亲而仁民，仁民而爱物。”（《孟子·尽心上》）这里的亲、仁、爱分别为“情”的三种表现形态，而且这三种表现形态分别对应人类所面临的三大关系，即与亲人之间、与社会国家之间、与万物宇宙之间层层递进的关系：“亲”主要展现为家庭之间的伦理关系，其道德哲学意义主要是个体通过“亲亲”扬弃自身的特异性而成为伦理实体的存在，正如黑格尔所说：“在家庭中，人们的情绪就是意识到自己是在这种统一中、即在自在自为地存在的实质中的个体性，从而使自己在其中不是一个独立的人，而成为一个成员。”① 黑格尔这里所说的“情绪”与孟子所言的“亲”具有相通性；“仁”主要是处理比家庭伦理关系更具广泛性和普遍性的个人与社会国家之间的关系，其道德哲学意义是通过人与人之间的相互感通，并依托国家这一伦理实体，将个体的人凝结为更具普遍性的伦理共同体；“爱”在中国文化中主要是人类以道德主体的姿态展现为对宇宙万物的珍惜、爱护之情，并衍生了“天人合一”的宇宙情怀，和理性把人从自然中“别异”出来并衍生征服自然的价值意识形成了强烈的对比。在这里，无论“亲亲”“仁民”，还是天、人之间的“爱物”，“亲”“仁”“爱”都展现了人类精神结构中情感合同本性的巨大的道德哲学功能，正因为“情”的存在，人才会实现其“同一性”的价值追求，在与伦理实体的“同一”中获得人间幸福。

从人的现实生存来看，面对种种生存困境，人类需要理性辨别何者有益何者有害，所以人类需要理性的谋划和计较。正是基于人的此种现实，无论西方道德哲学传统还是中国道德哲学传统都承认人的“自利”

① ［德］黑格尔：《法哲学原理》，范扬、张企泰译，商务印书馆1996年版，第175页。

本性，但是由于人之所为人本性在于超越自身的“自利”本性而获得维护他人利益、整体利益的价值和意义。“自利”是一种本能、一种天性，而维护他人利益、整体利益则需要道德自觉，需要超功利性的情感的价值关切，“无论人们会认为某人怎样自私，这个人的天赋中总是明显地存在着这样一些本性，这些本性使他关心别人的命运，把别人的幸福看成是自己的事情，虽然他除了看到别人幸福而感到高兴以外，一无所得。这种本性就是怜悯或同情，就是当我们看到或逼真地想到他人的不幸遭遇时所产生的感情”①。而且亚当·斯密直接把这种同情感作为人类道德的基础，“正是这种多同情别人和少同情自己的感情，正是这种抑制自私和乐善好施的感情，构成尽善尽美的人性；唯有这样才能使人与人之间的感情和激情协调一致，在这中间存在着人类的全部情理和礼貌”②。而在中国道德哲学中，更是把对他人的同情即“怵惕恻隐之心”作为人之所以为人的根本，“所以谓人皆有不忍人之心者，今人乍见孺子将入于井，皆有怵惕恻隐之心，非所以内交于孺子之父母也，非所以要誉于乡党朋友也，非恶其声而然也”。（《孟子·公孙丑上》）

情感是个体与他人、社会融为一体的主要联结力量，其道德哲学功能就是扬弃个体的个别性，将个体投掷到与伦理实体不可分离的关联中，形成个体与伦理实体的统一。情感的“直接性”特征可以超越理性的权衡、计较，直接诉诸于“行”，“情感在现实上体现为‘知’与‘行’的合一，在相当多的情况下，主体的行为是一种‘身不由己’的情感反射，因而更能体现道德作为‘实践精神’的特点”③。如孟子提出的“见父自然知孝，见兄自然知悌，见孺子入井自然知恻隐”的道德论证直接体现了“情”的直接性特征，在这里，“知”本身就具有“行”的意义，而知与行直接同一的内在精神动力即为血缘亲情、伦理情感和道德情感，“自然”本质上是对“情”的直接性的表达。“情”的“直接性”可以消解“理”的抽象性和形式性，实现个体与实体的现实统一，使抽象的伦

---

① ［英］亚当·斯密：《道德情操论》，蒋自强、钦北愚、朱钟棣、沈凯璋译，胡企林校，商务印书馆1997年版，第5页。

② 同上书，第25页。

③ 樊浩：《伦理精神的价值生态》，中国社会科学出版社2001年版，第174页。

理普遍性展现于“活泼泼”的个体道德生命中，从而使人类的道德诉求从“理”的形式层面提升到实质性层面，使人不但“知理”，而且还能够按照“理”提供的价值原则去行动，真正实现伦理精神所追求的理论合理性和实践合理性。另外，“情”作为“伦理精神”中最强劲的因子，它一旦被激发，就会以一种无可抵抗的力量激发起人类对“善”的执着，并打破世俗与神圣之间的界限，贯通现实世界与意义世界。无论是中国传统中的仁爱精神还是西方传统中的博爱精神都体现了“情”的此种强大力量。特别是中国情理传统中的仁爱精神是通过“推己及人”、由近及远展现为由“爱亲”到“爱人”再到“爱物”，打破“天”“人”界限，实现“天道”与“人道”的合一，最终实现人与实体的同一，为解决“我们如何在一起”的文明难题提供价值引导。

三 中国文化中“情”与“理”的共生互动

（一）“情”

“情”在中国文化中是具有多重含义的文字，即质实、情实、情欲、情感等，其中“情”的“情欲”（道德哲学的规约对象）和“情感”（道德哲学的精神动力）的两种含义已成为中国道德哲学的重要元素。具有道德哲学意义的“情”主要指“情”的“情感”义，从道德哲学的角度看，“情”不再是具有自然生理意义的心理情绪，而是一种哲学理念，此种理念一方面具有伦理普遍性，另一方面还是个体成德的精神动力。

第一，“情”是“性与天道”落实于人间世界的承转处。中国文化从天道角度出发构建了精神形而上学，并强调“性与天道”的贯通。而“情”的哲学本性就在于“情”是“天道”下贯而成，郭店楚简《性自命出》提出“喜怒哀悲之气，性也。及其见于外，则物取之也。性自命出，命自天降，道始于情，情生于性”，在天、命、性、情之间建立起了形上学的联系，“天”或“天道”成为人的生命存在的本源和根据，“天道”或“天命”落实于人便成为“性”，“性”“外接于物”显而为“情”，“情”便成为由神圣性、超越性的“天道”向世俗世界转变的承接点，因此人的精神修养和精神超越，只需通过“修道”完善自身的情感生活即可，“天命之谓性，率性之谓道，修道之谓教”，（《大学》）“喜怒哀乐之未发，谓之中，发而皆中节，谓之和。中也者，天下之大本也；和也者，天下之达道也。致中和，天地位焉，万物育焉"。（《大学》）我们在精神修养中究竟可以达到什么样的境界，就取决于我们自身的情感流露能否达到中和，从此种角度看，中国精神哲学传统中的精神修养本质上是一种情感修养。

第二，"情"的伦理实体性。中国精神哲学从性情形而上学的角度赋予"情"以精神形上学的意义，但是"情"作为具有实质性意义的精神元素，其更根本的意义是如何使"天道"落实到人的生活世界中，使个体生命皈依于伦理的普遍性中。中国精神哲学从血缘文化背景出发，将"情"作为个体与实体统一的机制和力量，伦理实体意识形态展现为血缘亲情和伦理情感。中国精神哲学建构的社会基础为"由家及国，家国一体"的社会结构，这种社会结构首先赋予血缘亲情以重要的伦理意义，血缘亲情成为个体与实体直接同一的原始力量。血缘亲情虽然是人之生命的原初存在，但是其自身拥有强大力量，这种力量一旦被激发出来，便可以成为强大的"调整个人生活的力量"。也正因为如此，血缘亲情在中国精神哲学传统处于根源性地位。与此同时，中国传统精神哲学又没有囿于血缘亲情，而是通过"推己及人"的"移情"方式，将"爱亲"提升为"爱人"，将血缘亲情升华为以具有更大普遍性的伦理情感，通过"移孝作忠"实现"家庭"与"国家"两大伦理实体之间的和谐，并且在"老吾老，以及人之老；幼吾幼，以及人之幼"的"伦理扩推"中努力追求"天下一家"的大同世界。于是，在中国精神哲学传统中，"情"通过伦之"理"的普遍性"洗礼"，而成为个体扬弃自然情欲和主观任意性的伦理必然性和伦理力量。

第三，"情"的道德主体性。中国精神哲学传统中精神的"天道—性—情—伦理—道德—天人合一"的整个辩证运动过程，其本质是个体不仅要上升到实体，而且还成为道德主体，并通过主体的道德修养实现天人合一的终极关怀。而个体成为道德主体的基础是具有道德性的自我反思和自我认同，于是"情"在精神的"道德"阶段，展现为一种以追求"善"为内在本质具有主观能动性的道德情感。道德情感的精神意义就在于，它不仅是主体进行德性修养的精神动力，而且也是追求"天人合一"精神境界的情感归宿。中国传统精神哲学在精神修养和精神超越方面最为根本的特征，就是从“人异于禽兽”的人性善出发提出道德修养，而人性本善的根据就在于人具有天生的“善情”，“恻隐之心，人皆有之；羞恶之心，人皆有之；恭敬之心，人皆有之”，人进行道德修养只需按照伦理普遍性的要求培养、扩充“善情”即可，“情”在此具有根源性和主导性的作用。关于此，孟子和朱熹论述地较为明确，孟子提出“恻隐之心，仁之端也；羞恶之心，义之端也；恭敬之心，礼之端也”，确立了道德情感的根源性地位；朱熹提出“心统性情”，通过对心、性、情、意、志之间辩证关系的阐释，进一步肯定了“情”的主导地位，“性、情则一。性是不动，情是动处，意则是主向”。“心者，一身之主宰；意者，心之所发；情者，心之所动；志者，心之所之，比于情、意尤重”，“心之所之谓之志……意又是志之经营往来底，是那志底脚……问：情比意如何？曰：情又是意底骨子。志与意都属情，‘情’字较大。‘性’‘情’皆从心，所以说‘心统性情’。”（《朱子语类卷一》）由此可以看到，“情”本身就包含着意与志，表现着情本身就内含着一种决定和定向作用，亦表现为一种力量、动力。这种定向和力量即内在于人的本性中，“我欲仁，斯仁至矣”，同时又存在于以“乐”为依归的无限延展的精神境界中。

（二）“理”

“理”在中国精神哲学传统中，具有两种内涵，一种是作为与人的主体性相对应的、具有客观性的伦理法则，在中国传统文化中主要表达为“礼”，在宋明时期被提升到“天理”的高度；另一种内涵即为与“情”相对应、属于人性的理性。而且这两种内涵又具有内在的相通性，作为客观法则的“理”往往是由人的纯粹理性去认识和把握，经由价值理性认同和维护，并由实践理性获得现实性。而且在“理”的多重内涵中，中国精神哲学更为重视“理”的价值理性和实践理性对维护伦理法则的精神意义。

“理”是一种“自己在内”的生命体认。中国的“理”与西方的“理性”都承认，人具有理性的本质，“理”的基本功能首先是对万物的认知，但是西方哲学的认知更重逻辑，认为逻辑可以证明人的理性能力，于是建立了以知识为根基的“理型”世界，但这一世界始终与生命处于张力中，“苏格拉底、柏拉图的回向却只是反到知识上，在此表现了‘重叠界说’的路数，发现了真常而为实体的‘理型’……可是，‘理型’出现了，我的生命枯竭了。世界分明了，建立起来了，而我的生命糊涂了，解体了。‘现实的我’完了，‘游魂的我’归到理型世界里去了”①。而中国精神哲学虽然也注重“理”的逻辑认知功能，但其终极目标是人之生命的觉解与安顿上，从伏羲制八卦、神农尝百草到人文始祖的黄帝，再到尧、舜、汤、周公以及孔孟所开创的中国精神无不以生命的保存、安顿以及生命力的张扬作为基点，并以“生”作为宇宙万物的本体，正所谓“生生之谓大德”。所以中国精神哲学中“理”的认知功能展现的不是“自己在外”的对象性认识，而是一种关于“自己在内”的主体性认知和生命体悟。“理”关注的具体问题不是将生命分解为肉体与精神、理性和非理性，而是从生命的整体性出发，一方面承认人的自然欲望需求，另一方面，又从具体的生活中抽出生命的“灵明”之处，以理性之智慧开启出从人伦出发的客观法则，并以“我欲仁，斯仁至矣”的主体性姿态追寻生命的终极依归。

“理”是与“行”同在的意义追寻。中国精神哲学中的“理”所展现的关于“自己在内”的生命体悟又成就了“理”的实践之维，“理”的本质在于如何有意识、有目的地改造世界、成就自身，正如《大学》中所言“格物、致知、正心、诚意、修身、齐家、治国、平天下”，“格物、致知”更多指向对外在世界的逻辑认知，是“用”，在“精神”的外在展现中处于虚位，其真实意义与存在当体现为“修身、齐家、治国、平天下”的实践过程，是与“行”同在的“理”。这样，“理”通过“行”获得具有无限性的价值品格，“当其（理性——笔者注）在属智的体性学中，它所放下的是智的，是科学的，是所谓境界的，是属于‘是’的，是‘无意义’的（此词有殊义）。可是在属行的体性学中，它所放下的便不同了，因而它的作用也就不同了。此时它所放下的不是科学的；不是智的，是行的；不是属于‘是’的，乃是属于‘义’的；此时有意义可说，有境界可言”②。由“理”提供价值准则和普遍性指导的“行”也避免了因人自身的自然情欲和主观任意性导致的自发性，而具有了自

① 牟宗三：《寂寞中的独体》，新星出版社 2005 年版，第 102 页。

② 同上书，第 56 页。

觉的品格。在“理”与“行”相交融的过程中，人类行为便由有限的“现实世界”中进入到无限的“意义世界”中。

第三节 “情”与“理”的三种道德哲学传统

“情”与“理”均为人性，是伦理道德的重要人性前提和人性机制。西方道德哲学以“理性+意志”为人性结构，形成了以理为主、情理二分的传统，诞生了理性主义和情感主义两种道德哲学形态，并且理性主义一直居于主导地位；中国道德哲学立足于血缘文化，形成了以“情”为主、情理合一的情理主义伦理形态。从中西方文明对“情”“理”的文明设计以及人的本性出发，这三种道德哲学形态在整个人类精神文明史中均彰显着独特魅力，尽管三者旨趣不同，但是在整个人类文明中始终对人之“用生”“用世”的文化生命提供着必不可少的价值指导。

一 理性主义

理性主义是西方文化的一个重要传统，即使不是所有的哲学家和思想家都是理性主义者，不同背景下的哲学家对理性的理解也各不相同，但是对理性的推崇始终都是西方文化的根本精神之一，“理性主义是西方古典伦理学的主要传统之一，它的最大特点就在于对伦理学绝对形而上学知识基础的先验假设，和对整体主义道德原则的理想追求”①。理性主义道德哲学形态的本质就是把发扬人的理性能力作为追寻和建构伦理道德的形而上学根据，并主张用理性来驾驭人的感性欲望或情感，强调理性、精神对伦理关系和道德生活的决定性作用。具体而言，其本质特征体现为以下几个方面。

第一，以理性作为人的本质属性。人性论是道德哲学的基本理论预设，伦理道德之所以成为人类独有的现象，其根本原因就在于人与动物相区别的根本本质属性。那么，这种本质属性到底是什么？理性主义道德哲学形态认为人的本质属性在于人有理性，理性是人与动物相区别的根本属性，“人的功能，决不仅是生命。因为甚至植物也有生命。我们

---

① 万俊人：《现代西方伦理思想史》（上卷），商务印书馆2001年版，第12页。

所求解的，乃是人也有的功能。因此，生长养育的生命，不能算做人的特殊功能。其次，有所谓感觉生命，也不能算做人的特殊功能，因为甚至马、牛及一切动物也都具有。人的特殊功能是根据理性原则而具有理性的生活”①。当然，在西方理性主义道德哲学形态中，把理性作为人的根本属性，也并不是否认人的诸如感性、欲望和情感等本性，而是认为人之所以能够过道德生活的能力正源于人有理性。正由于人的理性能力，人才能把自身与外在世界相区别开来，思考“我是谁?”“我在哪里?”等生命哲学问题。同时，这种理性能力还以一种反思性的方式思考人自身，对人自身的动物性需求和精神性需求进行区别，并运用理性追求普遍性、整体性和超越性的精神特质，认为人之所以为人的本质在于能够运用理性首先克服和超越自身的自然情欲和主观任意性而追寻“正当的生活”“好的生活”或“善的生活”。正因为人有理性，人才能过有道德的生活，从而与动物相根本区别。那么，人如何通过理性过道德的生活？就是通过理性对激情和欲望的调节和控制。人的善行就是合乎理性的实践行为。理性主义道德哲学形态对理性的高扬以及理性对情感、欲望的驾驭可以说贯穿西方伦理思想史的始终，即使从快乐和痛苦等感觉出发判断善恶的伊壁鸠鲁学派也极为强调理性在道德哲学中的根本意义，“凡是被判断为最好的行为，都是遵从理性正当地作成的”②。黑格尔作为西方理性主义的集大成者，更是把理性推至巅峰之位，他认为理性是人类共走的康庄大道。理性主义道德哲学形态将理性作为人的本质属性，可以说道出了人类文明的部分真理，人之所以能够认识世界、改造世界，并超越现实世界积极主动地建构意义世界，无不彰显着理性的魅力。当然，理性主义道德哲学形态对理性的绝对推崇，尤其是把理性作为人的唯一根本属性，又使这种文明形态尤其无法逾越的缺陷，即忽视了人有情感、欲望、激情、直觉等非理性的一面，特别是其对绝对的道德形而上学的追求极易导致人类文明走向独断，而与人类追寻的“我们”的终极价值背道而驰，“近代西方哲学在取得光辉夺

① 《西方伦理学名著选辑》（上），商务印书馆 1964 年版，第 280 页。

② 转引自罗国杰、宋希仁《西方伦理思想史》，中国人民大学出版社 1985 年版，第 246 页。

目的进步时，即已包含了严重的缺陷和矛盾，由此孕育着深刻的危机。这首先表现为：对理性的倡导由于走向极端而变成了对理性的迷信，理性万能取代上帝万能导致了理性的独断；用理性主义精神构建的哲学体系往往变成凌驾于一切科学和现实生活之上的思辨形而上学体系。其次表现为，近代哲学所实现的认识论的转向虽然以反省思维克服古代哲学的朴素性和直观性，然而它之以主客、心物等分离为前提又往往使人忽视了两者的不可分割的联系，以至于陷入了不同程度的二元论，而二元论最终必然导致与理性精神相悖的独断论和怀疑论"①。也正因为如此，随着近代理性主义的绝对地位及其这种文明缺陷在近现代文明的暴露，又导致非理性主义的兴起以对抗理性主义的绝对地位。

第二，对人的道德主体性的彰显与弘扬。理性主义道德哲学形态将理性作为人的根本属性，认为能够向善的道德能力正源于人的理性能力。之所以如此，正是因为人的理性能力首先能够激发人的主体性。这种主体性在理性主义道德哲学中展现为以下两个方面。一是发挥认知理性认识外在客观世界和人自身以及人在世界中的价值欲求。理性主义道德哲学形态对"善"、伦理、道德的界定始终和人的认知理性紧密结合在一起。如苏格拉底提出的"美德即知识"的道德命题极大地彰显了认知理性在道德哲学中的重要意义。苏格拉底的这一命题可以说体现了西方文化的根本精神，即对认知理性的推崇，并进而导致对知识的追求与崇拜。如苏格拉底认为，知识是一切的善，美德是一种知识，并从属于知识。从一般意义上看，知识作为属人的发现和建构，其哲学本质是一种与人自身相分离的对象性认识，是属于人之生命之外的，人发现知识是为自身所使用。无论是发现知识还是运用知识都离不开人的理性能力的发挥。正是从这个意义上，苏格拉底提出"美德即知识"的道德论断，进一步凸显了理性特别是认知理性在道德哲学中的根本意义。当然，苏格拉底在这里讲的"美德即知识"的命题不仅仅只是人只要具有了关于美德的知识就具有了美德，还应当按照关于美德的知识去行动，这才是真正有知识的人。所以西方理性主义道德哲学在推崇理性的同时，还极为重视由"知"转"行"的意志的参与。以至于西方道德

① 刘放桐：《新编现代西方哲学》，人民出版社 2003 年版，第 50 页。

哲学的人性结构为“理性+意志”，“‘希腊四德’或西方四德的人性结构便是：理智+意志。理智是本体，意志是主体，四者之中，3/4是意志。意志就是伦理德性与伦理冲动的人性机制”①。意志虽然是由“知”转化为“行”的必不可少的人性中介，但是其自身不具备独立性，需要理性下“绝对命令”，即意志在道德行为中的作用或意义是按照认知理性“发现”和确立的道德原则和规范激发人去行动。所以，理性激发的人的主体性第二个方面的体现就是，运用理性以绝对主义的方法寻求和建构一种超验的普遍性道德原则，进而强调理性、精神在道德哲学中的绝对意义。这也是西方理性主义道德哲学的根本特征。整个西方理性主义道德哲学的体系建构无不是围绕着建构普遍性道德原则而展开的。如柏拉图的“善的理念”、基督教的“上帝”、康德提出的“绝对命令”无不是以一种绝对主义的方法建构唯一、普遍的、所有人都应当遵循的最高伦理原则。尤其是康德的“绝对命令”把理性主义的这种特质推向了极致。康德从超验的角度提出“绝对命令”，把其作为最高的、普遍性的道德原则。他认为，单以经验为依据的规则、规范，都是有限的，只能在一定的范围内为具体实践提供指导，永远不能成为普遍必然的道德法则。正是出于这样的认识，康德认为只有通过我们自身的理性能力才能寻求完全超脱感性经验的、纯粹理性的、具有必然性和约束力的道德法则。从伦理学的角度看，这种超越感性经验、具有普遍性、最高道德法则就是“绝对命令”，最高的善就是遵从绝对命令。康德把“绝对命令”作为道德的最高标准，具有重要的意义。首先他的这一理论使西方理性主义更趋成熟。而且对于道德哲学而言，经由理性寻求最高道德原则，为道德哲学提供了形而上的理论基础，对道德上判断善恶提供了依据和标准，可以有效地避免道德判断走向相对主义。同时，康德从理性的角度对“绝对命令”的理解是深刻的。“绝对命令”虽然是最高的、普遍的道德法则，但它不是外在于人的，而是基于主体认同的内在命令，其原始力量来自于“我愿做什么，就命令什么”，遵循“绝对命令”的行为是“为义务而义务”的行为。“绝对命令”概念

① 樊浩：《道德形而上学体系的精神哲学基础》，中国社会科学出版社2006年版，第276页。

的提出不仅激发了人的主体性，而且还从源头上保持了道德的纯洁性。同时，理性主义作为西方伦理重要传统之一，它的这种对道德哲学绝对形而上学知识基础的先验假设，使其走向极端认识主义，特别是黑格尔将这种绝对普遍性的道德原则纳入到其"绝对精神"的庞大理论体系中，使理性主义道德哲学更加绝对化、极端化。这也正是理性主义自身无法克服的矛盾。特别是其对理性的顶礼膜拜和沉迷、对道德形而上学知识体系的庞大建构，难以观照到现实的人生和人性需求，以至于遭遇到现代西方哲学特别是非理性主义的激烈批判，"传统理性主义在其发展中走向了独断，原本引导人们走向思想解放的理性现在也变成了制约人的存在的神话。因此人们开始从理性的迷梦中走出来，希望超越理性，超越形而上学的理性独断，进而回归人的本真的存在，从而形成了非理性主义。他们要求超越理性对人性普遍的自由、平等、博爱的理解，转而对人的个体性的生命本能加以强调"①。

第三，基于理性的解构和建构功能追求"伦理普遍性"。理性主义道德哲学形态以理性为人性基地，特别是通过理性的认知能力建构起来的丰富而体系庞大的道德哲学体系，成为整个世界文明中璀璨的花朵。同时其对理性的重视而激发的道德主体性，使人从外在权威的控制中解放出来，开启了西方文明中追求自由、自立和自律的"人"的觉醒的文明大幕。当然这种基于理性的主体性具有个体性的倾向，对个人的自由、独立的追求一方面能够激发人对个体存在的觉醒，但是另一方面又包含着一种风险，即个体的觉醒与其所在集体的分裂。于是为了避免这种风险，理性主义道德哲学在肯定个体独立性的基础上又努力建构一种伦理普遍性，使个体在理性反思中感受"自我"的存在中还应当按照一种伦理普遍性要求成为一个有道德的人。这种伦理普遍性因何存在？如何存在？理性主义道德哲学形态在建构伦理普遍性、追寻和解决"我们如何在一起"的文明难题时，始终基于理性来建构。而且这种建构和中国的伦理型文化截然不同。中国伦理型文化建构伦理普遍性的方式，是从血缘关系出发，以"五伦"为基本理路展现伦理普遍性。而西方文化主要是通过理性的解构和建构功能来建立伦理普遍性，即通过理性的别异性、

① 曾冰：《西方理性主义述评》，《中南财经政法大学研究生学报》2007 年第 6 期。

反思性把人从与家庭、神的自然同一性中解放出来，使个人成为个体，再通过理性的建构功能，确切地说，通过认知理性最高的、普遍性的“理念”或绝对的实体展现伦理普遍性，善或道德就是个体遵循这个最高的理念或绝对的实体。柏拉图的“理念论”、基督教的“上帝”观念、康德的“绝对命令”、黑格尔的“绝对精神”无不体现着理性主义道德哲学对伦理普遍性此种建构方式。如柏拉图把“善的理念”视为世界最高的本体，其他现象世界的一切都是以“理念”为范型而存在。而“善的理念”作为众理念之根本，作为最高的存在，成为一切存在的终极目标。人在现实社会的一切追求或人的伦理普遍性的实现都必须以“善”为目标。如柏拉图在《理想国》中对理想城邦的设想就是以作为最高存在的“善的理念”为标准制定法律，个体与社会整体之间冲突和矛盾的消除就是个体要服从和分享“善的理念”，从而实现全体城邦公民的幸福，即个体至善与社会至善实现统一。理性主义道德哲学形态对伦理普遍性的此种建构方式展现了其基本特点，即从认知理性出发对伦理普遍性进行绝对形而上学知识基础的先验假设，尽管这种伦理普遍性承认个体的独立和自由，但是其对理性特别是理性建构形式普遍性的绝对推崇又使其走向对整体主义道德原则的理想追求，这一特点在黑格尔对“伦理”的客观性和普遍性表述中体现得淋漓尽致，“人类把伦理看作是永恒的正义，是自在自为存在的神，在这些神面前，个人的忙忙碌碌不过是玩跷跷板的游戏罢了”，[①] “在考察伦理时永远只有两种观点可能：或者从实体出发，或者原子式地探讨，即以单个的人为基础而逐渐提高。后一种观点是没有精神的，因为它只能做到集合并列，但是精神不是单一的东西，而是单一物和普遍物的统一”[②]。理性主义道德哲学形态对伦理普遍性的建构，以及认为伦理道德就是在个体及其生活的社会整体中达到有机平衡，实际上已经触及了道德哲学的根本属性。道德哲学作为人类思考自身生命价值和意义的精神文明形态之一，特别是理性主义对意志自由和伦理普遍性之间的张力和协调是对人类文明的巨大贡献，其对人类文明的意义就是从精神生命的角度对“人应当如何生活”和“我们如何在一

① ［德］黑格尔：《法哲学原理》，范扬、张企泰译，商务印书馆1996年版，第165页。

② 同上书，第173页。

起"的两大文明难题的回答。

起源于古希腊时期的西方理性主义道德哲学形态对理性的绝对推崇，以及其从认知理性角度出发建构的庞大的伦理学知识体系，以及其"主理"的文明传统成为整个世界文明中璀璨的花朵，对西方文明作出了巨大贡献，成为近代西方科技取得巨大进步的重要文化土壤，"而西方希腊传统，则首先把握自然，表现'理智'（理智亦是心，理之一形态），因而开出逻辑数学与科学，此以'智'为罩笼者，故亦曰智的传统"①。理性主义道德哲学形态对理性别异性和反思性的发扬而成就的对个体独立、自由的认可又成为西方民主制度的重要精神支撑。当然，由于理性主义道德哲学形态对理性的独尊，而对人的其他本性的漠视甚至压制，又使其遭受到其他理论特别是现代西方哲学中非理性主义和反理性主义的深刻批判，"康德关于道德形而上学本原的绝对知识化、理想化，与黑格尔对理性主义伦理学原则的总体化、观念化，使西方古典理性主义伦理学进入完美无瑕的幻想世界，也使它步入了生命的最后旅程。伴随着资本主义的沉浮颠簸（经济危机、战争等等），人们对理性主义道德观念开始动摇：他们发现，理性的力量难以关照现实人生，更不足以应付社会动荡给自身带来的烦恼、痛苦和失望。理性主义在这里开始破产了……"② 然而，无论如何，西方理性主义道德哲学形态在西方现代道德哲学中遭到怎样的批判，其对人类文明"价值真理"的深刻洞见在当今人类对自己和对自己生活于其中的社会的"应当"的觉醒仍具有极大的启发作用。

二 情感主义

情感与理性均为人性，西方理性主义道德哲学形态对理性的绝对推崇及其在西方伦理学传统中的主导地位，使得情感在近代以前的西方道德哲学体系中处于隐形乃至压制的状态。随着西方近代道德哲学的繁荣与争鸣，在西方道德哲学三大理论传统——理性主义、经验主义和宗教伦理学的争执中，沙甫慈柏利超越理性和经验，独创"道德感"理论，

① 牟宗三：《道德的理想主义》，吉林出版集团有限责任公司2010年版，第210页。

② 万俊人：《现代西方伦理思想史》（上卷），商务印书馆2001年版，第13页。

开启了西方情感主义道德哲学形态的先河。从历史的角度看，西方情感主义道德哲学形态共有两个重要阶段，以休谟和斯密为代表的近代“情感论”伦理学和现代西方元伦理学中典型形态之一的情感主义伦理学。前者最重要的贡献就是提出把情感作为道德的基础，并且休谟提出的“休谟难题”对道德哲学的本体探讨具有革命性的意义，“休谟在严格区分道德与科学、道德命题与科学命题的基础上对道德判断特征进行的论述，不仅影响了18世纪的伦理学界，实现了由‘实然界’到‘应然界’的‘哥白尼式的’伦理革命，而且其理论影响还远射了20世纪的伦理学领域，以至于现代情感主义伦理学，无不从休谟那里寻找理论依据”①；后者在继承前者已有的成果上，进一步系统地论证道德哲学的情感本质，从逻辑实证主义和语言分析的角度探讨道德哲学问题，力求超越事实判断与价值判断之间的难题。情感主义道德哲学形态的基本特征体现为以下三个方面。

第一，把情感作为道德的人性基础。情感主义道德哲学认为，尽管理性、意志、情感都是人的基本属性，但是在人的道德意识、道德判断和道德行为中，是情感在其中起着主导和基础作用。情感主义认为关于善恶的道德认识以及人们行为的善恶性质都是受不同情感支配而导致的。尤其是早期情感论者沙甫兹柏利和哈奇森提出的系统论证“道德感”，把道德感作为道德的基础。如沙甫兹柏利认为，人与动物一样有感觉，但唯人具有美德。因为人天生具有一种感悟道德善恶的“内在感官”——“道德感”（moral sense）。人的这种内在的道德感，与人的外部感官类似，能够感觉出情感合意与否的样态及行为善恶美丑的性质。因此，人们对善恶的认识与评价，不是凭借理性的机能，也不是经验归纳的结果，而是人们内在感官的直接感悟。他认为，人之思想观念的形成不仅来自于人对外在客观事物的感性认知，而且人的认知行为也体现在对情感的感悟上，这种情感感悟也是人之思想观念的重要组成部分，同时情感之间的相互激发，不断充实着人的思想内容。并且他认为人性本善，人的道德本性和人与人之间的互助合作直接源于仁爱情感。也正是这些道德情感能够约束人的自私情感，从而在自爱与仁爱、利己与利他之间建立

① 宋希仁：《西方伦理思想史》，中国人民大学出版社2004年版，第238页。

一种恰当的平衡与和谐。休谟以道德感作为道德的基础，在继承前人的基础上，又有所突破和创新，即休谟既看到了以情感为道德基础判断行为善恶所内蕴的主观性，同时他又透过人们的情感和态度看到了道德判断的最终根据乃是社会效益和公共利益。那么人如何在基于自我感受和个人需要的前提下，看到社会整体利益呢？即道德认识、道德判断和道德行为如何体现伦理道德所追求的普遍性和个体与实体的同一性呢？休谟认为，人能够超越自身的个别性而追求伦理普遍性就在于人性中的同情。如前所述，情感的主要哲学本性就是合同性，这种合同性能够把具有别异性、个别性的个体重新聚合在一起，而且这种聚合不是简单的个体相加，而是以“你中有我，我中有你”的实体性实现人类追求伦理同一性的精神本性。中国文化中的“恻隐之心”和西方情感主义道德哲学形态中的“同情”理念都彰显着情感的此种文化本性。西方情感主义对“同情”的道德论证主要是通过情感上的感受一致或情感共鸣来判断道德上的善恶。如在休谟看来，决定道德善恶的既不是出于利己的自爱心，也不是出于仁爱的利他心，而是在于人的同情心。因为同情心能够使人类超越自身自私的冲动，以一种与他人能够共同感通的苦乐感觉去关心他人和社会。

第二，以“情感”区分和超越事实判断和价值判断。西方情感主义最初形成于西方近代，是在与理性主义的抗争中逐步发展起来的。如休谟在批判理性主义伦理学原则和方法的过程中，主张运用情感的原则和心理的分析方法探讨伦理学的基本问题，“道德准则刺激情感，产生或制止行为。理性自身在这一点上是完全无力的，因此道德规则并不是我们理性的结论”①。“道德上的善恶的区别不可能是由理性造成的；因为那种区别对我们的行为有一种影响，而理性单独是不能发生那种影响的。”②休谟通过对理性主义的批判和把理性排除在道德之外，最终得出道德上的善恶是由道德感而来的，从而明确、系统地建立了其情感主义伦理学。休谟以情感作为道德的基础，其在伦理学上更大的贡献是提出著名的“休谟难题”，“可是突然之间，我却大吃一惊地发现，我所遇到的不再是

① ［英］休谟：《人性论》，关文运译，商务印书馆1997年版，第497页。

② 同上书，第502—503页。

命题中通常的'是'与'不是'连系词，而是没有一个命题不是由一个'应该'或一个'不应该'联系起来的。这个变化虽是不知不觉的，却是有极其重大关系的"①。休谟自己也把他自己这一发现誉为"牛顿定理"的道德命题形式的特殊性。休谟在其《道德原理探究》一书中对这一难题——事实判断与价值判断之间根本区别的深刻论证中，进一步强调了情感在道德中的基础地位，并认为只有情感才是道德判断和道德行为的有力依据。

第三，情感主义对情感何以成为道德基础的回答。休谟只是挖掘出事实判断和价值判断之间的根本区别，但是并未真正透彻回答情感何以成为道德根源这一根本问题。完成这一任务的是近代的斯密和现代情感主义论者主要代表人物史蒂文森。斯密以同情和情感共鸣为基石进一步回答了情感何以成为道德的基础。在斯密看来，同情也是人的天性，也正因为同情，才把个体的人联结为一个"类"的群体，并维持人的"类"存在，使人获得人之所以为人的尊严和美德，"在这两种不同的努力，即旁观者努力体谅当事人的情感和当事人努力把自己的情绪降低到旁观者所能赞同的程度这样两个基础上，确立了两种不同的美德。在前一种努力的基础上，确立了温柔、有礼、和蔼可亲的美德，确立了公正、谦让和宽容仁慈的美德；而崇高、庄重、令人尊敬的美德，自我克制、自我控制和控制各种激情——它们使我们出乎本性的一切活动服从于自己的尊严、荣誉和我们的行为所需的规矩——的美德，则产生于后一种努力之中"②。在此，斯密认为道德情感共鸣和同情是影响和决定人类行为的根本性力量，是建立和维系人们道德关系的纽带，是道德发生和道德判断的基础。正是基于同情和情感共鸣，我们才能判断我们的行为是否合宜，并进而有了扬善避恶的道德行为。斯密以同情建构的道德情感理论是西方情感主义伦理学浓墨重彩的一笔，在与理性主义道德哲学形态的对抗中凸显了其独特意义。西方现代情感主义伦理学在此基础上对"情感是道德的基础"的情感主义核心理念做了进一步"发挥"。史蒂文森立

① ［英］休谟：《人性论》，关文运译，商务印书馆1997年版，第509页。

② ［英］亚当·斯密：《道德情操论》，蒋自强、钦北愚、朱钟棣、沈凯璋译，胡企林校，商务印书馆1997年版，第24页。

足于元伦理学的立场，从分析伦理学语言的意义和功能出发，认为伦理学中，道德判断和科学判断的根本区别就在于，前者具有科学判断所不具备的情感意义，并进一步认为道德问题不属于知识领域而属于态度领域，"把道德问题同纯科学问题区分开来的，主要就是态度分歧"，史蒂文森认为，"'善'不仅用于表达关于态度的信念，而且用于加强、改变和指导态度本身"。那么，"善"如何指导和改变"态度"呢？"道德术语指导态度的效用，虽然并非与祈使句截然不同。但也必须参照某种特殊的、微妙的情感意义来解释。""情感术语把自己所从属的主语或明或暗地显示出来，并因此引导而不是强制人们改变自己的态度。"① 史蒂文森对"情感是道德的基础"这一情感主义道德哲学形态的独特论证，一方面有力地打击了西方其他理论对情感主义充满敌意的批评，另一方面他进一步论证和印证了情感在伦理学中独特的、不可替代的绝对意义，可以说是批判西方理性独霸的文明方式的重要旗帜，其是现代西方伦理学的发展进程中的重要一环。

三 情理主义

中国文化从道德哲学的角度对"情"与"理"的设计则是以辩证的有机的整体主义的哲学思维方式构建了以"情"为主、情理合一的情理主义道德哲学形态。此种道德哲学形态既与中国血缘文化相适应，同时也为中国"伦理优先"的文化传统提供了重要的价值基础。

第一，"情理合一"的人性认同。人何以有道德？中国情理主义道德哲学形态建构自身体系的人性基础就是以"情"为主导的情理合一，并且把"情"提升到本体的高度，"性自命出，命自天降。道始于情，情生于性"。(《性自命出》)"天命之谓性，率性之谓道，修道之谓教。"(《中庸》) 在此，"天—命—性—情—道"的道德哲学图示，为情理主义道德哲学体系的建构提供了人性预设。在此种预设中，"情"不再是一种现象世界的个体情感和情欲，而是与天道具有了本源联系，这也是性善论思想在中国居于主导地位的重要理论根源。"情"作为天道在现实世界的具

① ［英］亚当·斯密：《道德情操论》，蒋自强、钦北愚、朱钟棣、沈凯璋译，胡企林校，商务印书馆 1997 年版，第 40 页。

体表现，落实到具体的、个体的生命现象中，又生发出多种形态：“爱生于性，亲生于爱，忠生于亲。”“欲生于性，虑生于欲。”“恶生于性，怒生于恶，乘生于怒。”“喜生于性，乐生于喜，悲生于乐。”“惧生于性，监生于惧，望生于监。”（《语从二》）爱、亲、忠、欲、虑、恶、怒、惧、喜、乐、悲等统称为“情”，但是在此，“情”具有情感和情欲双重含义，为后来孟子从性与天道出发的性善论和荀子从自然情欲出发的性恶论提供了思想基础。这样，“情”与天道经由“性”的本体连接为伦理道德获得实存的必然性提供了本体根据，孟子的性善论正是源于此，“尽其心者，知其性也。知其性，则知天矣”。（《孟子·尽心上》）“恻隐之心，仁之端也；羞恶之心，义之端也；辞让之心，礼之端也；是非之心，智之端也。人之有是四端也，犹其有四体也。……凡有四端于我者，知皆扩而充之矣，若火之始然，泉之始达。”（《孟子·公孙丑上》）只有尽心才可以知性，知性则可以知天。而“情”作为“性”的外在表现，具有神圣性的一面，所以孟子提出了性善论，为儒家道德哲学提供人性基础。人之所以能够向善，就因为人天生就具有天命下贯的圣洁性，这种圣洁性就体现在恻隐、羞恶、辞让等向善之情，对这四种情感的扩充就会培养其内在的德性。与此同时，由于现实的人有自然情欲需求，并且在复杂的现实生活中，情欲与情感又胶着在一起，影响人的“尽心知性”，并且现实世界的利益关系错综复杂，如何使向善之“情”真正成为行善的动力，还需要“理”的约束和引导。所以，孟子人性论理论便是“情感 + 理性”的人性结构。在儒家情理主义道德哲学形态的整个发展过程中，尽管不同的思想家对“情”和“理”的文化设计有所不同，但是总体风格一直保持着以“情”为主、情理合一的人性论传统。

“情”作为中国文化中重要的哲学概念，在先秦时期，受当时文化发展水平和人们认知水平的影响，其含义较为模糊复杂，从已有的古典文献看，“情”较为普遍被认同的内涵至少体现为三方面：一是“情实”义，即表示为真实、实在，“吉凶以情迁”（《易传》）；二是“情欲”义，是人的自然属性和主观任意性的集中表现；三是“情感”义，情感从实质的意义表征着人类具体的价值意识。在“情”的这三种含义中，先秦儒家主要对“情”的“情欲”义和“情感”

义赋予更深刻的道德哲学意义。首先，把“情欲”作为道德哲学的规约对象。即成人情欲的自然合理性和满足情欲的正当性，因为“伦理的本性和道德的本质，决不是要人们放弃利益，摒弃欲望，相反，如果没有欲望的冲动、利益的冲突，伦理道德也就失去存在的根据”。[①]同时又主张以伦理道德的普遍性对情欲进行规范和节制。如何以道德的方式对待“情欲”这一问题，荀子的表述更为精当。荀子一方面肯定情欲之于人的自然必然性，但是他又没有陷入自然情欲的满足中，而是提出“礼以养情”的伦理理念对情欲持“进而尽近”“退而节求”的态度。对于重情的先秦儒家道德哲学来说，一方面把“情欲”作为道德哲学规约的对象另一方面又把“情”的情感义作为道德哲学的精神动力和人性的根本内容。如孔子认为“仁者，人也”“仁者爱人”，即“爱人”的情感是人之所以为人的根本属性。他一方面开启了“情”在儒家道德哲学中的基础地位，同时也把“情”的根本特性即“非独立性”作为维系人伦关系的重要精神力量。孟子在孔子着重仁爱情感的道德哲学本性的基础上，进一步从形而上的角度提出“情感 + 理性”的人性结构，系统地奠定了儒家情理主义道德哲学形态的人性基础，使儒家情理主义道德哲学的发展特色和方向更为明晰。孟子的“四心”说（恻隐之心、羞恶之心、辞让之心都是“情”，只有是非之心是“理”）实际上就是情理合一的人性结构。孟子认为情感是人性的根本内容。如谢寒枫先生认为孟子“认证了情感原则的内在性和普遍性，但他比孔子更进一步，他在源头上，把情感认定为‘善’的，以‘恻隐之情’来讲‘情’，就是说，情之本是善的，这体现在他的性本善的说法中。性本善就是情本善”[②]。

先秦儒家情理主义虽然以“情”作为人性的主要内容，但是“情”本身的现实化往往以个性或主观任意性的方式表现出来，同时因情过于强调人与人之间的整体联系，以及“情”过于强调个体对整体的情感依赖，不能就个体的个别性做整体的发展和组合。所以“情”在中国整个

---

① 樊浩：《伦理精神的价值生态》，中国社会科学出版社 2001 年版，第 219 页。

② 谢寒枫：《儒家的新课题：理性与情感》，《泉州师范学院学报》（社会科学版）2002 年第 1 期。

文化发展中，虽然占据主要位置，并因此形成了中华民族“温柔敦厚”的民族品性，但是在“情”的世俗化过程中，其自身又成为中国人拉关系、走后门、因人情关系产生的组织内耗的重要文化根源。也正因为“情”在道德哲学的实践过程中存在这样的文化风险，先秦儒家道德哲学在强调“情”作为人性论的主要内容的同时，也极为强调“理”对“情”的形式普遍性的引导。先秦儒家所重视的血缘亲情、道德情感、伦理情感本质上都是人的自然情感在“伦”之“理”引导下的社会化情感。所以在这里需要强调的是，儒家虽然以“情”作为道德哲学的主要人性基础，但并不是儒家把一切的自然情感形态作为道德哲学的精神动力，而只是强调基于恻隐之心、恭敬之心、羞恶之心、是非之心的具体情感形态作为道德哲学的人性基础。在儒家情理主义道德哲学形态中，“情”与“理”处于有机的辩证关系中：没有“情”，个体就不能扬弃自己的孤立而与别人同一，就无法成为伦理性的生命存在；没有“理”，“情感”与“情欲”就无法明确区分开来，同时天伦和人伦就会混淆，就会因“爱而不别”而“乱伦”。当然，儒家虽然重视“理”在道德哲学中的重要性，在道德认知和道德实践中凝练了一系列的道德理性原则，但是“理”又始终不具有独立性，而是以“情”为本体和实在的“理”。“情”因遵循道德理性原则发育流行，才会充分发挥自身的伦理统一力而具有道德的属性，成为道德哲学的精神动力；“理”则因“情”的伦理原则、规范等形式层面的价值而具有了实质性的、具体的价值意识和价值态度，“‘合情’意味着在实质的层面合乎一定的价值取向，与之相对的‘合理’，则表现为从形式的层面循乎价值原则，二者从不同方面赋予相关实践活动以正当性，这种正当性本身同时也体现了价值意义上的合理性或理性化”①。

第二，以向善之情实现人伦和谐。“伦理优先”是中国传统文化的重要品格，形成于血缘文化背景的情理主义道德哲学形态从以“情”为主、情理交融的角度进一步维护了“伦理优先”精神哲学传统。伦理一方面展现为由理性提供和把握的具有客观性的人伦之“理”，另一方面又需要道德主体对伦之“理”的认同和维系。而这种认同和维护仅仅凭借“理”

---

① 杨国荣：《人类行动与实践智慧》，生活·读书·新知三联书店2013年版，第261页。

的逻辑认知力量，即"晓"之以理远远不够。要使伦理之"知"转化为道德之"行"，将外在的客观伦理法则转化为内在的主体认同，就需要"情"的感化和"颠覆"力量。道德之"行"的伦理本质在于透过道德的努力摆脱"人欲"的束缚，使个体达到与实体的统一，即成为"家庭成员"和"社会公民"。而作为精神元素的"情"，其最首要的特征是伦理合一性，这种本性能够使生命个体通过恻隐之"情"消融天人之别、人我之别以及化解身心矛盾，成为调整个人生活的强大力量，从而建立起个体与家庭和国家直接同一的两大伦理世界。而且中国情理主义道德哲学形态赋予"情"以主体地位，其深刻的现实意义就在于培育了重视道德实践的中国伦理精神，以至于宋明理学的重要代表人物朱熹提出"论先后，知为先；论轻重，行为重"知行合一的重要观点。中国重视实践的伦理精神就主要源于"情"的自然直接性。从现实的、具体的个体生命看，"情"的自然直接性对人的行为取向和选择具有更为切近的影响，不仅可以克服"意志软弱"的问题，而且还可以避免理性特别是纯粹理性"知而不行"的局限性。正如孟子所认为的，只要我们不断扩充自身的"善端"，就会做到"见父自然知孝，见兄自然知悌，见孺子入井自然知恻隐"，当然这里的"知"不是只停留在意识层面的纯粹理性，而是直接就是以向善之"情"为内在动力的"行"，在这里，"知"与"行"达到了道德的同一。伦理的努力，就是在价值的引导下通过道德主体的实践活动建立起人与人之间相感相通的不可分离的内在联系，以自然直接性和消融人我对立为特征的"情"，与注重人我之分、极易导致"知而不行"的纯粹理性相比，更符合伦理的本性。由此可以看到，作为精神重要元素的"情"在相当程度上更能体现伦理所执着于"个体与其公共普遍性相统一"的实体性。

第三，德性的养成本质上是情感的安适与满足。按照情理主义道德哲学形态的伦理思维方式和道德主张，人天生虽具有善性，人内在本心就有向善之情，但是由于现实世界中个别的、具体的人都具有偶然性，并时常被情欲所迷惑和左右，因此向善之情的扩充首先需要"伦"之"理"的引导，人才能由个体性的存在提升为伦理实体性的存在，而这种提升的最终成果是个体德性的养成以及主体精神境界的提升。德性养成的根本体现就是在"伦"之"理"的价值引导之下所获得的情感的安适和满足，“喜怒哀乐之未发，谓之中；发而皆中节，谓之和；中也者，天下之大本也；和也者，天下之达道也。致中和，天地位焉，万物育焉”。（《中庸》）如何达至“情”的中和？情理主义道德哲学形态，将“情”的中和状态凝结为“仁”，无论是孔子提出的“仁者爱人”，还是到宋明理学中“天地万物为一体为仁”的伦理理念，都体现了以“仁”之心、“爱”之情安顿情感和人生。情理主义道德哲学形态将德性的养成凝结为“仁”，实乃中国伦理优先的文化品质“化人”的必然结果。“爱”的哲学本质就是不独立，正如黑格尔所言，“所谓爱，就是意识到我和别一个人的统一，使我不专为自己而孤立起来；相反地，我只有抛弃我独立的存在，并且知道自己是同别一个人以及别一个人同自己之间的统一，才获得我的自我意识……爱的第一个环节，就是我欲成为不独立的、孤单的人，我如果是这样的人，就会觉得自己残缺不全。至于第二个环节时，我在别一个人身上找到了自己，即获得了他人对自己的承认，而别一个人反过来对我亦同。……爱就是伦理性的统一”①。正是“爱”的这种本性，在儒家情理主义道德哲学形态中，仁爱成为全德，并居于核心地位，也是实现父慈子孝、兄友弟恭、夫义妇顺、朋友有信、君惠臣忠等人伦和谐的主要精神动力。在仁爱之情的滋养下，个体精神境界也最终归于“乐”的境界，即以情感的安适、满足和愉悦作为生命的本真状态。在中国文化精神中，“乐”虽然包含了一种积极的心理情绪体验，但是其更深刻的内涵是经由道德的幸福体验、上升到本体意义的精神自由境界，“‘乐’在中国哲学中实际具有本体的意义，它正是一种‘天人合一’的成果和表现。就‘天’来说，它是‘生生’，是‘天行健’。就人遵循这种‘天道’说，它是孟子和《中庸》讲的‘诚’，所以，‘诚者，天之道也；诚之者，人之道也’，而‘反身而诚，乐莫大焉’”②。现实世界的困境与苦难的根源就在于自然情欲需求得不到无限的满足，正因为如此，才产生了人与自然、人与人、人与自身之间的矛盾和冲突。如何化解冲突、超越现实痛苦、达到生命情感的安适和满足便成为中国情理主义伦理精神形态追求的最高境界。“乐”正是立足于充满矛盾和冲突的现实世

① ［德］黑格尔：《法哲学原理》，范扬、张企泰译，商务印书馆1996年版，第175页。
② 李泽厚：《中国古代思想史论》，天津社会科学院出版社2003年版，第295页。

界，但是又不甘心于现实世界的种种困境，而是以一种“求道”“持道”“行道”的乐观精神超越个体利益、眼前利益乃至“不义而富且贵”，建立一个以“天道”和“人道”为主宰的意义世界和价值世界，在这样的世界中，个体摆脱了自身情欲和主观任意性的束缚而实现了意志自由，从而超越生命困境体验到真正的精神自由之“乐”。

第 二 章

"情"—"理"的历史哲学形态

在个体精神生命的挺立和人类精神文明发展的历程中，"伦"之"理"何以维系？"道"之"德"何以养成？自从人类对伦理道德进行自觉反思和系统构建之初，便追寻伦理道德得以绵延存在的人性机制。西方哲人苏格拉底提出"美德即知识"的命题正式开启了西方道德哲学以理性为基础的理性传统，中国孔子以"仁"释"礼"、孟子提出"四心"说则系统地建构了中国以"情"为主、情理合一的情理传统。于是，在两种不同的传统之下，铸造了中西方截然不同的精神文明镜像，"西方哲学起自用心于'自然'，其对象在外不在内。故'对象'之意显明，而生命之为对象，则甚隐微而难明。用心于自然，故一方彰'理智'之用，一方贞'自然'之理（理型、秩序）。而生命之内润，则甚欠缺。故西方以智为领导原则，而中国则以仁为指导原则。见道德之实在，透精神之实体，必以'仁'为首出，智隶属于仁而为其用"①。两种不同文明传统在各自的精神实体中并行发展，然而随着"世界历史"的到来，西方理性传统衍生的科学和民主两大现代理念开始冲击到整个世界，理性的主导地位不仅显现到近现代整个西方文明中，而且也从根本上冲击着中国的情理传统，于是，"理"的独霸成为现代社会的精神镜像。然而，"情"与"理"均为人性，在个体的精神生命以及人类整个精神文明史中，情感也具有不可替代的作用。因此，现代人在迷恋于理性的强大力量时，如何定位"情""理"的关系，以滋养精神生命，不仅是前沿性的学术问题，更是关系到现代人精神生命养成的现

① 牟宗三：《历史哲学》，吉林出版集团有限责任公司 2010 年版，第 15 页。

实问题。本书正是从这个意义上，立足于中西方精神文明史，对“情”和“理”的关系进行历史哲学考察，以期为现代人遭遇的精神困境寻求出路。

第一节 西方情、理二分的道德哲学传统

西方何以形成理性占据主导地位并且情、理二分的文明传统？对这一问题的回答需要追溯到西方文明的“始点”，因为这一“始点”具有基因性的决定意义。从时间的角度看，这一“始点”位于原始社会向文明社会过渡的历史转折点中，这一历史转折的方式（包括制度设计、生活方式、价值系统、物质生产在内）直接决定着西方文明的发展路向。具体而言，西方文明由原始社会向文明社会过渡是以一种与血缘氏族制度相决裂的方式进行的，“西方文明史上，原始社会向文明社会的过渡是通过一系列的改革打破了旧的氏族统治的体系，用地域性的国家代替了血缘性的氏族，用个人本位的社会代替了家族本位的氏族，从而用政治性的国家统治代替了家族式血缘统治”①。这种文明过渡方式直接决定了理性在其文明价值系统中的绝对意义。因为理性的哲学本性是别异性。个人要从以血缘关系为纽带的家庭中挣脱出来成为独立的、自由的个体，就需要发挥理性的别异性，意识到自己作为个体的独异性，展现了理性的解构功能，即把个人从家庭这一原初的、自然的、直接的伦理实体中解放出来，使个人成为个体，并激发了个体对意志自由的执着。但是，由于人之所以为人的本质在于如何回到伦理实体性中，因此西方文明在挣断血缘关系的基础上，又基于地缘构建伦理同一性，其现实形态即为城邦，个体的同一性追求、向伦理实体的回归主要是如何成为城邦公民。由于西方文明运用理性解构基于血缘的原初实体性，又同时发挥理性建构形式普遍性的特性确立具有反思性的并尊重个体自由、独立的伦理普遍性，将城邦中分散的个体又重新凝聚到伦理实体中。这样，在西方文明的“始点”上，理性解构和建构的双重功能导致其在西方整个精神文明史中的绝对地位。因此，理性在西方文明中，不仅仅

---

① 樊浩：《中国伦理精神的历史建构》，江苏人民出版社 1992 年版，第 6—7 页。

只是基于个体的一种人性能力，而是整个西方文明内在的、深层的文化机制，以至于理性主义在西方文明中一直居于主导地位。同时也正因为理性的别异性特征及其绝对地位也导致了西方文明的主导价值观强调理性对情感的驾驭以至于否认情感的道德哲学功能，进而形成了情、理二分的伦理传统。

一 古希腊时期理性主导地位的确立

西方文明基于地缘建立的城邦制基因性地决定了“理性”在西方文明中的绝对意义。这种重自由、尊理性的文明发展到古希腊时期，“理性”的根本地位得到系统的确立，如亚里士多德直接宣称人是理性的动物，并从认知理性、逻辑理性出发，以“对象性”思维方式追寻人的本质和精神追求，“而在思想和学统上说，则希腊的文化精神总是偏向于物本或可演变而为物本的。其求真爱美向善亦常偏向于外在的自然，从客体方面而言，并未打开主体之门，从主体方面开而出之”①。古希腊哲学中这种基于理性的别异性、“对象性”的思维方式的文明传统，一方面为整个西方文明奠定了科学传统，另一方面又使“情”与“理”始终处于对立中，即情欲和情感都处于理性的绝对驾驭下，古希腊强调个体的独立、自由的伦理精神是以节制人的情欲为前提，它认为，如果人受到自然欲望的支配而失去理性的正确引导，就谈不上人的自由和尊严，进而体现个体自由和尊严的群体价值诸如智慧、公正、勇敢、节制等城邦道德更无从谈起。古希腊这种将理性置于绝对地位的伦理精神，直接展现于社会伦理秩序的建构、维系和个体德性的养成中：如柏拉图在神造三类人的理论中，认为用金子做的人赋有最高的理性，也居于统治地位，用银子做的人赋有意志的品行，是国家的卫士，用铜铁做的人具有情欲的本性，只能居于被统治的地位；亚里士多德在关于美德的形成中，非常重视人类的理性功能，他认为，人们要养成善德，就必须要有正当的理性作指导，求得天赋、习惯和理性三者的和谐统一。在这三者之中，理性是基础，处于绝对地位，亚里士多德强调，如果这三者之间发生了冲突和矛盾，宁可为本天赋和习惯，也要遵从理性，把理性作为人之行

---

① 牟宗三：《道德的理想主义》，吉林出版集团有限责任公司2010年版，第118页。

为是否正当的判断标准。由于情感也是人的本质属性之一，西方道德哲学在其价值系统的建构中，虽然将“理”置于绝对的主导地位，但是在其价值实践中，也无法完全否认“情”的功能和作用，“道德德性同感情与实践相关，而感情和实践中存在着过度、不及与适度”。“而在适当的时间、适当的场合对于适当的人、出于适当的原因、以适当的方式感受这些感情，就既是适度的又是最好的。这也就是德性的品质。”① 在亚里士多德之后，伊壁鸠鲁的快乐主义道德哲学则进一步凸显了情感在人类追求幸福的过程中的重要性，他认为情感的满足和心灵的宁静就是“灵魂的最完满的幸福”。当然，这种情感是由明智的和审慎的理性所引导的。在整个古希腊文明中，情感的道德哲学功能一直处于隐性状态，并陷于理性的绝对主导中。

二　中世纪理性与信仰的共生互动

到欧洲中世纪的神学时代，哲学以宗教的形式发展，其伦理精神始终以基督教神学为根本原则，其主要任务就是从“爱”“信”“望”出发论证基督教教义，为人类“爱上帝”“信仰上帝”提供逻辑证明。

在“神学”的伦理精神形态中，“理”和“情”由对峙状态转化为绝对地服从“神学信仰”。具体而言：“情欲”成为神学的绝对对立面，必须受到抑制乃至压制，如托马斯·阿奎那在以神学的方式阐释古希腊四德时，认为所谓节制就是抑制情欲的德性，以至于在中世纪形成了禁欲主义；“情感”的道德哲学功能在中世纪神学的伦理精神形态中得到了进一步发展，由古希腊时期的隐性状态转为显性状态，即情感被神学化为宗教情感，情感的宗教功能、伦理功能直接渗透到“爱”“信”“望”中，影响着西方人的伦理秩序的维系和精神生活的建构，这种宗教情感虽然指向的是彼岸的上帝，但是其展现的至高的神圣性和强大的凝聚力成为西方人伦理秩序的重要调节力量，乃至于今天仍渗透西方人的民族心理和民族精神中；“理性”在这一时期，虽然不像古希腊哲学那样处于首要地位，但是其根本性作用特别是认知理性和逻辑理性在论证上帝的

---

① ［古希腊］亚里士多德：《尼各马可伦理学》，廖申白译注，商务印书馆 2003 年版，第 47 页。

存在中得到彰显，在“神学信仰”的领域中，理性被发展成为“神学的理性”，特别是托马斯·阿奎那突破奥古斯丁单纯信仰的原则，在坚持神性高于理性的前提下，非常强调理性和习惯在形成人的德性和道德行为中的作用，他认为“理性是人类的动作和行为的第一个原理，其他原理都必须服从理性”；中世纪基督教神学在强调“理性”在人的道德生活中的根本作用时，进一步强化了“意志”对“理性”的绝对服从，即善良意志的发动必须是基于理性判断提出可求的善和确定适当的手段，这一规定和强调进一步强化了西方伦理精神形态中“理性+意志”的人性机制。

中世纪时期，从“理”和“情”的角度看，如果剥去西方伦理形态的神学形式，其基本精神仍展现为理性为主导的文明方向，并且“情”的精神意义得到了肯定和重视，为西方近代情感论和情感主义的出现奠定了基础。

三 近现代理性、情感、情欲地位的重置

西方中世纪“神本”思想遮蔽着个体生命的活力，人之精神追求也随之黯淡涣散，其伦理精神完全被幽禁于“神本”中，在以“上帝”为绝对价值的伦理秩序中，形成于古希腊时期追求意志自由、个体独立和尊严的道德价值在这一时期被扭曲，以至于西方中世纪被称为“黑暗时期”。为破除“黑暗”，以文艺复兴开启的西方近代伦理精神执着于人性和自我的解放，进而情欲、情感、理性在近代西方文明的价值系统中发生着根本性的变革。

西方近代伦理精神一改基督教伦理精神对自然情欲的单纯否定，开始承认自然情欲的自然必然性及其在社会发展中的动力作用。如马基雅弗利认为，人是一个情欲的动物，权力欲望和财富欲望是人性的基础，是支配人的行为的动力，霍布斯也从情欲出发认识人性，认为虽然人受理性的支配，但是人又可以运用自己的理性来保存自己、获得追求幸福的权力，在这种理论中，情欲不再处于完全受理性压制的地位，反而能通过理性的引导得到肯定和合理满足，并成为社会发展的原动力。肯定自然情欲，是西方近代伦理精神的起点，它标志着人性与自我的觉醒，展现着伦理精神对现实人生的关注，但是自然情欲

是基于个体的，具有任意性、主观性和有限性，如果任其无限膨胀，那么又会使人类再次陷入个人私利的战场。自然情欲应得到肯定和满足，但是又必须得到合理限制，这是人类精神文明的真理。如何疏导自然情欲成为近代西方伦理精神在从“禁欲主义”解放出来直面的首要问题。如何避免人类处于“无伦理”的个体对个体的战场中？西方伦理精神基于理性的别异性的思维模式，分别基于情、理形成了情感主义与理性主义两种彼此对立的伦理形态观，以期应对这一精神文明问题。西方中世纪对宗教情感的极致发挥创造了以上帝为绝对价值的、充满“爱”的世界，情感展现出其强大的号召力和凝聚力，其伦理功能得到彰显。尽管近代西方伦理精神反对“神本”，但是对人类之“情”的聚合力仍给予了高度的肯定，进而产生以情感为道德基础的情感主义伦理形态。情感主义一方面认识到个体的私利欲求，另一方面又认为人类的伟大和美好之处在于能够发挥“同情”和“仁爱”等情感力量，超越个人私利，关注、维护他人利益和公共利益。基于此，西方近代情感主义伦理形态从经验论出发，将情感置于道德基础地位，并把其作为维系伦理秩序、调节个人利益与公共利益的根本性力量。亚当·斯密认为：“正是这种多同情别人和少同情自己的感情，正是这种抑制自私和乐善好施的感情，构成尽善尽美的人性；唯有这样才能使人与人之间的情感和激情协调一致，在这中间存在着人类的全部情理和礼貌。”① 休谟在《人性论》中则把同情感看作是道德区分的主要源泉，“同情是我们对一切人为的德表示尊重的根源。……（一）同情是人性中一个很强有力的原则，（二）它对我们的美的鉴别力有一种巨大的作用，（三）它产生了我们对一切人为的德的道德感”②。情感主义尽管在西方近代伦理精神中占有一席之地，但是更具主导地位的还是理性主义。西方近代伦理精神对自然情欲的肯定、对现实人生的关注不但没有弱化理性的根本性地位，反而进一步强化了理性在整个伦理精神中的主导作用，并认为理性与情欲处于绝对的对

---

① ［英］亚当·斯密：《道德情操论》，蒋自强、钦北愚、朱钟棣、沈凯璋译，商务印书馆1997年版，第25页。

② ［英］休谟：《人性论》，关文运译，商务印书馆1997年版，第620页。

立中，人之所以为人，人能够超越自然情欲、追求正义和美德正在于人有理性。特别是康德和黑格尔直接将理性推向哲学的巅峰，进而理性主义达到登峰造极的地步。如康德认为人是一个有理性的存在者，只有理性才能决定人之为人和人的道德价值。继康德之后，黑格尔一方面强调理性的主导作用，“凡是合乎理性的东西都是现实的；凡是现实的东西都是合乎理性的”①，并进一步肯定人的意志自由，并围绕着意志自由的实现问题构建了“抽象法—道德—伦理”的法哲学体系，使西方“理性 + 意志”的伦理精神形态走向成熟。

任何具体的、现实的人类精神文明形态都有其多面性。西方伦理精神在其孕育时期便注入了“理性”基因，以至于理性在整个西方文明中都处于绝对地位，而且由于西方文明对理性别异性的发挥和对对象性的知性思维的特别关注，进而形成“智”的文明，并在生活世界发展出强大的科技和经济以及彰显个体自由与独立的民主精神，成为现代西方文明的重要闪光点。但是其基于“理性”的别异性思维，又使其精神生命处于知、情、意的分裂中，其对理性的彰显显示了人类改造客观世界的强大力量，但是在人的内在精神生命中又缺乏一种因“情”而生、使人之生命圆融的精神之光，以至于使现代西方人陷入“无根”“无情”“无心”的精神困境中。

第二节 中国情理合一的伦理传统

在文明的发生方式上，中国文明与西方文明最根本的不同在于，中国文明以血缘关系为根本关系建构社会秩序，进而又以血缘的绝对逻辑——情感为人的精神基础和精神动力，因此，“情”便基因性地渗透到中国文明中，以致成为解读以儒家为代表的中国文化精神的重要切入点，正如钱穆先生所言：“在全部人生中，中国儒家思想，则更重心之情感部分，尤胜于其着重于理知的部分。我们只能说，由理知来完成性情，不能说由性情完成理知。情失于正，则流而为欲。中国儒家，极看重情欲之分异。人生应以情为主，但不能以欲为主。儒家论人生，主张节欲、

① ［德］黑格尔：《法哲学原理》，范扬、张企泰译，商务印书馆1996年版，第11页。

寡欲以至于无欲。但绝不许人寡情、绝情乃至于无情。”① “情”的哲学本性乃为合同性，这种本性不仅契合了中国血缘文化传统，而且还直接促生了“建立在生机主义基础上的和谐化辩证法”的中国哲学思维方式，以至于在中国文明的“精神”建构中，形成了以情为主、情理合一的情理主义伦理形态。如果以情理主义伦理形态解读中国文化精神，那么中国情理主义传统的历史哲学形态的发展历程伴随中国文化精神的发展展现为“情”的形态发展与“情”“理”关系辩证发展的彼此交织中。具体而言：“情”经历了由现象形态向抽象形态的发展，而情与理的关系伴随着中国文化由百家争鸣、独尊儒术、儒道合流到儒道佛由相争到相融的曲折过程中经历了由相合、相分再到相合的千回百转的历程。而到近现代，随着中国文化内部启蒙思想的萌发和中西方文化的撞击以及马克思主义中国化的时代变换，中国情理主义传统又被放在新的历史背景下承受着反思、批判、弘扬、创造性重建等多重角度的审视。

一 先秦：情体理用

中华文明发端的重要特点是，奴隶社会在取代原始社会的氏族部落的过程中，保留了以血缘关系为纽带的特点，“它（指中华文明——笔者注）不是以奴隶制的国家代替了氏族血缘纽带的家族，而是由家族到国家，以血缘纽带来维系奴隶制”②。于是，整个社会结构都呈现为以血缘为核心和连接纽带，与此相适应，其文化设计也呈现为对血缘关系的重视。因此，中华文明在产生之初的最根本特征就是血缘关系成为社会制度、宗教思想和道德意识的轴心，从而形成了中华文明特有的血缘文化。这种血缘文化不仅使当时的社会结构发展得极为充实和稳定，并且在很大程度上影响和决定了中国社会及其意识形态所具有的特征。“情”成为中国传统文化中的重要哲学概念与中国血缘文化直接密切相关。当然，在中国文化中，“情”由现象形态上升到本体形态，以至于与“理”合一，乃是伴随中华文明的发展经历了一系列的曲折过程。

---

① 转引自马育良《先秦儒家对于“情”的理论探索》，《安徽大学学报》（哲学社会科学版）2001 年第 1 期。

② 樊浩：《中国伦理精神的历史建构》，江苏人民出版社 1992 年版，第 7 页。

先秦时期，中国社会正处于礼崩乐坏的社会大动荡时期，各诸侯之间的混战以及生产力的发展在推动社会发展时，也极大地刺激了人们的各种欲望，而且欲望的急剧膨胀挣脱了西周传统礼制的束缚，将当时的人们抛入到困惑、迷茫和痛苦的生命困境中。如何摆脱生命困境，重新安顿生命，成为这个时代的重要文化使命。于是，社会的大动荡激起了文化的大发展，“百家争鸣”应运而生，但是，到底哪种文化模式才能真正帮助中国人走出生命困境？儒家创始人孔子心怀深沉的忧患意识，以“述古”的方式继承周礼，并从社会现实出发，对周礼进行了创造性的转换，而这一转换的根本特征就是把人之真情融入“礼”中，使周礼在“礼崩乐坏”的残酷现实中获得了新的生命，同时也为“情”居于中国文化中的主导地位奠定了基础。也正因为儒家对“情”的重视契合了中国血缘文化传统，为其日后成为中国的主流文化确定了根本方向。先秦时期虽然迎来了“百家争鸣”的时代，并成为中国文化的母胎，中国情理主义也初具雏形，但是囿于当时的社会条件和人们的思维水平，情理主义还处于萌芽阶段，其自身发展还处于模糊不确定的阶段。而真正奠定“情”本体的伦理精神乃是孔子的“仁”学思想。“仁”的本质虽然是一种伦理情感，但这种伦理情感还内含着血缘亲情和道德情感，而血缘亲情是道德情感和伦理情感的出发点和逻辑起点，三者之间的关系是一种“爱亲—爱人—泛爱众”的情感递进关系，同时也是个体德性提升过程的一种显现。孔子这种由血缘亲情出发的以“情”为基础的道德哲学不仅内在地反映了人的情感特征，而且也外在地契合了中国由家及国、家国一体的社会结构。

继孔子之后，中国伦理精神发展所面临的主要使命就是如何将“情”由现象形态上升到本体形态，为中国情理主义伦理精神形态提供形而上的精神哲学基础。首先，《郭店楚简·性自命出》提出：“性自命出，命自天降。道始于情，情生于性。始者近情，终者近义。知情者能出之，知义者能纳之。”将“情”置入“天—命—性—情—道”的哲学本体结构中，为“情”的本体地位的确立提供了重要的理论基础。继《郭店楚简》，孟子明显地继承了楚简文献向内求索的致思趋向。他在发挥孔子“仁”学思想的基础上，提出“四心”说，建构了以“情”为主、情理合一的人性结构（恻隐之心、羞恶之心、辞让之心更具情感本性，而是非之心更具理性本质），为中国情理主义伦理精神形态的发展提供了较为系统的人性论前提，使中国的情理精神更为明晰化。中国传统精神的重要文献《周易》和《中庸》则更进一步将“情”提升到哲学本体的高度。《周易》从“变”的角度出发探讨“情”的感通意，通过“情”的感通、合同性化生万物，实现天地万物人世之和，养性情之正，“《彖》曰：咸，感也。柔上而刚下，二气感应以相与。止而说，男下女，是以‘亨利贞，取女吉’也。天地感而万物化生，圣人感人心而天下和平。观其所感，而天地万物之情可见矣”。“与天地相似，故不违；知周乎万物，而道济天下，故不过；旁行而不流，乐天知命，故不忧；安土敦乎仁，故能爱。”（《周易》）《中庸》则从“中和”的角度探讨“情”，把“情”融于“诚”中，“喜怒哀乐之未发，谓之中；发而皆中节，谓之和；中也者，天下之大本也；和也者，天下之达道也。致中和，天地位焉，万物育焉”，并且通过中和，“情”与“道”处于相互的成全中：具有主观任意性的现象之“情”经由“中”的引导处于“和”的状态，便具有了体现“道”的客观普遍性，同时抽象的本体之“道”便在“情”的中和状态中化生于天地万物间而具有了现实性。由此，“情”在中国文化中虽然被表述为具有多种现象形态，但是其更深层的价值在于其本体意义，以及由此为中国情理主义伦理精神形态的发展提供的本体支撑。

中国情理主义伦理精神形态的建构和发展是立足于中国文化“伦理优先”的传统中，因此“情”虽然被提升到本体的高度，但是其展现的现实意义仍是如何维系人伦关系和实现人伦和谐。另外，在现实的个体生命中，“情”的具体发用具有个别性、主观性和任意性的特征，而且在具体的生命表现中，“情”往往又和“欲”胶着在一起。要发挥“情”的道德哲学功能，还必须导之以“理”，即将“情”的发用流行疏导于“伦”之“理”中，这样，在中国情理主义伦理精神形态中，形成“情感＋理性”的道德哲学结构：“情”经由“伦”之“理”的疏导，扬弃了自身的主观任意性，而具有了伦理普遍性，并成为个体上升到伦理实体的精神动力；“理”的意义也融于“情”的伦理普遍性中，所以，中国文化中的“理”不再是纯粹的、主体与客体彼此相分的认知理性，而是一种基于生命体认的价值理性、实践理性，更确切地说，是一种情理之理。在先秦时期，孔子提出的“克己复礼为仁”、孟子的“仁宅义路”、荀子的“礼以养情”无不体现着中国的情理精神。孔子提出的“仁”学思想对中国伦理精神具有创新性的贡献，仁学的本质通过“情”内含的共通感和合同性将个体与实体统一在一起，而统一的原则即是伦之“理”，即“复礼”。孟子在继承孔子仁学思想基础上，将“情”作为“仁”的主要人性前提和基础，但是又必须经由“义”才能获得现实性，“明是非，利可否，谓之义”。“义”首先是基于是非之心的理性判断，然后通过“推恩”的方式，即通过理性的别异性，从“爱亲”推至“爱人”，“老吾老，以及人之老；幼吾幼，以及人之幼”，这样，爱人之情在“义”之“理”的疏导下成为一股伦理精神力量，即所谓“居仁由义”。在孟子那里，他虽然关注到“理”的功能，但是其更为强调对“情”的主导地位。而荀子则发展了孔子的“礼”，提出“礼以养情”，一方面提出以“礼”之“理”对自然情欲进行规约，另一方面又使“礼”植根于“向善之情”，由此成就了“礼”的情理精神。荀子对“礼”之“理”的强调，在一定意义上对孟子主情的伦理精神有一定的纠偏作用，从而使中国情理主义伦理形态更为圆融。

二 汉唐：“主情”与“主理”的对峙

汉唐时期是中国传统伦理精神的抽象性发展阶段，中国找到并确定了适合中华民族发展的政治统治形式和文化精神形态。汉武帝通过政治的力量使董仲舒的“罢黜百家，独尊儒术”的建议得以推行，至此儒家学说真正在实践上同外王之道结合了起来，儒家道德哲学取得了独尊和正统地位。然而儒家学说在政治上的“独尊”并不能解决现实人生的所有矛盾和冲突，因此，在整个汉唐时期，中国文化先后经历着儒道之间、儒道佛之间的斗争与融合的复杂发展过程，在关于“情”和“理”的关系问题上，呈现出“主情”和“主理”的道德哲学纷争。

董仲舒从封建专政政治的现实需要出发，把儒家基于向善之情的人伦之理神学化为三纲五常，这样三纲五常更富有绝对性的政治理性色彩，与之相应，董仲舒提出“情阴性阳”和“情恶性善”，把先秦儒家的性情一体思想转化到性情对立的境地中，而且他还非常强调三纲五常对“情”的节制，并主张“以礼节情”，并把节情上升到治国之本的高度，他认为治国大本之一就是灌输礼义以节制情欲。通过“理”对“情”进行节制，这本是出于现实需要，但是在董仲舒的思想中已走向了人之性情的束缚，基于上下尊卑有序的“理”之别异性占据了绝对的主导地位，儒家合情合理的价值诉求和情理精神被淹没于具有浓重政治色彩的人伦关系中。伦理精神一旦被政治所利用，其内在的反映人的同一性追求的精神生命就容易遭到窒息。汉代神学化、经学化的儒学在政治的操纵下，日益走向形式化和粗俗化，越来越难以满足人们基于人之生命性情本真的内在精神需求，同时也和儒家基于血缘关系的人伦之理出现分离。于是，在复杂的社会发展中，道家关注生命本身的自然论和儒家的名教论成为历史的选择。以“道”释“儒”的魏晋玄学应运而生。

在中国血缘文化传统中，“情”在中国的伦理精神中具有绝对的价值，即伦理的理论前提首先承认人是情感的存在，并且在先秦时期被提升到本体的高度，尽管董仲舒出于现实的政治需要否认“情”的文化功能，但是无法否认“情”和“情理”在整个中华文明中的意义和价值。因此，在魏晋玄学中，依然展开着“主情”与“主理”的纷争。王弼从调和的角度出发，糅合道家的“无情说”与儒家的“中节说”，提出“圣人有情”，他认为圣人与凡人的区别并不在于圣人“无情”，圣人与凡人一样，也有喜怒哀乐，圣人与凡人的根本区别在于圣人能够“应物而无累于物”。“应物”乃“情”之所生；“无累于物”使“情”归于正。王弼强调人“有情而无累于情”的观点体现了“情”与“理”相得益彰的情理精神。而嵇康则从批判名教的立场出发，提出“越名教而任自然”，“六经以抑引为主，人性以纵欲为欢，抑引则违其愿，纵欲则得自然；然则自然之得，不由抑引之六经，全性之本，不须犯情之礼律。故仁义务于理伪，非养真主要求，廉让生于争夺，非自然之所出”。(《难自然好学论》）在这里，嵇康从“自然”的角度出发对“情”的张扬，和对儒家伦理走向形式化的批判，进一步彰显了中国伦理精神的生命力正源于人的情感需求，而嵇康对“名教”的批判走向“任自然”，并在现实中走向旷达狂放、自由懒散的人生境地中，也说明了“情”在中国文化中虽然具有绝对的价值，但是其要真正成为个体向伦理实体回归的精神动力，就必须有人伦之“理”的疏导。

何晏作为玄学的开创性人物，其最具历史意义的文化贡献就是援道入儒、以道释儒，其理论基础就是以道家的“道法自然”作为儒家伦理的本体基础，认为道是世间的主宰力量，“天道者，元亨日新之道深微，顾不可得而闻者也”。(《论语集解公冶长注》)“时有否泰，故君子履道而反贫贱，此则不以其道得之。虽是人之所恶，不可危而去之。”(《论语集解八佾注》)何晏将道家之“道”置于宇宙的最高主宰和最高本体，展现了其对“理”的高扬，与此同时，儒家的“情”在“道”的绝对权威中就被驱除在伦理之外，由此，何晏认为“情”与“性”是对立的。而圣人之所以为圣人，在于圣人有善性而无情，因为圣人与道合一，能够使行为完全顺于道的自然流行，不受物的干扰而生喜怒哀乐。何晏的“圣人无情说”本质上体现了道家“非情”和儒家“主情”的冲突和碰撞。在整个汉唐时期，不仅存在儒、道之争，而且随着佛教在中国文化中的渗透，佛家的“反情”思想在这一时期对中国文明的情理精神也带来重大冲击，佛家通过“反情”而“六根清净”来追求现世解脱。由于在中国文明发展的这一时期，关于心、性、情等关系还处于争论的阶段，而且由于在理论上倾向于把“情”和“欲”紧密相关，即使在“主情”的儒家内部也对“情”连同“欲”持否定态度，于是唐代李翱一反传统儒家尚情倾向而提出“灭情复性”的观点。李翱认为，“情分三品”：“上焉者之于七（指七情）也。动而处其中；中焉者之于七也。有所甚。有所亡，然而求合其中者也；下焉者之于七也，直情而行者也。”(《原性》)在性情论上，李翱主张性善情恶，认为“人之所以为圣人者，性也；人之所以惑其性者，情也。喜怒哀乐爱恶欲七者，皆情之所为也。情既昏，性斯匿矣，非性之过也。七者循环而交来，故性不能充也”。(《复性书》)“性”是纯然至善的，而“情”会迷惑“性”，破坏善的性，从而产生种种恶行，圣人之所以能够保持善性，就在于不为“情”所惑。很明显，李翱在试图通过援佛入儒以贯通儒、佛两家，他的这种努力为后来的宋明理学在思维方式上做了切实的铺垫。然而，李翱的“灭情”思想并没有从根本上解决关于心、性、情、命等中国道德哲学的基本问题。

三　宋明：“情”与“理”的辩证复归

宋代是我国学术的辉煌时期，中华文化“向心凝结”（钱穆语）的品格在这一时代表现最为突出。这一时期，出于历史的需要，中华文明儒家德性、道家道心和佛家佛性的辩证凝结为“一”，形成中国传统伦理精神的成熟形态——宋明理学。这一文明形态在道德哲学上完成了“伦理”与“道德”的同一性建构。这一建构所要解决的主要问题就是“天理”“人欲”问题。自先秦以来，在性情问题上，一直存在“情”“欲”不分的理论弊端，导致“主情”“灭情”的理论纷争。而这一理论澄清直接涉及天理人欲问题的解决，以及中国情理精神的建构和传承问题。因此面对历史的考验和选择，这一时期天理人欲问题的建构就集中于心、性、情的形上分辨，以及由此出发的“情”“理”关系问题。

宋明理学在关于心、性、情的理论分辨上首先继承了先秦时期把人当作情感的存在的传统，认为人的喜怒哀乐无所谓善恶，真正的善恶乃在于喜怒哀乐的流露是否正当，因此，程颢提出“情顺万物而无情”，“夫天地之常，以其心普万物而无心；圣人之常，以其情顺万物而无情。故君子之学，莫若廓然大公，物来而顺应。……圣人之喜，以物之当喜；圣人之怒，以物之当怒。是圣人之喜怒，不系于心而系于物也。是则圣人岂不应于物哉?”（《答张子厚横渠先生书》）这一论断的历史意义就是重新恢复了“情”在中国道德哲学中的主导地位。而真正解决心、性、情、欲关系问题的是朱熹，朱熹在理论系统论述了张载提出的“心统性情”，明确概述了心、性、情、欲四者之间的关系，“心犹水，性犹水之静，情则水之流，欲则水之波澜”。（《朱子语类》卷五）朱熹认为性、情是心的两种不同形态，性是心之未发，而情是心之已发，性如水，情如水之流。三者之间的关系内在地包含了性与情的关系也是统一的，性是情的表现形态，所以“性”的性质就决定了“情”的性质，“性”是天命之性，是善的，“情”也就是善的。“性”之根本是仁、义、礼、智四德，发而为“情”，就是恻隐、羞恶、辞让、是非四端。“情”的表现如果贯穿着“四端”，那么“情”就是善的。否则，“情”就是恶的。朱熹的这一观点仍是沿袭古典儒学的。朱熹对以往的“情”论最大的超越就是把“欲”放到了与心、性、情相等的地位，并把“欲”从“情”中分离出来，避免了以往因“欲”的过度膨胀而导致“情”遭到攻击的理论偏颇。另外，朱熹还明确区分了“欲”和“人欲”的区别，他并不否定满足人的自然欲望的合理性，而只是反对过分的“人欲”，“此寡欲，则是合不当如此者，如私欲之类。若是饥而欲食，渴而欲饮，则此欲亦岂能无，但亦是合当如此者。”（《朱子语类》卷九十四）朱熹认为“欲”是符合天理的，只有过度的人欲才是违背天理的。朱熹在关于“情”的问题上把“情”“欲”区分开来，结束了中国数千年“情”“欲”不分的理论难题。但是二者在现实生命中又存在难以割舍的内在联系，于是王夫之在继承朱熹观点的基础上，充分肯定了感性欲望的合理性，“是故情性相需者也。始终相成者也，体用相涵者也。性以情发，情以充性；始以肇终，终以集始，体以致用，用以备体。”（《周易外传》卷五）并认为“情”与“欲”是统一的，都是性的表现，“惟性生情，情以显性，故人心原以资道心之用。道心之中有人心，非人心之中有道心也”。（《读四书大全说》卷二）“性”发于“情”，而“情”发为“欲”，“性”藏于“情”而“情”藏于“欲”，那么，“欲”中必然有“性”和“情”，所以性、情、欲是一体的。王夫之不仅肯定了“情”“欲”的自然合理性，而且在“情”和“欲”相区别的基础上又把二者统一起来，这不能不说是对儒家“情”论的一大突破，并为清代戴震开启批判宋明理学“存理灭欲”的启蒙思想作了理论铺垫。戴震针对宋明理学中的理、欲对立观提出“理存乎欲”“欲中求理”的观点，认为理、情、欲是统一在一起的。天理就在情、欲之中，“圣人而后尽乎人之理。尽乎人之理。非他，人伦日用尽乎其必然而已矣”。（《绪言》上）“理也者，情之不爽失也，未有情不得而理得者也。”（《孟子字义疏证》卷上）

宋明理学对心、性、情、欲关系问题在哲学层面上的精微论证，为中国传统情理主义伦理形态的完成提供了重要的理论支撑。这一时期，“情”与“理”的辩证统一完成于“天理”“人欲”关系的澄清中。“天理”是宋明理学极具创新性的概念，在整个中国道德哲学体系中处于绝对地位，并具有神圣性、必然性和现实性，“存天理”本质上就是“存伦理”，彰显着中国“伦理优先”的传统。但是由于中国“主情”的传统而生成的“建立在生机主义基础上的和谐化辩证法”的中国哲学思维方式，并没有因为中国道德哲学对“天理”的高扬而走向理性主义。在“天理”内化为个体道德的过程中，宋明理学继续发挥中国的情理精神传统，即在性、情、欲的理论分辨中、在伦理道德的同一性建构中，其“同一”的力量仍是来源于“情”的合同性。

第三节　近代西方理性精神与中国情理精神传统的文明撞击

站在21世纪的今天，如果从文化史的角度回顾中国近二百年（从清朝至今）来的巨大变化，就不能不正视儒家思想在从晚清直到今天跌宕起伏的历史命运。可以说，中国儒家思想在近现代一直遭遇到来自于内外双重解构的历史危机：从儒学内部来说，在中国整个封建社会时期，其作为中国文化的主流与政治联姻，一方面确保了其官方哲学和主流文化的地位，但是另一方面其成为政治的统治工具之后，其精神本质蜕变成为统治者的政治意识，其内在的生命力容易受到窒息。特别是清王朝对儒学的政治利用，使儒学的本真精神受到很大束缚，以至于儒学受到来自于内部的反思和批判。如清朝戴震对儒家传统伦理精神进行了深刻而强烈地批判，其从揭露宋明理学“存理灭欲”的实质出发，认为宋儒与佛、道相比具有更大的欺骗性和迷惑性，“宋以来儒者，盖以理说之。其辩乎理欲，犹之执中无权；举凡饥寒愁怨、饮食男女、常情隐曲之感，则名之曰‘人欲’，故终其身见欲之难制；其所谓‘存理’，空有理之名，究不过绝情欲之感耳”。（《孟子字义疏证》卷下）不过，戴震虽然对宋明理学进行了无情抨击，但是其仍然肯定儒家的情理主义道德哲学形态，如其以欲、情、知说明人性，本质上仍是坚持儒家情理合一的人性观点，另外他提出的“以情絜情”的主张本质上仍是对儒家情理主义道德哲学形态的发挥。从历史的角度看，戴震对宋明理学的批判开启了儒家伦理精神的自我否定阶段，特别是随着西方侵略中国引发的民族危机，儒学内部对自身传统伦理精神的反思和否定越来越强烈，中学和西学的体用辩争本质上已动摇了儒学的主导地位；从儒学的外部来看，儒家情理精神遭遇到的更大的危机是来自于西方文化进入中国后，特别是西方理性精神对中国的情理精神的冲击使儒家文化陷入前所未有的大变局中。西方理性精神对中国情理精神的冲击和动摇来自于鸦片战争开始中国面临民族危机的大背景。在西方坚船利炮的攻击下，中国积贫积弱的社会现实不堪一击。在近代，中国在物质层面和制度层面的发展在世界上虽然处于落后地步，被西方的坚船利炮打开国门，被迫地进入世界历史中，但是中国情理主义传统培育和滋养的刚健进取、自强不息的民族精神又支撑中华民族不甘心被动挨打的困境。于是，如何从困境中解脱出来?中华民族又开始走上新的探索之路。这条道路最明显的特征就是以“学习西方”破解中华民族面临的各种现实困境，从情、理的角度看，“学习西方”本质上是引进西方的理性精神以弥补中国情理精神的不足，甚至是以西方的理性精神取代中国的情理精神，由此中国情理精神传统受到断根式冲击。特别是以“五四运动”为标志的中国新学派宣扬奠基于理性精神之上的西方自由主义、民主主义、平等思想、启蒙思想、革命理论、权利理论等西方文化，并在此文化支撑下出现的议会制度、政党制度、法律制度、公司企业制度以及建立的以知识传授为主的教育制度，无不从内在思想层面和外在制度层面解构着儒家情理主义传统。

一 知识论对德性论的冲击

近代西方对中国的入侵以及西方文化对中国文化的撞击本质上是西方近代启蒙理性对中国传统情理精神的撞击。西方虽然一直重视人的理性在人的个体生命力的张扬和个人与社会关系建构中的作用，但是到近现代其理性精神才走向理性主义，即理性才拥有了绝对性的地位，并全方位地影响西方社会生活的方方面面。西方启蒙理性形成于以“人本”反对“神本”的历史背景中，而“人本”的挺立就是以认知理性为基础和依托的。启蒙理性反对“上帝”的绝对主导地位，认为人的命运掌握在人自己的手中，那么，人如何掌握自己的命运呢？人就是通过发挥自身的认知理性，即通过追求理性的自由与自主来证实人的本性。启蒙理性对认知理性的深度发展开启了科技和经济的迅速发展，随之的政治制度和教育文化制度也发生着根本性变革，以“知识”为主导的时代代替了西方古希腊时期以“德性”为主导的时代，其立足于“知识论”的政治制度、经济制度和社会制度使其社会效率大大增强，进而国家实力也进一步增强。然而西方国家实力的增强也燃起了西方世界征服自然、征服世界的原始欲念，“西方现代性的建立是以外向性的理性为基础，并以对世界的知识为价值的核心的。它的发展是为了自黑暗中世纪的愚昧与独断信仰的桎梏中解放出来。它所追求的是理性的自由和自主。这是个崇高的目标，但在实际的文化发展过程中，现代性的理性却丧失了理性的自主，而堕落在非理性的权力意志与物质的贪婪的牢笼之中，成为侵占性的权利与占有性的欲念的工具”①。面对西方对中国的入侵，特别是中国在向“西方学习”的过程中，西方精巧的科学技术和高度理性化的社会运行模式极大地吸引了中国人的目标，从“师夷长技以制夷”的科学知识和科学技术学习到明治维新的政治学习再到以“科学、民主”为口号的文化理念学习无不解构着中国情理主义传统中的情感与理性、理与欲、个体善和社会善相统一的文化价值理念。儒家情理主义道德哲学形态的千年发展中，其对人以及人与社会的关系的关注始终是其核心课题。更重要的是儒学特别是先秦儒学虽然从血缘关系出发确立了“伦理优先”的文化传统，重视社会善的实现，但是又始终强调社会善的实现是以个体善的修持为前提的，如孔子强调的“孔颜乐道”精神、孟子从性情论出发的“尽心知性”的修养理论以及荀子倡导的天理、人情、国法相一体的“化性起伪”思想都极为强调个体内在的“仁”的自觉，“我欲仁，斯仁至矣”。（《论语·述而》）从此种角度看，中国情理精神滋养了中国的德性论传统。然而，儒家情理精神对人内在真性情的伦理疏导在历史的发展过程中被异化和工具化了，特别是到宋元明清直接成为维护封建专制与既得利益集团的政治意识形态，也正因为如此，无论是儒学内部还是儒学外部都冠以儒学“以理杀人”的历史罪名。当西方依托于“知识”的人的主体性的挺立对中国传统情理精神中注重人之性情修养的德性论以致命打击，使大批中国志士仁人开始引入西方的知识论传统和高度理性化的社会运行模式以取代中国传统的“内圣外王”之道，特别是当时的西化派或现代派表现最为激烈，主张全盘引进西方民主自由理念和制度，中国儒家的情理精神传统无论是从“体”还是从“用”的角度全面丧失了其主体性地位，特别是随着新文化运动的兴起，西学的冲击力更为强劲，中国人的主体性挺立不再是致力于内在的性情修养和德性的修持，而是更多致力于以西方的知性传统全面介绍和践行西方的文化理念以及政治制度、经济制度和教育制度，特别是西方基于理性精神的法治精神使儒家基于伦理政治的仁政思想毫无招架之力，西

① 成中英：《新觉醒时代——论中国文化之再创造》，中央编译出版社 2014 年版，第 304 页。

方注重知识传授的教育模式也对中国传统的“内圣外王”的教育理念以致命打击。西方知识论对中国儒学建立于情理合一的德性论的断根式冲击，引发的后果就是：儒家情理精神的弊端得到前所未有的呈现，为儒学从封建桎梏中摆脱出来提供了新的历史契机，另外近代西化派知识分子对儒学的全盘否定又使中国文化陷入变质的危机中。

二 工具理性对价值理性的挑战

西方起源于认知理性的启蒙理性通过知识模型的建立来挖掘和实现人的理性能力，并且把这种理性能力主要依托于科学的发展中，发展出科学化的知识论，其积极性效果就是把人的知识和人的主体能力的发挥从信仰上帝的桎梏中解放出来，但是又使西方理性精神的别异性色彩在文化的现实运行中更加凸显，即西方文化陷入更深的人物对立、人我对立和身心对立中，以致于西方启蒙理性成为深度化的工具理性。这种工具理性由于太过执着于对外在之物的占有，在极力助推人类改造世界的能力的同时，也进一步助长了个体物欲的膨胀，西方的政治制度、经济制度与社会制度的建立和运行无不是以工具理性为文化理念的。而工具理性激发的个体物欲的膨胀和助推的社会群体对人和自然的宰制欲望也成为西方入侵中国、掠夺中国的深层精神原因。面对西方基于工具理性发展起来的强大实力，中国人反思自身文化传统时开始怀疑甚至是否定中国情理精神内涵的价值理性。工具理性立足于心物对立，主张发挥人的理性能力发挥“物”的最大效用，可以说，西方近代科学技术和经济的迅速发展得益于工具理性的内在支撑。尽最大可能发挥“物”的效用，本质上是满足人的需要的，但是在西方文化发挥工具理性的现实作用的过程中，对“物”的追求逐渐压倒了“心”的内省作用，进而“心”的内省作用也逐渐被物质化，从而进一步激发了西方文化的占有性甚至是征服性欲望。近代西方国家对中国的入侵和掠夺本质上就是其过度弘扬工具理性的必然结果。而儒家情理主义传统从“情”的合同性出发，注重“天人合一”的理念，其呈现的理性是为价值理性，这种价值理性首先非常重视人的内在心性的修养，并以“内圣”为前提和基础，通过人我之“仁”追求“天下一家”的安和状态。与西方宰制性的文化传统截然不同。由于儒家较为强调“安和”的价值理性，主张天人共生互动，所以到近现代西方发展了强大的经济力量和科技力量，而以儒家文化为主导的中国社会仍停留于人的自我性情修养中，而未开出西方的“科技”“民主”之花，正是由于这种物质上和社会运行模式上的巨大反差，儒家情理传统所倡导的价值理性面临着被连根拔起的灭顶之灾，“对于20世纪早期的思想界，我自己有一个观点就是说，是在强烈的反传统和强烈的爱国主义之下所产生的一种非常扭曲的心态。一方面，所有塑造我们使我们成为今天的中国人的文化认同资源，我们都要彻底否定。另一方面，我们有信心面对帝国主义和殖民主义，我们一定能够征服、打倒列强，然后我们将来一定可以站起来。一方面对于我们自己的文化资源进行革命，要彻底地消除传统的影响，一方面对外又有强烈的爱国主义。既是启蒙，完全学习西方的精神和价值取向，从科技到制度，从语言到习俗；又是救亡，完全反西方，这个洗礼太大了”①。正是在这种“扭曲”中，儒家也陷入被“撕裂”的困境中：一方面，在“图存”上，当时各种外来思潮诸如自由主义、民主主义、启蒙思想、权利观念等未能在中国文化中占有一席之地，纷纷从各种角度挑战儒家传统思想，使儒家传统精神遭受来自中国内部的断根式批判甚至否定；另一方面，儒家伦理思想作为与中国血缘文化相匹配的伦理精神，伴随着中华民族的千年历史成长过程，成为中华民族精神的主要支撑，并沉淀于中华民族的深层心理层面影响着中国人独有的思想方式和行为方式。基于“救亡”的历史使命，一大批中国知识分子致力于立足儒家传统思想的基础上开出新儒家，以适应新的时代要求，并坚信只有立足儒家才能真正做到“反西方”。面对这种被“撕裂”的困境，儒家思想中与西方理性精神完全不同的情理精神被置于何种地位，成为儒家精神走向现代的关键性问题。

三　个性的伸张对伦理整体主义的颠覆

近代中国为了“救亡图存”，在“向西方学习”的过程中遭遇到另一个根本难题就是“个体”与“群体”之间的冲突与矛盾。在关于此问题上，西方文化传统一直是以个体为本位的。当然这种个体为本位的文化

---

① 杜维明：《二十一世纪的儒学》，中华书局2014年版，第21页。

并不等于忽视或反对群体的价值。西方的“个体本位”实际上非常重视群体秩序的建构，但是其建构群体秩序往往是以个体自由、独立为前提的，其群体之价值呈现往往是以个体的价值为圭臬。由此西方文化在社会秩序的建构中发展出民主制度，在近代启蒙之后，在民主制度的基础之上又发展出更为强烈的权利理念。自由、民主、权利等等观念本质上是立足于“个体”与“群体”的相分，这种相分的立场使西方人对待群体持非常理性的态度，即“群体”的合理性在于是否能够保障和实现个体的自由和价值，极为强调主体性的挺立可以超越于“群体”之上，也正因为如此，西方思想里充满着个性解放和社会革命的思想理念。西方文化的这一价值取向和中国“人伦本位”的价值取向截然不同。

中国伦理性文化是与家国一体、由家及国的社会结构相适应，其在处理“个体”与“群体”的关系中，倾向于“群体本位”，即个人人生价值和意义的实现在“关系”的运行中，即以儒家为代表的中国文化始终把“人伦和谐”置于首要地位，并且主张通过发挥人内在的恻隐之心，立足于“人伦本于天伦”的伦理思维方式，以仁爱之情构建“人伦和谐”。同时，中国文化认为，“人伦和谐”的实现又离不开个体的努力和主体性的提升，因此“人伦和谐”又与个体价值的实现息息相关，或者说，“群体利益”本身就内含着个人正当利益，“儒学面对的是以血缘关系为基础的宗法性封建社会这样一个社会现实，它不可能回避君臣父子这样一种社会关系来谈人的问题，而它的现实主义态度也决定了它在探讨人的价值和人的实现等问题时必然对社会群体与人伦关系给予足够的重视。事实上，儒学的重人伦、重群体就包含着对个体、对个人价值的肯定，甚至可以说，儒学的重人伦、重群体就是从重个人出发的，而最终则要回归到对每一个具体的个人的关注”①。这样，儒家文化以“情”的合同功能开创的天人相通、人我相通的整体性、机体性、动态性的伦理生态把个体与群体联结为“一”，从而以仁爱之情理实现“人”之“安”与“群体”之“和”。这是情理主义道德哲学形态的本真追求和内在生命力，但是在儒家哲学与政治相结合乃至于儒家思想成为封建政治

① 洪修平：《论儒学的人文精神及其现代意义》，中国社会科学出版社 2000 年版，第 65 页。

统治的工具后，儒家这种内在生命力被政治所禁锢，到清朝其生命力进一步衰微，而其重视“群体价值”、重视“礼”的思想反而走向压制个性和个体价值的反动性。正是在这种特殊背景中，当西方文化的“个体本位”的价值观进入中国社会后引起一系列对中国自身文化传统的反思和批判。由此，近代中国文化发展开启了个体的觉醒和对伦理整体主义的批判。如陈独秀就以“个人本位主义”和“家庭本位主义”来凸显“中学”与“西学”的根本区别。而胡适直接凸显“个人”对社会的推动作用，以激发个体的觉醒，“个人——我——虽仅为千分之一，但是这千分之一的‘我’是很可宝贵的”①。“个人的成分，虽仅占千分之一，而这千分之一的个人，就是社会进化的原因。人类的一切发明，都是由个人一点一点改良而成功的。惟有个人才可以改良社会，社会的进化全靠个人”②。

由此，西方倡导的个体自由、独立的价值理念直接冲击到中国情理主义传统中的“伦理优先”的价值取向。这种冲击一方面揭示出中国情理主义道德哲学形态内含的个体与群体关系的矛盾，“从总体上看，宗法伦理是儒家理论的主干，而‘人’则是其全部理论的出发点与核心，对人的重视与对人伦关系的强调，是儒家人生哲学的两重性格，它构成了儒家学说本身在封建社会难以摆脱的困境，也是解开儒家文化之谜、发掘儒家人文精神之现代价值与意义的关键”③；另一方面，这一时期个体的觉醒进一步动摇了儒家文化作为封建社会官方哲学的根本基础，为儒家基于情理的伦理型文化遭受致命打击的同时也开启了走向现代的门扉。

---

① 胡适：《博爱：胡适人生讲演集》，云南人民出版社 2012 年版，第 19 页。

② 同上书，第 20 页。

③ 洪修平：《论儒学的人文精神及其现代意义》，《中国社会科学》2000 年第 6 期。

第三章

“情—理”的儒家伦理精神形态

中国精神哲学不仅赋予“情”与“理”以重要的精神品格，而且其还从整体性的哲学思维出发使二者处于以“情”为主、“情”“理”相互渗入的关系中。“情”与“理”的此种关系，既涵养了中国独特的精神哲学传统，又从现实的层面契合了中国血缘文化传统，并在中国几千年的文化发展中形成了与中国由家及国、家国一体的传统社会结构相匹配的情理合一的伦理精神形态，此种伦理精神形态一方面渗透到中华民族精神中，成为中华民族文化生命的本体样态，“西洋偏长于理智而短于理性，中国偏长于理性而短于理智”[①]。（梁漱溟先生这里所言的理智和理性分别为“心思作用之两面：知的一面曰理智，情的一面曰理性，二者本来密切相连不离”[②]。）另一方面还为中国人当下的生活世界提供价值指导，“在中国文化里，情与理不但非对立，而且理就在情中，说某人不近情，就是不近理，不近情又远比不近理严重得多”[③]。中国文化的情理本质已成为学术共识，并且近百年来一直对此进行多种角度的文化探讨。但是，面对当今理性主义多种形态的冲击，中国的情理主义传统如何成为“中国式”的伦理精神形态，在中华文明的文化生命中潜藏着怎样的生命力，乃是解读中国精神的重要关键点。

---

① 梁漱溟：《中国文化要义》，上海人民出版社 2005 年版，第 113 页。

② 同上书，第 117 页。

③ 韦政通：《伦理思想的突破》，中国人民大学出版社 2005 年版，第 7 页。

第一节 “伦理世界”的情感逻辑

黑格尔在《精神现象学》中提出“伦理世界”这一哲学概念，并认为“伦理世界”包含三对要素：两大伦理元素——男人和女人；两大伦理规律——人的规律和神的规律；两大伦理实体——家庭和国家。黑格尔对“伦理世界”的哲学建构与先秦儒家提出的“五伦”思想具有相通之处：先秦儒家将男人和女人置于伦理秩序的原点，并以“夫义妇顺”作为男人和女人两种不同的伦理性格的伦理秩序安排；黑格尔提出的两大伦理规律与儒家提出的“天伦”和“人伦”具有类似性；其提出的两大伦理实体理念与先秦儒家基于中国由家及国、家国一体社会结构而形成的“人伦本于天伦”伦理思维方式具有相似性。黑格尔提出的“伦理世界”概念与先秦儒家的“五伦”体系的相通与相似进一步证明先秦儒家道德哲学思想道出了人类文明真理，“哲学史作为人类智力发展史和人的生命发展史，在民族发展史中表现出某种惊人的相通处。儒家所设计的‘伦理世界’，不仅在要素方面与黑格尔的思想完全吻合，而且，它的创造性贡献，就是依循家国一体、由家及国的原理，出色地解决了这三对要素之间的矛盾，达到了‘伦理世界’‘预定的和谐’”①。同时，基于西方文化与中国文化思维方式和价值取向上的不同，先秦儒家的“五伦体系”或“伦理世界”既具有人类文明真理的普遍性，同时又具有自身的独特性。黑格尔将“伦理世界”的人性基础依托于理性。他认为，伦理世界是精神发展的一个阶段，“当理性之确信其自身即是一切实在这一确定性已上升为真理性，亦即理性已意识到它的自身即是它的世界、它的世界即是它的自身时，理性就成了精神”②。这样，黑格尔对“伦理世界”的理论建构乃是理性主义的具体表现。而儒家则把“伦理世界”的建构依托于情理合一的人性基础之上。以情感的合同性作为实现伦理世

① 樊浩：《道德形而上学体系的精神哲学基础》，中国社会科学出版社 2006 年版，第 520 页。

② ［德］黑格尔：《精神现象学》（下卷），贺麟、王玖兴译，商务印书馆 1996 年版，第 1 页。

界和谐的精神动力。

一 "伦理世界"的三种实体形态

第一，家庭。黑格尔从人的规律（民族规律）和神的规律（家庭规律）出发分析论证了男人和女人截然不同的伦理品性，而且在这种论述中始终彰显着理性的别异性思维，"女性的伦理跟男性的伦理不同，其差别就在于：女性，按其规定来说，是为个别性的，是涉及快感的，但她又始终保持有直接的普遍性，并对欲求的个别性保有外来物的地位，与此相反，在男性那里，这两个方面［个别与普遍］是互相分离的，而且，男性，作为公民，既然拥有属于普遍性的那种有自我意识的力量，他就以此为资本替自己谋取欲求的权利，而同时对此欲求又保持自己的自由"①。并将男人和女人两种不同的伦理性格处于某种对立中。而儒家虽然也承认男人和女人各自伦理性格的不同及其对立性，"乾道成男，坤道成女。"（《周易·系辞上》）但是又始终以整体性、机体性和动态的系统性的哲学思维方式对待男女关系，"天地絪缊，万物化醇。男女构精，万物化生"。（《周易·系辞下》）儒家"男女构精"自然规律出发，在道德形而上学层面对男女两性赋予伦理品格，即把男人和女人作为"伦理世界"的两大伦理元素，并对其应当保持的伦理关系进行了严格规定，"男女正，天地之大义也"。

在先秦儒家看来，男女、夫妇关系在"伦理世界"中的意义，不仅具有"生生"之德、繁衍后代的自然意义，而且还具有化育家庭和民族两大伦理实体伦理原点意义，也因此在"伦理世界"居于本原地位，"有天地，然后有万物；有万物，然后有男女；有男女，然后有夫妇；有夫妇，然后有父子；有父子，然后有君臣；有君臣，然后有上下；有上下，然后礼义有所错"。（《易经·序卦》）从宇宙生成论的角度看，易有太极而生两仪，两仪即是阴阳，在人曰男女，合婚曰夫妇，然后衍生出父子、君臣、上下，此即是依自然法则而建立人伦关系：男女两性关系经由"伦"之"理"的规范、疏导而升华为夫妇关系，而夫妇关系最为根本的

① ［德］黑格尔：《精神现象学》（下卷），贺麟、王玖兴译，商务印书馆1996年版，第15页。

伦理功能就是依据“生生之大德”的哲学理念衍生父子关系、兄弟关系，父子关系、兄弟关系在“消解家庭的自我实体性”后，家庭成员就成为国家公民，家庭关系进而扩展、外化为社会关系以及公民与国家的关系。夫妇关系不仅是先秦儒家五伦体系的原点，而且也是儒家处理“伦理世界”中各种人伦关系的本原依据。众所周知，儒家以仁爱原则处理伦理关系，其处理方式为推己及人，仁爱的对象有亲疏、远近、厚薄等区别。

如何“推”？如何“别”？儒家从中国血缘文化出发，以血缘关系的亲疏远近对“仁爱”对象进行等级划分，而划分的起源或源头就是夫妇关系。儒家在建构伦理世界的过程中，以“合”的方式将男女关系限定在夫妇关系中，强调夫妇关系的伦理根源性，但是又基于父权社会的特征，认为男人和女人在伦理世界中是不平等的，男人居于乾、阳的地位，处于优先性的地位，而女人则处于坤、阴地位，对男人具有依附性。因此，先秦儒家在建构“伦理世界”并划分亲疏、远近、厚薄时，便有父姓本家、母姓外家等区分。把与母姓相关的血缘关系置于“家庭”之外，只承认父姓血缘关系中的伦理份位。儒家这种人伦关系的划分在生活世界中具体表现为，与母姓相关的血缘关系都以“外”或“表”字来表达，如“外公”“外婆”“外孙”“表兄”“表姐”。儒家这种人伦关系划分的社会意义在于女性在伦理世界中被置于从属的地位，为以父系为主导的社会提供了伦理保证。进而，先秦儒家提倡的“亲亲”原则本质上是以父姓家族的父子、兄弟关系为主导，“男女有别，然后父子亲；父子亲，然后义生；义生，然后礼作；礼作，然后万物安”。（《礼记·郊特牲》）这样，先秦儒家首先从男女、夫妇伦理关系出发建立了一套系统的人伦关系，然后又以此为原型，基于“人伦本于天伦”的伦理思维方式，把父子关系、兄弟关系的天伦之理向外推扩为君臣关系、朋友关系，从而形成纵横交错的立体式的“伦理世界”：以血缘关系为原点向外辐射到政治关系，“君臣比父子”：以父姓关系为主导的家庭伦理关系以及由此向外延伸到社会伦理关系。

在先秦儒家建构的伦理世界中，夫妇关系虽处于原点地位，具有本原性的意义，但是真正处于基础性地位的关系还是父子、兄弟这两大天伦关系。在儒家所建构的“五伦”（父子、君臣、夫妇、长幼、朋友）世界中，父子关系、兄弟关系等“天伦”具有客观必然性，它基于自然血缘关系的客观必然性而成为家庭伦理关系或个体作为家庭成员行动的规律，其形成的具体伦理规范为：父慈子孝、兄友弟恭。这两种基本规范既是个体成为家庭成员的伦理依据，同时更是人获得作为人的生命尊严的根本所在。如儒家道德哲学在生活世界中所言说的“众叛亲离”即意味着个体在伦理上的失败，它表征着个体不遵循神的规律而受到家族的排斥和否认，乃至于失去成为家庭成员的资格。另外，“天伦”在先秦儒家伦理世界中的意义不仅在于具有基础性的地位，而且其更深刻的意义还体现在它成为人的终极伦理使命。个体应当成为家庭成员和国家公民，但是个体的终极归宿还是回归到作为家庭成员的伦理宿命中，例如在中国传统社会中，人的一生最高和最终的伦理价值和意义是“封妻荫子”“光宗耀祖”。先秦儒家道德哲学将“天伦”作为伦理世界的基础和个体的终极伦理归宿，实际上体现了中国血缘文化的特质。从人作为关系存在的现实来看，具体的人在一生中会处于各种各样的关系，如何处理这些关系也成为对“我们如何在一起”这一伦理追问的现实回答。如何在错综复杂的关系中梳理出根本的、使人的个体生命存在成为伦理性存在关系？这可以说是人类伦理思考的根本问题。在关于这一问题上，先秦儒家则以血缘关系作为建构伦理世界的基础性关系。其重要的文明意义就是使人的伦理存在具有了神圣性、必然性和现实性：血缘关系基于“天”之必然，具有“天赋”的神圣性和必然性，同时，每个生命的诞生都无法脱离血缘关系，而且人之生命正是在浓郁的血缘亲情中获得成长和延续。

第二，国家。在先秦儒家建构的伦理世界中，“天伦”表达的是个体与家庭伦理实体之间的关系，而人作为有意识、有精神追求的群体性生命存在，“家庭”只是最原初的伦理实体形态，而不是最完满的伦理实体形态，因此，个体生命要获得更大的伦理普遍性，还要从家庭成员中进一步升华为国家公民。如黑格尔认为，个体在家庭中获得伦理普遍性和展现的伦理精神还只是原初的和自然的，伦理发展的第二阶段——市民社会是形式的和现实的，个体只有成为国家公民才是现实的，“一个人只有作为公民才是现实的和有实体的，所以如果他不是一个公民而是属于家庭的，他就仅只是一个非现实的无实体的阴影”①。先秦儒家从伦理普遍性出发，也把“国家”作为人之生命价值和意义实现的更高依托。与黑格尔论述不同的是，先秦儒家始终以合同的思维方式处理家庭和国家之间的伦理联结。

一方面，儒家道德哲学把“国家”作为“家庭”的延伸和扩大，以成为中国传统社会“家国一体、由家及国”社会结构的伦理支撑。“家”成为“国”的原型，“国”则是“家”的直接放大或扩大，“国”的伦理实体性规定则是“家”的伦理实体性规定的延伸②。先秦儒家道德哲学在关于国家的伦理规定中，既强调个体对国家伦理普遍性的服从，同时又没有陷入愚忠中，而是始终在国家伦理普遍性和主体性自由之间保持适度的张力。在如何处理个体与国家的关系中，儒家主张君惠臣忠的双向义务，以维护国家的伦理普遍性，即“道”为中介扬弃个体的个别性，造就国家的统一性和实体性，“欲为君，尽君道；欲为臣，尽臣道。二者皆法尧舜而已矣。不以舜之所以事尧事君，不敬其君者也；不以尧之所以治民治民，贼其民者也”。（《孟子·离娄上》）个体要从家庭中蜕变成为国家公民，必须按照国家伦理普遍性要求扬弃自身个别性。同时应当注意的是，儒家虽然以君臣关系作为公民与国家关系的基本形态。但是，在儒家看来，国家乃至天下与具体的君主个人之间有根本区别，因此先秦儒家虽然强调君臣之道，强调臣民对君主的忠诚，但是这种忠诚有一重要前提就是君主也必须遵循君之“道”的国家伦理普遍性扬弃个别性。这样，对于先秦儒家而言，国家伦理普遍性具有绝对价值，具体的君主和臣民都必须服从于国家伦理普遍性，否则就会失去伦理合理性，从而丧失其伦理份位，“贼仁者谓之贼，贼义者谓之残，残贼之人谓之一夫。闻诛一夫纣矣，未闻弑君也”。（《孟子·梁惠王下》）在这里，孟子对国家共同体和具体的君主个人进行了严格区别。他认为，纣王违背仁义，无法履行国家职责，以个别性的个体暴戾违背破坏国家的伦理普遍性，早已失去作为君主的权利和尊严，因此孟子称为“诛一夫”，而不是“弑

---

① ［德］黑格尔：《精神现象学》（上、下卷），贺麟、王玖兴译，商务印书馆 1996 年版，第 10 页。

② 樊浩：《中国伦理精神的历史建构》，江苏人民出版社 1992 年版，第 7 页。

君”，进而为武王伐纣进行了伦理辩护。在儒家的伦理世界中，君臣是国家实体中的纵向伦理关系，而朋友则是国家实体中的横向伦理关系。在如何维系国家和社会中具有非血缘关系的朋友关系这一问题上，先秦儒家诉诸“信”，“与朋友交，言而有信”。(《论语·学而》)“信”作为调节非血缘关系的人与人之间伦理关系的道德规范，又始终以真诚为情感前提，以至于先秦儒家这一思想落实到生活世界中，认为朋友之间的关系的极致便是犹如手足之情。

第三，天下。家庭和国家构成“伦理世界”中的两极，二者根据所处理的伦理关系的不同，也依循着不同的伦理规范力图实现人伦和谐，为解决“我们如何在一起”的伦理追问提供解答。对于个体生命而言，家庭和国家都不可或缺，成为家庭成员和国家公民是个体最终的伦理宿命。然而在现实生活中，对于具体的人而言，“家庭”和“国家”又难以获得终极和谐，即所谓“忠孝不能两全”。关于此，黑格尔在探讨伦理世界中“人的规律”与“神的规律”时，也认识到二者之间的内在张力与冲突，“家庭，作为无意识的、尚属内在的概念，与概念的有意识的现实相对立，作为民族的现实的元素，与民族本身相对立，作为直接的伦理的存在，与通过争取普遍目的的劳动以建立和保持其自身的那种伦理相对立，——家庭的守护神与普遍精神相对立”①。然而，家庭和国家作为解决“我们如何在一起”的有效伦理途径，二者不必须达至和谐，“伦理之成为伦理，首先必须扬弃这些基本的伦理矛盾，或者说，在形上世界和价值世界中‘预定’这些基本的伦理和谐，以保证伦理生命的畅通，否则，伦理便没有可能，甚至不会存在”②。黑格尔以别异性的理性主义思维方式，坚持国家和民族的绝对地位和优先地位而追求伦理和谐，而先秦儒家则以其基于“情”之合同本性的情理精神在家庭和国家的两极中设立一太极，即“天下”，作为“家国一体”的伦理形态。

“天下”概念产生于商周时期，其本身表达的不是时空概念，而是具

① ［德］黑格尔：《精神现象学》（下卷），贺麟、王玖兴译，商务印书馆1996年版，第8页。

② 樊浩：《道德形而上学体系的精神哲学基础》，中国社会科学出版社2006年版，第662页。

有文化意义，其文明本质是万邦并立的共同体形态，中国文明的早期就是多元氏族并存的文化实存形态。如张光直先生在论及早期中国文明起源时认为“‘国家’是有空间界限的政治实体，就好像一个城或一个省份一样。‘国家’的另一个意义，在较高的一层水平，指在政治这个领域之内具有若干特征的一种类型社会。在这个意义下，这个名词是一个没有时空界限的静态的、表现特征的抽象概念”①。周朝采取“分封建国”和“宗法制度”的政治组织形式，但是这种组织形式较为分散。如何再把分散的“分封”联结为一个更大范围的共同体成为当时中华文明要解决的重要问题。如前所述，中华文明是在继承原始氏族关系的基础上发展而来的，如何把不同氏族再联结为一体，儒家所采取的措施是强调“同姓不婚”，“婚于异姓，则沟通横的关系，使整个民族趋于凝合”②。这种制度的历史意义就是使天下的人突破氏族间的分歧，以血缘关系为纽带融合为一个大家族，于是天下可以成为一家，用“亲亲”的观念使天下成为以亲情牵连的共同体。另外，周代还通过尊天祭祖寻求“天下”时间上的统一，通过各国建立的宗庙及依不同等级的共同祭祀，使各国各族归宗于共同的上帝、社稷、山川及祖先。通过时间上共同的历史根源，再结合空间上各分殊地域的氏族，于是，无论是文化层面还是实体层面，“天下”获得实存。商周时期对这种“天下”观念的寻求和建构也促成着中华文明血缘文化的形成，而且血缘关系也成为社会的基本关系。

随着中华文明的发展，特别是到先秦时期，中国社会政治形式的变革，“天下”的概念进一步从政治领域中独立出来，而成为弘扬人的主体精神的哲学概念。在《道德经》中，“天下”一词竟出现50处之多，如“圣人抱一为天下式”③，“故贵以身为天下，若可寄天下；爱以身为天下，若可托天下”④。“奈何以万乘之王，而以身轻天下”⑤。“以天下观天下，何以知天下之然哉?”⑥ 在这里，老子把人的生命价值与“天下”概

① 张光直:《中国青铜时代》，生活·读书·新知三联书店1999年版，第125页。

② 牟宗三:《历史哲学》，吉林出版集团有限责任公司2010年版，第34页。

③ 王弼注:《老子注》，中华书局1996年版，第12页。

④ 同上书，第7页。

⑤ 同上书，第15页。

⑥ 同上书，第33页。

念紧密结合，进一步促使了“天下”概念向人文精神的转换。而儒家则从伦理实体的角度，把“天下”与人的伦理使命和道德修养贯通为一，“古之欲明明德于天下者，先治其国，欲治其国者，先齐其家，欲齐其家者，先修其身，欲修其身者，先正其心，欲正其心者，先诚其意”。（《大学》）由此可见，“天下”概念在先秦儒家道德哲学中成为一个超越个体与实体、实体与实体关系之上的伦理统一体，其伦理本质即是实现伦理世界终极和谐的现实依托，以扬弃个体与实体、各实体间的矛盾和冲突，进而实现伦理世界预定的和谐，“大道之行也，与三代之英，丘未之逮也，而有志焉。大道之行也，天下为公。选贤与能，讲信修睦，故人不独亲其亲，不独子其子，使老有所终，壮有所用，幼有所长，矜寡孤独废疾者，皆有所养。男有分，女有归。货，恶其弃于地也，不必藏于己；力，恶其不出于身也，不必为己。是故，谋闭而不兴，盗窃乱贼而不作，故外户而不闭，是谓大同”。（《礼记·礼运》）孔子基于礼崩乐坏、世道衰微、天下无道的社会现实，有感于“大道既隐，天下为家，各亲其亲，各子其子，货力为己”的个体与伦理实体的分裂，孔子以“仁—礼”统一的道德哲学创新，力图实现人向伦理实体的回归，使人由个体的生命存在成为伦理存在。孟子在继承孔子伦理思想的基础上，进一步彰显人的主体精神，以追求“天下”的伦理普遍性，“天下有道，以道殉身；天下无道，以身殉道。未闻以道殉乎人也”。（《孟子·尽心上》）

二 “家—国—天下”的辩证统一的情感逻辑

“伦理世界”的道德哲学本义乃是人和伦的关系，由于伦理的本质是在客观性中充满主观性，从精神的意义看，人和伦的关系具体为人和“伦”之“理”的关系。“伦”之“理”与“物”之“理”最大的不同是，后者外在于人，只需知性把握即可，而前者内在于人，但这种内在于人的“理”不会自发形成，既需要知性的参与和把握，也需情感的认同，并通过行为进行维系。因此，“伦理世界”所面临的任务不仅是如何呈现客观的人伦关系，更重要的是如何使“伦”之“理”渗透到个体生命中，在个体生命中实现“家—国—天下”的一体化。当然，“家—国—天下”的和谐统一并不是自在的，其在现实世界的展开中，男人与女人两大伦理元素、个体与伦理普遍性之间以及家庭与国家两大伦理实体间存在诸多冲突和矛盾，先秦儒家情理主义道德哲学对人类文明的贡献就在于既看到对立和矛盾，又始终强调人的主体性的发挥，以“伦理”的方式追求“我们”的存在。如何把个体性的“我”转变成为“我们”？这是整个人类文明所共同面对的问题。西方理性主义文明以二分的思维模式，一方面承认伦理世界存在的对立和冲突，如黑格尔认为男人和女人、人的规律和神的规律（用白日的法律和黑夜的法律形容）、家庭和民族处于对立（如把家庭作为国家的异己力量）中；另一方面，对对立和冲突的消解方式又设定于个体悲怆情愫的形态中。而先秦儒家从中国血缘文化出发，以“情”为人性基础以消解伦理世界在现实展开中所出现的伦理冲突和矛盾。而其追求伦理和谐的具体理路就是以血缘亲情为根基，把“亲亲”作为处理家庭伦理关系的情感原则；经过“人伦”之理对血缘亲情的普遍化提升，即以“推己及人”的方式，把“亲亲”提升为“爱人”的伦理情感和道德情感，用以化解国家和社会中的个体与其伦理实体间的分离；再经由家庭和国家的辩证统一和普遍性提升，辩证复归到血缘亲情中的合同性中，通过对“老吾老，以及人之老；幼吾幼，以及人之幼”的“天下一家”的情感诉求和精神超越，化解家庭与国家两大伦理实体间的冲突和矛盾，使个体生命获得永恒的伦理价值。

第一，血缘亲情的本原性。先秦儒家道德哲学与中国血缘文化的契合决定了血缘亲情在其道德哲学体系中的本根地位，“它（儒家伦理——引者注）往往依据血缘亲情的本根至上性，将特殊性血亲关系凌驾于普遍性人际关系之上，允许人们在特殊性的血缘亲情伦常中拒斥那些普遍性的道德理性原则，奉行‘内外有别’的多重性标准”①。这种绝对至上性主要体现为血缘亲情成为“伦”之“理”的直接依据。

如前所述，儒家建构伦理世界主要从血缘关系出发，以血缘关系为基点向外辐射形成交叉立体的伦理关系体系，孔子提出“父父、子子”初步确立了儒家以血缘关系为基础的家庭伦理秩序，孟子则把这种家庭伦理系统化、结构化，“圣人有忧之，使契为司徒，教以人伦：父子有亲，君臣有义，夫妇有别，长幼有序，朋友有信”。（《孟子·滕文公

---

① 刘清平：《儒家伦理：道德理性还是血亲情理？》，《中国哲学史》1999 年第 3 期。

上》）这样，血缘亲情便成为家庭伦理秩序的内在逻辑，而且家庭伦理秩序还成为整个社会伦理秩序的范型和基础，“小的是一个‘家庭’，大的是一地方的‘家族’，更大的则是以国家社会的‘宗族’，再大则可以是跨越了国界的‘宗亲’。换言之，汉文化意义下的‘人’是摆置在‘家’里头的，这是就一个‘血缘性的自然连结’而成的一个整体就此整体而说的‘人’。或者，我们可以清楚地指出，在汉文化下，一说到‘个人’就是在‘家庭’乃至‘家族’中的个人，而不是可以隔离开来说的独自的个人”[①]。血缘关系在儒家伦理世界中的绝对至上性直接决定了血缘亲情在儒家道德哲学中的精神意义。血缘亲情既成为“礼”之伦理合理性的主观依据，也成为个体向伦理实体回归的精神动力，孔子在批评宰我对三年之丧的质疑时指出：“夫君子之居丧，食旨不甘，闻乐不乐，居处不安，故不为也。……予之不仁也！子生三年，然后免于父母之怀。……予也有三年之爱于其父母乎？”（《论语·阳货》）因此，短丧之所以不仁而君子不为，就是因为它违背了亲子之爱，不能使君子的内心保持安适和悦的状态。

儒家把血缘亲情赋予道德哲学意义，对中华文明乃至于整个人类文明而言都具有重要意义。首先，人作为整体性的存在，是自然属性与社会属性的有机统一。而道德哲学虽然具有超越意义的文化本性，但是道德哲学又不能无视或逃避人的自然属性，如何正视人的自然属性则成为道德哲学的出发点。儒家道德哲学在建构“伦理世界”时也正基于这一点。血缘亲情虽然具有生物属性特征，具有自然客观性，但是儒家又从哲学本体论的角度出发，以“天”或“天道”的概念对自然性的血缘关系以及依此而产生的自然情感进行文化提升，把血缘亲情既看成一种自然，又看成是一种应然和必然，“孩提之童，无不知爱其亲者”。（《孟子·尽心上》）儒家道德哲学把血缘亲情作为精神原动力，既符合人类的发展规律，也符合伦理道德的发展规律：在人的现实存在中，人本身所具有的最根本的、与生俱来的、自然性的东西就是骨肉亲情，也只有这种基于血缘关系和身体遗传的血缘亲情才能成为整个社会颠扑不破的伦

① 林安梧：《儒学与中国传统社会之哲学性差——以“血缘性纵贯轴”为核心的理解与诠释》，台北：幼狮文化事业公司1996年版，第20页。

理基础。也正因为如此，儒家以血缘亲情内在逻辑而建构家庭伦理秩序在后来无论受到怎样的冲击，都不会被彻底颠覆。其次，血缘亲情虽然出自人的自然属性，但是当儒家把其作为道德哲学的精神原动力时，它自身的伦理意义远远超过其自然本性。如前所述，伦理的本质或者文明意义在于使人超越自身的自然情欲和主观任意性而回归到伦理普遍性中，是解答"我们如何在一起"的重要文化途径。情感的最根本的哲学本性是合同性，这种合同性能够使人超越自身的个别性而与他人合二为一，在他人身上确证自身的存在。儒家正是基于情感的这种合同本性建构个体与伦理实体的统一，即以情感互动促使个体扬弃自身的个别性回归到伦理实体中。当然儒家以血缘亲情为构建伦理世界的重要人性机制，其目的是使人在与他人进行情感互动的过程中不断提升自己的心性修养，以至善情感的怡养获得"伦"之"内化"。这种内化的结果就是血缘亲情转化提升为基于"伦"之"理"的道德责任和义务。儒家提倡的"父慈子孝、兄友弟恭、夫义妇顺"在内含情感相互关照的同时，也意味着彼此的责任和义务。也正是在彼此的责任和义务中确证自身的伦理身份，在践行自身道德责任和义务的过程中实现着个体向伦理实体的回归，正如黑格尔所说："在家庭中，人们的情绪就是意识到自己在这种统一中，即在自在自为地存在的实质中的个体性，从而使自己在其中不是独立的人，而成为一个成员。"①

第二，由血缘亲情向社会情感的推扩。儒家情理主义道德哲学形态基于"家—国—天下"一体的伦理设计，虽然把血缘亲情置于本原地位，但是并未囿于家庭血缘亲情中，而是通过"情"的向外推扩，把血缘亲情升华为建构和维系社会伦理秩序的本源情感，即超越血缘亲情的仁爱情感。根源于血缘亲情的仁爱情感既具有源于家庭的先天潜在性，同时又是个体在社会化的过程中不断修正的后天情感。从此种意义上说，仁爱情感本质上是一种以"爱"之情为核心的理性化的社会情感。

任何人都具有"爱"的情感，但是这种情感不会自然而然地成为稳定的、能够积极维护社会伦理秩序的社会情感，还需要受到"伦"之"理"的引导和约束。关于此，先秦儒家道德哲学将具体的仁爱情感植入

① ［德］黑格尔：《法哲学原理》，范扬、张企泰译，商务印书馆1996年版，第175页。

其所建构的“伦理世界”中：一是移孝作忠。君臣关系是儒家伦理世界中国家这一伦理实体的核心关系。如何处理君臣关系直接关涉到个体由家庭成员向国家公民的伦理转化问题。从现实的角度看，君臣关系或君民关系本是一种极为复杂甚至是存在矛盾和冲突的利益关系，但是从价值和意义的角度看，成为国家公民是每一个体都无法回避或者逃脱的“伦理宿命”，而且成为国家公民必须超越个体利益而维护社会的整体利益和长远利益。那么，如何才能实现这种超越呢？重情的先秦儒家道德哲学便极力发挥“情”的超功利性，使“君”“臣”“民”在政治上展现为对待亲人一样的情怀，如孟子在和梁惠王讨论如何治国时，孟子曰：“老吾老，以及人之老；幼吾幼，以及人之幼，天下可运于掌。”（《孟子·梁惠王上》）在儒家看来，血缘家庭中亲情之爱是一种“自然”，这种“自然”在任何外在客观情境下都颠扑不破，而且其包含的利他情感完全可以推扩到社会治理中，“如果一个人对自己的亲人有深厚诚挚的感情，那么他就会对陌生人将心比心，就能了解遭受苦难的当事人对她的亲人有多重要。比如，如果一名男子不愿意见到自己的姐妹、女儿被人凌辱，那么他见到陌生女子受到凌辱时，就应该感觉到自己有必须挺身而出的道德义务”①。这也是先秦儒家强调血缘亲情的社会文化意义之所在。二是“朋友如兄弟手足”。朋友关系是儒家处理社会中横向伦理关系的核心关系，这一关系既没有儒家浓厚的血缘亲情基础，也没有如君臣关系中直接的利益关系，但是人作为“类”的存在，个人与他人的社会关系也非常重要。基于此，先秦儒家仍遵循基于血缘亲情的情感逻辑，以维系个人与他人之间的社会关系，进而消除个体的孤独感，如司马牛哀叹自己“人皆有兄弟，我独亡！”时，子夏安慰他说：“商闻之矣，死生有命，富贵在天。君子敬而无失，与人恭而无礼。四海之内，皆兄弟也，君子何患乎无兄弟也！”（《论语·颜渊》）从人之生命的多样化需求来看，家庭之外的朋友关系也是个体情感世界的重要精神支撑。先秦儒家道德哲学形态以“伦理世界”中君臣、朋友关系对个体个别性、偶然性的爱的情感进行社会化的提升，实际上是儒家以“情”为主、情理合

---

① ［美］刘纪璐：《论恻隐之心在都市文化中的落实——儒家社会情感主义的提案》，《深圳大学学报》（人文社会科学版）2013 年第 3 期。

一的情理精神的具体展现。

总之，情感在先秦儒家所建构的社会伦理秩序中具有绝对的意义，它既是儒家建构社会伦理秩序的内在机制，又是维系社会伦理秩序和谐有序的内在动力，如果抽掉社会伦理关系中的“情”，那么社会伦理秩序也会随之失去生命活力，人与人之间只会剩下赤裸裸的利益关系，从而人们也就会失去超越向上的精神家园。也许，这也是儒家伦理精神至今仍能够触动到人的心灵深处的根本原因所在。

第三，“天下一家”的终极情怀。在先秦儒家道德哲学中，“天下”的道德哲学意义不仅以伦理关系为纽带，而且还以儒家最高德性——“仁”为内在凝聚力。“天下”作为道德哲学范畴，它不仅是家庭伦理关系和社会伦理关系相互统一的基本模式，而且还体现为以“仁”为内在凝聚力的伦理精神。“一家仁，一国兴仁；……尧舜帅天下以仁，而民从之。”（《大学》）“天下”要想突破氏族、宗亲甚至诸侯在地理空间或社会制度方面的限制，必须诉诸具有普遍意义的人文道德理想或绝对精神权威。中国人把这种道德理想或精神权威归结于从传统宗法制社会生活中提炼出来的“仁”，以之作为标准规范“天下”，体现着“天下”的人文内涵。在先秦儒家道德哲学中，“仁”贯穿于“身—家—国—天下”的始终。“仁”以自身的伦理普遍性规约着个体与伦理实体之间、各伦理实体之间的协调与统一。那么，如何通过“仁”实现这种协调和统一呢?先秦儒家提出“忠恕之道”，“忠”即“己欲立而立人，己欲达而达人”，是积极的为仁之方、待人之道；“恕”即“己所不欲，勿施于人”，是从消极的方面而言。其共同特点就是从“己”出发、以“己”为本位。当然这里的“己”不是一己私利，而是“己”根据自身在家庭伦理秩序和社会伦理秩序中的位置而体味出的具有伦理普遍性的“天道”和“人道”，从“己”出发行仁道就是按照“天道”和“人道”的伦理普遍性要求挣脱自身自然情欲和主观任意性的束缚，使自身由自然性的存在提升为伦理性的存在。以“仁”为内在凝聚力的“天下”就是通过这种从“己”出发、由下而上、由里而外而逐渐实现以“身—家—国—天下”为内在结构和伦理秩序的个体与实体，以及诸伦理实体间的协调与统一，“古之欲明明德于天下者，先治其国；欲治其国者，先齐其家；欲齐其家者，先修其身；欲修其身者，先正其心；欲正其心者，先诚其意；欲诚其意者，先致其知；致知在格物。物格而后知至，知至而后意诚，意诚而后心正，心正而后身修，身修而后家齐，家齐而后国治，国治而后天下平”。(《大学》) “意—心—身—家—国—天下”，从以“仁”为核心的内在心性修养到包罗一切伦理关系的“天下”一统，《大学》为我们提供了一个由内在德性到外在伦理秩序的建构模式。而外在伦理秩序的和谐和统一就在于由内而外的道德自觉。

总之，血缘亲情在先秦儒家“天下”的伦理统一体中具有绝对的意义，它既是“天下一家”的起点和原点，也是儒家“尚情”道德哲学对中华文明血缘文化的一种反映。如果把血缘亲情从中抽离出去，那么“天下一家”就会分崩离析，而儒家建构的“身—家—国—天下”伦理体系就会坍塌和瓦解，“修身”“齐家”“治国”“平天下”的价值诉求就会解体，那么人们的精神家园就会流于空虚与荒芜。也许，正是先秦儒家立足于中国血缘文化、以血缘亲情为内在逻辑超越家庭和国家而构建起“天下”伦理统一体，才是以儒家文化为主流的华夏文化在后来的发展中能够以海纳百川的胸怀吸纳和统摄道家文化、佛家文化以及其他外来文化，从而使中华文明具有坚韧性、内聚性、包容性和开放性。因此，在今天全球化的进程中，重新发挥先秦儒家“天下一家”的伦理理念以推进中国现代化进程、形成具有中国特色的新文化，不失为一剂良方。

第二节 “道德世界”的情理机制

中国情理主义伦理精神形态立足于中国血缘文化背景，以整体性思维建立起强大的“伦理世界”，为个体生命的安顿提供了伦理支撑，并形成了“伦理优先”的文化传统，但是由于中国哲学始终是一种整体性思维方式，中国情理主义伦理精神形态尽管重视人伦关系，但也极为重视个体生命的主体价值，并认为人伦之理的现实性就呈现于个体的价值中。因此，中国情理主义伦理精神形态在“伦理世界”的基础上，又建构了注重个体道德价值实现的“道德世界”。这一“道德世界”基于性情形而上学的人性预设，并以向善之“情”为精神动力形成了以“仁”为统摄的整体德性观，其解决的基本问题是将“伦”之“理”转换为“道”之“德”，并最终在“存天理，去人欲”的道德修养中，使个体生命达至以

“乐”为情感依归的精神自由境界。

一 “道德世界”的人性预设

在儒家思想乃至于整个中国传统文化中，“性”是重要的哲学概念之一，并与“天”“命”“道”“情”等共同构成中国特有的哲学图景。“性”论思想的形成在先秦儒家思想中经历了漫长的历史过程。在这一历史过程中，“性”由“生”始，体现了人们对万事万物乃至于生命的反思，随着人的主体意识的觉醒，人在对“物性”的思考中又凸显出对“人性”的觉醒以及人的主体性自觉，典型代表就是孟子把“心”引入“性”学思想中，提出“即心言性”、心性合一的命题，并使“人性”从“物性”中挺立出来，其“情感+理性”的心之结构为儒家情理主义道德哲学形态的建构和发展提供了重要的本体基础。而荀子在继承“即生言性”的基础上，对“性”进行了明确的规定，即“生之所以然者谓性”，突出了“性”的自然必然性。从“性”的发展历程来看，一方面“性”是与人性相区别的独立概念，具有哲学本体论的意义；另一方面由于儒家哲学和道德哲学始终以“人”为中心，所以其对“性”的哲学规定又始终把“人性”从“物性”中剥离出来，并注重发挥“情”在人性中的根本作用，为其所建构的“道德世界”提供了人性预设。

第一，“即生言性”。在甲骨文和金文中都没有“性”字，只有“生”字，“性”字是由“生”字派生出来的。故古文中先有“生”字，后有加心旁的“性”字，“生”“性”二字的含义，存在密切的联系。从字源的角度看，“性”字源于“生”字；从哲学或者道德哲学的角度看，中国早期“性”论思想包含着对“生命”的深切关注。因此，要了解“性”，体会“即生言性”的哲学内涵，首先需要厘清“生”的内涵。在古代思想中，“生”的含义非常丰富，它既指静态的“生命”，又指动态的生命之生长、发育的内在倾向、趋势、活动和规定。如有的学者认为：“就原始儒家文献来说，‘生’的意思大致可以归纳为以下几种：(1) 个体事物的自我生成，即某种隐蔽的、不存在的东西转变为显现的、有确定实在的东西。如《诗经·卷阿》云：‘梧桐生矣，于彼朝阳。’(2) 一物‘生’出另一物。如《诗经·信南山》云：‘既沾既足，生我百谷。’(3) 有某种唯一性、本源性的东西（比如‘天’或后来的‘道’）生育万物，如大地生草木一般，这个‘生’就是普遍的、宇宙的。”[①] 由此看来，“生”首先表示着是一种不以人的意志为转移的客观存在，而且这种客观存在不是静态的，而是处于一种化育流行的动态过程中，并且这种处于动态之中的“客观存在”无论怎样生长发育都内含区别于他物的不变的本质。从“生”的哲学内涵来看，中国早期性论思想中的“即生言性”的“性”既继承了“生”的意涵，又对“生”进行了哲学的抽象，即“性”又逐渐从“生”字中抽离出来，并成为独立的哲学概念。因此，在中国早期思想乃至于先秦儒家道德哲学中，“即生言性”的“性”包含了依次递进的三种内涵：一是指客观事物的普遍性与特殊性的辩证统一。虽然“性”字从“生”字演化而来，但是当“性”字从“生”字抽离出来成为独立的哲学概念时，它又指向客观存在的万事万物，对于万事万物来说，对于性质相同的事物来说，所谓“性”乃为普遍性，而对于事物所独有或异于他物性质来说，所谓“性”又指个性或特殊性。所以，在“即生言性”中的“性”首要义则为普遍性与特殊性的辩证统一。二是指潜在性与现实性的有机统一。虽然“即生言性”的“性”从哲学本体论的角度指向万事万物的性质，但是其更为根本的意义是指向“生命”之“性”，即生命只存在之所向和之所为。因此，这里又牵涉到生命之潜在性与生命之现实性的内在关联或“生”与“性”的内在关联。有“生”即有“性”，“性”是内在性或潜在性，只有通过具体的生命之生长和发育流行才能显现出来，如花木有开花结果之“性”或潜在性，而这种“性”要真正显现出来，还需要花木生长发育到真正开花结果。因此，“性”是潜在性与现实性的有机统一。三是指人之“性”。中国传统文化思想特别是儒家思想本质上是关于“人”的学问，重视现实的人及其人生问题是其最根本的特质，所以当先秦儒家从“即生言性”的传统探讨问题时，更为关注人的本性。究竟何为人性？先秦儒家孔孟荀对人性的看法既有共同性又有殊异性。其共同性表现为：一方面肯定了人的自然属性的客观必然性，另一方面又从“天道”的角度阐释人性，如孟子从人性本善出发，提出“尽己之性”从而与天地同流，荀子从人的自

---

① 张舜清：《儒家生命伦理的精神、模式及特性——对“易道生生”的义理解读》，《武汉大学学报》（人文科学版）2008 年第 3 期。

然属性出发，提出“化性起伪”。其殊异性则体现为：孔子虽然罕言性与天道，但是他一方面肯定人之自然性，继承了“即生言性”的传统，另一方面更为重视人的主体自觉性；孟子从人的主体自觉性出发认为人性本善，人只需涵养向善之情（恻隐、羞恶、辞让），潜在的善性便成为现实的善性；荀子则从自然人性论的角度出发认为人性本恶，所以重视后天人为，并认为只有通过后天人为教化，潜在的性恶才能被改变，从而走向现实的善。

第二，“即心言性”。儒家思想产生于“礼崩乐坏”的春秋战国时代，人性问题面对社会危机和精神危机的双重拷问也凸显出来。由此，从对包括人在内的万事万物进行哲学提升的“即生言性”思想进一步转向到对人的关照中，这一转向在儒家思想中最为明显，特别是孟子提出“即心言性”思想。孟子通过与告子的辩论把人性从物性中剥离出来，并认为人性高于物性，“人之所以异于禽兽者几希，庶民去之，君之存之。舜明于庶物，察于人伦，由仁义行，非行仁义也”。（《孟子·告子上》）人性的高贵之处就在于人能够按照仁义礼智的要求做人做事。那么，人何以能“由仁义行”？这涉及孟子对“心”的概念的引入以及对“心”的本质的理解。孔孟之前传统的“即生言性”思想只是从“生”的角度笼统而模糊地讨论万物本性问题，而未能把人从物中分辨出来，而此种讨论远远不能满足人之主体意识觉醒的需求。孟子把人性从物性中剥离出来可以说是人之主体自觉意识一次里程碑式的觉醒。而这一觉醒的焦点就是孟子的“即心言性”，孟子赋予“心”以道德价值，“尽其心者，知其性也。知其性，则知天矣”。（《孟子·尽心上》）只有尽心才可以知性，知性则可以知天，心与性紧密相关。由此看来，孟子是以“心”为性或者人性的根本性规定。正如唐君毅先生所言：“仁义礼智之心、与自然生命之欲，不特为二类，一为人之所钟，一为人与禽兽之所同；而实唯前者乃能统摄后者。”“唯曰此‘心’之能统摄‘自然生命之欲’，孟子之‘即心言性’之说，乃能统摄告子及以前之‘即生言性’之说；而后孟子之以‘即心言性’代‘即生言性’，乃有其决定之理由可说也。”[①]孟子以仁义礼智为“心之德”，并通过“心”的主观能动性即能够统摄

① 唐君毅：《中国哲学原论·原性篇》，中国社会科学出版社2005年版，第13页。

“自然生命之欲”作为人性的本质属性，表现了孟子“即心言性”的根本精神。“君子所性，仁义礼智根于心，其生色也睟然，见于面，盎于背，施于四体，四体不言而喻。”（《孟子·尽心上》）孟子提出“即心言性”，并以仁义礼智言“心”，使“心”具有了比“生”更为深厚的意义。孟子“即心言性”既继承了“即生言性”的生生创造之义，使“心”具有了生生之义，天地之本性在于“生生之大德”，何况于人心，同时，孟子又使“即心言性”超越于“即生言性”，“心”的本质之义是“灵明”，而这一灵明的要旨就是在统摄“自然生命之欲”的基础上构建精神生命，以浩然之气充塞于天地宇宙之间，进而凸显人的向善之情，这也正是人区别于动物的本质属性。

第三，“生之所以然者谓性”。孟子以“即心言性”代替“即生言性”，凸显了人性的高贵之处，使中国人性论思想更富于人文精神。但是孟子的人性论思想更为强调人的道德本性，而人作为自然属性和社会属性的有机统一，如何安顿人的自然属性也应当成为性论思想的内容。而荀子在继承“即生言性”传统的基础上，提出“生之所以然者谓性”。

荀子“生之所以然者谓之性”命题在充分吸收“食色，性也”等基本内容的同时，又对“性”进行了明确的补充和概括，即“性”不仅包含着与动物共有的自然层面的欲望，而且也包含着属于心理层面和社会层面的自然欲望，所谓“若夫目好色，耳好声，口好味，心好利，骨体肤理好愉佚”。“人之情，食欲有刍豢，衣欲有文绣，行欲有舆马，又欲夫余财蓄积之富也，然而穷年累世，不知不足，是人之情也”。（《荀子·荣辱》）荀子认为这些已经超越于动物性的、属于心理层面和社会层面的性情都是“生之所以然者”“感而自然”“不可学，不可事”的“性”，是人之天性，人之天情。荀子一方面继承了“即生言性”，认为性“是一生命物之所以生长为该生命物的内在倾向、趋势、活动和规定”①，具有自然天成而非人力所左右的客观必然性；另一方面，荀子又对“即生言性”的传统进行了哲学的超越，即所谓“性”不是局限于“生之谓性”“食色”之表面现象，而是“生之所以然者”。可以说，荀子提出“生之所以然者”与传统“即生言性”表面上看似乎差别不大，但却是对“即

① 梁涛：《郭店竹简与思孟学派》，中国人民大学出版社2008年版，第323页。

生言性”传统的一次飞跃。

荀子提出“生之所以然者谓之性”，并认为好味、好声、好色、好佚、好利是“性”的本质内容，从而得出人性本恶，并把“性”作为道德哲学规约的对象。那么，如何规约“性”呢？荀子提出“伪”的概念，“情然而心为之择谓之虑。心虑而能为之动谓之伪。虑积焉、能习焉而后成谓之伪”。(《荀子·正名》)荀子把“伪”界定为后天人为，是“可学而能、可事而成”的，是发挥人为的力量以防止人之好味、好声、好色、好佚、好利等“性”的过度膨胀，从而达到性与伪的有机平衡，“性者，本始材朴也；伪者，文理隆盛也。无性则伪之无所加，无伪则性不能自美。性伪合，然后圣人之名一，天下之功于是就也。故曰：天地合而万物生，阴阳接而变化起，性伪合而天下治”。(《荀子·礼论》)在关于如何实现性与伪的有机平衡问题上，与孟子的“反求诸己”相比，荀子更为重视的是后天的教化与引导，人性由恶向善的流转在于圣人“生礼义制法度”。在荀子看来，圣人、君子、凡人、小人从自然欲望需求来看，本没有区别，都好利恶害，圣人之所以为圣人，君子之所以异于小人，就在于能够善于积累思虑，能够以礼义法制约束自身对自然欲望的过度追求。由此看来，荀子虽然肯定人的本性是恶的，主张后天教化、引导的作用，但是个体是否能成为君子、无限接近圣人还在于能否发挥自身的主观能动性以改变自己的本性，所以荀子在“化性起伪”中最终仍把向善的主动权交给了人自身，“故小人可以为君子而不肯为君子，君子可以为小人而不肯为小人。小人、君子者，未尝不可以相为也，然而不相为者，可以而不可使也。故涂之人可以为禹则然，涂之人能为禹，未必然也。虽不能为禹，无害可以为禹”。(《荀子·性恶》)

与孟子相比，荀子的性情论更具现实性，孟子是以克制甚至否认自然情欲而尊心重情，凸显向善之情在人之德性修养中的基础性地位，而荀子则从肯定并适当满足人的自然情欲出发，而发挥心的理智抉择能力，其既注重“礼因人情”，又强调“理”对“情”的引导意义。孟子一味强调天赋德性，并无限夸大膨胀道德良心，要求人们扩而充之，试图使“身”处于被压制、被克服的状态，但是从现实的人来看，人的“身”比“心”更具现实性，所以荀子认为“古之人为之不然。以人之情为欲多而不欲寡，故赏以富厚而罚以杀损也。是百王之所同也。故上贤禄天下，次贤禄一国，下贤禄田邑，愿慤之民完衣食。今子宋子以是之情为欲寡而不欲多也，然则先王以人之所不欲者赏，而以人之所欲者罚邪？乱莫大焉”。（《荀子·正论》）于是，性善与性恶，向善之情与自然情欲，则形成儒家整个性情论思想的互补结构，也为其“道德世界”的建构提供人性预设，人因为有自然欲求，所以人需要道德；人有向善之情，又可以超越自然情欲和主观任意性，由自在的生命存在提升为自在自为的生命存在。

二 “道德世界”的情感本源：道德感

道德感是道德世界中个体按照伦理普遍性的要求行动而产生的态度和内心体验，“是伦理的‘实体感’内化为个体的‘道德感’”①。樊浩教授认为，道德感作为一种主观形态和冲动形态的道德，它具有三方面的特质，即“得道感”“敬重情感”和“义务感”。儒家道德哲学体系中的德性结构中，属于“情”的三种德性即仁、义、礼正与“道德感”的三种特质相匹配。其中“仁”具有“得道感”的特质，“义”具有“义务感”的特质，“礼”具有“敬重情感”的特质。

首先，作为儒家道德哲学体系中的全德和最高德性，“仁”所包含的“得道感”主要表现为一种“求道”“持道”和“行道”的冲动和情感体验。“仁”作为“求道”的冲动主要体现在儒家以“仁”作为人的规定中。儒家认为，“仁者，人也”（这一思想在《礼记·表记》《中庸》《孟子》等书中皆有所表述），“仁”是人之所以为人的本质和特征，因此，人要获得作为人的尊严就必须追求仁德。“仁”作为“道”在个体身上的凝结，追求仁德的冲动实际上就是“求道”的冲动，个体只有在此种冲动中才能摆脱动物式欲求的束缚，追求个体生命意义的过程称为具有普遍性的伦理存在。如孔子认为一个追求仁德的人应该“勿意，勿必，勿固，勿我”，（《论语·子罕》）即努力消除自身的主观特异性而追求伦理普遍性；“仁”所体现的“持道”的冲动主要表现为一种坚强的道德意志，是对“道”的固持。儒家关于“持道”的意志力思想极为丰富，孔

① 樊浩：《道德形而上学体系的精神哲学基础》，中国社会科学出版社 2006 年版，第 289 页。

孟荀对此都有深刻的见解和领悟。“君子无终食之间违仁，造次必于是，颠沛必于是”。(《论语·里仁》)在这里，孔子认为具有仁德的君子在任何境况下都不违背仁，正如钱穆的解释：“惟君子能处一切境而不去仁，在一切时而无不安于仁，故谓之君子。”君子之所以为君子，不在于富贵与贫贱，而在于对“仁”、对“道”的坚持。孟子提出的“存心”思想实际上也是对“恻隐之心”“道”的固持，“君子所以异于人者，以其存心也。君子以仁存心，以礼存心”。(《孟子·离娄下》)这里的“存”实际上就是对“道”的持有。另外，荀子提出的“虚壹而静”的思想实际上也是对“仁义”之道的固持，并防止情欲的干扰，“心何以知？曰：虚壹而静。心未尝不臧也，然而有所谓虚；心未尝不满也，然而有所谓一；心未尝不动也，然而有所谓静”。(《荀子·解蔽》)荀子认为，“心”要知“道”、得“道”，就必须虚心、专一和静心，唯有如此，个体才能不会被情欲、物欲蒙蔽，从而坚持“道”。当然，“持道”的目的不在于在内心中保留抽象的“道”，而是依“道”而行动。因此“道德感”还表现为一种“行道”的冲动，只有“行道”才能确证个体对“道”的分享。儒家道德哲学对此极为重视，“弟子入则孝，出则悌，谨而信，泛爱众，而亲仁。行有余力，则以学文”。(《论语·学而》)孔子认为，追求、坚持“仁”的本质在于“行仁”。再如，孟子提出的“见父自然知孝，见兄自然知悌，见孺子入井自然知恻隐”思想中，这里的“知”主要不是指道德认知，而是道德行为，“知孝”“知悌”“知恻隐”实际上是“行孝”“行悌”“行恻隐”。总之，只有依据“道”的行为才是“道德感”的真义，这也与“道德感”自身的本质相关，道德感作为伦理普遍性的情感，其本质就是直接见诸于行动的冲动和情感体验。

其次，作为实现“仁”的方法，建立在“耻感”基础上的“义”所包含的“义务感”主要表现为个体扬善弃恶、“安伦尽分”的冲动和情感体验。这种冲动和情感体验的本质是按照“道”的要求超越情欲和主观任意性而体验到的作为人的尊严感和自由感，这也恰恰是义务的伦理本质，“在义务中个人毋宁说是获得了解放。一方面，他既摆脱了对赤裸裸的自然冲动的依附状态，在关于应做什么、可做什么这种道德反思中，又摆脱了他作为主观特殊性所陷入的困境；另一方面，他摆脱了没有规定性的主观性，这种主观性没有达到定在，也没有达到行为的客观规定性，而仍停留在自己内部，并缺乏现实性。在义务中，个人得到解放而达到了实体性的自由”①。因此，“义”包含的“义务感”体现为两个层次的冲动和情感体验：一是摆脱动物性的情欲体验到的作为“人”的尊严感。在儒家看来，人之所以为人的尊严，或人“贵于”禽兽的价值就在于人的需求和追求不能仅仅满足、停留于自然、本能的生活，应更进一步追问和追求生命的意义，从而使个体在追求生命意义的过程中从动物性的欲求中解放出来。“生亦我所欲也，义亦我所欲也；二者不可得兼，舍生而取义者也……一箪食，一豆羹，得之则生，弗得则死，□虖尔而与之，行道之人弗受；蹴尔而与之，乞人不屑也；万钟不辩礼义而受之。万钟于我何加焉?”（《孟子·告子上》）生的欲望是人与动物共有的欲求，然而在人的生命过程中，仍有比“生”更重要的东西，那就是人的尊严感。尊严感是比“生”更重要、更有价值的情感需求，人如果没有了作为人的尊严和对尊严的情感需求，那么人生也就会失去生命的意义。正如孟子的反问：“万钟不辩礼义而受之。万钟于我何加焉?”二是摆脱主观任意性的束缚而体验到的具有实体性的自由感。对自由的追求是人的本性，那么什么才是真正的自由？儒家认为自由的本性在于道德人格上自由，这种自由是个体摆脱主观任意性获得伦理普遍性而达到的一种道德上的自由，孔子的“从心所欲不逾矩”、孟子提出的“上下于天地同流”实际上表达的都是个体达到实体性自由而体验到的一种道德人格上的自由感。

最后，“礼”所包含的敬重情感本质上是对“道”的认同与敬重。对“道”的认同是“道”向“德”转化的前提和基础，它是个体在伦理关系和道德行为中对寻求伦理普遍性的过程和结果，它表征着个体的伦理实体性。道德认同对于深化道德认知，加速道德内化，完善道德人格具有深刻的道德哲学意义。在儒家道德哲学中，对“道”的认同本质上是对伦理关系及其规范的认同，它以人伦关系为依托，其主要内涵是个体扬弃自身主观特异性而认同人伦关系规范，并且在这种人伦关系规范中确定自我的伦理地位，是个体获得伦理普遍性的根本依托。这种道德认同既包括对客观的伦理关系如君臣、父子、夫妇、兄弟、朋友等人伦关

① ［德］黑格尔：《法哲学原理》，范扬、张企泰译，商务印书馆1996年版，第168页。

系“实然的”认同，也包括对基于五伦关系的人伦规范诸如“父子有亲，君臣有义，夫妇有别，长幼有序，朋友有信”（《孟子·滕文公上》）等“应然性”的认同。可以说，个体只有认同伦理关系和人伦规范才可以说是一个真正有道德的人。这也是儒家道德哲学的共同观点，孔子在答对齐景公问政时说：“君君，臣臣，父父，子子。”（《论语·颜渊》）就是要求现实的每一个个体要获得伦理普遍性、成为有道德的人就必须自觉顺应君臣、父子之间应有的人伦关系规范。孟子在此基础上提出了系统的“五伦”观念，并认为只有认同五伦规范，个体才能摆脱动物性欲求而获得道德上的人格尊严，“人之有道也，饱食煖衣，逸居而无教，则近于禽兽，圣人（舜）有忧之，使契为司徒，教以人伦：父子有亲，君臣有义，夫妇有别，长幼有序，朋友有信”。（《孟子·滕文公上》）另外，认同人伦关系规范不仅使个体获得道德上的尊严，而且也是个体对自身伦理地位的确定。当然，对“道”的认同只是“道”向“德”转化的前提和条件，而要使这种转化获得现实性还需要主观内在的敬重情感，“敬重情感是人内在的对道德法则的肯定情感，是意志对道德法则景仰和礼赞的快乐情感。它是由纯粹理性向实践理性转化、是人的道德行为的唯一合法的根据”①。可以说，敬重情感是产生“道”向“德”转化的冲动而成就个体德性的内在动力。其原因就在于“对法则的敬重并不是对德性的动机，相反，它就是在主观上被看作动机的德性本身，这是因为纯粹实践理性由于它拒绝了与它相对立的自爱的一切要求，而为现在惟一有影响的法则取得了尊严”②。康德这里所说的“对法则的敬重”置换成儒家道德哲学的语言就是对“道”的敬重。由此可以看出，“义”所包含的对“道”的敬重情感是个体分享“道”的根本动力，也是“道”—“德”转换的冲动和情感体验。

第三节 “情理合一”的伦理精神境界

人作为具有精神生命的存在和同时作为“类”的存在，“我应当如何

① 樊浩：《道德形而上学体系的精神哲学基础》，中国社会科学出版社 2006 年版，第 291 页。

② ［德］康德：《实践理性批判》，邓晓芒译，人民出版社 1999 年版，第 104 页。

生活”的道德追问和“我们如何在一起”的伦理追问本质上是一个一而二、二而一的终极问题，尽管在人类具体的精神史中，二者常常发生冲突乃至断裂，但是从人类精神文明真理来看，“伦理”—“道德”的统一才是符合人性的，也只有二者的统一才能把人从矛盾、冲突、对立的困境中解放出来，从而真正提升人性，使“我”的个别性存在成为具有伦理普遍性的实体性存在。

一 “伦—理—道—德”辩证统一的情理机制

儒家基于“情”之合同本性而形成的有机整体主义的哲学思维模式和生态理念落实于伦理精神的理论建构中，表现为“伦—理—道—德”的有机辩证统一过程，而其统一的内在人性机制便是以“情”为主、情理合一的人性机制。

在中国传统文化中，“伦”是对个体及其伦理实体之间关系的一种集中表达，“中国文化中的‘伦’，比起西方的‘Ethics’具有更强和更准确的哲学表达力。‘伦’的道德形而上学精髓是：它不是个体与个体之间或所谓的人与人之间的关系，不是‘人际关系’，而是个体与实体，或‘单一物’与‘普遍物’之间的关系”①。其代表着人作为“类”的存在，人更本真的存在是个体如何回归道德伦理实体中，从此种角度看，对于个体而言，人伦关系具有个体所无法逃避、不可否认的客观性。但是人伦关系的客观性又不是外在于人的，而是需要人的主体认同和能动维系。因为“伦”既具有实然性，又具有应然性，后者更具根本意义。而“伦”之应然性要获得现实性，需要个体发挥自身的主观能动性领悟、认同、维系人伦关系，而这种领悟、认同、维系集中表现为“理”。在儒家情理主义道德哲学形态中，“理”对“伦”的领悟、认同和维系便是情理合一的人性机制。在以血缘亲情为根源动力的儒家思想中，并没有纯粹的、独立的个体，个体始终是以家庭成员的身份获得自身生命存在的伦理意义，因此个体对“伦”的领悟首先便是以血缘亲情为内在根源动力，“爱人情感最深厚的根源是血缘关系的亲亲之爱，可以说，在中国血缘文化

① 樊浩：《道德形而上学体系的精神哲学基础》，中国社会科学出版社2006年版，第458页。

背景下，离开了亲亲之爱、家族之爱，爱人的情感就会成为无源之水、无本之木”①。当然，于个体作为社会公民或国家成员的更大伦理普遍性而言，基于家庭的天伦及其血缘亲情仍有其个别性和局限性，血缘亲情虽然是个体走向伦理实体的根源动力，但是其本身还需要进行普遍化的提升。正是基于此，“伦—理”的辩证统一还需要“理”的介入和疏导，通过“理”之普遍性把血缘亲情提升为道德情感和伦理情感，由此，血缘亲情的理性化最终成为一种“爱人”的具有普遍性的伦理情感。“理”作为“伦”的主观内化，其对人之理性能力的发挥，彰显着理性的独特魅力，同时，由于人之理性能力的发挥始终以“情”为内核，因此，“伦理”之“理”与西方道德哲学中的纯粹理性、认知理性存在根本不同，即中国道德哲学中的理性实为性理之理、情理之理，这也是中国道德哲学与西方道德哲学的根本区别之一，也是中华文明对世界文明的重要贡献之一，“我以为近情精神实是人类文化最高的、最合理的理想，而近情的人实在就是最高形式的有教养的人”。“近情精神是中国所能贡献给西方的一件最好的物事。”“近情的精神乃是中国文明的精华和她的最好的方面。”②

“理”作为对“伦”的自觉意识，还停留在理论理性的层面，这种理论理性要获得现实性，还需要向实践理性转化。这一转化即为“理”向“道”的转化。“道”在儒家“伦—理—道—德”的伦理精神体系中，具有两方面的含义：一是作为“理”的本体根据，为个体依循“伦”之“理”提供形而上的根据，即儒家所言的“天道”“人道”；二是作为个体以道德主体的姿态践行“伦”之“理”的规范和实践途径，其本身具有极强的实践性，儒家依据“伦”之“理”而建构的“父慈子孝、兄友弟恭、夫义妇顺、君惠臣忠、朋友有信”等道德规范体系，其本义在于如何把这些规范实现于个体行为中，“弟子入则孝，出则悌，谨而信，泛爱众，而亲仁。行有余力，则以学文”。(《论语·学而》）孔子认为，弟子“为学”的重点是德行，是在知“礼”的前提下学习如何做人，在反思和具体行为中领悟“我应当如何”和“我们

---

① 樊浩：《中国伦理精神的历史建构》，江苏人民出版社1992年版，第91页。

② 林语堂：《生活的艺术》，华艺出版社2001年版，第397页。

如何在一起”两大文明追问。其涉及个体和伦理实体相统一的具体过程和具体实现，具体而言就是个体如何超越自身的自然情欲和主观任意性而具有伦理普遍性。基于“道”作为本体和具体实践原则的双重内涵，个体如何遵“道”而行，既关涉对“道”的理性认知，又关涉对“道”的践行，而后者的实现，仅依靠理性远远不够，还需要情感的介入，因为情感具有合同性、直接性和超功利性：其合同性的哲学本质能够使个体超越自身的个别性、独立性而向伦理实体性回归；其直接性是个体无须反思直接把知转化为行；其超功利性一方面能够使个体对“道”产生敬畏感，另一方面使个体约束和超越自身私欲而维护他人利益、社会整体利益和长远利益，而这正是“我们如何在一起”的伦理追问所面临和要解决的根本问题。

“道”作为实践理性，虽然是个体获得伦理普遍性的实践原则，但是其仍停留于抽象的层面而不具现实性，因此，“道”还必须向“德”转换，“德”本质上是对“道”的分享，是个体按照“道”的原则性要求，在具体的环境情势中把外在于人的“道”内化为个体的德性，从此种意义上说，“德”是集外在和内在于一体、知行合一、合情合理的实践智慧。“道—德”的转换过程本质上展现为具体的实践过程，这一实践过程，个体行为既要合乎情，又要合乎理。因为个体的道德实践活动主要指向主体与主体之间的沟通和交往，因此“我们”同一性的实现首先是以主体与主体之间的情感沟通为前提，如前所述，“情”的合同性能够使个体约束和超越自己的个别性、独立性而与他人“伦理的在一起”。当然道德主体间的情感沟通和互动又不是任意的，而是必须符合“理”（儒家道德哲学中以“礼”为“理”的具体形态）的要求。具体而言，“道—德”展现为“求道”“持道”“行道”的情理合一过程。“求道”是道德主体作为人的觉醒，意识到人之所以为人的本质在于以道德情感、冲动约束自身的自然情欲和主观任意性，即孟子所言的“养其大体”。“持道”是在具体的现实情境中，内在的主体觉醒落实到行为中可能会遭遇到的来自于外在和内在的阻力，这就需要个体以极强的意志力克服自身的意志软弱，坚定对“道”的信念。而对“道”之信念的确证就是“行道”，即把关于“道”的认知真正用生、用世，即面临纷繁复杂的具体实践环境，自身行为既顺乎天下之人心人情，“仁者爱人”，又符合伦之理的当然之则和必然法则，“己所不欲，勿施于人”“己欲立而立人，己欲达而达人”。

二 中庸之道

儒家道德哲学从“情感 + 理性”的人性结构出发，建构了“伦—理—道—德”之间辩证互动的伦理精神体系，为“我应当如何生活”和“我们如何在一起”的两大文明追问提供了主要的理论支撑。但是道德哲学作为实践哲学，其根本意义在于如何把“伦理道德”之“知”转化为道德之“行”，因为只有在道德行为中才能确证“人之所以为人”的本性。不过从道德哲学的角度看，“知”向“行”的转化既会受到外在社会情势的影响，也会遭遇人之个别性与其伦理普遍性之间的冲突和矛盾，如何化解这种冲突成为“伦—理—道—德”辩证统一所面临的现实难题。针对此，儒家提出“中庸”思想，把中庸作为“伦—理—道—德”辩证统一的实践原则。

何谓中庸？“喜怒哀乐之未发，谓之中；发而皆中节，谓之和。中也者，天下之大本也；和也者，天下之达道也。致中和，天地位焉，万物育焉。”（《中庸》）“中庸”之道实际上就是通过“执中”而达“情”之中和，即把人的情感、情欲控制在伦理普遍性的范围之内，使之发作恰到好处，从而符合“天道”，以至“中和”。一方面，中庸作为不偏不倚的实践理性方法，为人们在道德追求中提供了一套“无过无不及”的为人处世的人生智慧。中庸作为道德实践方法，其本质是适度、“不偏不倚”，即在矛盾的双方寻求一个最好的中和点而不走极端。它作为道德哲学范畴，就是力求避恶求善，正如孔子所说，“君子中庸，小人反中庸”，即按照“礼”的伦理普遍性要求进行道德实践，其目的就是合理的满足情欲、情感需求，以免于性情流于“乖戾”而破坏人的伦理普遍性。同时，中庸在儒家道德哲学中还是一种极高的境界，展现着人之道德主体性的刚健进取精神，以一种“恒常不易”的“持道”精神克服外在客观情势的消极影响、冲破个人自然情欲和主观任意性的束缚，以实现个体内部身心合一、人我合一以及天人合一，从而达到天人合一、万物一体的境界。正如樊浩教授所言：“中庸是视内外为一体、人我为一体、万物为一体的精神和境界。”①

如前所述，“中庸”的最本真含义就是人之情感的合理流露，其作为道德智慧和道德境界是一种以“情”为主体的情理统一精神，宋代理学大师对此也有精辟论述，“喜怒哀乐，情也。其未发，则性也，无所偏倚，故谓之中。发皆中节，情之正也，无所乖戾，谓之和也”②。中庸的这种情理精神主要表现为它以“情”为基础和本根，通过“不偏不倚、庸常不易”的道德理性和道德意志来约束、节制个体性、偶然性情欲和感性情感，从而使个体性的“私情”或人的特殊性情感上升为具有伦理实体性的道德情感和伦理情感。具体而言，中庸之情理精神主要体现在三个方面：一是从个体内在的身心关系来看，中庸之道的现实意义就是通过“心”之情理功能疏导代表人之自然欲望和感性情感的“身”之需求，如儒家所极力倡导的《诗经》之教化功能实际上就是既体现了“情”之文化功能，同时又展现了“理”对“情”的引导意义，“诗三百，一言以蔽之，曰：‘思无邪。’”（《论语·为政》）“子夏问曰：‘‘巧笑倩兮，美目盼兮，素以为绚兮’何谓也？’子曰：‘绘事后素。’曰：‘礼后乎？’子曰：‘起予者商也，始可与言《诗》已矣。’”“礼”之德是建立在真情基础之上的，同时人之具体情感还要以具有理性功能的“礼”养性情之正。二是对“爱亲”之情的理性化提升。中庸作为一种实践原则，其不仅追求内在身心和谐，而且也追求人伦和谐，即其以“不偏不倚”的中庸智慧试图在“爱亲”与“爱人”之间达到有机平衡。在儒家道德哲学中，个体不具有纯粹的独立性，其始终以家庭成员的身份界定自身存在的价值和意义，“孝弟也者，其为仁之本与！”不过以血缘亲情为基础的孝、悌之情还是属于个体性的“私情”，在个体所处的“伦理世界”中，其更大的伦理普遍性是作为国家公民的伦理身份，因此，“爱亲”之情还必须升华为具有更大伦理普遍性的“爱人”之情，不过对于重视“中和”的儒家中庸精神，其对“爱人”的肯定不是以否认“爱亲”为代价的，而是认为“爱亲”是“爱人”的本根基础，只有从“爱亲”出发的“爱人”才更具现实性和持久性，“不独亲其亲，不独子其子”“老

① 樊浩：《伦理精神的价值生态》，中国社会科学出版社 2001 年版，第 201 页。

② （宋）朱熹：《四书章句集注》，中华书局 1983 年版，第 18 页。

吾老，以及人之老；幼吾幼，以及人之幼”。三是“与天地参”的情理合一。中庸之道同时作为一种境界，其对“情”的涵育并没有只局限于人伦日用的“此世间”，而是把这种“情”提升到“天道”的高度，即以“万物一体”之情怀“体天道”，从而达至“天人合一”的最高境界。基于“情”之合同本性，在儒家看来，人与天不是外在的主、客观关系，而是德性主体与自身生命之源的关系。基于此，儒家极为重视人与天的和谐统一的价值关系，人作为“天”的化生物，与天地万物出于统一的生命整体中。因此，人作为德性主体不仅表现在对人类本身的同情、尊重和爱，而且还表现在人与天地万物的关系上，是一种有机整体主义的生命联系，表现出对天地万物有一种敬畏、仰望和崇拜的感情和激情，正如张世英教授所言，“就‘万物一体’使人有‘民胞物与’的同类感与责任感（意）而言，它是善”①。

实际上，儒家中庸精神围绕人之性情流露，从“爱亲”到“爱人”再到“万物一体”的生命情怀虽然包含丰富的情感，但是这种情感不是一般意义上的情感，而是具有比“爱人”之情更具普遍性、客观性的理性情感。这种情感是“情”与“理”最高境界的融合。

三 “乐”的伦理精神境界

“儒家哲学作为一种理性化的情感哲学，所提供的真正的人生目的是求得生命情感的安适、满足和愉快，这种满足和愉快在很大程度上是通过人生体验得到的，而人生体验又离不开情感，因此，儒家都很重视情感体验。”② 因此，在儒家道德哲学中，道德主体把“伦”之“理”内化为“道”之“德”，所追求的最高境界便是“乐”的境界，也正是从此种意义上说，以儒家为代表的中国文化被一些学者称为乐感文化，“由于儒家从整体上理解心灵存在，其中又特别突出了道德情感，因而并没有形成独立的美学，如同西方美学那样，而是一种艺术化、诗学化的道德哲学。其特点是，将审美与道德合二为一，从道德情感及其形而上的超越中体验美的境界，这就是所谓‘乐’的体验。这里所说的‘乐’，不是

---

① 转引自张世英《境界与文化——成人之道》，人民出版社 2007 年版，第 88 页。

② 蒙培元：《情感与理性》，中国社会科学出版社 2002 年版，第 343 页。

作为情感中之一种乐，比如喜、怒、哀、乐之乐，而是整个人生的快乐，取代了人生的幸福”①。此种“乐”为一种经由道德的幸福体验、上升到本体意义的精神自由境界。

第一，“内圣”之乐。“乐”的这一境界主要指个体通过道德修养而获得一种以“德性”为内核的情感满足状态。在儒家道德哲学中，“内圣”主要内在的心性修养，是经过“格物”“致知”“正心”“诚意”的自我修养而成的一种身心和谐状态，对于注重发挥主体性力量的儒家道德哲学来说，“内圣”是一切道德实践的根本动力，同时，内圣之乐也是人生获得快乐的真正源泉，它不会因外在客观情势的改变而改变，“饭疏食，饮水，曲肱而枕之，乐亦在其中矣。不义而富且贵，于我如浮云”。（《论语·述而》）儒家道德哲学对内圣之乐的强调和发挥对后世影响深远，即君子仁人的价值追求不在于物质欲望的满足，而只与其内在的心性修养相关，此种快乐不是感性欲望得到满足后的短暂快乐，而是一种超越自身有限性的精神自由之乐，正如颜回之乐：“贤哉回也！一箪食，一瓢饮，在陋巷，人不堪其忧，回也不改其乐。贤哉回也！”（《论语·雍也》）“回也，其心三月不违仁，其余则日月至焉而已矣。”（《论语·雍也》）颜回之乐之所以成为儒家经典，就在于其追求的“内圣”之乐超越现实利益追求道德上的情感满足的极致。在先秦时期，孔子追求道德之乐对后世影响最大的是孟子。孔子追求道德上的情感满足主要集中于实现“仁德”的快乐，孟子在继承“仁德”之乐的基础上，又把“仁”与“诚”结合起来，追求“诚”之乐，“反身而诚，乐莫大焉”。（《孟子·尽心上》）“诚”是天道与人道的合一，所以“诚”之乐体现的是一种“天人合一”之乐，此即一种超越道德的精神之乐，即审美境界与道德境界相合二为一的自由之乐，“诚和仁一样，是最高的德性，也是内在的充实的美，诚而后能乐，说明审美意识同道德意识是合一的，道德直觉同审美体验是合一的”②。可以说，孟子在追求“内圣”中获得情感满足比孔子追求仁者之乐取得了更大的进步。

第二，“外王”之“乐”。“内圣外王”是儒家道德哲学的精华，“内

---

① 蒙培元：《情感与理性》，中国社会科学出版社 2002 年版，第 343 页。

② 同上书，第 347—348 页。

圣”注重道德上的修养和充实，而“外王”作为“内圣”在世俗世界和现实的道德生活世界的外在显现，更具功利性的一面，与“得”的“得利”方面紧密相关。在《大学》中“外王”被表述为“齐家”“治国”“平天下”。此种之“得”是具有伦理普遍意义的功利之得，是“内圣”经由实践而实现的“外王”。如前所述，在“伦理世界”中主要有两大实体即家庭和国家，而先秦儒家设立“天下”作为对家庭和国家两极的统摄。个体通过“内圣”实现“齐家”“治国”“平天下”，既是对具有伦理普遍性的整体利益或群体利益的维护，也是个体对家庭责任、社会责任的承担。先秦儒家认为，获得真正的“乐”的体验就在于践行这些责任。例如，在孟子关于“乐”的思想中，他把天伦之乐放在首位，“君子有三乐，而王天下不与存焉。父母俱存，兄弟无故，一乐也；仰不愧于天，俯不怍于人，二乐也；得天下英才而教育之，三乐也。君子有三乐，而王天下不与存焉”。(《孟子·尽心上》)“父母俱存，兄弟无故”是家庭普遍利益的实现而带来的快乐；“得天下英才而教育之，三乐也”是因“内圣”的社会价值的实现而体验到的“乐”的情感。对“治国”“平天下”之乐的追求和体验主要是由政治上的“王”即君王实现。当然实现这种“乐”是以“圣”为前提的，否则就不是真正的“乐”。所以孟子在与梁惠王讨论什么是真正的“乐”时，孟子认为基于仁德的“与百姓同乐”才是真正的“乐”，因为这种“乐”直接与“王天下”之“大利”“长利”相关联，“乐以天下，忧以天下，然而不王者，未之有也”。(《孟子·梁惠王下》)

第三，“天人合一”之乐。“乐”作为人的情绪情感体验，往往同人的自然情欲或物质利益的获得难以分清。儒家虽然重视从“道”出发体味“乐”的精神境界，但是他们也并不否认或排斥在自然情欲的满足中获得“乐”的体验。因此，“乐”作为儒家“天人合一”境界的情感归宿，仍是有层级性质的。冯友兰先生在《新原人》中提出了著名的四境界说，四境界指依次由低到高的自然境界、功利境界、道德境界和天地境界。本书依冯友兰先生的四境界说为划分标准以考察儒家关于“乐”的境界的层级性。

自然境界是“乐”的第一个境界，也是最低境界，这一境界的“乐”的获得源于人的自然性的欲求或本能的满足。在这一境界中，人只知道满足个人生存所必需的最低欲求，孟子所说的“食色性也”（《孟子·告子上》）即指此种境界。孟子认为，人作为“天”之化生物，生存于世，必然有自然欲求诸如“食色”等要求，当这种要求得到满足的时候，内心会有一种愉悦感，这种因自然情欲得到满足而产生的快乐即为“乐”的自然境界。关于这一点，孟子又进行了具体阐述：“丈夫生而愿为之有室，女子生而愿为之有家；父母之心，人皆有之。”“好色，人之所欲。”（《孟子·滕文公上》）此种境界虽然处于最低阶段，但是每个人都需要获得自然欲求的满足，包括尧舜禹等圣人在内，“凡人有所一同：饥而欲食，寒而欲暖，劳而欲息，好利而恶害，是人之所常生而有也，是无待而然者也，是禹桀之所同也”。（《荀子·荣辱》）而且，人的自然情欲的满足是“乐”向更高层次境界提升的前提和基础。

功利境界，此种境界是个体在满足基本生存之后而产生的自我发展的欲求得到满足后而产生的愉悦感。在这一境界中，人逐渐摆脱了动物本能式的驱使而有了自我意识，开始对自身的利益需求有清楚的了解，并希望能够尽最大可能满足自身的利益需求。人在这种境界中，不再只满足于最低的生存欲望，而是进而要求获得更多的物质利益而使自身获得优越于别人的发展。荀子从“情欲”出发论证人性本恶，其实他所说的恶之根源的情欲不是满足生存需要的情欲，而是这种满足自身发展、获得更多利益的需求。荀子所说的“人生而有欲，欲而不得，则不能无求，求而无度量分界，则不能不争。争则乱，乱则穷”等社会混乱状况正是根源于人的“第二种需求”的无止境。因此，当人在努力追求个人利益的满足而与他人利益、社会利益发生矛盾时，也领悟到自身利益与他人利益、社会利益之间的联系，领悟到天地万物人是相通的，领悟到为了世界的整体利益和长远利益在特殊情况下需要放弃某些个体的和眼前的利益需求。而在人与人、人与物、人与天之间的相通中，基于“上下与天地同流”的同类感，道德意识应运而生。这样，人对“乐”的体验就从第二境界上升到第三境界，即道德境界。

在道德境界中，人对现实世界的各种利益有着全面的了解，并领悟到人作为社会的一分子，不能只顾一己之利或眼前利益，而是要通过自身的主观努力以实现人类的长远利益、整体利益，并把其作为实现个体生命价值和意义的人生目标。这一目标实现后自然能获得身心的愉悦和满足，此即为“乐”的道德境界，也是先秦儒家在“此世间”孜孜不倦的追求目标，其本质是人的道德价值得到实现和认可后而体验到的生命情感的安适和满足。在先秦儒家那里，主要存在两种道德之乐：一是“反身而诚”获得的道德之乐，此即个体通过内在的德性修养而获得道德上的提升之后产生的精神上的满足和愉悦，“万物皆备于我矣。反身而诚，乐莫大焉。”（《孟子·尽心上》）在孟子看来，道德的根据就在自己内心，凡事反求诸己，挖掘自身善性本身就会使人产生一种精神的快乐和满足，就会体会到一种巨大的道德之乐，此种乐就在于善本身就能使人快乐，而不是因为善之外的其他东西，也即为以“道”为乐。二是历经种种道德磨难，以一种超越的心态对待艰难困苦而产生的一种超然物外的精神上的满足和愉悦。这种“乐”在先秦儒家那里最典型的就是“孔颜之乐”。“孔颜之乐”是经过痛苦磨难之后升华而来的道德上的幸福感。孔子认为，“饭疏食，饮水，曲肱而枕之”虽然不是人们所欲求的，但是与“不义而富且贵”的不道德相比，显然前者才能给人带来真正的快乐和幸福，因为“道德学就其本义来讲，并不是教人怎样谋求幸福的学说，乃是教人怎样才配享幸福的学说”①。

在先秦儒家道德哲学中，“乐”作为“天人合一”境界的情感归宿，其最高境界就是天地境界，即此种境界中的“乐”打破主客、内外的界限，完全摆脱了自我特意性的束缚，超越自我，它包含了道德而又超越道德、高于道德，在这一境界中，个体摆脱了道德他律的“强制”，而完全进入道德自律状态，即进入一种人与天地万物融合为一的自然而然的境界之中，从而体会到“赞天地之化育，则可以与天地参”的“天人合一”之乐。这是人生最大也是最高的快乐。因为在此境界中，人把自己融入宇宙大生命中，能够体会到“参赞天地之化育”的“生生”之意，而此种体会、体验不是把天地万物间的生命活动当作客体或对象去体会、体验，而是“天地之化育”本来就是人的生命活动本身，“赞天地之化育，则可以与天地参”就是从自身的生命活动去体会天道。在这里，“物我一体”“天人合一”，即是道德规律成为自然规律。“道德规律成为自然规律的原理是：道德或绝对义务的本质是行动，而道德行动必定使道德

① ［德］康德：《实践理性批判》，关文运译，商务印书馆1960年版，第132页。

在自然中表现出来，透过道德行动，道德规律成为自然规律。”[①] 也即是说，道德的发生和实现总离不开人自身生命活动（如感性欲求或冲动）的影响，当道德规律与自然规律（人自身生命活动本身）合而为一时，人进入完全自由的境界中，没有任何强制之意，即道德上的“应然而然”成为生命活动的“自然而然”，那么人自然会体验到“上下与天地同流”的“天人合一”之乐。例如，孔子赞赏的“吾与点也”之乐实际上就是“物我两忘、天人一体、超然物外、超生死超功利的一种自由境界的乐趣”[②]。“曰：‘莫春者，春服既成，冠者五六人，童子六七人，浴乎沂，风乎舞雩，咏而归。’夫子喟然叹曰：‘吾与点也！’”（《论语・先进》）此段文字表面上描写的是一段温馨和谐、其乐融融的春游图景，但是在孔子喟然感叹中却蕴含着高于“齐家、治国、平天下”的圣贤景象，即“澡身浴德，咏怀乐道”，从而与天地万物同流，此乃人生最高之乐趣。“吾与点也”后来之所以受到宋明理学的大加赞赏，就是因为其所体现的极高的境界。朱熹曾对此段文字进行详尽而深刻地阐释和发挥：“曾点之学，盖有以见夫人欲尽处，天理流行，随处充满，无少欠缺。故其动静之际，从容如此，而其言志，则又不过即其所居之位，乐其日用之常，初无舍己为人之意。而其胸次悠然，直与天地万物上下同流，各得其所之妙，隐然自见于言外，视三子之规规于事为之末者，其气象不侔矣，故夫子叹息而深许之。”[③] 从朱熹的集解中，我们可以看出，先秦儒家道德哲学追求的“乐”的天地境界体现了人与人、人与天地万物和谐一致从而实现“赞天地之化育，则可以与天地参”的圣人情怀，所以它是“乐”的最高境界。

---

① 樊浩：《道德形而上学体系的精神哲学基础》，中国社会科学出版社 2006 年版，第 673 页。

② 蒙培元：《情感与理性》，中国社会科学出版社 2002 年版，第 358 页。

③ （宋）朱熹：《四书章句集注》，中华书局 1983 年版，第 130 页。

中　篇

先秦儒家的情理主义传统

第四章

先秦儒家情理主义道德哲学形态之源起

自近代以来在中西方文化撞击中，中国文化精神之“本”越发凸显，其中最具代表性的比较就是中国重“情”，并以“有机主义的整体观念”形成了以“情”为主、情理合一的道德哲学形态，与西方情理二分形成的情感主义、理性主义形成鲜明对比，并认为中国重情、情理合一的文化观念成为支撑中华民族绵延不绝的精神实体。而儒家文化一直成为中国文化的主流，就源于其建构了以情为主、情理合一的道德哲学体系。我们要讨论儒家情理主义道德哲学形态，还应以历史的态度向儒家产生之前进行探究。儒家情理主义伦理精神作为中华民族的“文明形态”，其历史必然性始于中华民族由原始社会向文明社会的转进过程中，其关键性的元素就是文明社会保留了原始部落的血缘关系，也即是说，奴隶社会在取代原始社会氏族部落的过程中，保留了氏族社会以血缘关系为纽带的特点。中华民族由原始社会进入文明社会，最首要的秩序建构就是以血缘关系为社会根本关系，并且这种血缘关系是其他一切关系的原型和联结。因此，中华文明在产生之初的最根本特征就是血缘关系成为社会制度、宗教思想和道德意识的轴心，从而形成了中华文明特有的血缘文化。这种血缘文化不仅使当时的社会结构极为充实和稳定，并且在很大程度上影响和决定了中国社会及其意识形态所具有的特征，“要考察到中国古代人的家族道德与家族情感，最好亦最翔实而最可信的史料，莫如一部诗经和一部左传。诗经保留了当时人的内心情感，左传则保留了当时人的具体生活。诗经三百首里，极多关涉到家族情感和家族道德方面的，无论父子、兄弟、夫妇，一切家族哀、乐、变、常之情，莫不忠诚恻坦，温柔敦厚。惟有此类内心情感与真实道德，始可以维护中国古代的家族生命，乃至数百年以及一千数百年之久……这就是中华民族人道观念之胚胎，这便是中国现实人生和平文化之真源。倘不懂得这些，将永不会懂得中国文化”①。

第一节 殷周之际中华文明之具形

殷周之际是我国进入文明社会后的“大变革”时期，在这一时期，“旧制度废而新制度兴，旧文化废而新文化兴”。然而，这之间的“废”“兴”是相对的，是“新”对“旧”的一种扬弃，即“新”在对“旧”进行革新的同时也有所继承。在这种“废”“兴”的辩证过程中，中华文明兴起的最典型特征就是祖先崇拜的宗教意识和以家族为核心的社会政治制度的确立。

一 “上帝崇拜”与“祖先崇拜”相绾结的宗教意识

宗教是人类早期生产力较为低下的时代认识世界的一种方法，而且这也是早期世界的普遍现象。但是当人类思考如何同宗教中的神发生关系时，人同神发生关系的方式则呈现出了不同地域不同文化关于世界的不同思路。在早期中华文明的宗教观念中，最高的神是“帝”，或称“上帝”，其“上”代表着是超越于人类的更具普遍性的精神实体。在人类认识水平极为低下的时代，在当时人的精神世界中，“上帝”一方面是人类生命的本源，如中国古代神话中盘古开天、女娲造人和补天、后羿射日等故事，表达了人与“上帝”的关系；另一方面“上帝”还掌管着人类的命运，能够降福或降灾给人世间。根据卜辞，胡厚宣先生把“上帝”的全能共列为八种：令雨、授年、授佑、降若（善、吉祥）、降福、降暵（旱灾）、降徵（灾害）、作他（灾害）。董作宾则约之为五种：命令下瘀、降以饥馑、授以佑福、降以吉祥、降以灾祸。由于“上帝”主宰着人间祸福，因此祈求“上帝”给人间消灾降福成为殷周之际人类最为主

① 钱穆：《中国文化史导论》，商务印书馆1994年版。

要的宗教活动和精神生活。当然，祈求上帝作为一种宗教活动，不是由普通人来主持的，而是由当时政治上的最高统治者——王，代表民众愿望祈求上帝赐福消灾。中国宗教意识与西方宗教意识最大的不同就是，中国人在“消灾祈福”的过程中，并不是直接祈求“上帝”，而是以诉求于已故世的先祖为中介，只有已故的先祖才能直接晋见“上帝”，转达人世间王的祈求。因此，在殷周之际，向“上帝”祈福和祭祖往往是交织在一起的，所以中国文化中有“宗庙社稷”一说，“宗庙”为以血缘关系为纽带的家族团体乃至以“天子”为首的“民”之“族”，“社”为土神，“稷”为谷神，宗庙和社稷是紧紧绾结在一起的：社稷不保，宗庙必废而绝，这也是对祖先的大不敬。

崇拜上帝与祭祀祖先相绾结在一起的宗教观念具有多方面的意义，其中最根本的有两点：一是这种结合为当时统治阶级巩固自身不可动摇的地位提供了神圣性的依据，有助于社会的有序运行，宗庙社稷活动实为整个社会的结构和运行机制，《礼记·王制》云：“天子七庙：三昭三穆，与太祖之庙而七；诸侯五庙，二昭二穆，与大祖之庙而五。大夫三庙，一昭一穆，与太祖之庙而三。士一庙，庶人祭于寝。天子诸侯宗庙之祭，春曰礿，夏曰禘，秋曰尝，冬曰烝。天子祭天地，诸侯祭社稷，大夫祭五祀。天子祭天下名山大川：五岳视三公，四渎视诸侯。诸侯祭名山大川之在其地者。天子诸侯祭因国之在其地而无主后者。”二是这种结合进一步加强了以血缘为纽带的民族凝聚力，通过举行这种活动，不仅通过祈求上帝实现号召民族的目的，而且还可以通过对已逝祖先和亲人的追忆和怀念，加强本宗族内各个家族成员之间的团结，乃至整个民族的凝聚力，在追忆和怀念的“家族情感”中逐步向外推扩，乃至把整个人类连成纵横交错又井然有序的一民族实体中，而且这个民族实体乃是以精神实体为引领的，《礼记·大传》云：“自仁率亲，等而上之，至于祖，名曰轻，自义率祖，顺而下之，至于祢，名曰重。一轻一重，其义然也。”又云：“自仁率亲，等而上之至于祖。自义率祖，顺而下之至于祢。是故，人道亲亲也。亲亲故尊祖，尊祖故敬宗，敬宗故收族，收族故宗庙严，宗庙严故重社稷，重社稷故爱百姓，爱百姓故刑罚中，刑罚中故庶民安，庶民安故财用足，财用足故百志成，百志成故礼俗刑，礼俗刑然后乐。”

由此，“亲亲”“尊尊”在中国文化中，已不再是简朴的自然情感和狭隘的家族情感，而是成为家族乃至民族世代传承的具有更大普遍性的文化精神。在此种精神中，个体生命不再是独立的、个别性的存在，而是将自己的生命融于整个中华民族的生命之流中，个体的价值不再是自我生命的保存，而在于广生而大生，即仁与义。从伦理的角度看，宗庙社稷象征着“伦理实体”，仁与义的伦理本质乃为个体生命对伦理实体的维护，所谓“臣死君”“国君死社稷”，“对于祖先的重视和对于子嗣的关注，是传统中国的一个极为重要的观念，甚至成为中国思想在价值判断上的一个来源，一个传统的中国人看见自己的祖先、自己、自己的子孙的血脉在流动，就有生命之流永恒不息之感，他一想到自己就是这生命之流中的一环，他就不再是孤独的，而是有家的，他会觉得自己的生命在扩展，生命的意义在扩展，扩展成为整个宇宙”①。

二 以血缘关系为轴心的宗法制度

钱穆先生认为：“但我们切莫误会，以为封建制度可以造成家族观念。当知制度多从观念产生，却未必能规定制度。”钱穆先生此言不无道理，按照马克思主义关于人类实践的论述，实践乃是能动的改造客观世界的对象性活动，其本质是人的观念在现实世界中的物化存在。而制度作为在人类实践活动中形成的规范、法令、规定等，其更是人类观念的直接体现。因此，在殷周之际“上帝崇拜”与“祖先崇拜”相缩结的宗教意识和观念形态直接或间接地引领着中国宗法制度的形成。“宗”最基本和最原始的含义为“祖庙”，主祭者为“宗子”。“宗法”的基本含义即为宗庙祭祖之法，宗庙祭祖之法不仅存在于各个家族中，而且还推至于国家中而成为一种国家制度，即成为宗法制度。宗法制度最主要的特征是，以血缘关系为纽带的家族是社会生活的基本单元，无论天子和平民皆聚族而居。殷周之际的宗法制度的基本特征大致表现为以下几个特点：

第一，王位世袭由殷商兄终弟及、父子相继的制度转化为较为稳固的嫡长子继承制。殷商时期的宗法制还不甚严格，部族的血缘关系高于

---

① 葛兆光：《中国思想史》第1卷，复旦大学出版社1998年版，第24页。

部族内部的家庭血缘关系，因此，殷商时代的王室继承有兄终弟及的，也有父子相继的。周取代殷商之后，纵向的家庭血缘关系更为突出，王位世袭则直接规定为传子不传弟，此种转变虽然一直体现了中国家族制度，但是其社会意义更为进步，进一步契合了中国由家及国、家国一体的社会结构，政治与家庭更为紧密地结合在一起，其后产生的儒家思想由家及国的伦理建构之所以能够成为中国文化的主流，其历史根源正在于此。正如牟宗三先生所言："此制之成，其义通于整个社会。因此，社会组织之单位（家庭），亦因而被厘定。家庭有定制，则社会的纵向组织亦有定序。此一系一系之社会单位与政治上之笃世子，盖同时成立，而皆有以进于殷商者。此有定制与定序之社会组织弥漫于下而为政治上笃世子一制之背景。盖王室亦为一家庭，同时彼复为政治之中心。故笃世子一制，虽可普遍于全社会，而唯在王室则独显一政治上客观而定常之意义。"[①] 传子不传弟王位世袭制的确立以及由此引生的家庭制度与政治的弥合对整个中华文明的发展具有两方面极为重要的意义：一是由血缘关系滋生的家庭情感不再局限为私人情感，而是提升为具有普遍意义的道德情感乃至于民族情感，因为家庭与政治的联结，使得政治的普遍性、客观性渗透到家庭关系中，因而囿于一个家庭内的具有个别性的血缘情感必然过渡到更具普遍性的社会伦理情感，人不能独爱自己的父母亲人，而且还要爱其他人的父母亲人，特别是那些居于政治中心的王世家庭更是如此，如前所述，"天子诸侯祭因国之在其地而无主后者"。（《礼记・王制》）这样，中国人把家族观念过渡到人道观念，把狭隘的血缘情感超越到具有普遍意义的道德情感、民族情感。二是直接引生了"情"在中华文明中的深刻意义。中国从家庭到国家整个社会秩序运行的机制或精神动力直接诉诸为具有纯粹性、亲和性的情感。这也是中华文明最为特殊之处，这与西方以别异为根本特征的理性主义形成了鲜明的对比。以"情"作为精神动力的社会文明一方面使得民族生命极富弹性，中国虽经历了若干姓氏王朝的更替和深刻的社会变革，但又展现着始终如一的强大民族精神，这与由血缘出发的"情"有着内在紧密的关联，无论哪个家庭的血脉在延续，都意味着中华民族生命绵延

① 牟宗三：《历史哲学》，吉林出版集团有限责任公司2010年版，第34页。

不绝。

第二，同姓不婚。《礼记·大传》云："同姓从宗，合族属。异姓主名治际会，名著而男女有别。其夫属乎父道者，妻皆母道也。其夫属乎子道者，妻皆妇道也。谓弟之妻妇者，是嫂亦可谓之母乎？名者，人治之大者也，可无慎乎？四世而缌，服之穷也，五世袒免，杀同姓也，六世亲属竭矣。其庶姓别于上，而戚单于下，昏姻可以通乎？系之以姓而弗别，缀之以食而弗殊，虽百世而昏姻不通者，周道然也。"在现代人看来，"同姓不婚"更具有科学意义。但是对于整个中华文明的发展、中华民族的延续来说，它展现的更为深刻的意义是体现的人文智慧或道德智慧，"同姓不婚，则维持一系生命之纯洁，养成对于祖与宗之尊亲意识，使生物性生命转为一纯粹之道德生命，天理天伦之流布。婚于异姓，则沟通横的关系，使整个民族趋于凝合。礼以别异，乐以合同。各系相承，系系交光。使整个社会为一'礼乐网'所纲维"①。由此，同姓不婚从横向的关系加强了人与人之间的联系，其长远的社会意义就是促成了民族的结合，同时也进一步强化了家庭在社会中的意义和价值。

第三，大宗、小宗的别异。同姓不婚制度使整个社会形成了一个有序而又彼此贯通为一体的大的社会网络。在这一网络中，嫡长子继承制与同姓不婚的结合又促成了"大宗"与"小宗"为社会结构范型的制度。周王的王位由嫡长子继承，嫡长子的世世代代都为天下的"大宗"，而周王的其他儿子被封为公卿、诸侯等，相对于继承王位的"大宗"来说，这些公卿、诸侯就是"小宗"。而各个"小宗"在自己的封地或封国内，他们又是"大宗"，由嫡长子继承，而其他儿子被封为卿或大夫。依此类推，直到统治阶级的最底层②。而且，在"大宗"与"小宗"内规定相互间的权利和义务。整个国家像一个大的家庭，彼此血脉相连，根据血缘关系各自承担相应的义务。在西周时期形成的"大宗""小宗"的社会结构为中国形成伦理性文化提供了制度保证。而且"大宗""小宗"社会结构的形成其伦理意义展现为：一是"伦"之"理"的客观性和恒常性。因为在西周，"大宗""小宗"的别异，不仅仅展现着血缘关系的脉络，

---

① 牟宗三：《历史哲学》，吉林出版集团有限责任公司 2010 年版，第 34 页。

② 沈善洪、王凤贤：《中国伦理思想史》，人民出版社 2005 年版，第 50 页。

而且还有一规定，即小宗可迁、大宗不可迁，“别子为祖，继别为宗，继祢者为小宗。有百世不迁之宗，有五世则迁之宗。百世不迁者，别子之后也。宗其继别子之所自出者，百世不迁者也。宗其继高祖者，五世则迁者也。尊祖故敬宗，敬宗，尊祖之义也”。（《礼记·大传》）大宗之所以不可迁，在于“大宗”不仅仅只是个别性的家族，它自身还代表着具有更大伦理普遍性的“国”，具有“全公”之内涵，国君以国为体。正是在大宗、小宗的这种别异和大宗的不可迁中，中华民族才更具凝聚性和绵延性，同时也成就了中华文明的源远流长，正如钱穆先生所言：“所以中国文化与西方文化相比，有两点不同：就时间绵延上讲，中国是由一个人自始至终老在作长距离的跑，而欧洲是由多人接力跑；就空间来说，欧洲文化起自希腊雅典，由这个文化中心向四周散发。后来希腊衰微，罗马代兴，文化中心便由希腊搬到罗马，由罗马再向四周发散。因此他们在历史演进中的文化中心，也从一个地方搬到别一个地方，依次的搬。……这种情形，连带会发生一种现象，就是常有文化中断的现象；在这里告了一段落，然后在别处再来重演……中国文化乃是整个的，它一发生便布满大地，充实四周……因此西方文化可说它有‘地域性’，而中国文化则决没有地域性存在。”① 二是血缘亲情之道德性。西周时期，“大宗”“小宗”的文化设计和社会结构构成不仅展现了“伦”之“理”的客观性，对中华文明发展更具深刻意义的是在维护“伦”之“理”中的情感走向。血缘的绝对逻辑是情感，因此以血缘关系为主脉络的社会秩序的建构直接导致了情感特别是血缘亲情在整个中华文明中的根本意义，即无论纵向还是横向的人伦关系都以“情”为联结点，在发挥“情”的合一本性中实现人伦和谐，于是，客观的、外在的“伦”之“理”在具亲和性和合同性的“情”中转化为维护亲亲、尊尊的具有主体性、内在性的“德”。

三　对血缘亲情的文化设计

在殷商时期，道德意识尚未从宗教观念中分离出来，当时虽然出现了“德”“孝”“敬”等字，但是它们还不具备完全的道德意义。西周取

---

①　钱穆：《中国文化史导论》，商务印书馆 1994 年版，第 235—236 页。

代殷商之后，社会发生了巨大变革，中华文明开始呈现出由“天神崇拜”转向“道德崇拜”的趋势。值得注意的是，西周取代殷商，虽然使社会发生了重大变革，但是西周的主要文化渊源仍是承袭殷商文化的，“最为早期宗法制的殷周体制，仍然包在氏族血缘的层层衣装中，它的上层建筑和意识形态直接从原始文化延续而来”①。因此，血缘关系仍是西周社会的主要关系，这一时期产生的朦胧的道德意识和道德观念便以血缘关系和血缘亲情为基础。

第一，缘于祖先崇拜之“德”。早在三千年前的殷代甲骨文中就出现了“德”字，当时也出现了“得”，而且“德”“得”相通。“德”最初的含义指获得奴隶和货币等财富之意，还不具有道德意义。在周取代殷商后，周为了巩固自己的王权，便以“德”作为自己统治天下的理由，“德”的道德含义由此被加以发挥和提升。因为按当时的宗法制度，周取代殷商，是“小宗”取代“大宗”，从根本上动摇了“上帝”保佑世间“王”位的永久性的宗教理念，这对当时周统治天下极为不利。周为了确保政权，需要一定的社会理念来进行支撑。于是，周便以“德”作为自己有资格统治天下的理由。如“丕显文武，膺受天命”；（《师訇簋》）“丕显文武，皇天宏厌厥德，配我有周，膺受天命”。（《毛公鼎》）因此，“天命靡常”成为当时社会的主流观念，既然天命不会永久眷顾一个人、一个种族，那么如何获得天命的眷顾呢？那就是“德”，一个人只有有德才能获得天命永久的眷顾。这也是中国传统道德哲学中道德与政治相结合的历史根源之所在。

与当时尊祖祭祖相联系，“德”的根据、源泉和目的也是建立在血缘关系基础之上。例如，周代的子孙把文王塑造成一个道德的典范加以膜拜，所谓“文王之德之纯”，“惟乃丕显考文王，克明德，……闻于上帝，帝休，天乃大命文王。殪戎殷，诞受厥命越厥邦民，惟时叙，乃寡兄勖”。（《尚书·康诰》）这样，周代的祖先崇拜不再仅仅是一种纯粹的宗教活动，而是通过祭祀活动加强道德意识，从而通过道德意识的加强来获得天命的眷顾。“德”获得道德意义虽然是与当时的政治统治相关，还不具有自觉性，但是这在客观上强化了人们的道德动机，一个人做有德

---

① 李泽厚：《中国古代思想史论》，天津社会科学院出版社2003年版，第3页。

之人一方面是尊祖宗之遗训，另一方面也是为自己的后代“积德”。也正是从西周开始，“德”的道德意义的转化和加强使当时人类的道德意识和道德观念从宗教中分离出来获得了相对独立的地位，对中华文明道德意识和道德观念的产生和发展具有重要意义，正如韦政通先生所言：“这一时期敬天祀祖与道德之间互相增强的关系，是使中国文化没有继续向宗教的超越性一面发展，反而向道德和世俗化一面发展的最大关键。”①

第二，源于血缘亲情之“孝”。“孝”的道德意义是与周代的血缘宗法制度和尊祖祀祖的宗教观念相适应而产生的。因此，西周时期“孝”最初和最基本的含义是尊祖祀祖，而维持“孝”的内在精神力量是以血缘关系为纽带的家族情感。“孝”作为一种维护家族伦理关系的道德观念和行为规范，它在反映父母子女间的“亲亲”之情时，也表征着当时社会以血缘关系为准则的权利和义务的划分。如前所述，周代实行的是以嫡长子继承制为中心的宗法制度，当时社会的分层以血缘关系为轴心来划分，其结果是以血缘关系为纽带的家族、家庭的地位突出出来。这样，“孝”不仅维护着家族情感，而且还承担着家族内部成员之间的权利和义务的划分，即在家族内部依据每一个家族、家庭成员的亲疏、长幼、嫡庶的地位来划分各自的权利和义务。这种权利和义务的划分，一方面能够增强个体的道德自觉性和道德责任意识，另一方面也有利于维护家庭以至整个家族的稳固和延续。随着西周“立子立嫡”宗法制度的建立，强调“幼”对“长”“庶”对“嫡”的服从和义务的“孝”被进一步升华和强化为“小宗”对“大宗”的义务、诸侯对天子的义务，与之相伴而生的就是父子关系延伸为政治上的君臣关系。因此，适应当时分散的“分邦建国”制，“孝”有利于维护周王的最高权力。因为西周实行“分邦建国”制，各诸侯国在经济、政治、军事上都有相对独立性。与当时政治权力相对分散的形势相适应，统治阶级便以建立在血缘关系基础上的“孝”作为协调内部关系和加强内部团结的重要方式。周代的家族通过墓葬、宗庙、祠堂和祭祀活动就是通过对已逝的祖先和亲人的追忆和怀念来加强内部的家族情感交流和“族类”意识，从而同心同德共同维护政权的巩固和社会稳定。

① 韦政通：《中国思想史》，上海书店出版社2004年版，第27页。

第三，基于责任感的“敬”。如果说“德”和“孝”在殷周之际还属于外在的、具有自发性的道德意识，那么周人对“敬”的重视和道德诠释则标志着中华文明开始注入自觉的精神，为中华文明由神本向人本、宗教向伦理的转变提供了现实可能性。

“敬”在当时贯穿于周人的一切生活之中，这是直承周初忧患意识的警醒性而来的一种深沉的道德责任感和人类自觉精神。如前所述，周取代殷是“小宗”取代“大宗”，直接动摇了“上帝”永久保佑“王权”的宗教观念，于是周便以“德”为统治天下的根据。崇尚道德与宗教信仰之间最大的不同就是：宗教信仰产生的动机是绝望和恐怖，把摆脱这种情感的力量寄托于上帝和鬼神，在这种绝望和恐怖中，一般人常常感觉到自己的渺小，因此就放弃人的主观努力和自身的责任，依凭外在的神和已逝的祖先为自身行为做决定和承担责任，“在凭外在的神为自己作决定的行动，对人的自身来说，是脱离了自己的意志主动、理智引导的行动；这种行动是没有道德评价可言，因而这实际是在观念的幽暗世界中的行动”①。宗教信仰把一切问题的责任交给了神，进而动摇人自身所产生的责任感；而崇尚道德的动机并不是出自于外在的恐惧和绝望，而是对自身意志自由的一种肯定和执着。崇尚道德意味着人世间的吉凶成败与当事者的意志自由和选择密切相关，并决定着当事者的责任，而人只有具有责任感时才会发生忧患意识，这种忧患意识，实际上蕴含着一种坚强的自觉意志和奋发精神。所以《尚书·大诰》中说“无毖于恤，不可不成乃宁考图功”，又说，“天閟毖我成功所，予不敢不极率宁王图事”。人在忧患意识的促动下，人类信心的根据便由对神的依赖和崇拜转向了人自身行为的谨慎和努力，人的主体性也得到充分发挥，“周初所强调的敬，是人的精神，由散漫而集中，并消解自己的官能欲望于自己所负的责任之前，凸显出自己主体的积极性和理性作用”②。

周人以“敬”贯穿于自己的一切生活中，并建立了以“敬”为内在精神基础的“有孝有德”的道德世界，来观察、指导自己的行为，对自己的行为负责，从而维护以血缘关系为轴心的社会秩序；而以“敬”为

① 徐复观：《中国人性论史》，华东师范大学出版社 1969 年版，第 14 页。
② 同上书，第 15 页。

内在动力的中华文明随即培养起一种道德的性格。在这一成长过程中，中华文明完成了由神本向人本、宗教政治向伦理政治的转化，为中华文明在以后的两千多年的成长过程奠定了基调。

第二节　春秋时期"情理合一"的彰显

我国历史上的春秋时期，始于周平王东迁的公元前770年，止于前476年。春秋时期最重要的社会变革就是国家的力量中心从"天子"转移到诸侯，其典型表现就是礼乐征伐已不自天子出，依传统的周礼，此乃大逆不道。"孔子曰：'天下有道，则礼乐征伐自天子出；天下无道，则礼乐征伐自诸侯出。自诸侯出，盖十世希不失矣；自大夫出，五世希不失矣；陪臣执国命，三世希不失矣。天下有道，则政不在大夫；天下有道，则庶人不议。'"（《论语·季氏篇》）这一变革意味着中国迎来了根本性的社会变革，即周王朝衰落、奴隶制瓦解。春秋时期的变革与殷周之际的变革的根本不同在于，后者是随着社会的发展人们观念的变化以及奴隶主统治阶级内部政权的变化，而后者的变化直接触动到奴隶社会的瓦解问题，其瓦解是伴随着"周礼"遭到严重破坏而发生的，可以说有"天崩地裂"之势，使传统周礼中"亲亲、尊尊"的道德理念在政权的争夺中变得面目全非："春秋之中，弑君三十六，亡国五十二，诸侯奔走不保社稷者，不可胜数。察其所以，皆失其本也。"（《史记·太史公自序》）周朝所建立起来的"大宗""小宗"的社会秩序荡然无存，社会秩序的紊乱又直接导致了维持"礼"的道德规范也随之崩塌，公羊家言春秋有七缺："七缺者，惠公妃匹不正，隐桓之祸生，是为夫之道缺也；文姜淫而害夫，为妇之道缺也；大夫无罪而致戮，为君之道缺也；臣而害上，为臣之道缺也；僖五年晋侯杀其世子申生，襄二十六年宋公杀其世子痤，残虐枉杀其子，是为父之道缺也；文元年楚世子商臣弑其君髡，襄三十年蔡世子般弑其君固，是为子之道缺也；桓八年正月己卯蒸，桓十四年八月乙亥尝，僖三十一年夏四月四卜郊不从，乃免牲，犹三望。郊祀不修，周公之礼缺。是为七缺也矣。"（《春秋公羊注疏·隐公第一》）春秋时期，从政治上看，诸侯混战，"天子"之威尽失，一副衰败之象，但是在精神文化上却使"周文"在混乱的政权之争、武力鼎盛中开出“百花”，周礼的教化功能在各诸侯成就霸业中也得到一定的彰显：“子曰：‘晋文公谲而不正，齐桓公正而不谲。’子路曰：‘桓公杀公子纠，召忽死之，管仲不死。’曰：‘未仁乎?’子曰：‘桓公九合诸侯，不以兵车，管仲之力也。如其仁！如其仁!’子贡曰：‘管仲非仁者与？桓公杀公子纠，不能死，又相之。’子曰：‘管仲相桓公，霸诸侯，一匡天下，民到于今受其赐。微管仲，吾其被发左衽矣。岂若匹夫匹妇之为谅也，自经于沟渎而莫之知也。’”（《论语·宪问》）春秋时期，齐桓公在管仲的协助下，尊王攘夷，成为五霸之一，孔子以正许齐桓公，以仁许管仲，彰显出在春秋霸业中，仁与义仍能挺立其中。也正如此，中华文明虽然经历着“礼崩乐坏”，但是殷周之际形成的文化生命和道德智慧依然放射光芒，先秦儒家正是循着这一光明处重建与中华文明相匹配的道德哲学体系，为中国走出“礼崩乐坏”的社会危机和精神困境做出努力。

一 “情”的文明意义

在春秋时期，尽管西周的血缘宗法制度面临着崩溃的边缘，但是这并不意味着中华文明血缘文化特质的动摇。诸侯国与“周天子”之间的权力制约因诸侯国力量的强大而被打破，但是各诸侯国内部的社会秩序、家庭秩序的建立和维持仍以血缘关系为纽带，也即是说，血缘关系仍是当时社会的基本关系。因此，中华文明面对“礼”“乐”的崩溃，仍从血缘关系出发来寻求重新建构和维护社会伦理秩序的支撑力量，于是，“情”便成为仅次于血缘关系的中华文明的另一重要因子，因为“血缘本位直接导致了人们对情感的重视，因为情感是家庭生活的绝对标准，血缘关系的绝对逻辑，而家族血缘又是培养情感的母胎，这种双向的运动及其相互作用导致了情感在文化价值系统中的绝对意义”①。当然，中华文明对“情”的选择，并把“情”作为自身的重要因子，并不是从动物式的本能或心理的层面来阐发“情”，而是以血缘关系为基点，始终把“情”置于伦理道德的范围之内。因此，中华文明对“情”的选择偏向于以血缘亲情、道德情感和伦理情感统摄人的本能欲望和非道德情感，并把道德哲学意义上的“情”作为人的行为依据和动力。另外，其他高级

① 樊浩：《中国伦理精神的历史建构》，江苏人民出版社1992年版，第13页。

层次的社会情感诸如宗教情感和审美情感也被置于道德情感和伦理情感的统摄之下，这也正是中国伦理型文化的根本表现之一。面对春秋时期的社会大动荡，中华文明从血缘关系出发，选择“情”作为自身的重要因子，是解决当时社会无序状态和调解人内在的精神世界的必然走向。

“礼”在春秋时期不仅仅代表着一种道德意识和道德观念，而且它还代表着对社会秩序的一种设置，“君令臣共，父慈子孝，兄爱弟敬，夫和妻柔，姑慈妇听，礼也。君令而不违，臣共而不贰，父慈而教，子孝而箴；兄爱而友，弟敬而顺；夫和而义，妻柔而正；姑慈而从，妇听而婉：礼之善物也”。(《左传·昭公二十六年》)这里所说的“礼”实际上是对君君、臣臣、父父、子子等宗法秩序的一种伦理表达。因此，春秋时期的“礼崩”主要指社会秩序的紊乱与破坏，即力量强大的诸侯国或是诸侯国内部的大夫或大夫的家臣不再遵循“小宗”服从“大宗”的西周宗法制度。因此，如何在新的社会形势下建构一套系统的伦理秩序成为春秋时期中华文明的前沿性任务。

面对新的社会形势重申“礼”的重要性并赋予“礼”以新的观念和新的生命力是时代使命，也正是在此种意义上，徐复观先生断言“春秋时代是以礼为中心的人文世纪”。“礼，经国家、定社稷、序人民、利后嗣者也。”(《左传·隐公十一年》)“夫礼，所以整民也。”(《左传·庄公二十三年》)“礼，国之干也。”(《左传·庄公二十三年》)“礼，上下之纪，天地之经纬也，民之所以生也。”(《左传·昭公二十五年》)“礼之可以为国也久矣，与天地并。”(《左传·庄公二十三年》)“夫礼所以正民也。”(《国语·鲁语》)“礼以纪政，国之常也。”(《国语·晋语》)如何重建“礼”、恢复“礼”的社会功能和道德功能?

中华文明在整个春秋时代重建以“礼”为中心的社会秩序的基点或根基并没有求助于超然于人之外的绝对的实体，如西方“神”的理念，而是向内寻求基于血缘关系的“情”。因此，中华文明赋予“礼”以新的生命力的出发点就是以血缘亲情来维护家庭秩序，《昭公·二十六年》中晏子谓，“君令，臣共，父慈，子孝，兄爱，弟敬，夫和，妻柔，姑慈，妇听，礼也”。这其中的慈、孝、爱、敬、和、柔等道德规范都是以“情”为内核的，或直接是一种向善的“情”。“情”的最大特征就是不具有独立性，它能够把分散的个体重新聚合起来。“情”既存在于关系中，又能够以积极的方式建构和维护关系的合理存在。正因为“情”的这一特征，中华文明才能够利用“情”的凝聚性克服“礼”的崩溃所带来的社会关系的紊乱。而由于家庭是情感的基地，所以以家庭中的血缘情感作为重建社会秩序的起点，不仅具有自然合理性，而且还具有社会合理性：从自然的角度看，家庭是生命繁衍的根源，每一个生命的诞生和成长都离不开家庭的养育和呵护，因而一个人最初的并伴随生命始终的情感需求、情感感受和情感体验都离不开以血缘关系为纽带的家庭；从社会的角度看，家庭是社会的细胞，家庭秩序的稳定直接关系着社会秩序的稳定，特别是对于以血缘关系为社会基本关系的中华文明来说，社会秩序的稳定更离不开来自家庭的稳定与和谐。当血缘亲情成为维护家庭秩序的有力因子时，它对于重建和维护社会秩序来说也是举足轻重的。从此种意义上说，春秋时期血缘亲情在中华文明中的绝对优势并没有妨碍社会秩序的重建，反而还有利于社会秩序的重建和稳固。因为中华文明在产生之初，就把家庭秩序与社会秩序紧密联系在一起，并以维护家庭秩序的内在精神机制如祭祀祖先的宗教意识和家族道德意识用以处理社会关系、维护社会秩序，从而形成了中华文明所特有的家国一体的社会结构。因此，在春秋时期，当中华文明选择血缘亲情作为维系家庭秩序的重要精神力量时，它也必然扩展和升华血缘亲情，使之成为重建和维护社会秩序的重要精神力量，即由血缘亲情推扩而来的社会伦理情感成为重建和维护社会秩序的内在精神基础。从而使孝、慈、敬、爱、和、柔等血缘亲情突破家族的范围而转化为忠恕爱敬等社会伦理情感。因而，“情”不仅以血缘亲情的形式维系着家庭和家族的内部秩序，而且它还以社会伦理情感的形式把整个社会连成一片，通过社会伦理情感发挥群体之爱，凝结群体之力，这对于重建和维护社会秩序具有根本性的精神意义。

春秋时期的“乐坏”实际上就是当时社会精神危机的集中体现。中国的血缘文化特质决定了中华文明在重建社会秩序时需向内寻求“情”的精神力量，而与社会秩序的重建紧密相关的社会精神危机的解决也必然从“情”入手，即以向善之情调节人的内在世界，以期使血缘亲情、道德情感和社会伦理情感能够引导人积极向上、培养起至情至性的生命存在。“情”对于解决当时的精神危机具有两方面的价值：一是“情”能够增强人的道德自觉意识，提升人的主体性。春秋时期，传统天神的权威急速转向没落，而重人的精神成为当时社会的主要潮流，《尚书·君奭》“天不可信，我道惟宁王德延”，又曰：“呜呼！君，已曰时我，我亦不敢宁于上帝命，……越我民罔尤违，惟人。”个体生命在血缘亲情、道德情感和社会伦理情感的滋润中，克服自身内在情欲的束缚，反身修己，不断完善自己、超越自己，自觉地把自身内心的道德情感转化为具有普遍意义的伦理情感，进而直接落实为于道德行为，从而实现“君令，臣共，父慈，子孝，兄爱，弟敬，夫和，妻柔，姑慈，妇听”的伦理要求和道德要求。例如春秋时期将乐和德相联系实际上就是以向善之情涤荡和提升人的内在精神世界，“乐以安德”（《左传·襄公十一年》），“乐以开山川之风也，以耀德于广远也”。（《国语·晋语》）其目的就是以“乐”陶冶人的道德情操、培养人向善之“情”感，以向善之“情”安顿情欲，使人的身心得到和谐统一。更使向善之情激励个体由原始的生命向道德的生命转变，由此以道德的生命承担自己，承担人类的命运。二是“情”能够把个体涵融于群体生活中。春秋时期的精神危机除了体现为内在的身心对立外，还体现在外在的自我与他人、自我与群体的对立和冲突，因此，中华文明选择“情”来克服这场危机还必须发挥“情”的凝聚力使个体融于群体中。春秋时期的“仁”所表达的理念实际上就是如何使个体发挥向善之“情”以实现自我与群体的融合，《春秋左传·僖公三十三年》：“臼季……言诸文公曰：‘敬，德之聚也。能敬必有德，德以治民，君请用之。臣闻之，出门如宾，承事如祭，仁之则也。’”再如《国语·晋语》中把“仁”解释为“为仁者爱亲之谓仁”。在孔子之前的春秋时期，“仁”的含义还不确定，但它也反映了“情”对于处理家庭伦理关系、社会伦理关系具有不可替代的作用。如果人人都能以自身的向善之情对待他人、对待社会，做到“出门如宾，承事如祭”，那么个体必然会顺应社会之合理形势而自立于世。总之，“情”一方面使个体生命能够自我决定、自有信心，而不必依赖外在的神秘信仰；另一方面又使个体生命在发挥自身主体性的同时能够适应外在的合理趋势，从而使个体通过发挥向善之“情”的凝聚性扬弃内在的身心对立和外在的个体与群体的对立，确立起内外合一的完整生命，使人不至于因情欲的无限膨胀而走向毁灭。

中华文明选择“情”作为设计、重建社会秩序的内在精神基础既保留了中国血缘文化的传统特征，又使中国轻而易举地由家庭秩序过渡到社会秩序。因为家庭秩序和社会秩序是中华文明不可分割的两个部分，而维系这两个部分的正是从血缘关系出发的“情”。这也是中华文明的真谛之所在，正如钱穆先生所说，“人与人之间的忠诚坦恻、温柔敦厚……是中华民族人道观念之胚胎，这便是中国现实人生和平文化之真源。尚不懂得这些，将永不会懂得中国文化”①。

二 情理合一的宗法道德

基于中华文明的血缘文化，“情”在整个中国文明中具有根本性的意义，但是中国又没有走向情感主义，而是贯通“情”与“理”，即把“伦”之“理”作为“情”发用流行的内在秩序。因此，春秋时期，中华文明选择“情”作为重建社会秩序、解决社会精神危机的出发点和内在精神基础，不仅是中国血缘文化的必然走向，而且也是中华文明形成以情感、情理为重要品格的关键步骤。顺应此种形势，作为当时社会关系的重要调节力量——宗法道德呈现为情理合一的文化品质。

第一，“爱亲”之“孝”的加强。春秋时期的“孝”比殷周之际的“孝”进步之处在于前者逐步摆脱了宗教的束缚而融入更多的道德情感和理性自觉。如前所述，“孝”源于祭祀祖先的宗教崇拜，“孝”所体现的对祖先、父母的爱还夹杂着盲目、杂乱的自然之情，缺乏爱的真切体认、实践，所以殷周之际的“孝”的观念是依靠一种宗教性的外在启示和帮助融入个体意识中的，这种“孝”缺乏道德上的自觉。到春秋时期，随着宗教权威的衰落和人的道德主体性的增强，“孝”开始突破“祖先崇拜”的宗教束缚，并转移到对现世父母的爱和尊重，因此，“爱亲”成为春秋时期“孝”的最主要规定。而“爱亲”的内在逻辑不仅包含着子女热爱父母的自然之情，而且还上升为超越自然之情之上的道德情感：一是把爱父母之情转化为“孝”的行为时，除了满足父母的安全之需要外，还满足了父母的情感需要；二是“爱亲”之情不再仅仅是一种顺于生理的自私之爱，而是融入道德性的自觉的一种道德情感，即一种理性化的

---

① 钱穆：《中国文化史导论》，商务印书馆1994年版，第54页。

情感，并成为人的内在德性生长的基点，这也正是儒家能够提出“孝悌也者，为仁之本欤”的文化根源。

第二，“爱人”之“仁”的兴起。在现有典籍中，“仁”的最早出处是《尚书·金縢》：“予仁若考，能多材多艺，能事鬼神。”“仁”在此作何解，目前还颇受争议。到春秋时期，关于“仁”的观念已大肆流行。从道德哲学的发展来看，“仁”在春秋时期已成为内容极其丰富的道德哲学范畴，它既是对家庭伦理关系的表达，也是对社会伦理关系的表达，即它是对父子、兄弟、君臣、国与国等伦理关系的一个总结，同时，“仁”还是对这些伦理关系的自觉意识以及处理这些伦理关系的道德原则和规范。“仁”调节伦理关系的内在依据就是：以人为思考对象而生发出来的人与人之间都应该有的“类意识”情感。所以，“仁”最基本的规定就是“爱人”。“爱人”的逻辑起点就是“爱亲”，《国语·晋语》明确指出“爱亲之谓仁”，《左传·成公九年》也说：“不背本，仁也。”“本”即是指自己的生命源泉——父母和先祖，而这也正是“孝”的要求。所以《国语·齐语》说：“慈孝于父母，聪惠质仁。”“爱亲”只是“仁”的起点和一方面，“仁”更重要的内容是超越家庭伦理关系上升到社会伦理关系的“爱人”，《国语·周语下》说，“言人必及仁”，“爱人能仁”。与春秋时期的社会状况相适应，“爱人”之仁在当时主要体现在三方面：一是在君臣关系中，“仁”的伦理要求和道德原则就是“不怨君”“不弑君”，即臣忠于君，“仁不怨君”“逃死而怨君，不仁”（《国语·晋语二》），“弑君以求威，非吾所能为也。威行为不仁”（《国语·晋语二》），《左传·僖公八年》记载宋桓公疾，太子兹父建议说：“目夷长且仁，君其立之。”公命子鱼，子鱼辞之，他说：“能以国让，仁孰大焉！臣不及也，且又不顺。”二是在君民关系中，“仁”的要求就是，“君”要爱民、惠民，“恤民为德，正直为正，正曲为直，参和为仁”。（《左传·襄公七年》）三是在国与国的关系间，“仁”的要求就是大国要保护小国和救助有灾难的邻国，而这正深刻体现着人人所应当有的同情感。

第三，“德”之情理精神。春秋时期关于“德”的内涵比西周有更进一步的发展，即“德”被注入更深沉的道德自觉意识和道德主体意识。对于注重秩序建设、伦理优先的中华文明而言，“德”作为道德哲学的重要概念之一，其本质上是以“伦”为依托，按照“伦”之“理”的引导，展现为情理合一的道德品质。如春秋时期重要的道德范畴，仁、孝、敬、忠、信、义、慈、友等道德德目建立在情理合一的基础之上。“德”的这一新发展直接为“礼”注入了新的生命活力。因为在春秋时期，反映社会伦理关系的是“礼”，而“德”主要体现为合于“礼”的道德原则和规范，因此，“德”是“礼”的道德保障。这样，合于“礼”便成为一种情感需求和情感依赖。把“礼”的血缘实质规定为“孝”“慈”“友”“爱”“敬”等，又把这些道德规范建筑在日常的血缘亲情、道德情感和伦理情感之上，这就把“礼”以及“仪”从外在的规范约束解说成人之本性的内在需求，把原来的僵硬的强制规定，提升为道德生活的自觉理念，从而使“伦”之“理”与情感欲求融为一体。“德”的这一发展趋势没有把人的情感需求引导向外在的崇拜对象和神秘境界，而是把它消融满足在以血缘关系为核心的人与人的伦理关系之中。也正是由于“德”强调这种内在的情感需求和情感依赖，才使“礼”在春秋时期获得强大的生命力，“礼”的实现不再仅仅依托于宗教信仰和祖先崇拜等外在约束机制。同时，“德”的这种作用为其地位的提升也提供了条件，即“德”在调节和维护家庭伦理关系和社会伦理关系方面都具有不可替代的作用，“父义、母慈、兄友、弟恭、子孝，内平外成”。再如郑国大夫子产认为：“德，国家之基也。有基无坏，无亦是务乎！有德则乐，乐则能久。”（《左传·襄公二十四年》）“德”在春秋时期的这一重要发展在中国伦理型文化发展史上具有划时代的意义。

三　先秦儒家情理主义道德哲学形态的孕育

在春秋时期社会大变动的形势下，中华文明在扬弃西周血缘宗法制的基础上，为摆脱“礼崩乐坏”的社会混乱局面和精神危机付出了艰辛努力，儒家情理主义道德哲学形态正是在此种境遇下应运而生。从先秦儒家情理主义道德哲学形态的发生过程来看，中华文明的血缘文化特质决定了其一方面注重秩序的建立和维护，另一方面也决定了“情”在中华文明中的独特地位。产生于“礼崩乐坏”时代的儒家道德哲学从对当时精神文明危机的忧患出发，在继承周礼的基础上，以基于血缘关系的伦理秩序作为当时宗法制度的伦理支撑，同时又以血缘亲情为内在精神动力，对血缘亲情进行了伦理化的提升，外在伦理秩序与内在情感动力有机结合，为当时中国社会构建社会秩序和个体生命秩序提供了主体基础，“伦”之“理”与“德”之“情”的紧密结合为儒家情理主义道德形态的建立和发展奠定了根基。

春秋时期外在的政治权力的分化直接导致了社会秩序的混乱，但当时社会仍以血缘关系作为人伦关系的基点，中华文明仍强调君君、臣臣、父父、子子的社会人伦关系。因此，春秋时期中华文明所面临的难题不是如何重建一套新的人伦秩序，而是如何以更好的方式来维持这种以血缘关系为基点的人伦秩序，并对其重新系统化、规范化以适应新的时代要求，从而通过人伦秩序的稳定和向心凝结力重整政治领导中心以及通过家庭的力量解决社会贫富问题（在春秋时期，个体经济的产生和发展使家庭的社会作用凸显出来，因此，家庭在解决社会贫富问题中起着举足轻重的作用）。儒家道德哲学抓住时代脉搏，从社会现实出发，主要从两个角度出发来解决如何使人伦秩序富于时代精神，从而发挥对社会的约束和调节作用：一是以积极的态度承继传统，择善而从，“行夏之时，乘殷之时，乘殷之辂，服周之冕，乐则《韶》《舞》”。（《论语·卫灵公》）此点正表明了儒家道德哲学的创始人——孔子对待传统“取其精华”的态度。另外，儒家对待传统的积极态度还体现在对传统的谨慎与尊重：“夏礼，吾能言之，杞不足征也；殷礼，吾能言之，宋不足征也。文献不足故也。足，则吾能征之矣。”（《论语·八佾》）因文献不足，就不敢遽下断语，夏、殷之理究竟为何物，仅能心知其意却不敢妄加论证和言说。二是以创新精神对传统进行革新以适应新的环境和新的需要，因而对传统“有损有益”“有因有革”，“殷因于夏礼，所损益，可知也；周因于殷礼，所损益，可知也。其或继周者，虽百世，可知也”。（《论语·为政》）由于时代发展总会产生新的要求，所以后一代对前一代的文化必然有所扬弃、有所创新。儒家“尚情”道德哲学正是在这种批判继承和创新精神的指导下孕育产生和发展壮大的。因此，儒家首先继承了春秋时代中华文明的血缘宗法特质，从血缘关系出发对春秋时期的“君君、臣臣、父父、子子”的人伦关系加以系统化、规范化。如孔子提出的“复礼”和“正名”以及孟子的“五伦”思想都是对传统人伦关系系统化、规范化而做出的努力。儒家道德哲学在继承中华文明血缘宗法特质的同时，也对其进行了革新，即使伦理道德摆脱宗教和政治的束缚：

把宗教性的“天”转化成为道德意义的天命或天道；通过以血缘关系为纽带的家庭伦理关系而推扩出社会伦理关系和政治伦理关系，并从家族血缘之理引出政治原理等实际上都是儒家把政治伦理化的努力。儒家的这种继承创新思维既符合中华文明的血缘文化特质，又与中国传统社会的家国一体社会结构相适应，也正因为如此，儒家“尚情”道德哲学在产生之初便居于中国道德哲学史的重要地位，并成为当时文化思想的代表，在百家争鸣中成为“显学”。

儒家道德哲学从血缘关系出发设计人伦秩序的基础之上，又建立起以“情”为内在精神基础的德性结构，如孔子的“仁”、孟子的“四德”、荀子的“礼因人情”说无不渗透着“情”的内蕴。可以说，先秦儒家的德性论是以“情”为基础、实体和本源，它统摄着人的理性和行为。例如“仁”的基本规定是爱人，显然“爱人”是一种情感，并且它强调以血缘亲情（父子之慈孝、兄弟之友悌），作为最后实在的伦常关系以建立德性的根本，并由父子、兄弟、夫妇、君臣、朋友“五伦”关系，辐射交织而组成和构建血缘亲情、道德情感和伦理情感，作为德性的本体与主体。强调对人性情感的培育，以血缘亲情、道德情感、伦理情感来安顿人的情欲，调节各种人伦关系，并以此作为社会根本，可以说是儒家德性论的重要传统，正如樊浩教授所言：“中国人的德性状态主要是一种情感状态，中国文化中的道德价值判断，主要受人的情感的制约与支配。”① 值得注意的是，儒家强调以“情”作为德性的本体和实在，并没有完全摒弃“理”的存在，而是以“情”统摄“理”，以“理”指导“情”，构成儒家道德哲学所特有的情理精神。

先秦儒家德性论以“情”为本源和实在可以说是和春秋时期中华文明的运作机制分不开的。从中华文明的血缘特质来看，先秦儒家以“情”为内在精神基础德性论是中国血缘文化的产物。如前所述，中华文明的形成和发展是从血缘关系出发的，在儒家产生之前，中华文明就选择“情”作为走出“礼崩乐坏”的社会危机和精神危机的重要精神力量。产生于春秋末年的儒家思想正是抓住中华文明的这一文化特质，并把其进一步理论化、系统化和精致化：孔子创立仁学体系，使中华文明中的伦

---

① 樊浩：《中国伦理精神的历史建构》，江苏人民出版社 1992 年版，第 113 页。

理文化由自发走向自觉；《性自命出》中“情本体”的确立一方面大大提升了中华文明中“情”的地位，另一方面又为孟子把“情”更系统、更精致地融入儒家德性系统中做了理论奠基；孟子的“四心”把中华文明中的“情”进一步提升，使“情”成为外在人伦要求与内在德性自觉相凝结的力量，从而形成先秦儒家比较完备的德性体系与道德价值体系；荀子从“礼”出发把“情”分为“情欲”和“人情”，进而提出“礼因人情”（即“礼”的产生源于“人情”之需）和“礼以养情”（即以“礼”引导人的情欲）的“化性起伪”之修养论，通过“礼”对情欲的引导而达到“从心所欲不逾矩”的境界。

总之，儒家道德哲学以从血缘亲情出发的情理精神作为处理一切社会伦理关系的原则，是中国血缘文化的特殊产物和典型表现，它集中体现了中华文明中家—国一体、由家及国的社会组织和结构形式的特征，体现了父与君、血缘关系与人伦关系、伦理与政治的直接同一。也正因为儒家重视亲情、重视情感的道德哲学功能的伦理文化适应于中国古代家国一体的政治结构，它才会在中国古代社会中长期占据主导地位，积淀在人们文化心理结构的潜意识层面，以致今天还能对现实的道德生活发挥深层影响。

第五章

孔子“礼”—“仁”辩证统一的情理精神

孔子处于春秋末年中华文明承先启后、继往开来的历史枢纽地位。因此，孔子在这一历史时期的道德哲学具有既维护传统又开拓创新的双重品格：一是对传统的肯定与尊重。《论语》中阐述的“信而好古”“好古敏求”（《论语·述而》）等思想都表明了孔子对春秋之前的传统文化的热爱与沉迷，而且孔子对传统文化进行了“今不如古”的价值判断：“古者民有三疾，今也或是之亡也。古之狂也肆，今之狂也荡；古之矜也廉，今之矜也忿戾；古之愚也直，今之愚也诈而已矣。”（《论语·阳货》）从孔子所处的时代来看，这种判断较为合理，春秋末年“礼崩乐坏”，法治和战争主张开始撕裂“周礼”的温情面纱，周礼的外在性、形式化和维护奴隶制度的制度性难以满足新时代的现实需求和精神需求。正是基于此，孔子一方面坚信传统的力量，另一方面又努力对传统进行创造性转化。“孔子深信，当人类面临人生的彷徨、社会的解体、文化的危机时，如能经由自觉和反省，对丰富而又生机的传统资源善加运用，人便可以脱离困境，并引导社会、文化走上一个新的方向。”① 因此，孔子“述而不作，信而好古”的价值取向并没有阻碍他积极进取、求变求新的努力；二是开拓创新的刚健进取精神。“温故知新”“举一反三”“明知不可为而为之”等儒家价值取向是对孔子道德哲学思想的这种品格的最好例证。

① 韦政通：《中国思想传统的创造转化——韦政通自选集》，云南人民出版社 2002 年版，第 102—103 页。

孔子以此种精神继承传统，对中华文明中的最大贡献就是把血缘关系化育的“情”融入中国伦理精神中，并以人伦秩序为纲维，把血缘情感进一步提升为具有更大伦理普遍性的道德情感与伦理情感，进而开创了儒家道德哲学的情理精神传统。具体而言，孔子使“仁”与“礼”紧密相关，“克己复礼为仁”，一方面，通过“克己复礼”，使个别性、任意性的个体情感上升到具有伦理普遍性的血缘亲情、道德情感和伦理感，即“仁”之情；另一方面，孔子以“情”开启“礼”的精神意义，使“礼”获得了新的生命和内涵，“礼”不再是冷冰冰的外在客观规则，而是被提升为以真情实感为内核的伦理实体和道德规范。更重要的是，孔子的努力不仅开创了儒家以“情”为主体的情理交融的“仁学”思想，而且也奠定了中国情理主义传统的基调，对中华文明产生了深远影响。

第一节　“礼”之“理”

“礼”是孔子道德哲学中的核心范畴之一。孔子的“礼”直接源于“周礼”，“周监于二代，郁郁乎文哉！吾从周”。(《论语·八佾》)孔子好“周礼”，但是他的道德哲学并没有被湮没于“周礼”的繁文缛节中，而是对周礼的精神内核进行挖掘和创新，“把它上升为意识形态上的自觉主张，变为中国最为重要的伦理范畴和道德规范”①。孔子对“周礼”进行挖掘和创新的思维模式就是：孔子从血缘关系出发，以血缘关系作为建构“礼”的人伦关系，再由血缘关系所培育出的“亲亲”之情作为建构和维护“礼”的内在精神动力之源泉。这样，“礼”不再是冷冰冰的外在客观秩序，而是成为符合人的日常生活情理的生命情感需求，由此，“礼”便具有了更为普遍的可接受性和付诸实践的有效性。从道德哲学的角度看，孔子虽然把人的真情实感融入“礼”中，“礼”的精神意义也立足于人的内在情感需求，但是“礼”更重要的精神本性乃是其展现的“理”的一面。

① 樊浩：《中国伦理精神的历史建构》，江苏人民出版社1992年版，第17页。

一 “礼”之客观性

中国传统文化中的“礼”是中国由原始社会进入文明社会的重要标志，它也意味着中国人文精神的觉醒。从“礼”的历史源流来看，“礼”也代表着中华文明的发展历程：“子曰：‘殷因于夏礼，所损益，可知也；周因于殷礼，所损益，可知也。其或继周者，虽百世，可知也。’”（《论语·为政》）在殷、夏、周的历史传承中，“礼”随着时代的变化而得到不断的更新。孔子一方面洞察到了中华文明传承的核心理念——“礼”，另一方面，孔子在继承“礼”的同时，乃是有历史选择的：“子曰：‘夏礼，吾能言之，杞不足征也；殷礼，吾能言之，宋不足征也。文献不足故也。足，则吾能征之矣。’”又曰“周监于二代，郁郁乎文哉！吾从周”。（《论语·八佾》）孔子之所以“从周”就在于，“周礼”与“夏礼”“殷礼”的最大区别是“文”“质”之别，周公制礼，损益前代，而损益的根基就是到周朝，封侯建国，一统局势形成，一统的本质是什么？如何使“一统”存在下去？是“公”！要尊公！“公”具有不以人特别是个别的人的意志为转移的客观性，“尊”体现着对“理”之客观性的认同。因此，在周朝，“礼”的本性更多展现的是以血缘关系为纽带而建立起礼仪法度，它维护着有大宗小宗之别的宗法社会。其社会功能和政治功能表现为，通过定期举行祭祀祖先的活动把同一家族内部的人组织和团结起来，按照一定的社会秩序和规范进行生产和生活，以维系整个社会的正常运转。“周之文只是周公之政治运用以及政治形式（礼）之涌现。教化风俗是其余事，文必与尊尊连。尊尊只表示政治形式之公性。唯公乃可尊。何者能公？曰理曰道，曰政治形式，曰法度。”①“公性是政治之本质，而政治之本质之为公，实由于政治形式之所以成客体之为公。”② 因此，“周礼”对每个家族成员乃至社会成员都具有强大的约束力和强制力，具有“法”的强制性力量。

春秋时期“礼崩乐坏”，随着诸侯国力量的强大，“礼”的外在强制力量越来越微弱，所以孔子发出“八佾舞于庭，是可忍也，孰不可忍也”

① 牟宗三：《历史哲学》，吉林出版集团有限责任公司2010年版，第32页。

② 同上书，第33页。

的时代愤怒。虽然“礼崩”，但是孔子以智者的觉悟体察到“礼”作为中华文明的精髓，作为一种传统，仍具有强大的生命力，对当时的人具有深层次的影响。孔子首先觉察到“礼”之所以仍有生命力，就在于其展现的客观性之“公”。但是这种客观性之“公”不能仅仅停留于“周礼”中外在政治形式的一面，应该发挥其满足人的内在精神需求的一面，即应发挥其“教化风俗”的伦理功能。正基于此，孔子对“周礼”的损益首先体现为对“礼”进行伦理实体的提升，把“周礼”的政治秩序和社会秩序转化为“君君、臣臣、父父、子子”的客观伦理秩序。这样，在孔子那里，“礼”实际上成为对中华民族的伦理实体的设计，“孔子透过个体道德的外在要求，实际上已经把礼作为对整个民族的伦理实体的设计。他把礼作为衡量人的道德行为与人伦关系的价值标准，使礼成为伦理关系的理想样式。这种伦理实体设计的基本原理是把政治关系诉诸伦理关系，再把伦理关系归结为血缘关系，由血缘关系的原理上升为伦理的原理，再把伦理原理上升为政治的原理”①。孔子对中华民族伦理实体设计的贡献主要在于他对伦理实体的初步设计与中华文明的血缘文化以及与中华民族家国一体、由家及国的社会结构方式和社会组织方式相适应，这就从源头上决定了儒家道德哲学后来成为中华民族伦理精神的正统和主流提供了可能性。

二　“礼”之别异性

孔子在对“周礼”进行“损益”的基础上，从伦理的角度将“礼”从外在的社会礼仪制度的层面提升到伦理实体的高度，于是“礼”的本质不再是一种外在的政治秩序和社会秩序，而是以调节人伦关系为本质的伦理秩序。而这种提升或者转化的内在逻辑便是基于理性的别异性。“礼”的伦理本质就是建立在“君君、臣臣、父父、子子”之别的基础上而追求的人伦和谐。

首先，“礼”通过“别”构建伦理秩序。孔子对“周礼”进行创造性转化的首要任务就是“正名”。所谓“正名”本质上就是以“家庭”和“国家”这两大伦理实体为依托建立与中国由家及国、家国一体社会

---

① 樊浩：《中国伦理精神的历史建构》，江苏人民出版社1992年版，第80页。

结构相一致的伦理秩序，实为伦理社会之“纲维”。“正名”正是在君臣之别、父子之别的基础上确立起来的，即所谓“君君臣臣、父父子子”。而且这种“别”不是君臣之间、父子之间个体与个体之间的“别”，而是这四者在整个伦理实体中不同的伦理地位。地位不同，其所担负的伦理责任也不同。因此，“礼”之“别”本质上是对伦理秩序的建构。只有确立“别”，才能实现人伦之和，“名不正，则言不顺；言不顺，则事不成；事不成，则礼乐不兴；礼乐不兴，则刑罚不中；刑罚不中，则民无所错手足。故君子名之必可言也，言之必可行也。君子于其言，无所苟而已矣”。（《论语·子路》）这样，在孔子那里，“礼”实际上成为对中华民族的伦理实体的设计。按照伦理实体作为个体与整体的统一的规定来看，在现实社会中，伦理实体的现实形态主要表现为家庭和民族。因此，“礼”作为对中华民族的伦理实体的设计，它在家庭这一伦理实体中主要体现为父子、兄弟、夫妇等三种伦理关系和伦理秩序，在民族这一伦理实体中主要体现为君臣、朋友关系。当然，在孔子的“礼”中对伦理实体的设计还不是很完善和明晰，对中华民族伦理实体的设计主要是由孟子的“五伦”思想完成的。

其次，“礼”是通过“别”确立的伦理道德规范。孔子通过“正名”，确立了一套“君君臣臣，父父子子”的伦理秩序，成为其对“礼”进行伦理改造的现实依托。同时，“礼”在孔子那里也衍生为处理人伦关系、提升自身修养的道德规范。而且，孔子把“礼”阐释为伦理道德规范，仍是建立在“别”的基础之上，即每个个体依据自身不同的伦理身份，要遵循不同的道德规范要求去行事：“定公问：‘君使臣，臣事君，如之何?’孔子对曰：‘君使臣以礼，臣事君以忠。’”（《论语·八佾》）更重要的是，孔子基于“别”将“礼”提升到伦理实体的高度，不仅仅展现为“礼”成为道德规范，而且其作为道德规范所展现的背后所实现的那种作为“调整个人生活的那些伦理力量”① “恭而无礼则劳，慎而无礼则葸，勇而无礼则乱，直而无礼则绞。君子笃于亲，则民兴于仁；故旧不遗，则民不偷”。（《论语·泰伯》）在“礼”之“别”中，实际上是确立了一个基于人伦的价值层级，而“人道”的实践正是展现于此价值

① ［德］黑格尔：《法哲学原理》，范扬、张企泰译，商务印书馆1996年版，第165页。

层级中，没有基于人伦的价值层级的确立，就会出现"僭而乱"，孔子对"礼"的创造性转化正是源于春秋时期"礼崩乐坏"的现实困境，如孔子对"八佾舞于庭，是可忍也，孰不可忍也"的愤怒，实际上他愤怒的就是由于君臣不"别"而导致的"僭而乱"。正如钱穆所说："故孔子之维护于礼，其心乃为人道设，故不为在上者之权位计。"[①] 这种基于"别"的"礼"不仅在现实中能够通过安伦尽分实现社会的有序运转，而且也有利于个体的精神提升。孔子对"礼"的伦理提升是基于中国传统社会由家及国、家国一体的社会结构。因此，"礼"在发挥调整个人生活的力量时，也为个体道德境界的提升提供了广阔空间，"贤贤易色；事父母，能竭其力，事君，能致其身；与朋友交，言而有信。虽曰未学，吾必谓之学矣"。(《论语·学而》) 由亲及疏、由近及远，个体人格道德智慧层层向上而扩大，"夫礼者所以定亲疏，决嫌疑，别同异，明是非也"。(《礼记·曲礼上》) 在"安伦尽分"中，道德人格也不断得到提升。

最后，"礼"的终极价值目标是基于"别"的"和"。人之所以为人的本性就是能够发挥自身的主观能动性追求和实现人的"同一性"存在。这种"同一性"在道德哲学中的表现就是个体向伦理实体的回归。当然，道德哲学中的"同一性"并不是绝对的一刀切，而是在承认或认同"别异"的基础上的"和"，此种"和"既以伦理实体为终极依归，同时又彰显了追求"同一性"过程中的价值层级性。这种价值层级性在"礼"中具体展现为：从外在伦理秩序看，在家庭这一伦理实体中，父子关系的伦理和谐居于主导地位，在国家这一伦理实体中，君臣之间的伦理和谐居于主导地位，并且在孔子所处的时代，君臣之"礼"是维系社会秩序的根本纲维，君臣不别，是对人伦秩序和人伦和谐的最大破坏，朱熹在注解孔子"八佾舞于庭，是可忍也，孰不可忍也"的时代愤怒时认为："赵伯循曰：'禘，王者之大祭也。王者既立始祖之庙，又推十足所自出之帝，祀之于始祖之庙，而以始祖配之也。成王以周公有大勋劳，赐鲁重祭，故得禘于周公之庙，以文王为所出之帝，而周公配之。然非礼矣。'灌者，方祭之始，用郁鬯之酒，灌地以降神也。鲁之君臣，当此之时，诚意未散，犹有可观。自此以后，则浸以懈怠，而无足观矣。盖鲁

① 钱穆：《论语新解》，生活·读书·新知三联书店 2002 年版，第 52 页。

祭非礼，孔子本不欲观，至此而失礼之中又失礼焉，故发此叹也。”①从人格修养来看，对“礼”的遵循本身实为人格修养的价值引导，作为现实的人来说，人的个体内在生命始终处于自然情欲和意志自由的冲突和矛盾中，“礼”作为个人的伦理教养和社会的伦理教化，其道德使命就是把人从自然情欲的束缚中解放出来，使人由个别性的存在普遍化为伦理的存在，这种伦理的存在实际上就是人与实体的“同一”，也是个人社会价值的实现，“不学礼，无以立”（《论语·季氏》），无论是在社会层面还是在个体内在人格修养的层面，在“礼”的规约和引导中个体不断提升自身精神生命之境界，并且在此境界的提升中，把以精神修养而成的内在价值经由“修身、齐家、治国、平天下”显为外在价值。

三　“礼”之情理本性

孔子作为儒家情理主义道德哲学形态的创始人，其构建儒家伦理之初便确立了以“情”为主、情理合一的伦理思维方式。因此，孔子道德哲学的情理精神中，“礼”作为孔子思想的核心内容之一，其虽更具理性精神，但是这种理性精神的本质乃是给予“情”以运作的原理，将“情”融入“礼”中，也是孔子对周礼进行创造性转化的根本表现之一。从“礼”的文化意义看，“周礼”作为一种社会制度礼仪，其本身即政治性、宗教性与伦理性于一体，并且其政治性占据主导地位，其对人的行为规范更为注重外在的形式规范，以至于春秋时期，“周礼”在各诸侯的“僭越行为”中土崩瓦解，而失去其约束作用。孔子深感于“周礼”面临的时代危机，致力于恢复“礼”在建构社会秩序的约束和规范作用。那么，如何恢复“礼”的生命力呢？孔子将真情实感注入“礼”中，这样，“礼”不再仅仅是一种外在强制性力量，而是能够植入人的精神生命中，通过激发人内在的主观能动性将“礼”转化为一种调整个人生活的伦理必然性、伦理力量和伦理合理性。“礼”之情理本性主要体现在两方面：

一是“礼”超越于利益权衡之上而植根于人的情感需求。如前所述，孔子对“礼”的创造性转化是将真情实感作为礼的精神动力。这样，

---

①（宋）朱熹：《四书章句集注》，中华书局1983年版，第64页。

"礼"便从作为外在制度的"周礼"中挺立出来，也逐步从政治利益的外在需求中脱离出来，而深深扎根于人的生命情感需求中，即"礼"成为人性之需。而且，孔子把"礼"提升为人性之需，是以人是情感的存在为人性预设。而这种人性预设和人的本真存在相一致。实际上，人的本真生命的需求和过程也主要表现在情感的需求和满足中，情感在人的精神生命构建和"同一性"的追求中，起着至关重要的作用。从孔子对"礼"的这种创造性转化来看，"礼"不再是赤裸裸的利益工具和政治统治之术，而是本于人性人情、具有道德规范性质的伦之"理"。这样，人们对"礼"的认同和遵循源于内在的人性之需，并因情感认同而具有了价值合理性。每个人自降临人世伊始，人的活动首先展现为情感活动，个体生命同外在世界的联系的建立起始于与父母兄弟姐妹间的情感互动和情感关怀，而且这种情感互动和情感关怀在人的一生中都具有始源性。这种始源性经"礼"的文化提升便成为人由个体性转化为伦理普遍性的强大精神动力。如宰我对"三年之丧"的丧礼提出质疑时："三年之丧，期已久矣。君子三年不为礼，礼必坏；三年不为乐，乐必崩。旧谷既没，新谷既升，钻燧改火，期可已矣。"孔子对曰："子生三年，然后免于父母之怀。夫三年之丧，天下之通丧也。予也有三年之爱于其父母乎?"（《论语·阳货》）孔子在此对"丧礼"的解释已超出了"礼"的外在形式化，而是把其作为进行伦理教化的人性之需和伦理之理。个体对"三年之丧"的践履体现的是人的伦理教养和道德价值的追求，而不能从"礼坏""乐崩""旧谷没""新谷升"等现实利益的角度去衡量。社会发展到今天主张"平等""民主""法治"的现代社会，"三年之丧"已失去其时代意义，但是其内含的伦理教化却是我们今天仍需敬意理解和践履，而且对于现代社会出现的情感冷漠现象未尝不是一种启示。

二是"以顺人之情而正己之情"的理性能力约束、节制感性情感。孔子思想中的"礼"虽然植根于人性之情，但是"礼"的本真意蕴仍是一种理性精神，"礼"终极的目的就是以普遍性的伦理道德规范规约个体性、偶然性的个人情欲，即"以顺人之情而正己之情"。在对"礼"的践行中，孔子把真情实感作为"礼"的内在精神基础，使"礼"重获生机，反过来，"礼"对人性之情又起到了一种凝练提升之作用。如在孔子提出的"以顺人之情而正己之情"的修养理念中，"人之情"本质上是一种具有伦理普遍性的“情”，如孔子所说的慈、孝、友、悌、忠、诚等内涵道德性的“情”；“己之情”主要指从自然欲望出发的具有偶然性、任意性的个体情欲和主观任意性，孔子所言的“克、伐、怨、欲”等一己私欲等都需要“正”。如何“顺”？如何“正”？需要“礼”的伦理教化和价值引导。孔子的“礼”作为一种伦理实体，其伦理本务就是在践履“礼”的过程中，使人克服和超越个体情欲和主观任意性，并成为心怀温、和、慈、良的圣贤之人，“恭而无礼则劳，慎而无礼则葸，勇而无礼则乱，直而无礼则绞”。(《论语・泰伯》) 作为“礼”之根源动力的“情”虽然在人类精神生命的构建中具有无可替代的作用，但是由于其在具体的生命中具有偶然性和任意性，因此必须受到“理”之伦理普遍性的制约。从此种意义上说，“礼”作为一种调整个人生活的伦理力量和伦理普遍性，其根本精神乃为理性精神。人的情感无论多么真实，如果不受“礼”之“理”的普遍性的制约和范导，那么具有向善性的“恭”“慎”“勇”“直”等就会沦为“劳”“葸”“乱”“绞”，从而失去伦理合理性。因此可以说，“礼”的运作原理乃是情理统一。“礼”通过“顺人之情”“正己之情”的理性能力约束、节制感性情感，使“亲亲”的特殊化情感提升为一种“修己以安人”“修己以安百姓”的具有更大伦理普遍性的“尊尊”之情。

在孔子创建的儒家道德哲学体系中，“礼”之所以能够上升到伦理实体的高度，就在于它将“情”植入“礼”中，并且此种“情”以血缘亲情为本源，通过“以顺人之情而正己之情”，在人伦之理中，又将血缘亲情提升为超越家庭伦理关系、具有更大普遍性的“尊尊”的道德情感和伦理情感。孔子对“礼”的此种改造和提升，一方面体现了中华文明的血缘文化特征，另一方面，又将“礼”植根于人性之需，使“礼”在约束人的个别性和主观任意性中获得了源源不断的动力源泉，使其在中国近两千年的发展进程中一直处于重要地位，对人的行为的约束起着至关重要的作用。

第二节 “仁”之“情”

“仁”作为孔子情理主义道德哲学形态的创新性概念，其本身是一个集伦理与道德于一体的综合性概念：从“仁”的现实伦理功能来看，其伦理本务首先是调节人伦关系的，“仁”字从人从二，意即是从人与人相交往的关系中提炼出来的一个原则，而且这种关系不是一般的人际关系，而是体现为一种特殊性与普遍性、个体性与实体性相统一的伦理关系；同时，“仁”还是对道德自我的设计，“为仁由己，而由人乎哉”，“仁”在发挥调节人伦关系的作用时仍是落实到人自身主体性的发挥，所以“仁”本身又具有道德的内涵。孔子对“仁”的发挥、创造并使之理论化、系统化可以说是对中华文明的最大贡献之一。孔子的“仁”标志着中华文明的道德自觉意识开始走向成熟。正如屈万里先生所说：“东周以来，虽已经有了仁字，而且虽也把仁当作一种美德，但强调仁字，使它成为做人的最高准则，使它成为一个学说，则是从孔子开始。”① 孔子把“仁”提升为一种全德、一个学说的最大特点就是，“仁”以“情”为内核。钱穆先生在《论语要略》中认为，知当知识，仁当情感，勇当意志，而知情意三者之间，实以情为主。情感者，心理活动之中枢也。真情遂畅，一片天机。“仁”作为一个道德哲学范畴，其内含的“情感”不是一般意义或生理、心理意义上的情感情绪，而是具有伦理普遍性的“情”。在孔子以至于整个儒家的情理主义道德哲学形态中，这种伦理普遍性的“情”展现为血缘亲情、伦理情感和道德情感等三个层面，而且这三个层面的“情”经由人伦之“理”又彼此相关，层层提升，成为仁德的重要精神动力。

一　以“爱”贯通“亲亲”与“尊尊”

孔子从人伦关系出发对“仁”进行发挥和创造，并以“仁”作为处理伦理关系的原则，实际上就是从“仁”中找到特殊性与普遍性、个体性与实体性相统一的精神力量，以扭转当时“礼崩乐坏”的社会局面，重新恢复父慈子孝、“相维辟公，天子穆穆”的人伦和谐。那么这种精神力量是什么呢？孔子认为就是爱。

第一，“仁”的基本规定：“爱人”。“樊迟问仁。子曰：‘爱人。’”

---

① 转引自韦政通《中国传统的创造转化：韦政通自选集》，云南人民出版社 2006 年版，第 137 页。

（《论语·颜渊》）孔子把“爱人”作为“仁”的基本规定，并以此作为人伦之理，具有深刻的伦理合理性。“爱”的伦理本质就是摆脱人与自然、人与社会的分离，通过“爱”的统一性力量把个体的人重新聚合在一起，而且，这种聚合不是个体与个体之间的简单叠加，而是通过人伦之“理”的普遍性超越个体的个别性和主观任意性，使人由个别性的存在成为伦理普遍性的存在。黑格尔在《法哲学原理》中一语道破“爱”的这种伦理本性，他说：“所谓爱，就是意识到我和别一个人的统一，使我不专为自己而孤立起来；相反地，我只有抛弃我独立的存在，并且知道自己是同别一个人以及别一个人同自己之间的统一，才获得我的自我意识……爱的第一个环节，就是我欲成为不独立的、孤单的人，我如果是这样的人，就会觉得自己残缺不全。至于第二个环节时，我在别一个人身上找到了自己，即获得了他人对自己的承认，而别一个人反过来对我亦同。……爱就是伦理性的统一。”① 正是“爱”的这种“伦理性的统一”决定了“爱”不是一种静态的抽象性情感，而是能够使人摆脱分离状态重新统一的精神动力，使人从“原子式”的分离状态过渡到具有伦理普遍性的实体状态。孔子把“爱人”作为“仁”的基本规定，并以此作为处理人伦关系的原则，实际上不仅符合人的“类本性”，“人与人之间能够融为一体——这是人们对人际关系的最迫切的，也是最基本的需求。人们往往会为此付出不懈的努力，这是凡人身上都具有的一股把人类、部落、家庭和社会集合在一起的力量。没有实现这一需求就意味着人会疯狂起来，以至不是毁灭自己就是毁灭他人。人类一旦离开了爱，也就没有了世界的存在”②，而且还有助于形成父慈子孝、兄友弟恭、夫义妇顺、朋友有信、君惠臣忠的人伦和谐。孔子以“仁”作为处理伦理关系的人伦之理，并以“爱”释“仁”，而“爱”正是把个体融于群体中的伦理整合力量，因此，孔子面对春秋末年“礼崩乐坏”的社会混乱局面，终于找到了特殊性与普遍性、个体性与实体性相统一的联结点。

第二，“爱人”的情感之源：亲亲。由于中华文明以血缘文化为特

① ［德］黑格尔：《法哲学原理》，范扬、张企泰译，商务印书馆1996年版，第175页。

② ［美］弗罗姆：《爱的艺术》，萨茹菲译，光明日报出版社2006年版，第27页。

质，因此家族血缘关系构成其他一切关系的主体，孔子正是在此种文化背景下构建其仁学体系。因此，“仁”的情感逻辑起点便是亲亲之情。在孔子的道德哲学体系中，离开亲亲之情、家族情感，“仁”之情便成为无本之木、无源之水。“其为人也孝弟，而好犯上者，鲜矣；不好犯上，而好作乱者，未之有也。君子务本，本立而道生。孝悌也者，其为仁之本欤！”“君子笃于亲，则民兴于仁。”（《论语·泰伯》）“仁”只有建立在“亲亲之情”的基础之上才能真正得到实现，也正因为如此，基于血缘亲情的孝、悌在孔子的仁学中居于本源地位。血缘亲情之所以被置于“仁”的本源地位，首先就在于血缘亲情本身具有自然的必然性，其“情”之真不可动摇，不可究诘。“所谓‘真情’，就是发自内心的最原始最真实的自然情感；所谓‘实感’，就是来自生命存在本身的真实而无任何虚幻的自我感知和感受。”① 心怀“真情”是一个人生存于世的根本，与此同时，“真情”还是一个人进行道德提升的动力，无“真情”，虚伪造作，不但无法成德，反而还会走向成德的反面，即成为“佞人”“乡愿”等“德之贼”。例如，孔子举“父子相隐”例子来说明“仁德”源于出自真情实感的血缘亲情。“叶公语孔子曰：‘吾党有直躬者，其父攘羊，而子证之。’孔子曰：‘吾党之直者异于是，父为子隐，子为父隐。直在其中矣。’”（《论语·子路》）父偷羊而子替父隐瞒，在常人看来，子不直。而孔子却认为“直”就隐含在“父子相隐”中；相反，如果儿子告父亲，则不是真实的情感，按照孔子的逻辑，既不能算作“直”。我们暂不论孔子的“直”受到什么样的非议。但是有一点可以肯定，孔子强调血缘亲情的重要性，并把血缘亲情作为“仁”的始点、基点，这就使“仁”建立在血缘亲情这个必然性的始点之上。这样，孔子之“仁”因血缘亲情既具有自然性，又具有神圣性。所谓自然性，是指“仁”就存在于人的自然生命中，从而为“仁”提供了可靠并且不可改变的现实基础，人人皆可为尧舜，所以孔子说：“仁远乎哉？我欲仁，斯仁至矣。”（《论语·述而》）人人知仁、行仁便成为自然而然的事；所谓神圣性，“仁”起源于血缘亲情，而血缘亲情乃是天之授予而不可改变，可以说，“仁”随血缘亲情而产生就是“天道”的体现，因而“仁”便具有了神圣性。正因

① 蒙培元：《情感与理性》，中国社会科学出版社2002年版，第25页。

为“仁”因血缘亲情而具有自然性和神圣性，不仅成为孔子道德哲学体系的核心和基础，而且也成为整个儒家道德哲学甚至是中华文明的核心和灵魂，“回看中国，我们传统文化最重要的一条根，本来就是建立于仁爱基础上，在这条根上，曾产生过无数人性的光辉，世世代代为仁爱精神做着鲜活的见证，才使这个文明的源头无枯竭之虑”①。

第三，“爱人”的价值层级递进：由“亲亲”到“尊尊”。孔子把血缘亲情作为“仁”的起点，这就意味着“仁”不能只囿于血缘亲情。因为血缘亲情作为家庭私情，相对于道德哲学的普遍性和整体性而言，还停留于特殊性的层面。因此，“仁”作为孔子道德哲学的核心内容，它所内含的“情”还必须具有普遍性和整体性。在孔子的“仁”中，具有普遍性和整体性的“情”就是伦理情感。这种伦理情感的最根本性特征就是它是一种人伦情感，是先秦儒家处理包括家庭伦理关系和社会伦理关系在内的各种人伦关系的基本伦理原则。孔子之所以选择“情”作为处理人伦关系的基本原则，与其伦理关系结构不无关系。孔子设计的人伦关系结构是以血缘关系为逻辑起点的，而血缘关系的绝对逻辑便是情感。因此，孔子把伦理情感作为其仁学思想的重要内容，而且也是处理各种伦理关系的基本原则。孔子仁学中的伦理情感具有三方面的特征：一，情感原则是以血缘关系为出发点和根基的，具有宗法等级特征；二，孔子把各种人伦关系都转化为情感关系，如处理父子这一人伦关系的情感原则是慈和孝，兄弟间的情感原则是友和悌，而慈、孝、友、悌等处理人伦关系的原则都以真诚情感为内核；三，孔子道德哲学中情感原则的核心是孝和悌，也即是说“仁”所包含的伦理情感的核心内容是此二者，而且这两种情感是培育其他伦理情感的源泉和基础，“孝悌也者，其为仁之本欤!”（《论语·学而》）如樊浩教授认为：“孝是父子之间的情，它扩充为君臣之间的情——忠；悌是兄弟之间的情，它扩充为朋友之间的情——信，因而孝悌成为中国传统道德的核心，也是一切人伦之情的根

① 韦政通：《中国思想传统的创造转化——韦政通自选集》，云南人民出版社 2002 年版，第 137 页。

源。”[1] 可以说，孔子“仁”学思想中的伦理情感内核既是对中华文明中血缘文化的继承和发挥，同时又对儒家道德哲学走向情感哲学、走向情理主义道德哲学形态奠定了坚实基础，“儒家始终从情感出发思考人生问题、‘存在’问题，并由此建立人的意义世界与价值世界，这又是非常可贵的，应当说有其独特的贡献”[2]。

“仁”作为孔子道德哲学中的最高德性，显然它的实现不能仅仅停留于孝悌的层面、囿于家庭领域，仁的实现还必须拓展到社会和国家的领域。也即是说，“仁”的最终实现是家庭伦理或家族伦理向社会伦理推进、个体私德向社会道德提升。那么，如何实现这种提升呢？孔子的道德逻辑就是血缘亲情向社会伦理情感的推扩。孔子反对封闭自我，主张随时随地向外推扩，“子绝四——毋意、毋必、毋固、毋我”。（《论语·子罕》）孔子推扩思想的特点就是情感上的理解、同情和反省，这也是家庭伦理与社会伦理，个体德性与家庭伦理、社会伦理相贯通的纽带。这种情感上的理解、同情和反省的逻辑进路就是以“己”之情感感受推“人”之情感感受，从而做到“己所不欲，勿施于人”“己欲立而立人，己欲达而达人”。在孔子那里，人生存于世的道德生活原理就是依据伦理关系产生的情感互动，这种情感互动的主要内容就是，从家族情感出发，并把这种家族情感推扩为爱人之情，即以爱父母兄弟之情推扩为一种爱社会上的他人以及国家之情。主要的社会伦理关系是横向的朋友关系和纵向的君臣关系，朋友关系的极致是“情同手足”，而君臣关系则移“孝”作“忠”，“儒家常常用家庭来比喻社群、国家和世界，这倒不是由于他们缺乏描述大规模的社会和政治组织的专门性术语。毋宁说，他们是由于这种以家庭为中心的赐予表中内蕴者一种不断超升的理念，而宁可把帝王称呼为天子，把国王称呼为父王，把地方行政长官称呼为‘父母官’”[3]。这样，孔子通过血缘亲情向社会伦理情感的推扩，使伦理关系突破血缘亲情的领域而进入到社会领域，进而使伦理情感和道德情

---

① 樊浩：《文化撞击与文化战略——中西比较文化原理》，河北人民出版社 2001 年版，第 194 页。

② 蒙培元：《情感与理性》，中国社会科学出版社 2002 年版，第 26 页。

③ 杜维明：《杜维明全集》第 3 卷，武汉出版社 2002 年版，第 479 页。

感成为社会伦理道德的重要支撑力量，为儒家的情理主义道德哲学形态奠定了坚实基础。

二 以“仁”德提升道德自我

在孔子的道德哲学体系中，“仁”不仅是实现人伦和谐的外在客观原则，而且还是个体出于自觉自律、获得德性提升的个体修养之道，是道德自我的根本追求目标。

第一，“仁”作为全德乃为“为人之道”。“仁”作为为人之道，具有三种品质。首先，“仁”本身是一种包含所有具体德性的全德。道德主体提升自身德性就是“践仁”“近仁”，而“践仁”“近仁”的具体内容就是具备“仁”的具体品德，如从伦理关系出发的品德：“弟子入则孝，出则悌，谨而信，泛爱众，而亲仁。”（《论语·学而》）此外，还需要具备具有普遍意义的品德：“子张问仁于孔子。孔子曰：‘能行五者于天下为仁矣。’请问之。曰：‘恭、宽、信、敏、惠。恭则不侮，宽则得众，信则人任焉，敏则有功，惠则足以使人。’”（《论语·阳货》）因此，“仁”作为个体德性提升的为人之道，其本身就是目的，也即是说个体德性提升的目的就是获得“仁”，努力成为一个“仁人”。其次，“仁”体现为个体提升德性的实践过程。在孔子的“仁”学思想中，做一个“仁人”并不是一个一蹴而就的过程，而是需要经过不屈不挠、始终一贯的努力过程和身体力行，“君子去仁，恶乎成名？君子无终食之间违仁，造次必于是，颠沛必于是”。（《论语·里仁》）从此种角度上看，“仁”不仅仅是静态的品德，而且也是一种自强不息的德性努力过程。最后，“仁”还是个体获得德性提升的途径：一是消极的“恕”，“子贡问曰：‘有一言而可以终身行之者乎？’子曰：‘其恕乎！己所不欲，勿施于人。’”（《论语·卫灵公》）要使自身德性获得提升，向“仁”逼近最首要、最基本的要求就是克制自身私欲，不因一己私欲而危害他人利益或整体利益。二是积极的“忠”，“何事于仁，必也圣乎！尧、舜其犹病诸！夫仁者，己欲立而立人；己欲达而达人。能近取譬，可谓仁之方也已”。（《论语·雍也》）己“欲立欲达”，还要“立人立达”，因此，“仁”的目的，不仅仅指实现自我价值，还要实现社会价值，以避免个人在“己欲立欲达”的努力中陷入个体与整体、特殊性与普遍性的矛盾中而毁灭于个人的欲望中。可以说，孔子提出“己欲立而立人；己欲达而达人”“能近取譬”的“仁之方”具有双重意义，即一方面尊重了个体的主观能动性和道德自主性，另一方面又能引导人走出个体情欲的束缚而树立起“以天下为己任”的儒家所特有的道德情怀。

第二，“为人之道”的精神动力基础：道德情感。在孔子道德哲学体系中，“仁”作为“全德”，还内含着道德情感要素，这种道德情感是个体依据道德信念对外在道德规范的认同以及把具有整体性的伦理之情转化为一种向善的内在情感需求。

首先，这种情感需求表现为一种自我确认之情。所谓自我确认之情就是通过对伦理情感的认同并得到这种情感满足来使自我获得伦理确认。在孔子看来，自我确认之情就存在于为子应当孝、为父应当慈、为兄应当友、为弟应当悌、为友应当信、为臣应当忠的情感需求和道德体验中，个体体验到这些情感也就意味着自我在整体中、在伦理实体中获得了伦理认可和道德认可。也只有这样，个体才能皈依到整体中，从而自我确认之情感需求获得满足，否则，个体就无法生存于世，也就无法实现自身的生命价值和意义。“贤贤易色；事父母，能竭其力，事君，能致其身；与朋友交，言而有信。虽曰未学，吾必谓之学矣。”（《论语·学而》）个体安身立命，即在家庭伦理关系和社会伦理关系中获得伦理地位和道德认可的关键之处不在于对道德知识或其他知识的学习，而在于从真情实感出发的道德行为，即为人子孝敬父母、为人臣忠诚于君、与朋友交真诚坦恻。唯有如此，才能真正实现个体生命的价值和意义。这也是孔子的基本价值诉求。因为在孔子看来，个体“安伦尽分”的伦理本务和道德追求既需要真情实感为基本诉求，又基本上是一个真实的情感过程，也是自我确认之情获得满足的过程。

其次，这种情感需求还体现为自我超越之情。自我超越之情的基本精神就是以人道体天道，并以天道为归宿而达到“天人合一”，从而个体在追求“天人合一”的过程中获得自由感的满足。“子在川上曰：‘逝者如斯夫，不舍昼夜！’”（《论语·子罕》）子曰：“天何言哉？四时行焉，百物生焉，天何言哉？”（《论语·阳货》）在这里孔子以河流奔腾不息、自然界的变化流转等天道的流行变化来体验自我超越之情；孔子以一生的实践和对“仁”的不懈追求而达到“从心所欲而不逾矩”，则获得了自我超越之情的满足。这里的“欲”不是感性欲望之“欲”，而是精神自由之欲求、天道与人道相合一之欲求，是个体所达到的最高情感体验。

从道德情感的这两种表现形式来看，孔子的“仁”中所内含的道德情感要素具有两方面的意义：一是道德情感能够激励个体安伦尽分，促使道德主体培养起一种义务感和责任感，“贤贤易色；事父母，能竭其力，事君，能致其身；与朋友交，言而有信”。（《论语·学而》）二是孔子的“仁”中所内含的道德情感能够激励个体反求诸己，激发人性不断提升，“吾日三省吾身为人谋而不忠乎？与朋友交而不信乎？传不习乎?”（《论语·学而》）从而达到“从心所欲而不逾矩”的道德境界。

三 “仁人”的境界追求

孔子的仁学虽然不是宗教，没有宗教性的仪式和宗教性的神或上帝，但是孔子的仁中却始终贯穿着一种超越性、执着性和神圣性的宗教情感。这种宗教情感在孔子的“仁”学中主要体现为以下三方面：首先，孔子的仁学体系中的孝道所提倡的对祖先的崇拜与推崇实际上就是一种超越性的宗教情感。如《论语》中的“慎终追远”所体现的就是一种超越世俗世界的宗教情怀。这种宗教情怀通过感召现实世界的个体生命缅怀已逝先人，使个体确立起一种敬畏、仰望和崇拜的宗教情感，从而使个体生命展现出“无限潜在和无可穷尽的力量”①，于是个体生命在这种力量的支撑下能够造就起社会整体性的“民德归厚”。其次，孔子的仁学思想中所提倡的对“道”的顽强坚守和坚持不懈的追求则体现着宗教情感的执着性。“士，不可以不弘毅，任重而道远。仁以为己任，不亦重乎，死而后已，不亦远乎。”（《论语·泰伯》）“毅”是强毅，非有此种精神才能担当起循人道、体天道的重任；“死而后已”即为追求“道”的精神永不松懈，直到死都不放弃对“道”的追求。最后，孔子仁学中对德性之价值的信仰，把德性之价值或人对“仁”的追求视为居于个体生命价值之上，以至于“志士仁人，无求生以害仁，有杀身以成仁”。这种把“仁”置于个体生命之上的神圣情感实际上即是以宗教情感所内含的神圣

① 杜维明：《杜维明全集》第3卷，武汉出版社2002年版，第460页。

情怀为内在精神基础。总之，孔子“仁”学思想中所内含的宗教情感要素对于培养中华民族的刚强不屈、持之以恒的刚健进取精神具有举足轻重的作用。当然，孔子仁中所内含的宗教情感被置于伦理情感和道德情感之下，后二者优先于前者。

孔子的一生都在践行仁，并不屈不挠地向“仁”逼近，“仁远乎哉？我欲仁，斯仁至矣”。（《论语·述而》）而且也教育学生的行为要符合“仁”的要求，“君子去仁，恶乎成名？君子无终食之间违仁，造次必于是，颠沛必于是。”（《论语·里仁》）然而，孔子却从不轻许人以“仁”，例如孔子在称赞自己最得意的学生——颜渊时，只是说：“回也，其心三月不违仁，其余则日月至焉而已矣。”由此可以看出，“仁”在孔子道德哲学中最高、最难，每个人都可以通过自身努力在某种程度上体现“仁”，但是又无人可以达到“仁”而成为完善的“仁人”，因此“仁”也就成为孔子思想中一种可求而不可得的最高道德境界。

“仁”之所以是最高的道德境界，主要体现在两方面。第一，“仁”超越自然和功利。“富与贵，是人之所欲也；不以其道得之，不处也。贫与贱，是人之所恶也；不以其道得之，不去也。君子去仁，恶乎成名？君子无终食之间违仁，造次必于是，颠沛必于是”。（《论语·里仁》）人作为自然和社会的产物，必然无法抛开欲望和功利的欲求和满足，但是人又不能只为一己之私欲而生存于世，而必然以道德的方式获得欲望的满足，甚至因道德需要而克制各种情欲的膨胀，而孔子的“仁”正是克制自身情欲而努力实现“己所不欲，勿施于人”“己欲立而立人，己欲达而达人”的一种出于自觉自愿的道德追求，“克己复礼为仁。一日克己复礼，天下归仁焉。为仁由己，而由人乎哉？”（《论语·颜渊》）因而从道德境界的角度来看，“仁”不仅仅是一种全德，而且也是一种超越自然和功利的道德境界。第二，“仁”是人道与天道的合一。在孔子那里“仁”体现为道德境界，并且是最高的道德境界，其之所以最高是因为，“仁”不仅仅停留于超越自然和功利的层面，而且还有更高的道德追求，也即是“仁”努力贯穿天道与人道，力求于“天人合一”。孔子的“仁”的最大特点就是它是理想性与现实性、崇高性与平实性的统一，因此，当“仁”体现为一种道德境界时，其特点就是“即世间而又超世间”。所谓“即世间”是指“仁”始终不离人伦日用之“人道”，如孝、悌、慈、爱、友、忠等调节人伦关系的道德原则和规范；所谓“超世间”就是“仁”虽然扎根于现实的人伦日用之间，但它又激发道德主体以深刻而积极的态度提升人性，这种人性提升“就在于不断向善的追求中，在于境界的不断提高中。在这种无止境的追求中，人性不断提升，自我不断升华，最终达于至善”[①]。达于至善的最后归宿就是天道与人道的合一，即“天人合一”，“天人合一”即是一种“极高远”的道德境界。孔子的一生实际上就是为实现“天人合一”而努力奋斗，因此，他的生命历程也是不断提高道德境界的过程：“子曰：‘吾十有五而志于学，三十而立，四十而不惑，五十而知天命，六十而耳顺，七十而从心所欲，不逾矩。’”（《论语·为政》）这里所说的“十有五而志于学，三十而立，四十而不惑”是“立人道”，而“立人道”也是“体天道”，所以到“五十而知天命”，人道和天道开始贯通，“六十而耳顺，七十而从心所欲，不逾矩”实际上就是把天道作为人道的最后根据和归宿，从而通过这样一个上学而下达的过程，使人立于天地间，从而达天齐天。

第三节 “克己复礼为仁”的情理精神及其实践智慧

“仁”和“礼”是孔子思想的核心概念乃至于是整个儒家道德哲学的根本精神，关于此已达成学术共识，特别是到近现代中西方文化的交流与碰撞中，儒家“礼”的精神和“仁”的精神更是被表达为中国文化特有的精神本质，与西方“智”的文化精神相区别。孔子对周礼进行创造性的转化，一方面以“仁”释“礼”，另一方面又依据“仁”—“礼”辩证统一，形成了以“仁”为精神皈依的道德哲学体系，即“克己复礼为仁”，“‘克己复礼为仁’的哲学图式，本质上是生活世界中透过道德努力的一种精神建构和精神回归运动，是伦理世界—生活世界—道德世界的精神哲学统一”[②]。从学理的角度看，中国传统文化围绕着“仁”和“礼”构建了一整套辩证而丰富的道德哲学体系，更重要的是“仁”与

---

① 樊浩：《中国伦理精神的历史建构》，江苏人民出版社 1992 年版，第 89 页。

② 樊浩：《〈论语〉伦理道德思想的精神哲学诠释》，《中国社会科学》2013 年第 3 期。

“礼”的辩证互动和内在的精神联结映射到中华民族的现实生活中，陶冶了中华民族特有的文化性格和民族品格，“克己复礼为仁”的道德追求也展现着中华民族注重知行合一、德行合一的实践智慧。

一　“克己”的内在致思性和反身性

孔子作为儒家情理主义道德哲学形态的开创者，他的道德哲学思想始终建立在性情思想的基础之上。其“克己”思想的本质特征就是对人之性情的培育，并把“情”作为人性和人生的基础、本原和实质，以化解人自身意志自由与外在客观秩序之间的紧张、冲突和矛盾，在《论语》的字里行间中渲染着肯定的、积极的情感色调，并以此规范和阐释具体的伦理道德规范和各种德目。当然，孔子将“情”置于本根地位，也未曾忽视“理”的作用。他提出的“克己”，始终是“情”（情欲和情感）和“理”的交融统一。

“克己”是对自然情欲的节制。孔子乃至于整个儒家思想尽管重视内在的心性之修养，但是始终都是以承认、肯定和尊重人的自然情欲的满足为前提，“富而可求也，虽执鞭之士，吾亦为之。如不可求，从吾所好”。（《论语》）孔子也极为赞赏子贡“亿则屡中”，子曰：“回也其庶乎，屡空。赐不受命，而货殖焉，亿则屡中。”（《论语·先进》）孔子虽然更多强调仁、礼、道等道德的超功利性，但是他并不反对人们对“利”或财富的追求，只不过是他更为强调人如何超越个人私欲而实现人在群体间的价值和意义，因此，孔子主张“克己”而不是“灭己”，并且其“克己”的思想包含了积极的社会意义：人应当获得物欲的满足、追求财富，并认为满足人的物欲是社会运行的基础。因此，作为君子仁人应当更为关注民众、百姓的物欲需求，“季氏富于周公，而求也为之聚敛而附益之。子曰：‘非吾徒也，小子鸣鼓而攻之，可也。’”（《论语·先进》）这里体现了孔子对“苛政”的愤怒，而且这种愤怒一直贯穿于儒家政治思想的始终，在封建社会的漫长运行中，其包含的“爱民如子”“仁民爱物”的思想对统治者横征暴敛、骄奢淫逸的生活起到了一定的制衡作用。如何“克己”？依“道”、依“仁”。“见利思义”“饭疏食，饮水，曲肱而枕之，乐亦在其中矣。不义而富且贵，于我如浮云”。（《论语·述而》）“士志于道，而耻恶衣恶食者，未足与议也。”（《论语·里仁》）

“君子喻于义，小人喻于利。”（《论语·里仁》）通过道德的超功利性超越物质匮乏引发的肉体痛苦，而追求一种精神上的自由，在对“公利”和道义的维护中获得生命的安然，而这种“克己”的结果就是人性情感的完善并最终达到“乐”的境界，“贤哉回也！一箪食，一瓢饮，在陋巷，人不堪其忧，回也不改其乐。贤哉回也！”（《论语·雍也》）“‘乐’在这里虽然并不脱离感性，不脱离心理，仍是一种快乐；但这种快乐已经是一种经由道德而达到的超道德的稳定‘境界’（state of mind）。”[①]

“克己”是对个体主观任意性的克服和个体生命有限性的超越。孔子提出的“克己”思想通过以道德规约自然情欲，使个体超越身体的有限性达到精神的无限，彰显了道德本质，同时也揭示了道德的现实性正源于人的自然情欲。人除了具有动物性欲求之外，人的生命本身还处于意志自由与交往本性的冲突和矛盾中。基于此，孔子从中国的伦理型文化出发，更为重视的是个体如何在群体中获得实存，“作为人类中坚思想的‘最崇高概念’及其所表达的关于整体存在的意识，不仅是关于人与宇宙的整体性，而且甚至首先是关于人的‘类’存在的整体性，这便是人类精神史上‘人’的转向或人文转向的意义所在”[②]。孔子从以人的内在情感的反思出发建构其“克己”的道德学说。而且这种基于内在情感的反思又始终以情感的合同性思维对待万事万物，以积极乐观的心态肯定宇宙的存在、自然的存在和人的生命，“我”的人生价值和意义就是超越自我的有限性，实现身心合一、群己合一、天人合一，“吾日三省吾身—为人谋而不忠乎？与朋友交而不信乎？传不习乎？”（《论语·学而》）具体而言，就是将“自我”置于宇宙生命的洪流中，以内在情感的反省来调节和规范自身的主观任意性，“知者不惑，仁者不忧，勇者不惧”。（《论语·子罕》）以向善的道德情感超越“我”的有限性，其超越方法就是“子绝四：毋意，毋必，毋固，毋我”。（《论语·子罕》）人与动物的最大区别就是能够从“个体”的局限中挺立出来，并且在对宇宙、对自然、对他人的情感体验和内在反省中追寻人生价值和意义。对待宇宙自然，孔子的感叹是“逝者如斯夫，不舍昼夜！”在此，孔子以对象化的情感体

① 李泽厚：《论语今读》，生活·读书·新知三联书店 2004 年版，第 169 页。

② 樊浩：《“后伦理时代”的来临》，《道德与文明》2013 年第 6 期。

验，将自然的“生生不息”之道融入人生价值和意义的追求上，个体生命就可以超越自身的有限性升华为具有无限性的意义追求中，从而使人之生命获得终极关怀。孔子虽然体验到了“人生无常”，但是此种情感体验是积极乐观的，而不是走向佛教的“空”——教人断俗尘绝生念，而恰恰是既然“人生无常”，我们更要把握当下，“尽天”“知命”，自强不息，以道德的生命超越物欲的生命，“譬如为山，未成一篑，止，吾止也。譬如平地，虽覆一篑，进，吾往也”（《论语·子罕》），“富与贵，是人之所欲也；不以其道得之，不处也。贫与贱，是人之所恶也；不以其道得之，不去也。君子去仁，恶乎成名？君子无终食之间违仁，造次必于是，颠沛必于是”。（《论语·里仁》）在对待群己关系上，孔子则以“爱”之情实现“克己”之道。可以说，“爱”是人的情感体验中最强烈的情感形式，其之所以最强烈是因为，“爱”之情感能够驱动人使“自我”的生命投入到他人的生命中，使“我”的生命价值和意义的实现投入到与他人生命的合一中。孔子正基于“爱”的此种特质，用仁爱处理人伦关系：以基于血缘关系的亲情处理家庭关系，并对“孝”的强调，强化血缘亲情的文化精神意义；通过人与人之间的情感感通，以“推己及人”的换位思考和“己所不欲，勿施于人”“己欲立而立人，己欲达而达人”的忠恕之道，把“亲亲”提升为“尊尊”，血缘亲情提升为社会伦理情感，以实现群己合一乃至于天人合一。

二　“复礼”的终极目标：“伦理和谐”

在孔子“克己复礼为仁”的道德哲学思想中，“克己”通过自我反省和生命的自我观照使人的主体性挺立出来，而“克己”的标准和目标就是按照“礼”的社会性道德自我反省，即“复礼”。然而，在孔子的此种理念中，通过“克己”与“复礼”的内外双修而达到“仁”，“孔子‘克己复礼为仁’的命题中，‘克己复礼’与‘仁’之间存在着因果必然性。孔子是周礼之内在精神的捍卫者，他反对那种丢弃了‘礼’之精神而徒有形式的礼节仪式。孔子‘克己复礼’的目的是让人们通过约束自己的言行举止恢复到周礼所倡导的礼之内在精神和道德情感上，从而使社会充满仁爱与和谐”[①]。并且在“克己”和“复礼”的两种道德践履模式中，“复礼”之外在伦理要求之于“克己”之道德内在修养具有前置性和优先性，“‘仁’不是自然人欲，也不是克制或消灭这‘人欲’的天理，而是约束自己（克己），使一切视听言动都符合礼制（复礼），从而产生人性情感”[②]。这种相互贯通致力于实现两种“伦理和谐”。

“个体至善”与“社会至善”的和谐。孔子生活于“礼崩乐坏”的社会大变动时期，孔子深感“八佾舞于庭”的秩序崩坏和“人心不古”精神危机等时代之痛，力图恢复集完备的典章制度和有效的人文化成于一体的周礼。实际上，在孔子的这一努力中，他面临的最深刻难题不仅仅是如何重建社会伦理秩序，即“安伦尽分”，以及走出“人心不古”的精神危机，而且更深刻的难题是如何达成个体至善和社会至善的统一。个体至善追求个体内在德性的修养和提升，社会至善追求外在伦理关系的和谐，而且这二者又紧密结合在一起。而在“礼崩乐坏”的时代，“个体至善”和“社会至善”的双重崩坏更让孔子痛心疾首。孔子正是有感于时代之痛，致力于“礼”—“仁”的道德哲学建构，并以人之性情作为其理论的人性基础，将人的真性情融入“礼”与“仁”的价值理念中。其中，“礼”与“情”处于相互支撑中：“礼”因“情”的注入，不再是外在的、形式化的礼仪，而是深深扎根于人的生命情感中，使孔子所魂牵梦绕的周礼重获生机；而“情”也因“礼”的外在规约和引导也从个别性、偶然性的个体情感情绪升华为具有伦理普遍性的道德情感和社会伦理情感，所以，“克己”既是“复礼”的内在基础，“复礼”又是“克己”的外在前提，二者相辅相成。“克己复礼”内外双修的结果就是培养起“仁”的全德，在孔子那里，“仁”不仅是追求个体至善的价值目标，而且也是实现“安伦尽分”人伦和谐的文化基础和价值导向。孔子对“仁”的基本规定就是“爱人”，即以“情”的合同功能使个别性的个体回归到伦理实体中。由于孔子始终强调“仁”要出于真性情，“礼云礼云，玉帛云乎哉？乐云乐云，钟鼓云乎哉？”（《论语·阳货》）“人而不

① 张自慧：《“克己复礼为仁”的因果必然性及其现代意义》，《孔子研究》2011 年第 5 期。

② 李泽厚：《论语今读》，生活·读书·新知三联书店 2004 年版，第 317 页。

仁，如礼何？人而不仁，如乐何？”（《论语·八佾》）所以，“仁者，爱人”不是出于“利己”与“利他”的利益算计，完全是出于“真情”超越利益算计之上的主体自觉，即“为仁由己”并且“由己”始终受“礼”的约束和引导，这样，在孔子思想中，通过主体基于情感的反省自觉超越了“利己”与“利他”、作为自我修养的道德和作为社会性规范的伦理也达到了统一。孔子将“仁”置于其道德哲学思想的核心地位，不仅以“仁”要求个体，而且也把其作为社会政治和社会运行的核心价值理念，“仲弓问仁。子曰：‘出门如见大宾，使民如承大祭。己所不欲，勿施于人。在邦无怨，在家无怨。’”（《论语·颜渊》）这样，“个体至善”的价值追求才会获得外在保障，社会至善也才能获得源源不断的内在动力，从而使“个体至善”与“社会至善”获得统一。

“家庭”伦理实体与“国家”伦理实体的和谐统一。孔子虽然以人性情感为基础创立以“仁”为核心的道德哲学体系，并“援仁入礼”“以仁释礼”，注重“为仁由己”的内在道德修养，但是其道德哲学体系的最终价值导向乃是指向外在人伦秩序的建构，而这也正源于人的群体本性，人毕竟生活于群体中，任何个体获得作为“人”的现实性都必须以其生存的群体结构秩序为前提和条件。从道德哲学的角度看，人类群体秩序即人伦秩序主要体现在两大伦理实体中，即家庭和国家，个体要获得伦理现实性就必须成为家庭成员和国家公民，然而在现实生活中，个体的这两种伦理身份又时常存在冲突和矛盾，即“忠孝不能两全”。当然，在儒家思想中，“忠孝不能两全”只是个别的、极端的案例。因为儒家始终立足于中国“由家及国”“家国一体”的社会结构，始终追求“忠孝合一”，并且作为家庭伦理道德的“孝悌”居于基础地位，“其为人也孝弟，而好犯上者，鲜矣；不好犯上，而好作乱者，未之有也。君子务本，本立而道生。孝弟也者，其为仁之本与！”（《论语·学而》）孔子以“孝悌”作为为“人”与“仁”的根本本质上彰显了其重情的道德哲学特色，因为“孝悌”本质上是源于血缘亲情的“情理交融”。其实，儒家将立国和社会有序运行的根本置于家庭血缘亲情中极具现实性和实效性。因为人一出生就自觉不自觉地包围在浓浓的亲情中，并且父母爱孩子具有天然本能性，因此当对血缘亲情进行文明提升，即从文化的角度强调孩子应当报恩父母，就具有极强的说服力，而强调兄弟相亲相爱，对于维护横向的伦理关系具有极大的示范性。更重要的是，“孝悌”不仅是家庭伦理的核心价值理念，而且其所内含的敬重或敬畏情感对于维护社会和国家伦理秩序尤为重要，所以中国在伦理世界的建构中，能够“移孝作忠”，进而把家庭伦理实体和国家伦理实体统一起来。孔子从血缘亲情出发构建伦理秩序可以说触及了人类文明难题，其实自人类产生开始，人类便致力于如何维持社会的稳定、生存和延续等人类难题。尤其是在现代社会，人们对自由、平等的追求，对个性张扬的价值渴望，以及面对家庭私德和社会公德的两难境地，孔子这种重视血缘亲情、重视对“情”的合同本性发挥、重视家庭的普遍文明意义或许可以为我们今天面对的大量伦理问题提供某种价值资源和价值启示。

三 “克己复礼为仁”的实践智慧

孔子通过“援仁入礼”“以情释仁”，并通过基于向善之情的反观自省将“克己”“复礼”统一于“仁”的情理精神中，开创了儒家情理主义道德哲学形态。同时，孔子“克己复礼为仁”的道德哲学思想不仅仅只是在形上的层面贯通“礼”与“仁”，其更重要的意义是其所倡导的实践精神和实践智慧，而且此实践精神和实践智慧始终立足于情理统一、以追求实践的善为价值目标，探讨和建构一套反省与“伦理优先”相统一的“成人”之道，与西方理性主义传统中注重包含工具性审慎算计的实践智慧形成了鲜明的文化反差。

第一，以“复礼”为价值目标的道德教化。孔子以“情”作为“仁”和“礼”相互贯通的人性基础，在此基础上，他又把“情”也深深地融入其道德教育思想中：孔子运用情意之间的相互感通，培养受教育者能够“将心比心”“以情换情”，在以“真情”相待的情感互动和情感回报中感人、化人，从而使受教育者的道德行为能够遵循“礼”之伦理的约束和疏导，以“己所不欲，勿施于人”“己欲立而立人，己欲达而达人”忠恕之道，由“个体”提升为“伦理实体”。

孔子从“情”出发的道德教化思想的基本特色之一就是非常关注实践主体，因此，实践主体要从主观任意性中摆脱出来，首先就需要有一定的认知，而且孔子所强调的认知和西方的理性认知截然不同，即前者是以情感体悟的方式并且是主体在内的切己修养之知，而西方理性主义的认知则是主客体相分的对象性认识。孔子在其道德教化中认知的内容就是“知人”，“樊迟问仁。子曰：‘爱人。’问知。子曰：‘知人。’”（《论语·颜渊》）如何“知人”？孔子在这里抛出两个问题，一是如何“知人”？二是“知人的目的是什么”？孔子从情感的通约性出发，以情意感通“知人”，“夫仁者，己欲立而立人；己欲达而达人。能近取譬，可谓仁之方也已”。（《论语·雍也》）而“知人”的目的就是经由“复礼”而“爱人”。“爱人”虽然极大地体现了人的主观能动性和个体性特征，但是在孔子思想中，“爱人”始终受“礼”的约束和引导，“颜渊问仁。子曰：‘克己复礼为仁。一日克己复礼，天下归仁焉。为仁由己，而由人乎哉？’颜渊曰：‘请问其目？’子曰：‘非礼勿视，非礼勿听，非礼勿言，非礼勿动。’”（《论语·颜渊》）而且，孔子这里的“知”不是对象性的理性认知，而是始终与“行”同在的实践智慧，因此孔子道德教化思想中的道德认知本质是一种立足于人生整体观照的“智”，是知情意的统一，“仲弓问仁。子曰：‘出门如见大宾，使民如承大祭。己所不欲，勿施于人。在邦无怨，在家无怨。’”（《论语·颜渊》）“樊迟问仁。子曰：‘居处恭，执事敬，与人忠。虽之夷狄，不可弃也。’”（《论语·颜渊》）“唯仁者能好人，能恶人。”（《论语·里仁》）在孔子的教化思想中，“知”是知礼、行礼，具体而言是实践理性；“情”是“知人”“行仁”的人性基础，“情”需实践理性的引导，而“知”只有建立在“情”的基础上才是“真知”，才是“知人”“爱人”；“意”是“意志”，是“己所不欲”，从自我的情感需要出发，推己及人，以伦理的普遍性要求约束自身的自然情欲和主观任意性。这样，孔子道德教化思想中的认知或是“知人”始终是建立在“情”的基础上，并通过情理统一的人性机制和“克己复礼”实践智慧，实现自我修养与社会性道德的统一。

道德教化的本质就是把自然人转化成为道德人。这种转化最为关键的环节就是激发受教育者去行动，在行动中确证自身的道德认知、提升自身的德性。“教化的意思显然就是自我意识在它本有的性格和才能的力量所许可的范围内尽量把自己变化得符合现实。……因此，个体的力量在于它把自己变化得符合于实体，也就是说，它把自己从其自身中外化出来，从而使自己成为对象性的存在着的实体。因此，个体的教化和个体自己的现实性，即是实体本身的实现。”① 道德哲学作为一种实践精神，如何由“知”转化为“行”，是其追求的根本价值目标，基于此，孔子发挥“情”的直接性特征，以“情”化人，其伦理思维方式是以血缘亲情为根基，通过情感回报和推己及人的方式，把血缘亲情提升为社会伦理情感，使个体在“齐家治国平天下”的伦理关系递进和践行中，实现由自然人向道德人的过渡。首先孔子极为关注对血缘亲情的文化实践功能的发挥。在孔子建构的伦理世界中，父子关系居于家庭伦理实体中的核心位置，因此源于血缘亲情的“孝”成为具有根本性的道德品质，“孝弟也者，其为仁之本与!”（《论语·学而》）“仁”虽居于孔子道德哲学的核心地位，并是最高的德性，但它是从“孝”出发的。“孝”正是建立在自然情感的基础之上。儒家对“孝”的界定实际上更为重视的不是行孝的外在礼仪，而是行孝的内在情感状态，只有出于真情的“孝”、基于回报父母的“孝”才具有道德的本性。“父在，观其志；父没，观其行；三年无改于父之道，可谓孝矣。”（《论语·学而》）除“孝”之外，其他家庭道德规范如慈、友、悌也以德行为首、倡导“知行合一”。孔子以情感为本位的道德教育，不仅能够真正锻炼和培养起受教育者的实践品质和实践能力，而且还具有重要而深远的道德价值。“慎终追远，民德归厚矣。”（《论语·学而》）情感具有超功利性的特征，而且这种超越功利的道德情感更能激发人心，体现道德的崇高性，这也正是儒家重视血缘亲情的道德价值之所在。总之，发挥亲情在道德教育中的功能，不仅能够教育人自觉地维护家庭伦理关系的和谐，而且还能从源头上保持道德的纯洁性和崇高性。一个人由“知”走向“行”所实现的价值不仅仅是体现在家庭中，而且作为国家公民还体现在将“爱亲”之情推扩为“爱人”之情。在孔子看来，道德教化的伦理本务是以“国家”和“天下”为取向的，人不能仅本能地关注天伦之和谐，还要关注国家、社会乃至天下。因此，孔子仍从“情”出发，以“己所不欲，勿施于人”“己欲立而立人，己欲达而达人”的情感互动方式，将血缘亲情提升为社会伦理情感，以追求人伦和谐。情感具有直接性和非反思性，情感在道德中的作用的

---

① ［德］黑格尔：《精神现象学》（下卷），贺麟、王玖兴译，商务印书馆1996年版，第17页。

发生是基于道德直觉的一种整体性反映，并直接落实于行。忠恕之道正是遵循情感的这种原理，使道德认知直接转化为道德行为：“己所不欲，勿施于人”所遵循的情感原理是“否定”—“拒斥”的情感行为模式，“不欲”是一种由道德认知所产生的一种消极否定的情感态度，“勿施”则直接是一种道德行为，“我”不希望别人对我做的事，“我”也拒绝对别人做同样的事；“己欲立而立人，己欲达而达人”可谓是孔子道德教化思想的灵魂，其所遵循的情感原理是“肯定”—“追求”的情感行为模式，“己欲立”“己欲达”是一种积极肯定的情感态度，而“立人”“达人”则是由激发“欲立”“欲达”的道德情感，展现的是由道德认知直接见诸行为的实践智慧。如钱穆先生在《论语新解》中说：“孔子好学不厌，是欲立欲达。诲人不倦，是立人达人。此心已是仁，行此亦即是仁道，此则固是人人可行者。”①

第二，基于“克己”的道德修养。与孔子道德哲学“返身内求”的精神特制相适应，孔子在注重“复礼”的外在道德教化的同时，他更为强调内在的道德修养，即“为仁由己”。而此种修养的动力正源于以“情”为主的情理统一。在孔子的道德修养思想中，作为修养的精神动力的“情”主要是向善的道德情感，是由外在伦理之情内化而成的道德主体的内在情感需求，它主要表现为自我确认之情感需求和自我超越之情感需求。孔子把道德情感作为道德修养的根源动力使自我确认之情感需求便成为道德修养的立足点。自我确认之情感需求在孔子的道德修养论中主要是“笃志”，也就是从伦理要求和道德要求出发在自身中确立起向善、求善的道德欲求，这也是道德修养的前提。道德主体以情感为内在精神动力按照伦理要求和道德要求进行自我精神修养又离不开道德理性的指导，“博学而笃志，切问而近思，仁在其中矣”。（《论语・子张》）这里的“博学”“近思”无不闪耀着理性特别是道德理性的光芒。孔子认为，个人能否成就仁德，成为心怀仁爱之心的君子，最首要的问题就是从自身出发确认自身的道德欲求或道德情感需求，这是“立己”“成己”的重要前提。但是道德修养的目的是使道德主体按照道德理性的要求即道德普遍性要求超越自身的自然情欲和主观任意性，使个体由自然性的

① 钱穆：《论语新解》，生活・读书・新知三联书店2002年版，第165页。

存在转化成为伦理性的存在，因而超越性便成为道德修养的本质。孔子以“仁”作为道德修养的原则和目标就在于“仁”本身的超越性。“为仁由己，而由人乎哉?”（《论语·颜渊》）“仁远乎哉？我欲仁，斯仁至矣。”（《论语·述而》）在孔子看来，以“仁”为原则和目标的道德修养就是“克己修身，反躬内省”：“克己修身”需要以道德情感为内在精神动力，但又需要具有反思性、普遍性的道德理性的指导。

基于情理合一的修养方式所达成的修养目标就是成就“通情达理”的道德人格。在孔子心目中，君子的典范就是“仁且智”：“仁”主要是一种向善之情感，它主要包含血缘亲情、道德情感与伦理情感；“智”不是西方哲学意义上的纯粹理性或理智，而是以“情”为主的对伦理关系的一种道德认知和基于人生经验的道德智慧。在二者的关系中，仁为主，而“知利于仁”。因此，孔子塑造的“通情达理”的君子人格最重要的就是“通情”。所谓“通情”就是在“仁”的二人关系中以仁的态度、将心比心的心理换位方式来相互对待和要求：在家庭这一伦理实体中，人作为父母就自然会慈爱子女，这是天性。人是情感的存在，情感的最大特点就是能够扬弃人的独立性，使人与人融通为一，因此，当父母爱子女的同时，也培养起子女爱父母的情感，即是父慈子孝，在横向上的关系就是兄友弟恭；在国家或民族这一伦理实体中，人作为社会成员则能把血缘亲情提升为一种普遍的爱人之情，在孔子那里，在社会中主要的“通情”方式就是“朋友有信、君惠臣忠”。当然，孔子强调“通情”的君子人格，并不是盲目地从“情”出发，唯情是钟，而是还要“达理”。所谓“达理”不是培养和锻炼道德个体的纯粹理性，这里的“理”是一种实践理性和道德理性，它是基于人性、人情基础上的情理之“理”。在孔子那里，“达理”的“理”就是“合于礼”，理与礼虽然出于“情”，但是又要节制指导“情”，这便是“通情达理”。可以说，孔子塑造“通情达理”的道德人格体现了儒家以“情”为主，情理合一的情理主义道德哲学形态的特有的文化精神。正如林语堂先生所说：“对庸见或曰通情达理精神的信仰是儒家人文主义的组成部分。正是这种合情合理的精神才使中庸之道——儒家的中心思想得以产生。”[①] 孔子以仁、礼塑造道德

---

① 林语堂：《生活的艺术》，华艺出版社 2001 年版，第 397 页。

人格为儒家和中国文化奠定了情理精神。这种“通情达理”的道德人格塑造成为儒家道德哲学乃至于中国传统道德哲学中道德修养理论的基本精神和思维方式。

第三，“乐”的道德自由境界。孔子从“情”出发，通过“克己复礼”的仁德修养，把人的自然情感特别是自然血缘亲情提升为理性化的道德情感和伦理情感，开创了儒家情理主义道德哲学形态。而“克己复礼”的道德教化和修养的最终归宿是获得人生幸福。孔子道德哲学从“情”出发，在幸福的追求中生命又复归于“情”，即源于情感的安适、满足和愉悦的“乐”。并且在孔子对“乐”的追求始终集中于道德之善，即他认为真正的“乐”或幸福乃是源于追求至善而获得的，“贤哉回也！一箪食，一瓢饮，在陋巷，人不堪其忧，回也不改其乐。贤哉回也！”（《论语·雍也》）“饭疏食，饮水，曲肱而枕之，乐亦在其中矣。不义而富且贵，于我如浮云。”（《论语·述而》）孔子对“乐”或人生幸福的追求超越物质欲望和人的主观任意性之上，成为儒家道德哲学走向德性主义的重要表现之一。以“德”为核心的“乐”本质上是摆脱自然情欲和主观任意性的束缚的道德自由状态。孔子一生都孜孜不倦地追求以道德自由为标示的人生意义和人生价值。孔子也正是以道德自由为目的，以“性相近，习相远”为人性论基础，以“仁”为核心，以“礼”为伦理准则和道德判断标准，经过克己修身、反躬内省，便完成了自我修养、自我复归的过程，依此方法，循环反复，“吾日三省吾身为人谋而不忠乎？与朋友交而不信乎？传不习乎？”（《论语·学而》）便达到了道德修养的最高境界——从心所欲不逾矩。孔子在《论语·为政》篇中总结了自己一生致力于学的经历，这一经历也是孔子道德修养境界不断提升的过程，“吾十有五而志于学，三十而立，四十而不惑，五十而知天命，六十而耳顺，七十而从心所欲不逾矩”。“从心所欲不逾矩”即是道德主体经历一番道德磨难完全达到了道德自由的境界。在这一境界中，主体的一言一行、一颦一笑无不符合“仁”和“礼”的要求，即人的一切欲求包括自然欲求和道德欲求在内都符合“仁”和“礼”的要求。钱穆曾对此境界进行了较为精辟的解释，“圣人到此境界，一任己心所欲，可以纵己心之所至，不复检点管束，而自无不合于规矩法度。此乃圣人内心自由之极致，与外界所当然之一切法度规矩自然相洽。学问至此境界，即己心，即道义，内外合一。我之所为，莫非天命之极则矣。天无所用心而无不是，天不受人和约束而为一切之准绳。圣人之学，到此境界，斯其人格之崇高伟大拟于天，而其学无可再进也”[①]。此境界也是一“自然境界”，即实现了黑格尔所说的“道德规律”应成为“自然规律”的道德和谐状态，“因为按照道德行为的概念来说，纯粹义务本质上就是行动的意识；因此，无论如何应该有所行为，绝对义务应该在整个自然中表现出来，道德规律应该成为自然规律”[②]。也即是说，道德的发生总是在自然欲求和情感冲动（即自然规律）的刺激下而发生，但是道德本性就是使自然欲求和情感冲动符合道德的要求（道德规律），从而道德规律与自然规律经过辩证运动最终走向“道德规律成为自然规律”的和谐状态，这也就是孔子所说的“从心所欲不逾矩”的道德修养的最高境界。

① 钱穆：《论语新解》，生活·读书·新知三联书店2002年版，第29页。

② ［德］黑格尔：《精神现象学》（下卷），贺麟、王玖兴译，商务印书馆1996年版。

第六章

孟子基于向善之情的情理精神

孟子师承子思，深得儒家之精髓，是中国历史上伟大的思想家，被后人尊称为仅次于孔子的“亚圣”，他在对儒家思想进行创造性发展的同时，也对儒家思想的后世发展影响深远。他对儒家刚健进取、自强不息的入世精神不仅在理论上进行了创造性发挥，而且还对儒家这种精神身体力行，以一腔热血践行儒家精神，“孟子给人们的感觉是生机勃勃，是刚健果敢，是心直口快。若说孔子有圣哲风度，孟子就具有英雄气概；若说孔子是个长者，孟子就是个青年”①。孟子本人不仅给人们留下具有英雄气概的印象，而且他的思想更表现为一种以天下为己任的磅礴气势，其所构筑的傲世独立、天地神人上下贯通、任何现世权力都不可撼动的人格精神更是“惊天地，泣鬼神”。从儒家情理主义道德哲学形态的发展轨迹来看，孔子是开创者，而孟子则从向内致思的途径使儒家情理主义道德哲学形态得到深度发展，即不仅创立“五伦”思想，使儒家情理主义道德哲学形态有了外在客观支撑，而且还把“情”提高到本体的高度，把“情”作为人性的主要内容和道德哲学的精神基础，而其从人性论角度出发的德性论思想直接展现为以“情”为主的情理精神。孟子的此种道德论证方式和伦理思维方式不仅揭示了人性中的本然之情，而且在体现中国血缘文化特质的基础上，系统地构建了以“情”为本原、基础和主体以及情理交融的道德哲学体系，使儒家情理主义道德哲学形态更为系统化和明晰化。

---

① 樊浩：《中国伦理精神的历史建构》，江苏人民出版社 1992 年版，第 104—105 页。

第一节 以“情”论“性”

与孔子相比，孟子情理主义道德哲学形态的根本特点之一就是确立起系统的人性论理论，并且把人性论作为其构建自身道德哲学体系的人性前提和理论基础。道德哲学本质上是从“己”出发处理人自身的自然情欲和意志自由、个体与群体之间关系的文明方式，并且强调意志自由对自然情欲的超越，以及在个体利益与整体利益之间优先维护社会整体利益。但是人作为自然界的一部分，自我生命的保存是人的首要需要，同时，由于人作为“类”的存在，又必须在社会交往中获得实存，因此，人类又始终面临自然情欲与意志自由、个体与群体、利己与利他的冲突和矛盾。道德哲学的文化使命就是使人从这种冲突和矛盾中解放和超越出来，并帮助人类构建一个和平的、能够使人类诗意栖居的人类世界。这也是整个人类文明所面临的共同问题。从形而上的角度看，道德哲学是人类存续必不可少的文化需要，那么道德哲学何以可能呢？即我们需要道德，但是道德从何而来呢？在继承孔子“克己”的内在致思性和反身性道德哲学理论的基础上，孟子从人性的角度出发，首先对这一问题的回答落实于人的自身的本质属性。孟子发挥孔子“性相近”的观点，开创了中国思想“人性善”的传统，“人性之善也，犹水之就下也。人无有不善，水无有不下”。(《孟子·告子上》)“性”何以为善？更确切地说，“性”为何表现为“善”呢？孟子继承其之前的天人关系和性情论思想，认为“性”源于天道，在儒家看来，“天道”是至高至善的，人作为天道的具体表现形式之一，所以人之本性是善的，而且这种善在现实世界中表现为“情”，特别是其表现的血缘亲情成为人类维持社会共同体的直接情感根源。这样，在孟子的思想中，“天”、“性”、“情”内在地联结统一在一起：一方面，他从“天道”角度把“性”与“情”贯通为一，为其道德哲学提供了本体根据；另一方面，在现实世界中，对于“情”的道德哲学阐释又没有走向心理本能，而是以血缘亲情作为道德之“情”的根源，通过个体与实体的统一，使个别性的情感形式升华为具有社会普遍性、能够打通利己与利他、个体与群体之间藩篱的道德情感和社会伦理情感。由此，孟子开创了以“情”论“性”的人性论传统，并且在儒家道德哲学第一次比较系统地确立了“情”的本体地位。

一　向善之“情”与自然情欲之张力及其和解

求得自然情欲的满足是人的本性之一，从人性出发的道德哲学，其首要任务就是如何安顿自然情欲。一方面人需要自然情欲的满足以保存自然生命，同时如果任自然情欲无限膨胀，特别是当人的自然情欲与意志相结合，又会彰显人的个体性，使个体与群体处于更大的分裂之中，因此，孟子在其人性论思想中，一方面承认自然情欲满足的必要性，另一方面又主张应当以道德的方式、以不伤害社会公义的方式求得自然情欲的满足。

孟子虽然继承了孔子的德性论思想，认为人之所以为人的本质在于人的道德价值的实现，但是儒家道德哲学作为一种入世文化，又始终关注现实的人生，因此，其道德哲学的出发点首先是肯定人的自然情欲的合理满足，“人之于身也，兼所爱。兼所爱，则兼所养也。无尺寸之肤不爱焉，则无尺寸之肤不养也”。（《孟子・告子上》）而且，孟子对自然情欲的肯定，不仅仅停留于个体生命的保存上，而且还把其提升到治国的高度，“不违农时，谷不可胜食也；数罟不入洿池，鱼鳖不可胜食也；斧斤以时入山林，材木不可胜用也。谷与鱼鳖不可胜食，材木不可胜用，是使民养生丧死无憾也。养生丧死无憾，王道之始也。五亩之宅，树之以桑，五十者可以衣帛矣。鸡豚狗彘之畜，无失其时，七十者可以食肉矣。百亩之田，勿夺其时，数口之家可以无饥矣。谨庠序之教，申之以孝悌之义，颁白者不负戴于道路矣。七十者衣帛食肉，黎民不饥不寒，然而不王者，未之有也”。（《孟子・梁惠王上》）孟子认为，“王道”的起点就是满足人们的自然欲望，这也是弘扬人性善的物质基础。孟子这一思想实质上也是对孔子思想的继承和在政治哲学中的发扬，“子适卫，冉有仆。子曰：‘庶矣哉！’冉有曰：‘既庶矣，又何加焉？’曰：‘富之。’曰：‘既富矣，又何加焉？’曰：‘教之。’”（《论语・子路》）无论是伦理道德还是政治经济，其本质都是为人类生存和发展而服务的，这本是常识。但是，在后世对儒家的发展中，往往忽视孟子的这一思想，如宋明理学高谈心性，大讲“生生之谓易”，“天地之大德曰生”，主张

"存天理，灭人欲"，更多是停留在精神、道德的层面上。因此我们在理解孟子人性论思想时应当留意其对自然情欲的肯定，特别是将自然情欲的满足提升到政治哲学的高度是其思想的闪光点，并认为"制民之产"就是人性善的表现、就是"不忍人之心"的现实表现，此"王道"之思想在整个中国社会发展中，特别是对古代统治者的"横征暴敛"的暴政会起到一种文化上的制衡作用。中国改革开放后，以"以经济建设为中心""共同富裕"等理念深入人心，并在短短几十年创造经济奇迹，可以说与孟子提出的这种"王道"思想有着深层的文化联系。

道德哲学虽然把对自然情欲的安顿作为首要任务，由于其终极目标是建立适合人类诗意栖居的意义世界，因此，孟子在肯定自然情欲的同时，为了避免自然情欲的过度膨胀侵害人之善性，进而主张对自然情欲进行超越，而人之生命的意义和价值在于对"仁义"的追求，"一箪食，一豆羹，得之则生，弗得则死，虖尔而与之，行道之人弗受；蹴尔而与之，乞人不屑也"；（《孟子·告子上》）"生亦我所欲也，义亦我所欲也；二者不可得兼，舍生而取义者也。生亦我所欲，所欲有甚于生者，故不为苟得也；死亦我所恶，所恶有甚于死者，故患有所不辟也"；（《孟子·告子上》）"富贵不能淫，贫贱不能移，威武不能屈，此之谓大丈夫"。（《孟子·滕文公下》）自然情欲和道德追求虽然都是人之本性需求，自然情欲的满足和自我生命的保存虽然是人类追求意义的物质保证和基础，但是自然情欲又不能凌驾于仁义之上。人性的至尊至贵，乃在于以道德的方式超越现实世界构建意义世界，在道德主体的挺立中呈现人的尊严。人之所以为人的本性和价值就在于心怀仁义之情，并践行仁义之事，从而人性的至尊至贵才能体现出来。因此，人的本质属性不在于追求自然欲望的满足，而在于以伦理之情、道德之情成就自身追求仁义的德性。

那么，如何超越人的自然情欲呢？孟子的理路就是以血缘亲情为源头，通过人伦之"理"的普遍性对血缘亲情进行道德提升，通过对伦理实体的认同和践行以超越个别性的自然情欲。而且，孟子认为，人性本善的源头就是来自于基于血缘关系的父母子女之间的亲情，"孩提之童无不知爱其亲者，及其长也，无不知敬其兄也。亲亲，仁也；敬长，义也；无他，达之天下也"。（《孟子·尽心上》）又曰："仁之实，事亲是也；义之实，从兄是也；智之实，知斯二者弗去是也。"（《孟子·离娄上》）

在孟子看来，父母子女之间的爱不仅仅是一种自然本能，而且也是人类由个体走向伦理实体的精神根源。这样，孟子又对出于自然本能的血缘亲情进行了文化提升，并认为，向善之情才是人的根本属性，“人性之善也，犹水之就下也。人无有不善，水无有不下”。“恻隐之心，人皆有之；羞恶之心，人皆有之；恭敬之心，人皆有之；是非之心，人皆有之。恻隐之心，仁也；羞恶之心，义也；恭敬之心，礼也；是非之心，智也。仁义礼智，非由外铄我也，我固有之也，弗思耳矣。”（《孟子·告子上》）值得注意的是，在孟子的人性论中，他对血缘亲情的文化提升，把“孝”置于本根地位，并且“孝”本身包含着对生命保存的肯定，把对自身生命的保存看作是对父母恩情的回报。这样，孟子以善之本源——血缘亲情顺承人之自然欲望，但是又不囿于自然欲望，而是以文化意义上的血缘亲情涵摄自然欲望。因此，人虽有与禽兽相差无几的自然情欲，但是人又能以爱亲敬长统摄“食色”之情欲，从而成就人之所以为人的本质属性。

总之，孟子从血缘亲情出发，以向善之情涵摄、超越自然情欲来论证人性本善，实际上表明了孟子始终把人的社会属性或者是道德属性作为人的根本属性，是符合人类文化本质的。也正由于此，孟子以“情”论“性善”的人性论思想奠定了中国人性论与中国道德哲学的基调，“中国道德哲学坚持对人性的实践理性把握，认为人性不是一种概念，而是一种理念，是关于人的理念；对于人性的把握不是一种知识，而是一种信念，一种关于人的信念。对于人性的把握，不是科学的认识，而是伦理的认同；不是纯粹理性的思辨，而是情感的体验”①。

二　“性善”之根据：向善之情

孟子以向善之情即伦理之情，道德之情统摄、超越自然情欲来论证人性本善，而且其向善之情的出发点或源泉乃是基于血缘关系的血缘亲情。从人的现实存在来看，血缘亲情更具天然性和本能性，特别是父母对孩子的爱更是如此，所以血缘亲情虽然是人人所具有的，但是其发挥

① 樊浩：《道德形而上学体系的精神哲学基础》，中国社会科学出版社 2006 年版，第 31 页。

作用的方式极具私人性和个别性，所以道德哲学要真正化解自然情欲与意志自由、利己与利他、个人与社会之间的关系，仅仅以血缘亲情为精神动力是远远不够的。因此，孟子只是以血缘亲情作为求善的起点，同时以“五伦”为基本结构对血缘亲情进行普遍性的提升，即提升为追求个体道德完善的道德情感和追求社会至善的伦理情感。

第一，以“情”论“性善”的人伦支撑。儒家情理主义道德哲学形态的特质就是从人伦关系出发建构其道德哲学体系。孔子提出“君君、臣臣、父父、子子”初步勾画出了中国传统社会的伦理秩序和伦理结构，但是尚不明晰、系统。孟子在此基础上，明确而系统地提出“五伦”说，“后稷教民稼穑，树艺五谷；五谷熟而民人育。人之有道也。饱食、暖衣、逸居而无教，则近于禽兽。圣人有忧之，使契为司徒，教以人伦，父子有亲，君臣有义，夫妇有别，长幼有序，朋友有信”。(《孟子·滕文公上》) 以父子、夫妇、兄弟、朋友、君臣关系为核心，系统地建构起横向与纵向相交错的中国传统伦理秩序和伦理结构。可以说，孟子的“五伦”说对儒家情理主义道德哲学形态的发展起到至关重要的作用：一方面为具有主观任意性、个别性的个人情感走向具有普遍性的道德情感和伦理情感提供了外在的支撑；另一方面，“五伦”对“情”的普遍化提升，使儒家情理主义道德哲学走向了更为重视群体的特色，其对个体的关怀也始终是从伦理实体的角度出发的，“在孟子的四端说上所建立的社会情感主义不是一个培养个人独立道德情感的提案，而是强调如何培养集体的社会情感，从而影响个人的道德情感”。“我们对陌生人的关怀不是从一个单一个体对另一个单一个体的同理感应，而是以一个家庭成员对另一个家庭成员的同理感应为出发点。”① 在人伦之“理”的疏导中，血缘亲情便提升为或转化为道德情感和伦理情感，从而也进一步形成了中国“人伦本于天伦”的伦理思维方式。孟子“五伦”结构呈现为纵横交错的人伦结构，其中，男女关系的伦理范型——夫妇关系是一切人伦关系的起点，“天地氤氲，万物化醇。男女构精，万物化生”。(《周易·系辞下》) 因此，儒家始终对男女关系持“一种乐观的紧张”的态度，如

① ［美］刘纪璐：《论恻隐之心在都市文化中的落实——儒家社会情感主义的提案》，《深圳大学学报》（人文社会科学版）2013 年第 2 期。

孟子所言："男女居室，人之大伦也。"（《孟子·万章上》）而父子、君臣关系是纵向人伦关系的典型形态，兄弟、朋友则是横向人伦关系的典型形态，而处理这些人伦关系的基本思路，是人伦本于天伦，即"移孝作忠"，朋友关系的极致则是手足兄弟般的情谊。这也是孟子乃至于儒家道德哲学对中国传统文化乃至于中华民族精神所作出的重要贡献，正如樊浩教授所说："五伦说的提出，具有划时代的意义，它勾画了几千年来中国封建社会伦理和伦理实体的基本格局，奠定了中国伦理政治精神的基调。"①

第二，人性之神圣性的根据：血缘亲情。孟子人性论的特点之一，就是把"人"与天贯通为一，以天道言说人性，即以人与动物相区别的根本属性作为天道在人类世界的外在表现，要行天道，只需尽人性，"尽其心者，知其性也。知其性，则知天矣。存其心，养其性，所以事天也。殀寿不贰，修身以俟之，所以立命也"。（《孟子·尽心下》）"口之于味也，目之于色也，耳之于声也，鼻之于臭也，四肢之于安佚也，性也，有命焉，君子不谓性也。仁之于父子也，义之于君臣也，礼之于宾主也，知之于贤者也，圣人之于天道也，命也。"（《孟子·尽心下》）从哲学的角度看，在孟子思想中，"天"是最高的精神本体，是至上、至善的，"性"根于"天"或"天道"，因此"性"也是善的。那么，在人类世界中，这种作为"天"或"天道"的直接表现形态是什么呢？那就是基于血缘关系的血缘亲情。孟子以血缘亲情作为天道的表现和人性的神圣性根据，主要源于两方面的考量：一方面，血缘关系具有不以人的意志为转移的自然客观性，这种客观性正与"天道"的客观必然性相契合；另一方面，血缘亲情在家庭中主要是以"爱"的方式呈现出来，而"爱"是人类超越差别、打破人我之别的最强劲力量之一。每个人的生命诞生都源于家庭，家庭不仅为个体生命的保存提供物质支撑，也提供精神支撑——"爱"，这种"爱"将个体联结为具有同一性的伦理存在，并从现实的层面赋予人类以强大力量对抗外在威胁以及有效化解人类内部的冲突和矛盾。因为"爱"能够打破人我隔阂，最真切地反映着人的"类"本性或伦理实体性。由此，"我"对他人乃至天下的关照、同情不仅仅只

① 樊浩：《中国伦理精神的历史建构》，江苏人民出版社 1992 年版，第 105 页。

是个体对个体的关照，而是从家庭成员出发对另一个家庭成员的关照，而且这种关照是能够超越家庭、对家庭之外的所有人的关照，从而展现人类同情、向善的力量，“老吾老，以及人之老；幼吾幼，以及人之幼”。孟子也正是看到血缘亲情的这种合同功能，所以其特别重视孝悌在整个道德哲学思想中的基础作用，“尧舜之道，孝弟而已矣”。（《孟子·告子下》）“不得乎亲，不可以为人；不顺乎亲，不可以为子。舜尽事亲之道而瞽瞍厎豫，瞽瞍厎豫而天下化，瞽瞍厎豫而天下之为父子者定，此之谓大孝。”（《孟子·离娄上》）于是，孟子把“天”之授予、体现“天道”血缘亲情作为人性的源泉和基础，这样，人性就与体现“天”“天道”的血缘亲情贯通起来而具有了神圣性。

第三，人性之崇高：道德情感。孟子对血缘亲情进行文化提升和道德设计的理路，就是把人性与天道贯通起来，进而论证了人性的神圣性。而且，这种神圣性在人性的现实表现中展现为恻隐、羞恶、恭敬、是非的向善本性。人的这些向善本性的通过对人之自然情欲和主观任意性的限制和超越，又展现出人性的崇高之处。

在孟子的思想中，孟子对自然情欲持既肯定又要加以节制，而且他认为，人虽然“本善”，但是自然情欲始终又是遮蔽善性、走向“恶”的潜在威胁。而人的高贵之处正在于能够对自然情欲加以节制并能够超越：“体有贵贱，有小大。无以小害大，无以贱害贵。养其小者为小人，养其大者为大人。今有场师，舍其梧槚，状其樲棘，则为贱场师焉。养其一指而失其肩背，而不知也，则为狼疾人也。饮食之人，则人贱之矣，为其养小以失大也。饮食之人无有失也，则口腹岂适为尺寸之肤哉?”（《孟子·告子上》）孟子所说的“大体”就是人贵于禽兽、之所以为人的道德本性，即人天生就具有的恻隐之心、羞恶之心、辞让之心、是非之心，“小体”就是人的自然欲望本能。孟子以“大体”与“小体”之别对人的自然属性和社会属性或者道德性进行区分：人一方面需要满足自然欲望以保持生命的存在，但是人更为高贵之处就在于，能够以向善的道德本性规约自然欲望的满足，并进一步认为，人生的根本意义并不在于保存肉体的生命，而是能够尽最大可能发挥本有的善性，“饮食之人，则人贱之矣，为其养小以失大也”。

在人的生命存在中，人性善不仅仅受到自然情欲的束缚，而且还会受到人的主观任意性的束缚。因此，人性的高贵之处还体现在以向善之"情"扬弃人的主观任意性，从伦理道德的普遍性要求出发追求道德自由。人作为社会现实存在，它必然受到内部任性、冲动和情欲的约束，以及外在的社会条件的限制，人的这种存在特征被黑格尔称为"被规定了的和有限的人"，而孟子称之为"命"，"莫之至而致者"。但是人作为人又有追求普遍的、无限的、自由的东西的本性，这也是人的高贵处。孟子对人的高贵本性的表述集中体现在其关于"道"的思想中。"道"是孟子全部道德哲学思想的基础。在他那里，"道"绝不仅仅是一种静态的范畴，它更是一种运动、一种过程，即是个体超越自身情欲不断向善、向至善跃进的过程，而且这是一个永无止境的过程。"可欲之谓善，有诸己之谓信，充实之谓美，充实而有光辉之谓大，大而化之之谓圣，圣而不可知之之谓神。"（《孟子·尽心下》）从"善"到"神"实际上就体现了"道"乃为一种通过自身不断努力来实践的激励人心的标准。在孟子看来，这种对"道"的追求、坚守和实践即是人的高贵本性之根本所在，故他曰："天下有道，以道殉身；天下无道，以身殉道。"（《孟子·尽心上》）唯有追求和坚守"道"才能成就人追求普遍性和永恒性的高贵本性。因为人只有在杀身成仁、舍生取义中才能真正至大至刚、成仁成圣，使人的善良本性真正体现出来。

第四，基于人伦的理性化情感：伦理情感。孟子以恻隐之心、羞恶之心、辞让之心、是非之心阐释人之道德情感，并把其作为人性向善的内在动力，成为人摆脱自然情欲和主观任意性束缚的精神动力。但是如何把"仁之端、义之端、礼之端、智之端"的内在向善之情转化为调整人与人之间利益关系的外在力量，是孟子乃至于整个儒家伦理型文化的重点和落脚点。孟子对这一问题的解决落实于把内在向善之情与外在人伦之"理"的结合中，因此，先秦儒家道德哲学虽然重"情"，把"情"置于本根地位，但是又始终导之以"理"，即将"四心"置入到"五伦"体系中，使作为内在精神的道德情感在"人伦"体系中进一步衍化为更具理性化的伦理情感。具体而言，孟子情理主义道德哲学形态中的伦理情感主要体现在以下几方面：

父子有亲。在孟子思想中，以"亲"来界定父子关系，一方面表达了父子之间直接的血缘关系，并进一步强调了父子关系的自然必然性和客观性；另一方面，“亲”更重要的文化内涵表达了父子之间的情感依赖，这种情感依赖成为个体整个生命过程的“精神家园”，也是个体道德走向社会道德的始点和根源，“君子之于物也，爱之而弗仁；于民也，仁之而弗亲。亲亲而仁民，仁民而爱物”。（《孟子·尽心上》）“亲亲”是仁爱的根源和起点，这样，孟子的仁爱思想既具有可切近性，同时，孟子又通过情感的可转移性，将“爱”之情超越时空的局限性而遍及天下乃至于宇宙万物。也正因为“亲亲”的始源性地位，孟子在其五伦体系中，始终把父子关系置于本根地位，“事，孰为大？事亲为大……孰不为事？事亲，事之本也”。（《孟子·离娄上》）在父子关系的对等义务中，孟子更为强调的是“子”对“父”基于情感的回报义务，这种回报义务不仅有助于维护家庭伦理秩序的和谐，而且对于培养个体的社会责任感也至关重要，更是社会健康运行的根本，“一个人连父母都不爱还能爱谁”不仅仅只是一种文化习惯，更是一种人类几千年生活经验的总结，“在儒学传统中，父子关系不仅是对偶的和等级的，而且也是绝对有约束力的。即使在非常的环境下，也很少有人能完全断绝这种关系而仍然被视为正当。这种关系之所以被特别强调，对社会凝聚力的关切无疑是最重要的理由之一。一个孝子很可能会戒慎他的个人举止，认真对待家庭事务，积极承担社会责任，从而也能胜任各种政治职务。……然而，孝的社会功能却是建立在一种意识的基础之上的，即认定父子关系是一种最原初的纽带，它充满了强烈而持久的人类情感。如果我们看不到这一点，我们的分析依然是肤浅的、表面的”①。

君臣有义。在家庭这一伦理实体中，父子关系是根本，而在国家这一伦理实体中，君臣关系则是根本，它反映着个体与其国家的伦理关系。中国传统社会结构是由家及国、家国一体，因此，孟子在其人伦体系的建构中遵循了这一社会结构，直接将父子关系的人伦原理推扩到君臣关系，即“移孝作忠”。但是由于君臣关系并不像父子关系那样具有不可割舍的天然的血缘关系，因此，孟子以“义”调节君臣关系，“义”比“亲”更具理性化特征，以君臣之间的相互尊重来维系这一人伦关系，“亲亲，仁也。敬长，义也”。（《孟子·尽心上》）而且孟子极为强调君

---

① 杜维明：《杜维明全集》第3卷，武汉出版社2002年版，第411—412页。

臣之间义务的对等性以及这一关系的道德性，“欲为君，尽君道；欲为臣，尽臣道。二者皆法尧舜而已矣。不以舜之所以事尧事君，不敬其君者也；不以尧之所以治民，贼其民者也”。在此，进一步彰显了孟子“王道”的政治哲学思想。

夫妇有别。夫妇关系是具有非血缘关系的男女两性关系的伦理归宿，先秦儒家从“生”的角度，认为夫妇关系是衍生父子关系、兄弟关系、君臣关系等其他社会人伦的原点。因此，在先秦儒家的“伦理世界”中，夫妇关系具有本源地位，如何对待夫妇关系成为儒家重要的“伦”之“理”。不过，在这里需要澄清的是，夫妇关系虽然具有“原点”的意义，但是，在儒家整个伦理世界中，它并不居于核心地位，在儒家的经典文献中，关于“夫妇之道”的论述远远少于关于其他伦理关系的讨论。先秦儒家对“夫妇之道”的基本表达是“夫妇有别”。从道德哲学的角度看，“别”在这里具有两方面的意义。一是“别”代表着男女两种不同的伦理性格或伦理性质。先秦儒家的基本表达是“乾道成男，坤道成女”，成为“家庭”的两极。即“女人是家庭的守护神”；男人则成为消解“家庭”实体性、连接家庭与社会、由“家庭成员”走向“国家公民”的力量。根据男人和女人的这两种不同伦理性格，儒家对夫妻的伦理功能进行了严格分工：女人作为“家庭的守护神”，其伦理使命是上孝敬双亲，中与“夫齐”，下繁衍后代、养育子女，是维护“家庭和谐”的中坚力量；男人作为消解“家庭”实体性的力量，其更重要的伦理使命是“治国、平天下”，当然，由于“人伦本于天伦”的伦理思维模式，男人在家庭中也具有重要伦理使命，即“齐家”。儒家对夫妇的此种伦理分工，使其所建构的“伦理世界”具有很强的稳定性和现实性：一方面，先秦儒家把“家庭”作为伦理世界之根基，“家庭”能够得以巩固而不被“国家”所颠覆；另一方面，“伦理世界”又不会紧紧囿于“家庭”这一自然实体内，而是不断为更大的伦理实体即民族国家提供生生不息的活力源泉，正所谓“修身、齐家、治国、平天下”一贯而下，“由家及国、家国一体”。二是夫妇虽然有“别”，具有不同的伦理性格，但是二者又不是截然对立的，而是具有统一性，这种统一性源于“生”，即真正把没有血缘关系的男女结合在一起，甚至恪守“生死相依、白头偕老”的力量不仅仅是“性爱”，更强的动力源自对繁衍后代的伦理追求，“天地细缊，万物化醇。男女构精，万物化生”。（《周易·系辞下》）因为夫妇关系的结成不仅仅是出于自然的、浪漫的性爱关系，更是出于传宗接代、使社会得以延续的社会需求，男女结成夫妇关系更是一种社会责任，“所以夫妻关系不是在它自身中而是在子女中得到它的现实；子女是一种他物，夫妻关系本身就是这种他物的形成，并在此他物的形成中归于消逝。而且，这种消逝世代交替，也并非没有它的持续存在，它的持续存在就是民族”①。也正因为夫妇关系关系到民族的延续，所以孟子极为重视夫妇关系的纯洁性和稳定性，“男女居室，人之大伦也”。由于夫妇关系是其他人伦关系的衍生地，故男女关系的伦理归宿必是夫妇关系，否则整个人伦关系必会处于混乱之中。

长幼有序。在儒家的“家庭”伦理关系中，“兄弟”关系为横向的最为亲密的血缘关系，但是其自身又展现出具有家庭伦理实体的同一性与消解这种同一性的矛盾性：一方面，在“家庭”伦理实体中，长幼关系是同源于一个“父亲”，是同辈中最亲密的血缘关系，因此，在维护家庭的人伦和谐中具有举足轻重的作用，并成为处理一切横向人伦关系的范型；另一方面，在“家庭”中，兄弟关系虽然同宗同源，但是与父子关系相比，并不是像父子关系一样处于相互依存中，也不像父子关系那样处于不平衡中，正如黑格尔在论述兄弟与姐妹之间的关系时所言：“他们并不像夫妻那样相互欲求，他们的这种自为存在既不是一方给予另一方的，也不是一方得之于另一方的，他们彼此各是一个自由的个体性。”② 因此，兄弟关系虽然具有血缘关系的亲密性，但是其自身存在由家庭伦理关系发展成为社会伦理关系的潜在力量，“弟兄是从他本来生活于其中的神的规律向着人的规律过渡”③。面对兄弟关系的这种矛盾性，如何建构二者之间的伦理秩序远没有像处理父子关系那样简单和直接。因此，先秦儒家在处理长幼关系时，一方面以血缘亲情为前提，另一方面又从人文精神的角度规定长幼之间遵循一定的伦理秩序，

---

① ［德］黑格尔：《精神现象学》（下卷），贺麟、王玖兴译，商务印书馆1996年版，第14页。

② 同上。

③ 同上书，第16页。

即“兄友弟恭”。先秦儒家对长幼关系的这一人伦规定，超越了兄弟之间相对的独立性和自由性，即兄弟之间不再是个体与个体之间的关系，而是个体与家庭伦理秩序、个体与“份位”的关系。不过，由于儒家较为强调上下尊卑的“等差秩序”，随着后来封建集权制的加剧，先秦儒家倡导的“长幼有序”的平等友爱精神逐渐被“父权”的绝对权威所遮蔽，即发展为“长兄如父”。由此，儒家的“爱有差等”的色彩更为强烈。

朋友有信。在孟子的人伦体系中，朋友关系代表着家庭之外、没有血缘关系的社会中横向的人与人之间的关系。在人的现实存在中，人的伦理身份除了是家庭成员之外，还是国家公民，并且在个体生命价值和意义的追寻和实现中，如何实现社会价值更是人生的根本。也正是在此意义上，孟子也极为重视社会中横向人伦关系——朋友的维系之道。儒家是“情”本体的，而且这种情本体是从血缘关系出发的，家庭中人伦关系的精神基础建立于“情”中，具有自然必然性。然而，在社会中，没有血缘关系的朋友这一人伦该如何维系呢？儒家特别是孟子则直接把朋友关系的维系建立于“情”的基础之上，即“朋友有信”。何为“信”？“信”与“诚”相通，二者可以互释，《说文》：“诚，信也，从言，成生。”“信，诚也，从人言”。即朋友之间关系的确立必须建立在真情实感的基础之上。而且这种真情实感始终是以道德为导向的，“不挟长，不挟贵，不挟兄弟而友。友也者，友其德也，不可以有挟也”。（《孟子·万章下》）朋友之“情”的最高境界乃是情真意切，朋友之间的交往在于通过“道”的切磋琢磨，塑造人向善的情感心理。

三　以“情”论“性善”的道德哲学意义

孟子以“情”论“性善”，使“情”的本体地位进一步突出，并系统化地将“情”置入到儒家道德哲学体系中，“孔子、楚简先儒文献者、孟子、荀子都在儒家伦理思想的旗帜下，谈到了性、天、命等，但这些理念实际上都日益显示出一种虚位性质，而情则日益具有实位性质，这里的意思是，只有情具有着真切、实在、可确证的存在状态，这从一个方面反映出先儒伦理思想确实是一种情感本体的思想”①。可以说，孟子以“情”论性善，对儒家情理主义道德哲学形态的形成和发展具有划时代的意义。

儒家以“情”为本原构筑的道德哲学体系的最大特色就是它既不是西方式的情感论或情感主义，同时它虽然关注“理”对“情”的指导，但是也没有形成西方式的理性主义，而是一种合“情”与“理”于一体的情理主义。如果对儒家这种情理主义道德哲学形态进行溯源，那么孟子以“情”论“性善”的人性论思想直接为儒家情理主义的形成和发展提供了形上之根据。孟子认为人皆有之的“恻隐之心、羞恶之心、恭敬之心、是非之心”根源于“天”，是人之天性，这就确立了恻隐、羞恶、恭敬等向善之情的本体地位，也即是说，恻隐、羞恶、恭敬等向善之情与“天”有了直接的关联，“尽其心者，知其性也。知其性，则知天矣”。（《孟子·尽心上》）“尽”者，“扩而充之”也，能扩充恻隐、羞恶等善之情，就懂得了人的本性，也就懂得了天。这里的“天”与人之性情是合而为一的，这也是孟子“天人合一”思想的重要方面。这样，孟子在以“情”论“性善”系统地确立“情本体”地位的同时，也为道德寻找到了终极根源，即人人都具有的向善之情是人的道德本性的终极根源。孟子以人之天性的向善之情作为道德的终极根源比孔子从“孝悌”出发论证人的道德本性具有更大的进步性。张世英先生对此曾有深刻阐释，“孟子不同于孔子，孟子乃是在‘孝悌’亲情至上再加一层更高、更根本的‘恻隐之心’，由此‘恻隐之心’‘充之’而有‘事父母’之亲情，以至于‘仁民’，更至于‘爱物’。如前所述，孔子之由‘孝悌’亲情‘推及’于他人，这种‘推及’是没有保证的。因为孔子没有明确‘推及’的必然性根据，故人可以爱己之父母，而不必爱他人之父母。作为‘爱人’之‘仁’德，在孔子那里，没有明确的根据。孟子则不然，他的‘恻隐之心’是‘人皆有之’的人性之本然；由于人之本性、天性，由于人天生有恻隐之心，有不忍之心，故人皆不仅必然地有血缘亲情，见己之子将入井而有恻隐之心，急往救之，而且乍见不相识的孺子将入于井，

---

① 马育良：《先秦儒家对于“情”的理论探索》，《安徽大学学报》（哲学社会科学版）2001年第1期。

也必然地有不计较任何利害的‘恻隐之心’而往救之。仁者爱他人之德，直接以人的‘恻隐之心’这种本性、天性作保证”[①]。孟子从本性、天性的角度论证道德根源于人之向善之情，确立了“情本体”的地位，为儒家情理主义道德哲学思想的“形上”致思开辟了道路，从此人对道德的追求有了形上根据。

另外，孟子从“天道”的角度出发，以“情”论“性善”，认为每个人就具有善性，从而开创了儒家基于道德人格的平等观：“恻隐之心，仁之端也；羞恶之心，义之端也；辞让之心，礼之端也；是非之心，智之端也。人之有是四端也，犹其有四体也。……凡有四端于我者，知皆扩而充之矣，若火之始然，泉之始达。”（《孟子·公孙丑上》）“人性之善也，犹水之就下也。人无有不善，水无有不下。”（《孟子·告子上》）孟子从“情”出发提出人性本善，在一定意义上进一步保持了道德的纯洁性，为道德主体超越具体世俗利益提供了内在价值基础，“有天爵者，有人爵者。仁义忠信，乐善不倦，此天爵也；公卿大夫，此人爵也。古之人修其天爵，而人爵从之。今之人修其天爵，以要人爵；即得人爵，而弃其天爵，则惑之甚者也，终亦必亡而已矣”。（《孟子·告子上》）从孟子对“天爵”“人爵”的论述来看，把道德性的“天爵”置于主导性地位，再一次表明孟子以道德统领人生的价值取向。

第二节　情理合一的德性结构

孟子以“情”论“性善”虽然在中国整个人性论史上表现为一种思想观点，并且成为中国人性论史的主流，但是他的这一人性论又不仅仅只是对人性的一般呈现或描述，而是直接关涉到其整个道德哲学体系的建构，“性善论既是一种思想视角，又是一种认知进路，更是一种认识所赖以形成的思想谱系，故只有从儒家人生价值观之形成的理论特点和思维进路的角度，才能理解性善论的确切涵义”[②]。孟子情理主义道德哲学

① 张世英：《境界与文化——成人之道》，人民出版社2007年版，第177—178页。

② 丁为祥：《孟子如何“道性善”？——孟子与告子的人性之辩及其不同取向》，《哲学研究》2012年第12期。

思想的核心内容，即以“仁义礼智”为基本内容的德性论思想就是直接建立在其人性论基础之上的，或者说，孟子以“情”论“性善”的人性论思想直接决定了其德性论思想的基本脉轮和外在呈现特点。

一 德性论的情理结构

道德作为一种实践精神，既需要有为善之心，更要有为善之行，即道德的根本意义还是在于把内在的向善的道德动机转化为现实的道德行为。孟子在“教以人伦”“养浩然之气”的内外兼修中，以及对道德之善、恶的分辨中，进一步觉察到虽然人性本善，但是“本善”并不必然表现为“实善”，所以孟子认为人性善源于“善端”，“恻隐之心，仁之端也；羞恶之心，义之端也；辞让之心，礼之端也；是非之心，智之端也”。(《孟子·公孙丑上》) 要扩充、发挥人性善在社会中的现实意义，还需要把“善端”发展为“善德”，而这一发展和落实依靠个体的道德自觉是远远不够的，因此，孟子在建构其德性论思想时，把德性论建立于其性善论基础之上，彰显了其向内致思的哲学特色，但是他又没有仅仅停留于此，而且也进一步认识到了，对个体德性的养成来说，对外在社会道德规范的认同和践行与人本有的性善是相辅相成的。因此，“四心”作为“仁义礼智”的四个善端，又不是截然分开，彼此独立，而是始终处于互补互动中，进而四心的情理结构外化到“四德”，形成了孟子德性论的情理精神。

孔子援“仁”入“礼”，一方面使“礼”重获新生，另一方面也使“仁”成为整个儒家情理主义道德哲学形态的核心内容，孟子在继承孔子“仁”学思想的基础上，进一步把“仁”纳入到其德性论中，并把其置于核心地位。“仁”在孔子和孟子的道德哲学体系中均处于核心地位，但是，二者对“仁”的核心地位的阐述和论证则完全不同，孔子是通过“礼”—“仁”的辩证统一来论证“仁”的核心地位，而孟子则通过人性论论证“仁”的核心地位，“恻隐之心，仁之端也”。所谓“恻隐之心”就是基于人的本性无须反思的直觉和同情心，是把他人的苦难移情到自己的切身感受中，从而激发人内在的对他人生命的人道关怀。在孟子思想中，这种人道关怀或恻隐之心的源泉就是血缘亲情。人何以能够同情他人，对他人生命特别是对他人的困境生发出恻隐之心？或者说，人我之间的情感共通点是什么？儒家道德哲学一向以血缘亲情作为共通点，如孔子认为“孝悌也者，为仁之本与”。而孟子更是把血缘亲情上升为一种同情他人的自然而然的情感，“人之所不学而能者，其良能也；所不虑而知者，其良知也。孩提之童无不知爱其亲者，及其长也，无不知敬其兄也。亲亲，仁也；敬长，义也；无他，达之天下也”。（《孟子·尽心上》）孟子将血缘亲情作为恻隐之心的情感源泉，其下一步的要求就是“推”，通过人人皆有的血缘亲情由家庭向外推扩，由想象他人的感受推出应当维护他人利益的利他行为，即所谓“老吾老，以及人之老；幼吾幼，以及人之幼”。因此，在儒家的人我互动中，或者以恻隐仁爱之心关照他人，本质上不是个体对个体的关照，而是表现为家庭成员对家庭成员的关照，这种关照的内核实际上是血缘亲情的社会化提升，在中国血缘文化中，“移孝作忠”“老吾老，以及人之老；幼吾幼，以及人之幼”大同理想之所以能够深入人心，成为支撑中华民族具有向心凝聚力，其根本原因正在于此。当然，一个人，由“恻隐之心”生发为“仁”之德的前提，由“爱亲”推到爱人的前提就是家庭关系的健康和家人之间情感浓厚，所以儒家非常重视家庭的道德功能和文化功能的发挥，“治国”“平天下”的前提条件就是“齐家”，“孝子之至，莫大乎尊亲。尊亲之至，莫大乎以天下养。为天子父，尊之至也。以天下养，养之至也”。（《孟子·万章上》）

“仁”源于恻隐之心，展现的是对他人的情感，是人践行德性精神的必要条件，但是人人虽然有恻隐之心，但是并不是人人都能把这种恻隐之心转化为切实的道德行为。因此，如何从恻隐之心出发，转化为道德行为，还需要人性的其他机制支撑。其中最首要的就是羞恶之心，可以说，与恻隐之心相比，羞恶之心具有更明确的价值指向，通过一种价值观上的喜好与憎恶来支配人的行为去做什么和反对什么，“羞恶之心，义之端也”，“仁，人心也；义，人路也”。（《孟子·告子上》）“仁”是本，“义”是用。羞恶之心本质上是一种耻感，是一种基于自律基础进行善恶判断的情感能力，也是社会能够达成道德共识的基础。可以说，在孟子的德性论中，羞恶之心还是个体道德自觉和社会道德共识相联结的重要纽带。儒家道德哲学是“伦理优先”的，具有“重群体”的一面。孟子虽然提出人性本善，注重“反身而诚”的内在致思性和反身性，注重主体价值的彰显和个体精神自由的实现，但是又始终把个体价值的实现置入社会道德的框架中，因此，孟子将“义”置于仅次于“仁”的地位。“羞恶之心”作为“义”的情感动力，是指向社会群体的，是对人我沟通之“仁”的践行，它代表着个体行为是以社会群体价值取向为标杆的，其内核始终是对他人如亲人般的关照。当一个人不能关照他人、关照社会群体利益就是一种自私自利，是一种耻辱。从此种意义上说，“义”是恻隐之心的社会化提升，是人之所以为人的重要评价标准，也是个体实现人生价值的必然选择，“羞恶之心”对个体道德行为的发动力是不可忽视的，“生亦我所欲也，义亦我所欲也；二者不可得兼，舍生而取义者也”。“义”能够使人超越生死维护人之所以为人的高贵之处。

源于恻隐之心的“仁”具有先验性，是人之所以有道德的内在基础，源于“羞恶之心”的“义”开始使个体内在的道德自觉指向社会，是恻隐之情的正当发用，“居仁由义”形成了道德的“体”和“用”。仍有待辨明的是，“义”如何实现自身的正当性？因此，在孟子的德性论中，还需要社会道德规范作为个体培养德性的参照，这就是“礼”，“仁之实，事亲是也；义之实，从兄是也；智之实，知斯二者弗去是也；礼之实，节文斯二者是也”，“君子以仁存心，以礼存心。仁者爱人，有礼者敬人……非仁无为也，非礼无行也”。(《孟子·离娄下》)“辞让之心”，实际上是个体道德自觉与社会共识同化的情感基础。孟子把“辞让之心”作为“礼”之端，对孔子“援仁入礼”进一步本体化了。有了恭敬辞让之心，社会礼仪规范不再是外在的形式约束，“礼”则成为个体的最深层次的情感需求与期盼。“礼”本质上表达着个体对社会规范的认同和践行：“礼”一方面以“仁义”为核心价值，另一方面又是“仁义”的社会化表达。在整个儒家情理主义道德哲学形态中，“礼”是使家庭和国家两大伦理实体获得统一的桥梁，“礼的精神就是使民众在尊尊与亲亲两方面做得更好，而尊尊和亲亲实际是同一种伦理精神在不同领域的反映：在政治上表现为尊尊，在处理社会人事交往方面表现为亲亲。亲亲是尊尊的开始，尊尊是亲亲的完成，二者都是仁爱之心由内而外的展现”①。同时，源于“恭敬之心”的“礼”也是个体内在情感社会化的表征，于

① 艾冬景：《“礼”的人文关怀》，《学海》2004年第1期。

是，个体内在的自然情感在“礼”的引导中就升华为具有社会性的道德情感，其主要是基于个体对人伦关系的道德原则和道德规范的恭敬之情，这正如康德所说的对道德法则、道德律的敬重情感：“敬重是无论我们愿意不愿意，对于功德我们都无法拒绝给予的一种赞许；我们顶多在表面上不流露出这一点，但我们却不能防止在心里面感觉到它。”① 以敬重之情为内在精神基础，按照“礼”的要求践行仁义，实际上既维护了道德的纯洁性，又能实现道德的普遍性要求。

孟子的四德结构中，仁、义、礼都直接建立在情感的基础上，或直接就是情感。但是在孟子看来，只有情感还不能构成完整的德性理论，即有成为仁义之人、行仁义之事还必须有“理”的指导，“仁之实，事亲是也；义之实，从兄是也；智之实，知斯二者弗去是也”。(《孟子·离娄上》) 孟子这里所说的“智”是建立在“是非之心”的基础上的，它主要是指一种道德智慧和道德理性。在孟子的德性论中，“智”的道德特性在于对道德之是非有清楚的把握，对是否符合仁义这个善的价值目标的判断、选择和决定。在孟子的德性论中，“智”德本身不是目的，它是作为实现仁义之德的手段而存在的，同时，它也是实现仁义的重要保证，“智主要是作为达仁的手段存在的，这也就是说在中国知或智具有更鲜明的德性意味，而重点不在于强调其认知方面的能力特别是对自然方面的认知能力”②。正因为仁义的实现离不开“智”的保证，所以儒家道德哲学极为强调“仁智统一”和“仁智双修”。另外，智作为实现仁义的重要手段和保证主要在于孟子的基于是非之心的“智”德大多数情况下表现为一种“富贵不能淫，贫贱不能移，威武不能屈”的道德意志。人也只有在这种道德意志的支撑下，才能坚定自己的道德选择，从而做到杀身成仁、舍生取义，“生亦我所欲也，义亦我所欲也；二者不可得兼，舍生而取义者也”。(《孟子·告子上》) 可以说，孟子的“智”德是一种“理性+意志”的德性品格。仁、义、礼有了“智”的保证，不至于使“情”流于无原则和秩序的本能冲动中。也正因为如此，“智”德一直是儒家道德哲学的重要内容，不仅孟子把“智”作为基本德性之一，而且

---

① ［德］康德：《实践理性批判》，邓晓芒译，人民出版社 1999 年版，第 106 页。

② 肖群忠：《伦理与传统》，人民出版社 2006 年版，第 142 页。

它还在智、仁、勇中作为“三达德”之一，在仁、义、礼、智、信中作为“五常”之一。

总之，孟子的“德性”论是中国血缘文化的产物，其对中国血缘文化体现的最为深刻的特质就是其所内含的情理精神。在仁、义、礼、智的德性结构中，前三种是情、后一种是理，因此孟子的“德性”论实际上是以“情”为主体的情理统一，而且智德虽然主要是一种道德理性，但是这种道德理性不是独立的，它就存在于“情”中，“情”的合理流露和合理满足就是“理”，正如樊浩教授所说：“中国人的德性状态主要是一种情感状态，中国文化中的道德价值判断，主要受人的情感的制约与支配。这四德与希腊四德：理智、公正、节制、勇敢形成强烈的比照，具有很强的民族特色。”①

二 “善端”向“善德”的扩充

孟子以“四心”论证人性本善，使其人性论思想具有了先验性特征。人性虽然是本善的，但是这种本有的善还是“善端”，是善的萌芽，这种萌芽在后天的现实生活中，会时常受到情欲和主观任意性的影响，因此，还需要后天主体努力把“善端”培养成“善德”。基于此，孟子在其德性论思想中，为扩充人本有的善性，提出了由内而外、由低到高的一系列道德人格目标。

第一，重情重义的仁者情怀。孟子继承了孔子“仁以为己任”的积极入世的人生态度，所以他在道德人格塑造方面极为强调人的道德情操的培养，以仁义作为实现人生价值和人生意义的主导方向，“《诗》云：‘既醉以酒，既饱以德。’言饱乎仁义也，所以不愿人之膏粱之味也；令闻广誉施于身，所以不愿人之文绣也”。（《孟子·告子上》）这就是说仁义美德富足了，也就不羡慕别人的肥肉细米；自己美名远扬人人称赞，也就不羡慕别人的锦绣官服了。要“饱乎仁义”，首先就要心怀仁爱之心，即要做重“情”之人。“情”特别是向善之情是一切德性的根源，也是个人自我提升的根本动力，“人皆有不忍人之心……今人乍见孺子将入于井，皆有怵惕恻隐之心非所以内交于孺子之父母也，非所以要誉于乡

① 樊浩：《中国伦理精神的历史建构》，江苏人民出版社 1992 年版，第 113 页。

党朋友也，非恶其声而然也……恻隐之心，仁之端也；羞恶之心，义之端也；辞让之心，礼之端也；是非之心，智之端也……凡有四端于我者，知皆扩而充之矣，若火之始然，泉之始达。苟能充之，足以保四海；苟不充之，不足以事父母”。（《孟子·公孙丑上》）又说：“恻隐之心，人皆有之……恻隐之心，仁也。”孟子以“恻隐之心”释“仁”，比孔子的“仁”找到了更根本、更可靠的根据，即“人皆有之”的“人心”（“人性”“良知”“良能”）。因此，孟子所塑造的重“情”之人，不仅是人的本性的流露，而且更重要的是，孟子“人皆有之”之情创建了人格平等理论，即每个人只要能扩充自身善性，都可成为君子仁人。在孟子塑造的理想人格中，重“情”主要是从内在心性上而言的，重“情”的本性还需要通过外在行为表现出来，因此，孟子所提倡的仁者情怀还需要“义”，“仁，人心也；义，人路也”。仁根源于人内在的向善之情，即血缘亲情、道德情感、伦理情感，是道德的本体，而“义”则是满足人的这种情感需求的方法、途径和标准。正如樊浩教授所言：“仁虽然站在本体的高度对人的行为进行指导制约，但却需要通过‘义’的环节才能过渡到人的道德行为；仁是义的依据，义使仁获得了现实性。”[1] 可以说，孟子以仁义为要求来塑造道德人格、理想人格是较为全面的。只有重情重义、有情有义，才能“爱亲”、才能在“爱亲”的基础上“仁民而爱物”，“亲亲而仁民，仁民而爱物也”。（《孟子·尽心上》）也只有重情重义、有情有义之人才能成为真正拥有仁者情怀的君子。

第二，至大至刚的大丈夫品格。孟子塑造具有重情重义之仁者情怀的道德人格的养成不是一蹴而就的，而是需要有坚强的道德意志在艰难的现实困境中始终坚持仁义之道。这种始终向善、不为外在自然情欲所左右的道德意志就是孟子极力强调的至大至刚的大丈夫品格。“居天下之广居，立天下之正位，行天下之大道；得志，与民由之；不得志，独行其道。富贵不能淫，贫贱不能移，威武不能屈，此之谓大丈夫。”（《孟子·滕文公下》）那么，如何养成“富贵不能淫，贫贱不能移，威武不能屈”的大丈夫品格呢？孟子认为最重要的是要善养气：“‘我善养吾浩然之气’……‘其为气也，至大至刚，以直养而无害，则塞于天地之间。

---

① 樊浩：《中国伦理精神的历史建构》，江苏人民出版社1992年版，第110页。

其为气也，配义与道；无是，馁也。是集义所生者，非义袭而取之也’。”（《孟子·公孙丑上》）孟子的“养气”实为道德意志和道德自律，即坚持住向善的本性良心良能，而不能因外在物欲诱惑、个人得失而使善良的本性迷失。正如程石泉先生所说：“作为一个中国人，孟子脚踏实地地要发挥那生而具有的‘道德人性’，来光辉‘道德自我’至乎其极。”①若孟子的“浩然之气”以“大体”养“小体”，并引人向上超越自然情欲、感觉、知觉，层层向上晋升。由“理义之辨”经过养浩然之气而进入“内圣外王”之道德境界，随时随地做一个准备担当、准备“杀生成仁”“舍生取义”的大丈夫。可以说，孟子以“至大至刚”“配义与道”的浩然之气来说明道德的力量，把道德的力量发挥到了极致。

第三，“乐”与“忧”相交织的圣人境界。儒家道德哲学作为一种以“情”为本体情理交融情理主义道德哲学形态，其所提供的最终人生目的是获得生命情感的安适、满足和愉悦等积极向上的情感体验。这也是儒家情理主义道德哲学的根本特征。孟子在继承和发展儒家道德哲学这种特征的基础上，把“亦乐亦忧”的情感体验融入其所塑造道德人格和理想人格中。因此，当孟子要求做到重情重义、至大至刚的大丈夫时，他还追求进入“乐”与“忧”相交织的圣人境界。

孟子所提倡的“乐”不是日常生活中情欲得到满足的“乐”，也不是单纯的审美之“乐”，而是一种纯粹精神的愉悦，这种愉悦主要与人的道德情操相关，与人获得“安身立命”的道德追求相关，并以这种对“乐”的追求来提高人的精神境界。因此，孟子在谈到对“乐”的追求时，把“乐”与“诚”紧密联系在一起：“反身而诚，乐莫大焉。”（《孟子·尽心上》）孟子所说的“诚”是形而上的道德哲学范畴，“诚”表征着“天道”在“人道”中的落实，是个体成为“人”的合法性根据。人通过“思诚”便体现人的本性。可以说，在儒家道德哲学中，人与天的本性都是“诚”，它是“天道”与“人道”的统一：“诚者，天之道；思诚者，人之道。”（《孟子·离娄上》）“诚”是建立人与人之间伦理联结的道德基础，即伦理实体由观念的存在转化成为现实的存在的理论预设便是个体之间能够彼此真诚相待，只有个体之间的彼此真诚相待，人与人之间

---

① 程石泉：《中国哲学综论》，上海古籍出版社2007年版，第327页。

彼此的伦理期待才会成为现实，个体才会建立一种关于“伦”的信念，并有勇气向伦理实体回归。以真情实感去追求“诚”的境界，达到“天道”与“人道”的合一，从而进入“所过者化，所存者神，上下与天地同流”的圣人境界，这是一种实现了道德自由的境界。因此，在一境界中，个体“修身、齐家、治国、平天下”都能处处符合天道，必然能够获得精神的愉悦和满足，从而实现“乐”的情感体验。

孟子所追求圣人境界不仅包括从个体人格出发实现心中之乐，而且这种境界还包括一种“以天下为己任”的忧患意识，“乐民之乐者，民亦乐其乐；忧民之忧者，民亦忧其忧。乐以天下，忧以天下，然而不王者，未之有也”。（《孟子·梁惠王下》）可以说，忧患意识是一种特殊的情感意识，这种情感意识促使人们在忧患境遇的困扰中体验到人性的尊严和伟大及其人之所以为人的意义和价值。孟子强调“忧”的情思的目的就在于以一种“至大至刚”的浩然之气去突破困境、超越忧患。孟子在塑造人格方面在强调乐的境界时，也把“忧”的情思融入圣人境界中亦正是孟子通过对“师行而粮食，饥者弗食，劳者弗息。睊睊胥谗，民乃作慝。方命虐民，饮食若流。流连荒亡，为诸侯忧”（《孟子·梁惠王下》）的深刻体验，而孕育弘扬人性本善的尊严以及“配义与道”的人生价值、提升主体人格和精神境界的特殊情感。因此，孟子强调的“忧”具有两层意义：一是从人道主义出发的悲天悯人情怀。孟子所忧患的不仅仅是“仰不足以事父母，俯不足以畜妻子”的物质匮乏，而主要是内在精神生活的缺憾，特别是人类群体生存上的精神困苦，“若民，则无恒产，因无恒心。苟无恒心，放辟邪侈无不为已”。（《孟子·梁惠王上》）所以当现实的苦难蒙蔽人的善良本性以及导致人我和谐的破裂时，孟子内心深处自然产生一种深沉的悲情悲愿和无限的同情之心，孟子称之为“不忍人之心”“恻隐之心”；二是“以天下为己任”的道德责任感。孟子毕生的追求都在致力于“老吾老，以及人之老；幼吾幼，以及人之幼”的社会理想。因此，当他追求圣人境界时除了谋求主体道德生命的提升时，也在谋求天下的安康幸福，“五亩之宅，树之以桑，五十者可以衣帛矣。鸡豚狗彘之畜，无失其时，七十者可以食肉矣。百亩之田，勿夺其时，八口之家可以无饥矣。谨详序之教，申之以孝悌之义，颁白者不负戴于道路矣。老者衣帛食肉，黎民不饥不寒，然而不王者，未之有也”。（《孟子·梁惠王上》）总之，悲天悯人的“恻隐之心”是生发“以天下为己任”的直接契机，而承担困苦的责任感则是同情心的必然升华，而这共同构筑着孟子“忧”思的有机内涵。

在孟子所追求的乐与忧相交织的圣人境界中，“乐”是主体、是根本，有“忧”才能实现“乐”，正因为孟子在追求“乐”的同时也强调“忧”的重要性，才致使“孟子”的乐不是肤浅的乐：因为有“忧”，我们必须以一种刚健进取的乐观精神来超越“忧”，“舜发于畎亩之中，傅说举于版筑之间，胶鬲举于鱼盐之中，管夷吾举于士，孙叔敖举于海，百里奚举于市。故天将降大任于斯人也，必先苦其心志，劳其筋骨，饿其体肤，空乏其身，行拂乱其所为，所以动心忍性，曾益其所不能……”（《孟子·告子上》）只有超越“忧”才能真正体验到“乐”的境界。“忧”是过程，“乐”是目的、是境界，经过“忧”的乐才是真正的“乐”。

三 向内致思的德性修养途径

孟子在性善论的基础上，为实现以德化人，吸收并发扬了孔子关于“内自省”的观点，提出了一套比较系统的道德修养理论，对后世儒家产生了深远影响。

第一，“返身而诚”。在孟子“以德化人”的修养理论中，“诚”和“思诚”是进行道德修养实践的重要情感态度，它既体现为一种极高的精神境界，又体现为对“善”的坚定信念和真实情感。“诚”，实也，真实无妄之义。孟子认为：“是故诚者，天之道也；思诚者，人之道也。”（《孟子·离娄上》）要“以德化人”、成就人内在的善良本性必须有“诚”，即必须以真诚的情感态度对待道德实践或道德行为。这对道德实践或道德行为至关重要，一个人扩充自身善性，并以此善性感化别人，正在于是否心诚，是否以真情实感对待之。“至诚而不动，未之不也；不诚，未有能动者也。”（《孟子·离娄上》）例如，悦亲而不诚，就不能真正“悦于亲”，反之，如果以真情待人，既可悦亲，又能取信于民，也能得到上位者的信任。当然，“诚”除了作为道德修养的情感态度之外，它还是一种道德境界，这种道德境界就是真情流露，即使天赋显露出来，“万物皆备于我矣。反身而诚，乐莫大焉”。（《孟子·尽

心上》）

第二，“存心寡欲”。要以德化人，除了具备“诚”的情感态度外，还要付出道德修养的实际行动，孟子认为最首要的任务就是以天赋的善良本性（或道德情感）战胜自然情欲，即“存心寡欲”。孟子所说的“心”主要有两种含义，一则曰“仁，人心也”，即天赋的向善之情，恻隐之心、羞恶之心、恭敬之心皆为心之此含义；二则曰“心之官则思”，“思”即人的思维能力、理性能力，如“是非之心”即为“心”之道德思维能力的重要表现。从道德修养的角度来看，“存心”意为保持天赋“良心良能”和向善之情之不失，并扩而充之，使自己成为君子、贤人，乃至于向圣人看齐。可见，“以德化人”的根本要求就是“存心”。人性本善，那么孟子为什么还要强调“存心”呢？虽然人性本善，但是人作为自然界的产物，还有自然情欲的需求，“耳目之官不思，而蔽于物。物交物，则引之而已矣”。（《孟子·告子上》）如果任自然情欲膨胀，那么人的善良本性就会被物欲蒙蔽，因此，要“存心”必须扫除自然情欲的遮蔽，即“寡欲”。“养心莫善于寡欲。其为人也寡欲，虽有不存焉者，寡矣；其为人也多欲，虽有存焉者，寡矣。”（《孟子·尽心下》）当然，孟子提倡“存心寡欲”，以道德情感战胜自然情欲，并不是要“灭”自然情欲，而是在肯定自然情欲的合理满足的前提下，主张不能因自然情欲的满足而失去人的善性或向善之情。当自然情欲的满足和向善之情发生矛盾时，要自觉地保持善性、善情的优先性，“生亦我所欲，所欲有甚于生者，故不为苟得也；死亦我所恶，所恶有甚于死者，故患有所不辟也。……非独贤才有是心也，人皆有之，贤者能勿丧耳。一箪食，一豆羹，得之则生，弗得则死，呼虖尔而与之，行道之人弗受；蹴尔而与之，乞人不屑也；万钟不辩礼义而受之”。（《孟子·告子上》）

第三，“反求诸己”。孔子以“为仁由己”“我欲仁，斯仁至矣”的理念开创了儒家向内致思的道德修养理论。孟子在继承孔子“反躬内省”的道德修养方式的基础上，以性善论为基础和前提提出了“反求诸己”：“爱人不亲，反其仁；治人不治，反其智；礼人不答，反其敬。行有不得者皆反求诸己，其身正而天下归之。《诗》云：‘永言配命，自求多福。’”（《孟子·离娄上》）“仁者如射：射者正己而后发；发而不中，不怨胜己者，反求诸己而已矣。”（《孟子·公孙丑上》）由于人天生就具有善性，因此善与不善与外在的客观条件无关，个体要获得仁义礼智等德性只需端正自己的动机，从自身内在的心性中寻求即可，“孟子对人性可借自我努力而达到完美境地的看法持绝对认真的态度”①。从这里我们可以看到，道德修养的根本途径就在于借助“是非之心”进行自我反省，通过主体的主观努力扩充“测隐之心”“羞恶之心”“恭敬之心”，以向善之情超越自然情欲自然能走向道德上的完善。诚然，孟子“反求诸己”的道德修养方法对提升个体的道德主体性方面发挥了巨大作用，但是他又片面地夸大了反省的作用，只讲自我反省，只追求个体圣化，而不反思社会道德，那么势必会走向个体至善与社会至善的冲突和矛盾。

第三节 “以德化民”的伦理政治

孟子不仅从“性善”论出发建构了一套由内而外的道德哲学体系，进一步发展和完善了儒家情理主义道德哲学形态，而且还把这一理论应用于社会政治中，即孟子的“仁政”思想，形成其独特的伦理政治思想，对中国伦理—政治的文化传统产生了深远影响，“中国文化的品性绝不是一种孤立的伦理性，它是与政治联系在一起的，是一种伦理—政治的文化。伦理与政治是中国文化的两条主线，它们相互交织，或者是整合为一的。如前所述，中国社会结构与社会体制的基本特征是家—国一体、由家及国，这种特征表现到文化原理与文化精神上，必然是伦理政治”②。所谓伦理政治就是把人本身作为政治关注的核心，而政治的正当性、合理性或合法性主要是以道德为评价的根本标准。因此，孟子在建构其伦理政治思想时，直接把其道德思想融入政治的运行中，形成圣人政治、君子政治的治国理念，“儒家理想的政治体制是以民为本的圣王治理。圣王之为圣王有三个要素：第一，有完美的道德情怀，无私地关心百姓的待拯处境；第二，有智能与能耐解决或帮助解决社群面临的公共问题或灾难；第三，百姓表示听从有能有德者的组织安排，接受领导以发挥解

① 杜维明：《杜维明全集》第4卷，武汉出版社2002年版，第66页。

② 樊浩：《中国伦理精神的历史建构》，江苏人民出版社1992年版，第18页。

决公共问题的作用”[1]。

一　伦理政治的人性预设：“不忍人之心”

孟子提出的伦理政治思想主要是一种“圣人政治”或者“君子政治”，他特别强调君主在政治中的主导作用。因此，孟子首先把其性善论融入政治中，提出当政者的首要条件或内在条件应当是以“不忍人之心”施政，“人皆有不忍人之心。先王有不忍人之心，斯有不忍人之政矣。以不忍人之心，行不忍人之政，治天下可运之掌上”。（《孟子·公孙丑上》）孟子以“性善”作为伦理政治的人性前提，从而使其“仁政”思想具有了独特价值。

性善作为伦理政治的人性前提，使其仁政思想包含了深厚的人文精神。“不忍人之心”的本质是对“人”的关照，而且孟子更为关注现实的“人”，体现了强烈的现实主义态度。孟子提出“五伦”思想，并且在其“伦理优先”的道德哲学形态中，展现了重视人伦、重视群体的价值取向，但是这种价值取向又是从尊重个体的角度出发，特别是极为关注个体的生存及个体生命价值的实现。因此，孟子以“不忍人之心”的仁政思想作为价值标准，首先抨击了当时社会非人道的社会现实，“庖有肥肉，厩有肥马，民有饥色，野有饿莩，此率兽而食人也。兽相食，且人恶之；为民父母，行政，不免于率兽而食人，恶在其为民父母也？仲尼曰：‘始作俑者，其无后乎！’为其象人而用之也。如之何其使斯民饥而死也？”（《孟子·梁惠王上》）为了真正关注现实的人的生存、改善人的生存环境，最重要也是最根本的就是以“不忍人之心”运于天下。因为“不忍人之心”从形而上的角度是天生就有的，最为朴素、原始和直接，没有掺杂进任何世俗的功利，“皆有怵惕恻隐之心，非所以内交于孺子之父母也，非所以要誉于乡党朋友也，非恶其声而然也”。（《孟子·公孙丑上》）孟子以此论证“不忍人之心”实际上具有极强的说服力，即君主作为人之君，天生具有“不忍人之心”不证自明，另外，既然人人都天生性善，君主与臣民心是想通的，那么君主以“不忍人之心”施政，也会

---

① 成中英：《新觉醒时代——论中国文化之再创造》，中央编译出版社 2014 年版，第 355 页。

得到广大民众的自觉认同，“乐民之乐者，民亦乐其乐；忧民之忧者，民亦忧其忧。乐以天下，忧以天下，然而不王者，未之有也”。（《孟子·梁惠王上》）唯有如此，也才能营造出以人性人情为核心的纯朴、厚道、坦诚的人文环境。从形而下的角度来看，由于“不忍人之心”包含了仁义礼智的萌芽，因而又能渗透到人伦日用间，对人的现实生活提供价值指导。

道德是伦理政治的价值标准。孟子把“不忍人之心”融入政治治理中，直接推导出政治的核心就是推“仁义”，或以仁义治国，从而建立公平正义、和谐稳定的社会秩序。这样，在孟子的伦理政治中就形成了两种理念：一是最优秀的道德人才才应当成为最高的政治统治者；二是尊贤使能。当政者的道德修养的高低直接决定着社会风气，“是以惟仁者宜在高位。不仁而在高位，是播其恶于众也”。（《孟子·离娄上》）如果当政者不是心怀仁爱之人，就会给社会带来无尽灾难，“上无道揆也，下无法守也，朝不信道，工不信度，君子犯义，小人犯刑，国之所存者幸也。故曰：城郭不完，兵甲不多，非国之灾也；田野不辟，货财不聚，非国之害也。上无礼，下无学，贼民兴，丧无日矣”。（《孟子·离娄上》）在政治治理中，君王在整个国家都起着道德模范的作用，如果君王无德，社会就会处于失序状态，而失序的结果是，人们任情欲无限膨胀，人的善心也由此被蒙蔽，乃至于仁义迷失、道义不存。在孟子思想中，仁政的理想状态为当政者应当是仁人，始终从百姓的人性人情之需出发制定出富含人文精神的社会政策法规，使外在的“富之”与内在的“教之”相统一，并且使二者相摩相荡，道德教化与性情修养相互激发，从而形成良好的社会环境，也是为政者立足于天下的根本，“苟行王政，四海之内皆举首而望之，欲以为君，齐楚虽大，何畏焉?”（《孟子·滕文公下》）君王除了以自身的道德威望揽天下之民心，为政治统治建立民众基础，君主推行仁政的另一个关键点就是尊贤使能，从而自上而下建立起清明的政治气象。清明的政治是社会稳定、经济繁荣和文化繁荣的根本保障。孟子认为，要处理好社会、经济和文化三者的关系，道德是根本，而且在这些关系的处理中，除了君主做到的表率之外，臣子的德性和德行在其中也起着至关重要的作用，因此，君主要把“不忍人之心”推行于天下，臣子也必须是仁爱淳厚之人，“尊贤使能，俊杰在位，则天下之士皆悦，而愿立于其朝矣”。（《孟子·公孙丑上》）“虞不用百里奚而亡，秦缪公用之而霸。不用贤则亡，削何可得欤?”（《孟子·告子下》）因为君主推举贤能，能够使仁义道德得到彰显，“尊贤育才，以彰有德”，也才真正能够把“仁政”贯彻到底，因为“就孟子而言，没有圣人领导的政府，人民不但无法使自己的物质需要得以满足，而且，即使满足了物质需要，人民还可能因为没有五伦而近于禽兽。而只有圣人领导的政府，才能教民以人伦，使他们成为真正的人。因此，就孟子而言，理想政府不但不是当今西方主流思想中的必要的恶，甚至是不必要的恶，还是人之所以为人的源泉，即必要的善”①。

二　伦理政治的运行逻辑：外在制度与内在向善之情的相互依存

孟子以“不忍人之心”作为其伦理政治的人性前提，还有待进一步延伸的是，为政者如何以“不忍人之心”治理天下。对孟子而言，为政者治理国家的合法性就在于为政者是不是能够以“不忍人之心”满足人民的物质要求和精神要求：“庖有肥肉，厩有肥马，民有饥色，野有饿莩，此率兽而食人也。兽相食，且人恶之；为民父母，行政，不免于率兽而食人，恶在其为民父母也?仲尼曰：‘始作俑者，其无后乎!’为其象人而用之也。如之何其使斯民饥而死也?”（《孟子·梁惠王上》）如果当政者对人民没有仁爱之心，不能让其人民安居乐业，那么他就不具有合法性，这样的君主可以被废除和革命：“齐宣王问曰：‘汤放桀，武王伐纣，有诸?’孟子对曰：‘于传有之。’曰：‘臣弑其君，可乎?’曰：‘贼仁者谓之‘贼’，贼义者谓之‘残’。残贼之人，谓之“一夫”。闻诛一夫纣矣，未闻弑君也。’”（《孟子·梁惠王上》）在孟子的伦理政治中，始终认为民为邦本。那么如何满足人民的要求呢?孟子认为，一方面通过“制民之产”的制度建设满足民众的物质要求；另一方面通过“推恩”的人伦教化引导满足民众的精神需求。

第一，外在的制度和物质保障：“制民”以“恒产”。孟子意识到，对于普通人或百姓而言，要“教以人伦”、对百姓进行道德教化就必须以

① 白彤东：《主权在民，治权在贤：儒家之混合政体及其优越性》，《文史哲》2013年第3期。

物质满足为基础，即所谓："五亩之宅，树之以桑，五十者可以衣帛矣。鸡豚狗彘之畜，无失其时，七十者可以食肉矣。百亩之田，勿夺其时，数口之家可以无饥矣。谨庠序之教，申之以孝悌之义，颁白者不负戴于道路矣。"（《孟子·梁惠王上》）只有使百姓的自然情欲得到合理满足，才能教化百姓努力向善。当然，孟子一方面认识到满足百姓物质需求的必要性，另一方面也认识到自然情欲无限膨胀带来的风险，所以孟子更为强调如何以道德的方式疏导人们的自然情欲，正如朱熹对此做出的评注："夫民衣食不足，则不暇治礼义；而保暖无教，则又近于禽兽。"① 人的情欲是无止境的，而社会资源又极其有限，如果任情欲无限膨胀，那么势必会产生尔虞我诈，以致人的向善之情必然湮没于情欲的横流中，那么人必然会沦为禽兽。所以，在孟子那里，满足人民的自然情欲只是伦理政治的起点，其真正的用意是在于扩充人的善性，使百姓回归到"出入相友，守望相助，疾病相扶持，则百姓亲睦"的纯净世界中。

第二，"推恩"。在孟子看来，为政者之所以由圣贤来担任，就在于圣贤的使命不仅以"不忍人之心"关注民众的生存问题，更重要的是对民众进行教化，这也是对孔子伦理政治思想的重要继承："子适卫，冉有仆。子曰：'庶矣哉！'冉有曰：'既庶矣，又何加焉？'曰：'富之。'曰：'既富矣，又何加焉？'曰：'教之。'"（《论语·子路》）孟子在继承孔子重视对民众进行教化的思想之上，又直接明确提出，为政者应当是圣人的根据就在于为政者最高使命乃是"教以人伦"："人之有道也。饱食、暖衣、逸居而无教，则近于禽兽。圣人有忧之，使契为司徒，教以人伦，父子有亲，君臣有义，夫妇有别，长幼有序，朋友有信。"（《孟子·滕文公上》）使人由自然性的存在提升为伦理性的存在。"恒产"只是"恒心"的物质前提，使民有"恒心"才是伦理政治所努力实现的核心目标，只满足人的物质欲望，而没有道德的规约，那么社会就会陷入个人主义的漩涡中，从而对社会的整体性造成极大破坏，这也是西方现代民主制度遭遇到的重要难题，如白彤东在《主权在民，治权在贤：儒家之混合政体及其优越性》一文对西方民主弊端进行的分析中指出："上节所述前三个问题的一个共同原因是一种个人主义的不道德的、极端的

① 朱熹：《四书章句集注》，中华书局 1983 年版，第 204 页。

版本，它被一些人当作民主的神圣意识形态基石。”[①] 在此基础上，白彤东进一步肯定了作为孟子的“主权在民，治权在贤”思想的肯定。

那么如何造就“恒心”呢？孟子从其性善论出发，提出“谨庠序之教，申之以孝悌之义”。从家庭伦理出发对百姓进行教化，那么作为为政者的圣人君子首先也应当以“爱亲”之情推扩到天下。在这里，一方面，孟子肯定了血缘亲情的根源性地位，把“爱亲”之情抬高到圣贤的高度，“尧舜之道，急亲贤也”，以及孟子对舜“窃父而逃”的肯定无不彰显着其对孝悌的极力赞扬，孟子对“孝悌”的肯定，使为政者的品德修养就有了一定的切近性，因为无论上至君臣、下至百姓的生存和成长，无不受血缘亲情的影响，并且为君主建立“老吾老，以及人之老；幼吾幼，以及人之幼”奠定了心理基础；另一方面，孟子虽然重视血缘亲情、“孝悌”的本根意义，但是孟子伦理政治更重要的意义是把“孝悌”推行于天下，并认为只有从“孝悌”出发的“推恩”才能真正“保天下”、实现王道：“老吾老，以及人之老，幼吾幼，以及人之幼，天下可运于掌。《诗》云：‘刑于寡妻，至于兄弟，以御于家邦。’言举斯心加诸彼而已。故推恩足以保四海，不推恩无以保妻子。古之人所以大过人者，无他焉，善推其所为而已矣。今恩足以及禽兽，而功不至于百姓者，独何与？权，然后知轻重；度，然后知长短。物皆然，心为甚。王请度之！”（《孟子·梁惠王上》）孟子的“推恩”思想实际上是其“四心”即恻隐之心、羞恶之心、恭敬之心、是非之心在伦理政治上应用，“凡有四端于我者，知皆扩而充之矣，若火之始然，泉之始达。苟能充之，足以保四海；苟不充之，不足以事父母”。（《孟子·公孙丑上》）

孟子的“推恩”思想是对孔子“推己及人”思想的发挥，是儒家把“情”用作政治原理的成功典范。同时，这一思想也是孟子对中华文明血缘文化的继承和发挥。孟子通过血缘亲情唤起人的“不忍人之心”，再由人人都具有的“不忍人之心”扩展到政治领域中。孟子以“推恩”作为政治的道德原理，生发出的“仁政”思想，对当今民主政治具有一定的启发意义，因为我们无论建立何种政治制度，政治的本真之义都在于对

---

① 白彤东：《主权在民，治权在贤：儒家之混合政体及其优越性》，《文史哲》2013 年第 3 期。

民众的物质和精神负双重责任，孟子以“推恩”作为政治合理性的根据，本质上更为强调为政者对民众的教化作用，即以“善教”作为政治统治的根本作用，“善政，不如善教之得民也。善政民畏之，善教民爱之；善政得民财，善教得民心”。（《孟子·尽心上》）“善政”更多的是依赖外在的强制手段获得一种秩序，而“善教”则直指人心，使民众“有耻且格”，孟子强调“推恩”，实际上就是通过“情”的合同功能，使为政者获得“民心”，从而“保四海”。孟子对圣贤政治的推崇实际上也包含着“善教”对“善政”的制衡作用。

三 伦理政治的价值目标：与民同乐

孟子通过对“推恩”的强调，并以“善政”与“善教”的相得益彰极大地发挥了“情”在道德哲学中的合同功能。而这种“合同”不是一种外在的利益联结，而是一种精神层面的情感共鸣。因此，孟子由外在的“制民之产”到内在的“推恩”，其最终的政治目标就是“与民同乐”。在孟子的伦理政治中，“与民同乐”本质上是物质需求和精神需求的相得益彰。

在孟子“与民同乐”的伦理政治思想中，“乐”绝不是简单的、个体的感官之“乐”，而是始终以“民贵君轻”为前提、君主的追求得到民众认可的快乐。那么，如何得到民众认可呢？就是以“仁”、以“礼”化解个人利益与社会整体利益、眼前利益与社会长远利益之间的关系，政府的作用就是在这两类利益中取得平衡。因此，当政者第一要义就是要保证民生：“地方百里而可以王。王如施仁政于民，省刑罚，薄税敛，深耕易耨，壮者以暇日修其孝悌忠信，入以事其父兄，出以事其长上，可使制梃以挞秦、楚之坚甲利兵矣。彼夺其民时，使不得耕耨以养其父母。父母冻饿，兄弟妻子离散。彼陷溺其民，王往而征之，夫谁与王敌？故曰：‘仁者无敌。’王请勿疑！”（《孟子·梁惠王上》）只有使百姓安居乐业，君王的礼乐教化才能真正得到认可，其政治统治才会获得道德合理性。在这里，孟子的“仁政”思想虽然具有很强的理想性，但是其对“仁政”的论证又是从关注现实出发的。他清醒地看到君主如果不关注民生，将会给民众带来致命的灾难，“今王鼓乐于此，百姓闻王钟鼓之声，管籥之音，举疾首蹙頞而相告曰：‘吾王之好鼓乐，夫何使我至于此极也？父子不相见，兄弟妻子离散。’今王田猎于此，百姓闻王车马之音，见羽旄之美，举疾首蹙頞而相告曰：‘吾王之好田猎，夫何使我至于此极也？父子不相见，兄弟妻子离散。’此无他，不与民同乐也”。（《孟子·梁惠王下》）如果君王以“不忍人之心”关注百姓之所需，从百姓之所需出发进行社会治理，那么君王就会从个人的主观感受的好恶中超越出来，“乐民之乐者，民亦乐其乐；忧民之忧者，民亦忧其忧。乐以天下，忧以天下，然而不王者，未之有也”。（《孟子·梁惠王下》）另外，在孟子“与民同乐”的伦理政治中，孟子不仅一般地强调普通民众一般需求，而且，他还极为强调政治对弱势群体的关怀，“老而无妻曰鳏，老而无夫曰寡，老而无子曰独，幼而无父曰孤。此四者，天下之穷民而无告者。文王发政施仁，必先斯四者”。（《孟子·梁惠王下》）

“与民同乐”本质上追求的是臣民对君主的心悦诚服，更多的是一种情感上的共鸣与认同。那么君民之间如何产生情感共鸣以及臣民如何对君王产生情感认同呢？对于儒家伦理政治来说，情感共鸣和情感认同是基于道德情感的，即为政者要以自身的道德品行来臣服民众，即所谓德治，“以德服人者，中心悦而诚服也，如七十子之服孔子也”（《孟子·公孙丑上》），孟子的仁政思想认为，管理国家的人，应当是有仁心并心怀天下、精神境界比较高的人。在孟子基于“不忍人之心”的“仁政”思想中，道德哲学与政治哲学始终统一在一起，并且道德哲学居于主导地位。因此，在孟子看来，君主的任务不仅安民、保民、在物质生产上惠民，更重要的是还要成为民众的精神风向标，“君子之德，风也；小人之德，草也。草上之风，必偃”。（《孟子·滕文公上》）孟子对道德人格的弘扬，对于现实社会和政治运行最大的积极意义就是，使君臣、君民之间可以超越社会等级权力之上获得一种道德人格上的平等，对君王政治权力的绝对主导性起到一定的制约作用，这其实与孟子人性本善思想具有一定的逻辑关系，人性本善，无论是君主和臣民作为人而言，具有共同的使命就是“尽心”，使善获得现实性，由于君主特殊的社会地位，拥有强大的“势”，对社会影响较大，所以应当有更高的道德修养，要德才兼备。在这里也内涵革命性的思想，即只有道德高尚、仁爱天下的君主才应当得到拥护，而与社会道义背道而驰、违反民意的君主则失去其政治上的合理性，“齐宣王问曰：‘汤放桀，武王伐纣，有诸?’孟子对曰：‘于传有之。’曰：‘臣弑其君，可乎?’曰：‘贼仁者谓之‘贼’，贼义者谓之‘残’。残贼之人，谓之‘一夫’。闻诛一夫纣矣，未闻弑君也。’”（《孟子·梁惠王下》）在孟子看来，真正的君主，应当以仁义原则治理天下，从而得到天下之民的情感认同，即“心悦诚服”；与之相对，“一夫”自私自利，自然情欲完全遮蔽本有“善端”，背离仁义之道，与天下对立，更得不到民众的认可，就不是真正意义上的君主。

从孟子“与民同乐”的思想来看，孟子基于人性人情之需来界定政治与道德关系，并主张以道德的方式进行社会治理，肯定民众的需求和情感认同，一方面体现了儒家德治思想的文化模式，另一方面也为当代政治哲学中民主政治理念提供了值得注意的理论资源。如前所述，孟子对人性本善、仁政思想的反复论证，过分突出道德的作用，在某些方面具有泛道德主义的倾向，以至于没有形成独立于道德哲学之外的政府组织形式和政治学，同时，随着后来中国封建制度的发展，儒家道德哲学也越来越失去政治之外的独立性，在发展中也遭遇到来自政治力量的阻挠和歪曲。然而，就整体而言，孟子从情理合一角度，一方面肯定内在的仁爱之情；另一方面也肯定出于仁爱之情的伦理规范、礼制和法制的社会作用，主张善教制衡善政的情理合一、内外兼修的伦理政治思想，对于现代民主政治过分强调形式化、程序化及技术理性的偏向，可以在思维进路上形成某种纠偏作用。

第七章

荀子“礼以养情”的情理精神

庞朴先生指出：“孔子以后，弟子中致力于夫子之业而润色之者，在解释为什么人的性情会是仁的这样一个根本性问题上，大体上分为向内求索与向外探寻两种致思的路数。向内求索的，抓住‘人之所以异于禽兽者几希’处，明心见性；向外探寻的，则从宇宙本体到社会功利，推天及人。向内求索的，由子思而孟子而《中庸》；向外探寻的，由《易传》而《大学》而荀子。”① 孔子作为儒家的创始人，其以“情”为根基的道德哲学思想兼具向内求索与向外探寻两种品格。前者主要集中体现在孔子的“仁”学中，后者主要集中体现在他关于“礼”的思想中。孟子从向内致思的理路出发继承并发挥了孔子“仁”的精神，突出了儒家道德哲学重“情”的一面；荀子则以向外探寻的理路继承并发挥了孔子道德哲学中“礼”的精神，突出了儒家道德哲学内含的“合理”精神，因此，儒家道德哲学虽然以“情”为本，但是没有走向情感主义，这与荀子对“礼”之理性精神的发挥密不可分。

第一节　性情论

如何理解和看待“情欲”是儒家情理主义道德哲学形态一个较为复杂的问题，孟子从人性善的角度出发在对自然情欲做出肯定的判断时又主张“寡欲”，其目的是扩充天赋之善性，而荀子则从生物学的眼光出发

① 庞朴：《孔孟之间——郭店楚简中的儒家心性说》，《中国哲学》（第二十辑）1999 年第 23 期。

看待“情欲”，并得出人性本恶的结论。孟子与荀子对待“情欲”的最大不同之处在于：孟子主张以道德情感超越自然情欲，可以说孟子对待“情欲”的思路是以“情”（向善之情）制“情”（自然情欲）；荀子则发挥人的理智能力来制约自然情欲的无限膨胀，其对待情欲的理路是以“礼”（理）制“情”（自然情欲）。可以说，荀子是儒家把情感理性化的主要思想家，但是其道德哲学的内在精髓仍是以“情”为主。

荀子提出“情欲”说是从性、情、欲分而论之为起点的；“欲”，则是对“情”的反应或应用。在这三者的关系中，性、情、欲是一贯而下的，有性必有情，若无情性则不显，而有情则必有欲，“欲又情之所应，所以人必不可免于有欲也”[①]。然而，荀子在其人性论中又把“性”与“情”“欲”分开来说，而把“情”和“欲”紧密联系在一起，提出“情欲”说，认为“性”通过后天人为可改、可化，而情欲不可去、不可改。“性”为什么要改、要化，是因为性恶，而性恶是因为情欲恶。因此，荀子从情欲的自然性（即生理和心理两个层面）出发提出“性恶论”，在“性恶论”的基础上又提出“化性起伪”之说。

一　性、情、欲之内在关联

第一，“性”与“情”。荀子论“性”与孟子存在根本区别：孟子从社会性的向善之情论“性”，得出“性本善”的人性论断；荀子的“性”则主要是从人的自然性、生理要求和感官本能出发认识人性。“情”则为“性”的实质，他说：“性者，天之就也。情者，性之质也。欲者，情之应也。以所欲为可得而求之，情之所必不可免也。”（《荀子·正名篇》）性是天赋本能，是“不事而自然”（《荀子·性恶篇》），是“生之所以然者”“生之不事而自然者”，即先天就具有的自然本性；情，则是性之质体，即性通过情表现出来，或者说，“情”是“性”的载体，性情实际上又是一回事，因而他常常“性情”连用，“今人之性，饥而欲饱，寒而欲暖，劳而欲休，此人之性情也”。“古者圣王以人之性恶，以为偏险而不正，悖乱而不治，是以为之起礼义，制法度，以矫饰人之情性而正之，以扰化人之情性而导之也。此皆出于治，合于道者也。今之人，化师法，

① 王先谦撰：《荀子集解》，中华书局1988年版，第428页。

积文学，道礼义者为君子；纵性情，安恣睢，而违礼义者为小人。”（《荀子·性恶》）由此可见，性情不能分离各自独立存在，实际上，由“性”到“情”是一个由内而外逐层显发的过程。“性”与“情”的内在关联，包含两方面的内容：一是“情”属于“性”，“情”体现着人的内在之质；第二是“情”作为“性”的外发显现来，“情”并不能完全与“好、恶、喜、怒、哀、乐”等具体情绪画等号，它既是对各种情绪的抽象，也是重要的道德哲学范畴。它既是连接“性”与“欲”的中介，也是荀子道德哲学体系的现实基础。

第二，“情”与“欲”。在荀子那里，性、情、欲三位一体，“性”显而为“情”，“情”显而为“欲”。在三者的关系中，“性”是根本，“情”和“欲”都是在“性”的基础上的外在显现。可以说，三者的本质是一样的，只不过外在表现形式不一样而已。因此，荀子一方面把三者分开而言；另一方面，又以“情”为中介，三者综合言之。因此，他在有“性情”之说的同时，又把“情”与“欲”合并在一起，故有“情欲”之说。实际上，在荀子的思想中，他只明确地分辨了“性”与“情”的内在关联，在“情”与“欲”的区别上并不是很明显，因此当他“情”“欲”并提时，往往指“情欲”，偏向于“欲”的一面。而且荀子对“欲”或“情欲”的界定和论述颇为丰富。

从道德哲学的角度看，荀子主要从生理和心理两个层面对“情欲”进行了界定。生理层面的“情欲”主要是指人最为自然界的产物而天生就具有的生物本能及其需求，“夫人之情，目欲綦色，耳欲綦声，口欲綦味，鼻欲綦臭，心欲綦佚。此五綦者，人情之所必不免也”。《荀子·王霸》“饥而欲食，寒而欲暖，劳而欲息”。《荀子·荣辱》心理层面的“情欲”主要指人在满足基本的生存欲求之后所产生的更高更深的享乐欲望和权势欲望，所谓“若夫目好色，耳好声，口好味，心好利，骨体肤理好愉佚”。“人之情，食欲有刍豢，衣欲有文绣，行欲有舆马，又欲夫余财蓄积之富也，然而穷年累世，不知不足，是人之情也。”（《荀子·荣辱》）这是人的发展需求所滋生的情欲。另外人还有为体现自身价值而滋生的情欲，在荀子那里主要表现为人的权势之欲，所谓“夫贵为天子，富有天下，名为圣王，兼制人，人莫得而制也，是人情之所同欲也，而王者兼而有是者也。重色而衣之，重味而食之，重财物而制之，合天下而君之，饮食甚厚，声乐甚大，台谢甚高，园囿甚广，臣使诸侯，一天下，是又人情之所同欲也”。（《荀子·王霸》）在荀子看来，生理和心理两层面的“情欲”所处的地位是不一样的，自然生理层面的“情欲”处于现实的层面，它属于具体的现象层面，是以耳、鼻、口、舌、体为主体的生理感受性和感官欲求为代表的“耳目之欲”。“耳目之欲”虽然只是出于自然本能的欲望需求，但是它却是心理层面的“情欲”的根源。人们为了最大限度的满足“耳目之欲”，也会对心理情感欲求诸如“好利恶害”以及对权势、名声（如“名声若日月，功绩如天地”）、道德人格（如“名为圣人”）进行追求和争取。

第三，“情”的特质和价值。在荀子的性情论思想中，他虽然是“性”“情”“欲”并提，但他更为重视“情”，而且这里的“情”不是“情欲”，而是“情感”。荀子在继承孔孟重视真情实感的基础上，更进一步地凸显了真情实感在道德哲学中的基础性地位。“性之好、恶、喜、怒、哀、乐谓之情。”“情者，性之质也。”后如他根据“三年之丧”这一古礼对“称情而立文”在《礼论》中进行论证，“三年之丧何也？曰：称情而立文，……创巨者其日久，痛甚者其愈迟，三年之丧，称情而立文，所以为至痛极也”。对于三年之丧礼，孔子和荀子均有说明，孔子是从回报的角度，即“三年不免于怀”的角度说明三年丧礼的必要性和应当性，而荀子则从真情实感出发来说明三年丧礼的必要性，他认为，三年之丧礼是为了表达人痛失亲人的悲痛情感。由此说明“礼”的现实基础不是别的，就是从血缘亲情出发的真情实感。荀子在《荀子·礼论》和《荀子·乐论》中也论证了“情”的真情实感的特质及其维护礼制的重要作用。因此，“情”的根本特质是“真”，其价值体现在既是“礼义法度”产生的根据，又是使“礼义法度”获得现实性的根源动力。

二 性恶论

与孟子一样，人性论也是荀子道德哲学的基本理论根据，且显得更为突出。他的“礼”论、人情说及其义利观、荣辱观等都与其人性论相关。荀子的人性论，与孟子的“性善论”相对立，他主张“性恶”。荀子认为，性恶的根源就是情欲。基于此，他除了从性、情、欲的角度论述了三者之间的内在关联，而且还对“情欲”的特质进行分析并做出价值判断，为他的“性恶论”主张提供根据。

第一，“情欲”。在荀子看来，人的“情欲”虽然表现不一，既具有自然性的一面，也有社会性的一面，但是它们都是人的本性的外显，是上天的赐予。因此，“情欲”具有以下几种特质：一是“情欲”的自然性。这里所谓的自然性就是它不待而成、自然而然，“情欲”的产生与人们所处的社会时代无关，具有先天性。也即是说，在任何时代条件下，这些欲望都会有，即所谓“欲不待可得，所受乎天也”。它是“感而自然，不待事而后生者也”。“情欲”的这一特征表明它不受时空限制。二是“情欲”的普遍性，即人人所具有，它不会因人而异。正所谓“夫贵为天子，富有天下，是人情之所同欲也”。（《荀子·荣辱》）“凡人有所一同：饥而欲食，寒而欲暖，劳而欲息，是人之所常生而有也，是无待而然者也，是禹桀之所同也。”（《荀子·荣辱》）三是“情欲”的必然性。“夫人之情，目欲綦色，耳欲綦声，口欲綦味，鼻欲綦臭，心欲綦佚。此五綦者，人情之所必不免也。”（《荀子·王霸》）“以所欲为可得而求之，情之所必不免也。”（《荀子·正名》）看来，“情欲”是上天所赐，而且人人皆有，是人之生存于世的基础，因此“欲不可去”，可以说，荀子对待“情欲”之“不可去”的态度是情欲前三种特征的逻辑推演。为了强调其“情欲不可去”，他又以反驳的形式论证了“情欲不可去”的必然性：“然则亦以人之情为目不欲綦色，耳不欲綦聲，口不欲綦味，鼻不欲綦臭，形不欲綦佚——此五綦者，亦以人之情为不欲乎？曰：人之情，欲是已。曰：若是，则说必不行矣。以人之情为欲，此五綦者而不欲多，譬之，是犹以人之情为欲富贵而不欲货也，好美而恶西施也。”（《荀子·正论》）荀子认为，按照人的本性，应当是眼睛好美色，耳朵想听到最美的声音，鼻子想闻到最好的气味，身体想得到最好的休息，人的本性如果不是如此的话，那么就犹如人喜欢富贵但又不想得到财富、喜欢美色但又厌恶西施一样难以想象，因为它直接违背人的自然本质。在荀子对待“情欲”的这种态度中隐含着这样的观点：既然情欲是天生的，具有不可去的本性，那么就应当最大限度地满足人们的自然欲望要求和对利益的追求。

然而，荀子“情欲”论的深刻之处不在于其对“情欲”的充分肯定，而是他看到了“情欲”的另一特征，就是“情欲不可尽”：“虽为天子，欲不可尽。”（《荀子·正名》）荀子主要从两方面对“情欲不可尽”进行了论证：一是人的情欲扩张和膨胀具有无限可能性。荀子认为，如果人完全处于自然状态中，那么他是以身为主体的身心合一，即心完全受身的制约和指导，人的全部活动都是为自身的自然需求，在这种状态中，人只以满足自然欲望和追求利益为唯一目的，正如荀子所说：“无师、无法，则唯利之见耳。”（《荀子·荣辱》）荀子这里所说的“师”“法”实际上是指克服和超越自然情欲的社会或道德教化。此外，人的情欲还受社会条件的影响而具有无限膨胀的可能性。随着生存环境和社会生活条件的变化，人的情欲需求也会随之变化，而且这种变化往往是一种由小到大、由低到高、由简单到复杂的趋势，旧的简单的欲望往往被新的更高级的欲望所取代。荀子曾举例对此进行了说明：“今使人生而未尝睹刍豢稻粱也，惟菽藿糟糠之为睹，则以至足为在此也，俄而粲然有秉刍豢稻粱而至者，则瞲然视之曰：此何怪也？彼臭之而香于鼻，尝之而甘于口，食之而安于体，则莫不弃此而取彼矣。”（《荀子·荣辱》）然而，人的情欲在努力获得最大满足的过程中却又受到来自社会现实的限制和阻碍，即社会物质条件的有限性以及社会规范和价值体系的限制，这也是荀子论证“情欲不可尽”的第二个理由。“欲恶同物，欲多而物寡，寡则必争矣。”（《荀子·富国》）同时，人作为社会的产物，其情欲的满足还要受到社会行为规范和价值体系的制约，“离居不相待则穷，群居而无分则争；穷者患也，争者祸也，救患除货，则莫若‘明分使群’矣”。（《荀子·富国》）荀子这里所说的“明分使群”实际上就是社会为了防止人类欲望的无限膨胀而制定的社会行为规范。

总之，在荀子那里，情欲的特质主要是：天之所生、不可避免、人人皆而有之不可尽。前三者主要就情欲的客观存在而言，后二者主要就情欲的满足状态而言。

第二，荀子对待情欲的态度。“情欲不可去”和“情欲不可尽”的确是两种相反的特性，但是“欲望天然自来，合性合情；物不能赡、德不能弃、分不能乱，合理合义”①。于是，荀子从道德哲学的角度出发，以

---

① 张奇伟：《“欲不可去”与“欲不可尽”——论荀子关于人之欲求之价值观》，《人文杂志》2002 年第 3 期。

“道”为最高原则提出了“进则尽近，退则节求”的观点，“欲虽不可尽，可以近尽也；欲虽不可去，求可节也。所欲虽不可尽，求者犹近尽；欲虽不可去，所求不得，虑者欲节求也。道者，进则近尽，退则节求，天下莫之若也”。（《荀子·正论》）这也是荀子对待情欲的基本态度。

一是“进而尽近”。荀子提出应当按照“道”的要求对“情欲”需求给予最大的满足，因为人的情欲是天所赋予，是人事所不能改变的，而且也是人生存于世的物质基础：“天职既立，天功既成，形具而神生，好恶喜怒哀乐臧焉，夫是之谓天情。耳目鼻口形能各有接而不相能也，夫是之谓天官。心居中虚，以治五官，夫是之谓天君。财非其类以养其类，夫是之谓天养。顺其类者谓之福，逆其类者谓之祸，夫是之谓天政。暗其天君，乱其天官，弃其天养，逆其天政，背其天情，以丧天功，夫是之谓大凶。圣人清其天君，正其天官，备其天养，顺其天政，养其天情，以全其天功。如是，则知其所为，知其所不为矣；则天地官而万物役矣。其行曲治，其养曲适，其生不伤，夫是之谓知天。”（《荀子·天论》）在这里，荀子认为，人作为肉体和精神的统一体，性、情、欲以及思维都是天所赐予的，所以应当适当的满足人的情欲需求，这就是“天政”，如果不遵天而行，那么势必会给人带来灾难。圣人之所以为圣人，并不在于其没有情欲需求，而是因为其能顺“天”的要求使自身的情欲得到满足。能够顺天使情欲得到满足就是“知天”。当然，荀子提出的“进而尽近”的观点不仅只主张满足基于生理基本的生活需求，他还主张尽最大限度满足人们的社会心理方面的情欲需求，例如个人对自身发展的需求、对社会权势的需求。“古之人为之不然。以人之情为欲多而不欲寡，故赏以富厚而罚以杀损也。是百王之所同也。故上贤禄天下，次贤禄一国，下贤禄田邑，愿悫之民完衣食。今子宋子以是之情为欲寡而不欲多也，然则先王以人之所不欲者赏，而以人之所欲者罚邪？乱莫大焉。”（《荀子·正论》）荀子从政治的角度表达了关于人对自身发展需求和权势需求也应当“进而尽近”。他认为，对于人的本性而言，情欲不可去，应当给予充分的满足，如果不顺从人们的欲望而予满足，即“以人之所不欲者赏，而以人之所欲者罚”，那么势必会引起天下大乱。

二是“退而节求”。尽最大可能满足人的情欲需求，固然合情合性，但是由于人的情欲无限，为了防止社会因情欲需求而走向争端和混乱，荀子认为还应当对人的情欲需求进行“退而节求”。所谓“退而节求”就是人对情欲的追求可以依据最高原则——“道”进行主体性的选择，在自然和社会条件的限制下，人可以发挥主观能动性来适当地调节自身对情欲的追求。这一主张和“进而尽近”是有本质区别的：“进而尽近”是依据“情欲”不可去的本性而做出的必然性选择；“退而节求”是发挥人的主观能动性而做出的主动性选择，它更具有道德哲学的意义。正如有的学者所指出的：“荀子所说的‘欲望’节导说，准确地说应当是‘欲求’节导说或‘求’的节导说。荀子的真实思想不是对欲本身进行节导，而是对追求欲望的行为进行节导。”① 如果说“进而尽近”是事实判断，那么“退而节求”则是价值判断或道德判断。其实，荀子自身也明确地认识到“情欲”本身和追求“情欲”的行为之间的区别：“人之所欲生甚矣，人之所恶死甚矣；然而人有从生成死者，非不欲生而欲死也，不可以生而可以死也。故欲过之而动不及，心止之也。心之所可中理，则欲虽多，奚伤于治？欲不及而动过之，心使之也。心之所可失理，则欲虽寡，奚止于乱？”（《荀子·正名》）在荀子看来，人对情欲的追求应当受到道德制约，他这里所说的“心之所可中理”实际上就是人对情欲的需求要符合道德的要求，甚至是当情欲需求（“好生恶死”）与道德要求发生矛盾时要牺牲个人的情欲需求，这也是为什么“人有从生成死者，非不欲生而欲死也，不可以生而可以死也”根本原因所在。因此，在荀子情理主义道德哲学体系中，他更重视“退而节求”的观点和主张。并且这一观点直接成为荀子道德哲学思想的重要内容，“义与利者，人之所两有也。虽尧、舜不能去民之欲利，然而能使其欲利不克其好义也。虽桀、纣不能去民之好义，然而能使其好义不胜其欲利也。故义胜利者为治世，利克义者为乱世”。（《荀子·大略》）“义”作为道德原则对作为情欲需求的“利”具有优先性，也即是说，人应当按照“义”的要求对情欲需求（利）有所节制。

总之，“情欲”和追求“情欲”有本质的区别，前者是顺天而自然，后者则受人类道德的制约，“情欲”的多寡不关乎道德，而如何求得“情

---

① 张奇伟：《“欲不可去”与“欲不可尽”——论荀子关于人之欲求之价值观》，《人文杂志》2002年第3期。

欲”的满足确是道德的根本问题，因此必须对情欲“退而节求”。这是我们理解荀子“情欲”论的关键之处。

第三，“性恶论”。荀子从生理和心理两个层面对“情欲”进行了分析，他不仅客观地描述了“情欲”的自然属性，而且更重要的是为“情欲”做出了道德价值判断，他认为情欲虽不可去，但是也不可尽，如果任情欲无限膨胀，势必给社会带来纷争和混乱。从而得出了与孟子“人性本善”的反命题——“人性本恶”的结论。他的论证是：“今人之性，生而有好利焉，顺是，故争夺生而辞让亡焉；生而有疾恶焉，顺是，故残贼生而忠信亡焉；生而有耳目之欲，有好声色焉，顺是，故淫乱生而礼义文理亡焉。然则从人之性，顺人之情，必出于争夺，合于犯分乱理，而归于暴。故必将有师法之化、礼义之道，然后出于辞让，合于文理，而归于治。用此观之，然则人之性恶明矣。”（《荀子·性恶》）人有耳目声色之欲，如果顺其自然发展，势必产生争夺、残贼、淫乱等种种恶行，而向善的礼仪文理也随之而亡，所以以情欲为本性的人性是恶的。荀子为了进一步论证性恶论还对孟子的性善论进行了批驳。他认为，孟子之所以视人性为“善”，“是不及知人之性，而不察乎人之性伪之分者也”，所以“性善”论是错误的。在荀子看来，由于人性是天之所生，“不事而自然的”，因而不可去。而孟子所说的“性善”是可丢失的，孟子既然认为“今人之性，生而离其朴，离其资，必失而丧之”，那么这样的“性”（即孟子的善性）就不是真正的人之本性。荀子又进一步反驳说：“所谓性善者，不离其朴而美之，不离其资而利之也。使夫资朴之于美，心意之于善，若夫可以见之明不目，可以听之聪不离耳，故曰：目明而耳聪也。”但是荀子认为，事实并非如此，“今人之性，饥而欲饱，寒而欲暖，劳而欲休，此人之情性也。今人饥，见长而不敢先食者，将有所让也；劳而不敢求息者，将有所代也。夫子之让乎父、弟之让乎兄，子之代乎父、弟之代乎兄，此二者皆反于性而悖于情也”。（《荀子·性恶》）由此可见，人的本性是有情欲需求的，而“见长而不敢先食者”“劳而不敢求息者”乃是后天人为，是人按照“道”的要求发挥主观能动性对情欲需求进行节制，也是人之道德修养的表现。

三 化性起伪

既然人性本恶，那么人又是如何向善的呢？荀子认为人的向善行为是后天的礼义道德教化的结果。因此，荀子以性恶论为其情理主义道德哲学的理论前提和基础，极为重视与性恶论相对应的“化性起伪”。

第一，“性伪之分”。荀子主张“性恶论”，同时他还提出了一个与“性”相对应的概念：伪，其基本义为“人为”，与“不可学，不可事”的性相对应，是“可学而能，可事而成”，即后天的人为教化。“凡性者，天之就也，不可学，不可事。礼义者，圣人之所生也，人之所学而能，所事而成者也。不可学、不可事而在人者，谓之性；可学而能、可事而成之在人者，谓之伪，是性、伪之分也。”（《荀子·性恶》）在荀子看来，“性”是天之所生，不是人可以通过学习和作为可以达到的；“伪”即礼义道德，则是人们通过后天的学习和作为达到的。他认为，“伪”是用来矫正人性，是节制或阻止人的情欲的无限膨胀和扩张，也即是说，人对情欲的追求只有经过“伪”即以礼义道德为范导才具有道德性。“圣人积思虑、习伪故，以生礼义而起法度，然则礼义法度者，是生于圣人之伪，非故生于人之性也……故圣人化性而起伪，伪起而生礼义，礼义生而制法度；然则礼义法度者，是圣人之所生也。”（《荀子·性恶》）这即是说，礼义法度是圣人后天制定的，而不是天生就有的。荀子的这种观点与孟子的“性善论”直接针锋相对：孟子认为人天生就有仁、义、礼、智等四“善端”；荀子却认为礼义法度等圣人所制定。而且与孟子更相对应的观点就是，他认为，圣人与凡人的本性一样，即都好利恶害，圣人之所以异于众人，君子不同于小人，就在于圣人、君子能够经过后天努力以礼义法度节制自身情欲，并能教化一般的人。荀子针对人的“情欲”本性提出“化性起伪”说实际上是论证道德的起源以及道德对人类的必要性。对于圣人德性的养成，荀子认为需经过个人的努力而成就，故而他说：“尧禹者，非生而具者也，夫起于变故，成乎修，修之为待尽而后备也。”（《荀子·荣辱》）荀子的这一观点表明他否定了孟子的天赋道德观念。但是他仍继承了儒家道德的基本理路，即荀子肯定性恶时，认为圣人之所以善是因为他们靠自己的努力能够节制情欲，从而防止了情欲的无限膨胀和扩张，而成为道德高尚的人。这样，荀子就把趋善避恶的主动权交给了人自身。他的这一观点实际上是孔子“为仁由己”、孟子“反求诸己”的另一种表达。

第二，“化性起伪”。人性本恶，但是可以通过后天的“伪”能够使人弃恶从善。于是，顺理成章，荀子提出“化性起伪”的思想，“故圣人化性而起伪，伪起而生礼义，礼义生而制法度；然则礼义法度者，是圣人之所生也”。（《荀子·性恶》）在荀子的“化性起伪”思想中，“化性”是过程和手段，“起伪”是目的。所谓“化性”是指按照“道”的要求改变性恶，即对人性进行道德修养、锤炼和改造，实际上这是一个学习和习染的过程，“君子博学而日参省乎己，则知明而行无过矣”。（《荀子·劝学》）“蓬生麻中，不扶而直；白沙在涅，与之俱黑。兰槐之根是为芷，其渐之滫，君子不近，庶人不服。其质非不美也，所渐者然也。故君子居必择乡，游必就士，所以防邪僻而近中正也。”（《荀子·劝学》）所谓“起伪”是指按照“道”的要求经过外在教化和内在自省而成就的礼义性情和伦理性情。

就其条贯统绪和内在的关系而言，“化性”和“起伪”实际上是以道德性情和伦理性情代替自然性情的一而二、二而一的过程，即以后天的礼义道德节制和引导人的自然情欲的过程。“古者圣王以人之性恶，以为偏险而不正、悖乱而不治，是以为之起礼义、制法度，以矫饰人之情性而正之，以扰化人之情性而导之也。使皆出于治、合于道者也。今之人，化师法、积文学、道礼义者为君子，纵性情、安恣睢而违礼义者为小人。用此观之，然则人之性恶明矣，其善者伪也。”（《荀子·性恶》）在荀子看来，圣人制定礼义法制的目的就是矫正人的自然情欲，以避免自然情欲的无限膨胀而扰乱伦理秩序。而君子小人之分就在于君子能够“化性起伪”，即通过广泛的学习、每天反省自己，就可以避免因自然情欲的膨胀而产生不道德的行为，就可以成为“化师法、积文学、道礼义”的君子。荀子还认为，只有这种经过“化性起伪”、以礼义道德能够节制情欲的人才能真正安身立命、行走天下而不困，“体恭敬而心忠信，术礼义而情爱人，横行天下，虽困四夷，人莫不贵；劳苦之事则争先，饶乐之事则能让，端悫诚信，拘守而详，横行天下，虽困四夷，人莫不任。体倨固而心执诈，术顺墨而精杂污，横行天下，虽达四方，人莫不贱；劳苦之事则偷儒转脱，饶乐之事则佞兑而不曲，辟违而不悫，程役而不录，横行天下，虽达四方，人莫不弃”。(《荀子·修身》) 很明显，一个人要安身立命，首先要做到的就是能够心怀仁爱之心，以恭敬、忠信、仁爱等道德情感超越“好利恶害”的情欲本性，那么势必能够“横行天下”并得到社会认同，反之，不顾礼义法度，任“好利恶害”之情欲肆意膨胀则必然引起世人的唾弃。

总之，荀子的“化性起伪”思想旨在通过认识和掌握外在的礼义道德规范，来指导追求情欲的满足，以德制情欲，才能真正具有仁德的品性，成为道德高尚的君子。

第二节 “礼”之情理精神

荀子以自然情欲为根据提出性恶论，他又以性恶论为理论前提构筑了一套以“礼”为核心的道德哲学体系。“礼”成为荀子道德哲学思想的根本特征。荀子的“礼”学思想与孔孟最大的不同就是他把“礼”进一步客观化、理性化，使“礼”的情理精神特征更为系统化。“在荀子的伦理精神体系中，礼的价值提升了，也异化了。礼不仅是固有的、客观的法则，是天理；是人性中生长出来的调节人的情感情欲的人情；而且还是作为社会控制、作为法律根据的国法。天理、人情、国法或者说情、理、法的统一就构成了荀子‘礼’的完整内涵。”① 在荀子的“礼”中，“天理”作为伦理规则具有理性特征，“国法”作为客观化、强制化的法则其精神基础也是理性，但是无论是“天理”还是“国法”都从人性人情之需出发发挥作用，所以荀子的“礼”虽然具有极强的理性化特征，但是其总体上还是延续了先秦儒家情理主义传统。这种情理精神使“礼”与“情”的关系具有双重性：“礼”因“情”而产生，即“情”为“礼”的人性基础；“礼”作为“理”又对“情”加以引导和提升。

一 “礼因人情”

把“情”作为建构道德哲学体系的人性基础是先秦儒家道德哲学的根本特色。荀子的道德哲学思想与孔孟相比更突出道德哲学的理性特征，

---

① 樊浩：《中国伦理精神的历史建构》，江苏人民出版社 1992 年版，第 128 页。

但是他作为先秦儒家思想的重要代表，其道德哲学思想根本特质仍是以“情”为主的。因此，其核心思想——“礼”与孔孟道德哲学一脉相承，即仍是以“情”为人性基础。但是荀子在以“情”作为“礼”的人性基础与孟子的人性论表现出不同的伦理思维方式和道德论证方式。作为孟子道德哲学人性基础的“情”不是一般的感性情感，而是超越感性情感之上的具有伦理普遍性的向善之情，如孟子认为与“礼”相对应的人性是“恭敬之心”，即具有伦理普遍性的敬重情感。荀子与此相反，他认为“礼”的人性基础就是自然欲望和感性情感。“礼起于何也？曰：人生而有欲；欲而不得，则不能无求；求而无度量分界，则不能不争；争则乱，乱则穷。先王恶其乱也，故制礼义以分之，以养人之欲、给人之求，使欲必不穷乎物，物必不屈于欲，两者相持而长。是礼之所起也。”（《荀子·礼论》）即“礼”是为了符合人的情欲情感需求而产生的，是为了节制人们情欲的过分膨胀，因为如果情欲过度膨胀、而社会物质资源有限，那么势必会产生混乱和纷争。先王痛恨社会混乱，于是便制定了“礼”，以“礼”为标准来合理满足人们的情欲需求，同时也能保护社会物质资源不被浪费。荀子从人的情欲情感需求论证“礼”的起源，实际上解决了人的情欲需求与伦理道德之间的关系问题。他从“礼”与“自然情欲”并不冲突的前提出发肯定了自然情欲的必要性与合理性。

同时，荀子以“情”作为“礼”的人性基础不仅在于“礼”源于情欲情感需求，还在于“情”特别是情感之“情”是“礼”的内在精神动力，而且这也是“情”作为“礼”的人性基础的主要方面。在荀子看来，人性本恶，需要后天人“伪”即通过礼义教化改变人的恶的一面。由于人性本恶，其自身不能扩充出礼义道德，即在“性恶”与礼义道德之间还存在鸿沟。那么如何以礼义道德改变人性恶呢？荀子把“情”作为以“礼”化性的中介和精神动力。荀子在《正名》中说：“生之所以然者谓之性。性之和所生、精合感应、不事而自然谓之性。性之好、恶、喜、怒、哀、乐谓之情。情然而心为之择谓之虑。心虑而能为之动谓之伪。”“性”是天生就有的，与后天人为处在对立的地位，故性不能自化。而“情”则是“性”感物而动的外在显现，性、情紧密相关。而“心”则能对“情”进行抉择，使“情”发生变化，在抉择的基础上付诸行动即是“伪”。这样，“礼”就可以通过“情”和“心”的理性功能对“性”

加以改变，即化性起伪，使人的情欲情感需求符合礼义道德的要求。由此可以看出，“情”作为“礼”的人性基础是“礼”对自然情欲、感性情感进行节制和规约的必然选择。荀子在《礼论》《乐论》中进一步论证了“情”作为“礼”的人性基础必然性与合理性。“三年之丧，何也？曰：称情而立文，因以饰群，别亲疏、贵贱之节而不可益损也。故曰：无适不易之术也。创巨者，其日久；痛甚者，其愈迟。三年之丧，称情而立文，所以为至痛极也。”（《荀子·礼记》）在荀子看来，三年丧礼是为了疏导丧失亲人的悲痛情感而制定的。荀子以“情”作为“礼”的根据，使“礼”具有了既合历史又适应现实的“合理性”：所谓“合历史”是指以“情”作为“礼”的人性基础是与中华文明的血缘文化和宗法制度相匹配；所谓“适应现实”是指人作为情感的存在物，情感是人的根本存在方式之一，以“礼”作为人的情感交流方式之一是现实生活的“实然”和人性的“应然”。

总之，荀子以“情”作为“礼”的人性基础，给予“情”以正面的肯定价值，进一步凸显了“情”特别是情感之“情”在道德哲学中的主体性地位，对于高扬人的情感及其自主性、主体性地位极具理论价值和现实意义。

二　“礼以养情”

在荀子那里，“礼”作为客观的伦理法则和作为法律根据的国法时更具理性的特征，但是“礼”的理性价值是建立在“情”的基础之上，以“情”为本体、为实在。即“礼”的终极目的是以“礼”之“理”引导人的自然欲望和感性情感，使人过合情合理的道德生活。

第一，自然情欲的满足。自然情欲是与生俱来的，“礼”的德性价值首先要表现在如何对待人的情欲，因此，荀子认为“故礼者，养也。刍豢稻粱，五味调香，所以养口也；椒兰芬苾，所以养鼻也；雕琢刻镂，黼黻文章，所以养目也；钟鼓、管磬、琴瑟、竽笙，所以养耳也；疏房、檖貌、越席，床笫、几筵，所以养体也。故礼者，养也”。（《荀子·礼记》）荀子把“礼”的德性价值首先定位在人的情欲之“养”上是符合人自身以及社会发展规律的。当然，他这里所说的“养”不是只一味地满足人的各种自然情欲之需求，而且满足的方式已不再是动物式的本能需求和满足，而是加入了人类精神的内涵，在满足耳目口舌之自然需求时，也加入反映人类精神需求的内涵，如养口之欲是“五味调香”、养鼻之欲是“椒兰芬苾”、养目之欲是“雕琢刻镂，黼黻文章”等等。这正如黑格尔所说：“人有居住和穿衣的需要，他不再生吃食物，而必然加以烹调，并把食物的自然直接性加以破坏，这些都使人不能像动物那样随遇而安，并且作为精神，他也不应该随遇而安。”① 实际上，黑格尔这里所说的“精神”和荀子的“礼”具有相通之处。因为，在荀子那里，“礼”实际上就是超越人的自然性的精神产物，是圣人“体天道”而制定的，具有道德理性的特质。因此，“礼”的德性价值不在于压制欲望，或者像孟子所说的“寡欲”，而是在于以“理”导欲、节欲，即以合理的方法认识和掌握社会的道德准则，以理制情，从而使人的自然情欲需求得到合理满足。

第二，“情”的理性化提升。在荀子那里，“以礼养情”更重要的德性价值在于以“礼”养人的向善之情，而且这既是正确引导和节制人的自然情欲的途径，也是“礼”的道德本性之所在。荀子不仅重视对人的情欲的节制和引导，而且他也极为重视“礼”对感性情感的净化和提升。那么，“礼”如何对感性情感进行净化和提升呢？荀子认为：“礼者，断长续短，损有余、益不足，达爱敬之文、而滋成行义之美者也，故文饰、粗恶，声乐、哭泣，恬愉、忧戚，是反也；然而礼兼而用之，时举而代御。故文饰、声乐、恬愉，所以持平奉吉也；粗衰、哭泣、忧戚，所以持险奉凶也。故其立文饰也，不至于窕冶；其立粗衰也，不至于瘠弃；其立声乐、恬愉也，不至于流淫惰慢；其立哭泣、哀戚也，不至于隘慑伤生。是礼之中流也。”（《荀子·礼记》）荀子继承儒家中庸之道，认为“礼”作为人的性情外显，其德性价值就在于以情理为本质的中庸精神断长续短，时举而代御，以“礼”对人的情感进行中庸化调节，从而养成仁爱恭敬等道德情感以行仁义之道。在这里值得注意的是，荀子把“礼”融入日常生活中的喜怒哀乐等情感生活中，使“礼”深入情感世界或精神世界中，其目的实际上是使人的情感流露与“礼”相摩相荡，突破“礼”的客观性，使“礼”成为道德主体的内在规定性。这对于发挥

① ［德］黑格尔：《法哲学原理》，范扬、张企泰译，商务印书馆1996年版，第26页。

“礼”的德性价值是非常重要的思想，因为在荀子看来，经过“礼”与“情”的相摩相荡，以“礼”来培养人的向善之情，“礼”就不再仅仅是外在的伦理规则和法制条文，人也就不再是被动的各种伦理规则、条文下的精神奴隶。按照这种逻辑进路，人之所以为人者，就是修炼成了一种主动涵化“礼”的伦理精神，将这种伦理精神融化到道德主体自身的德性需求中，积渐成德，化性起伪。这也是“礼”之情理精神的根本体现。

总之，人的情欲情感经过“礼”“理”的节制、规约、引导和提升，人的世俗之性情就被改造成为神圣性的向善之“情”，人也就由自然性的“自我”走向了道德性的“神我”：“凡礼；始乎棁，成乎文，终乎悦校。故至备，情文俱尽；其次，情文代胜；其下，复情以归大一也。天地以合，日月以明；四时以序，星辰以行；江河以流，万物以昌；好恶以节，喜怒以当；以为下则顺，以为上则明；万物变而不乱，贰之则丧也。礼岂不至矣哉！立隆以为极，而天下莫之能损益也。”（《荀子·礼记》）

第三节　荀子道德价值观的情理特质

荀子的道德价值观主要体现在他的义利观和荣辱观中。义利观主要围绕情欲和道德情感、道德理性的对立和冲突而展开；其荣辱观主要阐述的是以羞耻感为内在精神机制的个体趋善避恶的道德价值观。义利观和荣辱观是荀子以“情”为根基、情理统一的道德哲学思想的重要内容。

一　情理合一的义利观

从孔子到孟子，儒家道德哲学大致已形成了一种“义以为上”的义利观传统，荀子也继承了此传统。他说：“行一不义、杀一无辜而得天下，皆不为也。”“得天下”属于“利”的方面，如果用“不义”的手段即不道德的方式而“得天下”也是没有意义的。荀子的这种观点与孔子“不义而富且贵，于我如浮云”的义利观具有相通之处。但是，关于如何定义“义”以及在处理义利关系的具体方面，荀子与孔孟的义利观表现出不同的思路：孔孟在界定“义”时，在一定程度上使“义”具有游离现实利益之外的先验性，而荀子却始终把“义”与人的情欲需求紧密相关。这也是荀子义利观的独特之处。

在荀子那里，从抽象的本质层面看，所谓“利”是人的最本质、最深层的欲求，它既是由其他一些情欲（诸如耳目之欲、社会功名之欲等）所引起的，也是其他一切情欲的终极原因。人作为具有自然和社会等双重性质的存在物，在其自然生理感受性的刺激下，以趋利和避害两种情感行为模式同外界发生联系，从而使个体得以生存和发展。这是每一个人与生俱来的，是每一个人发展的前提。① 而荀子对此也有明确认识，在前面关于荀子的性恶论中已详细讨论过。例如他所说的“今人之性，生而好利焉，……生而有疾恶焉”，实际上就表达了人的本性是趋利避害。关于“义”，荀子在继承孔孟之道的基础上，又对“义”进行了新的阐释。根据荀子的理解，“义”并不是像孔孟所理解的那样是一种先天性的原则，与“礼”一样，它的产生起源于人的情欲需求以及社会发展的需要：“人生而有欲；欲而不得，则不能无求；求而无度量分界，则不能不争；争则乱，乱则穷。先王恶其乱也，故制礼义以分之，以养人之欲、给人之求。”（《荀子·礼论》）“体恭敬而心忠信，术礼义而情爱人，横行天下，虽困四夷，人莫不贵。”（《荀子·修身》）在这里，“义”的作用主要表现在两个方面：其一，从伦理道德的社会作用来看，以“义”为标准分配物质财富，能够消除和避免纷争，从而保证整个社会的稳定，使“义”和“礼”一样成为一种客观的伦常秩序和伦理实体；其二，从人性的内在需求来看，“义”能够培养起恭敬、忠信、仁爱等道德情感，这种向善之情能够激励个体不断自我更新、自我精进以及自我完成，从而使个体由恶性的“自我”走向善性的“自我”。因此，“义”在荀子那里既内含道德理性又内含道德情感：当它作为外在伦理要求时主要表现为一种道德理性；当它内化为主体的自我规定时，它又表现为恭敬仁爱等道德情感。在荀子对“利”和“义”的规定中，我们可以看出，义利关系本质上是体现为自然情欲和道德理性、道德情感的关系问题，这实际上就涉及道德的本性问题。道德的本性就是使人在对道德的追求中摆脱对自然情欲的依附状态，并在此基础上在关于做什么、应该做什么道

---

①　参见车文博《西方心理学史》，浙江教育出版社 1998 年版，第 128 页。

德反思中，摆脱主观任意性的束缚，使人由不自由的自然状态走向道德自由。荀子以“义”为标准分配社会财富以合理满足和节制个人情欲，并把“义”内化为个体内在的德性需求，实际上就是通过“义”使人由“恶”的自然状态走向“善”的道德自由状态。这也是义利关系的道德本性之所在。

荀子通过重新阐释“义”和“利”的内涵，揭示了义利关系的道德本性问题。那么，在道德实践中，如何处理义利关系呢？荀子提出了“以义制利”的道德命题。荀子“以义制利”的思路主要体现在以下两个方面：

一是以道德理性节制、引导自然情欲。荀子非常重视理性在处理情欲与道德、义与利关系中的作用。“生之所以然者谓之性。性之和所生、精合感应、不事而自然谓之性。性之好、恶、喜、怒、哀、乐谓之情。情然而心为之择谓之虑。心虑而能为之动谓之伪。虑积焉、能习焉而后成谓之伪。”（《荀子·正名》）荀子在这里所说的“心虑”实际上就是以道德性的“伪”为目标的道德理性。荀子在肯定情欲的合理性的前提下，认为道德理性即“心虑”的道德价值不在于压制情欲，而在于根据“礼义”的要求“为之择”。也即是说，道德理性的价值在于节制、指导情欲，以此决定行为的选择、取舍，从而使情欲的满足合于道德。可以说，荀子是儒家中最重视理性或道德理性的思想家。当然荀子这里强调的“心虑”之理性不同于西方的纯粹理性。他的“心之虑”所体现出的道德理性的功能就体现在情欲的合理满足中以及向善的情感体验中，“仁者之思也，恭；圣人之思也，乐”。（《荀子·解蔽》）荀子用以节制、引导自然情欲并以“恭”“乐”为目的的道德理性，同西方的道德理性有着本质的区别：西方道德哲学中的道德理性外在于情感欲望，并且与情感欲望相对立，认为只有以理性认知规范制约情感欲望才能实现善的目的；荀子的“心之虑”即道德理性就存在情欲情感中，情欲的合理满足以及情感的合理流露就是道德理性，而且道德理性的目的在于追求“情”的真诚性与安适性，“君子养心莫善于诚，致诚，则无它事矣，唯仁之为守，唯义之为行。诚心守仁则形，形则神，神则能化矣；诚心行义则理，理则明，明则能变矣”。（《荀子·不苟》）

二是以道德情感超越自然情欲。荀子在继承儒家以道德情感超越自然情欲的伦理精神（如孔子提倡的“孔颜之乐”、孟子强调的“杀身成仁”“舍生取义”等思想都是道德情感超越自然情欲的典范）的基础之上，并把这种伦理精神直接作为其处理“义利”关系的原则，也可以说是其“化性起伪”思想在道德价值观上的直接体现。荀子认为，好利恶害是人性本然，但是人之所以为人并不在于人的情欲需求，而是在于人如何获得情欲需求，即人在追求情欲的满足时是否符合礼义的要求。因此，荀子所追求的“以义制利”的道德观极为提倡以向善的道德情感超越自然情欲，“今人之性，饥而欲饱，寒而欲暖，劳而欲休，此人之情性也。今人饥，见长而不敢先食者，将有所让也；劳而不敢求息者，将有所代也。夫子之让乎父，弟之让乎兄；子之代乎父，弟之代乎兄；此二行者，皆反于性而悖于情也，然而孝子之道、礼义之文理也。故顺情性则不辞让矣，辞让则悖于情性矣。用此观之，然则人之性恶明矣，其善者伪也”。（《荀子·性恶》）人性本恶，如果顺人的性情那么就不会产生辞让等善的行为，若要培养起父慈子孝、兄友弟恭的道德情感，追求善，就必须通过“伪”以道德情感超越自然情欲，从而以义制利。而且善的本性就在于能够克服情欲的诱惑、超越情欲。“仁之所在无贫穷，仁之所亡无富贵。”（《荀子·性恶》）这即是说，有仁德存在的地方，即使贫苦困厄也无所谓，而在失去仁德的地方即使赋予高贵也是无意义的。由此看来，“义以为上”“以义制利”的道德本性就在于道德情感（仁）超越自然情欲（富贵）。

总之，作为先秦儒家情理主义道德哲学的主要代表，孔孟荀在义利关系上表现出相近的价值取向，但是荀子又内在地蕴含着自身的特点，即他对待“利”（或情欲需求）的态度表现出了比孔孟更为通达的态度，这种态度无疑对孔孟的道义论有所纠偏，正如杨国荣先生所说：“尽管道义论在后来的儒家中一直占着主导的地位，但抑制道义论的思想同样也绵绵不绝，后者的理论渊源之一，便可追溯到荀子。”①

二　基于耻感的荣辱观

“荣”与“辱”是儒家传统道德哲学的基本范畴，同时也是以“情”

---

① 杨国荣：《善的历程——儒家价值体系研究》，上海人民出版社2006年版，第86页。

为基础的典型范畴。荀子从性恶论的角度出发赋予了“荣”与“辱”非常丰富的内涵。

荣、辱是反映善恶价值的重要概念。何为荣？何为辱？荣、辱之分的标准是什么？荀子对此做出了明确而系统的回答。“有义荣者，有势荣者；有义辱者，有势辱者。志意修，德行厚，知虑明，是荣之由中出者也，夫是谓义荣。爵列尊，供禄厚。形势胜，上为天子诸侯下为卿相大夫，是荣之外至者也，夫谓之势荣。流淫污侵，犯分乱理，骄暴贪利，是辱之由中出者也，夫是之谓义辱，詈侮捽搏，捶笞膑脚，斩断枯磔，籍靡舌，是辱之由外至者也，夫是之谓势辱。是荣辱之两端也。”（《荀子・正论》）在这里，荀子从“义”的角度和“利”的角度来规定荣辱：从“义”出发有“义荣”和“义辱”；从“利”出发有“势荣”和“势辱”。并以道德为标准，对这四种概念进行了辩证分析。荀子认为，“势荣”和“势辱”与道德的善恶无关，而“义荣”和“义辱”却直接与善恶相关：“义荣”是由于向善并行向善之事而获得的道德认可，可以说是德性的外显；“义辱”是由于情欲膨胀并破坏社会道德规则而“自取其辱”。尽管荀子没有否定“势荣”，并认为“势荣”和“义荣”可以统一，但荀子所推崇的显然是“义荣”。因此荀子又从道德人格的角度论证了“义荣”的至上性，“故君子可以有势辱而不可以有义辱，小人可以有势荣而不可以有义荣。有势辱无害为尧，有势荣无害为桀。义荣势荣，唯君子然后兼有之；义辱势辱，唯君子然后兼有之。是荣辱之分也”。（《荀子・正论》）君子与小人的根本区别就在于“义荣”，即道德上的区别。小人虽然有可能有“势荣”，但他永远有“义辱”，而且在一定情况下还有可能同时遭遇“势辱”和“义辱”；君子本性在于“义荣”，君子在遭遇“势辱”的情况下无害于他所拥有的“义荣”，而且君子还有可能同时拥有“义荣”和“势荣”。这里还需要强调的是，“势荣”虽然也是“荣”，但是由于它与品德、才智无关，所以“势荣”并不能改变人类恶的本性；“势辱”虽然是“辱”，但是这种“辱”不是由于无德所招致，所以它永远不会伤害到君子、圣贤的向善之品德，君子、圣贤即使遭遇到“势辱”，也不会掩盖其光辉的“道德自我”。

不难看到，荀子从“利”出发规定“势荣”可以说是其“情欲观”的直接体现，但他重视“义荣”，“义荣”优先于“势荣”则又渗透了儒家强调道德原则至上性的伦理精神。尽管荀子并没有像后来的正统儒家道德哲学那样，对人的情欲需求加以贬损，而是采取了较为宽容的态度，但是对人性的道德升华显然被置于更为主导的地位。

荀子强调的“好荣恶辱”“好利恶害”显然是一种情感需求和情感态度，因此，荀子的荣辱是直接建立在情感基础上的，而这种情感基础就是儒家“尚情”道德哲学所重视的耻感。耻感是儒家情理主义道德哲学形态最为重视的道德情感之一（据此有人称中国文化是一种耻感文化）。孔子曾多次提到耻感及其对道德的意义，“知耻而后勇”“宪问耻。子曰：‘邦有道，谷；邦无道，谷，耻也’。”（《论语·宪问》）“邦有道，贫且贱焉，耻也；邦无道，富且贵焉，耻也”（《论语·泰伯》），“衣敝缊袍，与衣狐貉者立，而不耻者，其由也与”。（《论语·子罕》）在孔子那里，耻感既是德性的起点、动力，也是德性的最高体现。到孟子的“尚情”道德哲学体系，耻感被提高到了人性本体和德性根源的地位。孟子从人与动物的根本区别出发认为，“恻隐之心，人皆有之；羞恶之心，人皆有之；恭敬之心，人皆有之；是非之心，人皆有之。恻隐之心，仁也；羞恶之心，义也；恭敬之心，礼也；是非之心，智也”。（《孟子·告子上》）这里所说的“羞恶之心”实际上就是作为人的本性之一的耻感，而且孟子把“羞恶之心”提高到“义之端也”即作为四德之一的“义”的根源地位。荀子作为先秦时期的集大成者，他把儒家重视耻感的传统直接融入荣辱观中，把耻感作为其荣辱观的情感基础。

一方面，荀子利用耻感否定性的制约力量作为“辱”的内在基础。这种否定力量主要体现为当道德主体意识到自身行为违反道德规则时就会产生难受、畏惧的情感，从而表现出一种强烈的自律意识，“耻感完全与行为的他律无关，耻是一个人因有一理想的境界，或有一理想之自我认同，因此，对于不能达到此一理想或不能满足自我的认同时，则会有耻感”①。如荀子对“辱”的规定：“先利后义者辱。”按照“义以为上”道德原则，在处理义利关系时应当按照“义”的要求追求利的获得，而当利超过义时就违反了道德原则，那么这种行为就应当受到否定、制裁，而基于耻感的“辱”就是对不道德行为的一种否定和谴责。

---

① 杨国枢：《中国人的心理》，台湾桂冠图书公司1988年版，第342页。

另一方面，荀子发挥羞耻感的肯定力量和激励作用作为“荣”的内在根源和动力。而且这方面是耻感的本质方面，也是荀子荣辱观的最终道德目标，“耻感的道德本性是作为‘主观意志的法’的道德自由，因而它的更深刻的本质不是他律而是自律，不是制裁而是激励，是推动人们在道德上自强不息、止于至善的精神力量”①。关于羞耻感的激励力量，荀子表达地非常清楚：“故君子耻不修，不耻见污；耻不信，不耻不见信；耻不能，不耻不见用。是以不诱于誉，不恐于诽，率道而行，端然正己，不为物倾侧：夫是之谓诚君子。”（《荀子·非十二子》）从羞耻感的这种肯定力量、激励力量来看，荀子以羞耻感的激励力量为内在根源的“义荣”是激励人们达到君子、圣贤人格的内在推动力，其所追求的境界就是“志意修，德行厚，知虑明”。

① 樊浩：《道德形而上学体系的精神哲学基础》，中国社会科学出版社 2006 年版，第 294 页。

下　篇

先秦儒家情理主义道德哲学形态的“现代”问题

第八章

先秦儒家情理主义道德哲学形态及其中国精神

中国情理主义之所以成为中华文明的重要传统，不仅在于契合了中国血缘文化的文明路径，而且其自身在伴随中华文明的发展历程中建构了一套“伦理世界—道德世界—生活世界”内在有机统一的伦理精神体系，为中国人遭遇的生命困境提供解释系统和超越之路：从血缘关系出发的“伦理世界”为生命的安顿提供了伦理支撑；以性情论为人性预设的“道德世界”为个体生命追求“乐”的精神境界提供了精神动力；情理精神在“生活世界”的渗透培育了独特的中华民族精神，即宽和融通的中庸精神、以血缘亲情为源头的仁爱精神以及刚健进取、知足常乐并行的乐观精神。尽管中国情理精神传统与中国现代化理念存在矛盾和冲突，但是它所展现的契合人的生命生活的价值真理在现代社会中仍具有鲜活的生命力。

第一节　伦理优先

先秦儒家情理主义道德哲学形态的形成是中华民族作为一个民族社会，在先秦时期“礼崩乐坏”的社会大变革时期，逐步糅合、凝聚、衍化出来的精神文明成果。中华民族起源于远古华夏诸族，面对华夏诸族各自不同原始信仰，如何为华夏诸族建立有序的社会秩序，并且这种社会秩序既要顾全人与人之间关系形成的情感，也要保障人的沟通能力，这一历史使命成为华夏诸族凝结为一个民族的关键点。于是，中华文明将共同的精神信仰定于血缘关系中，因为任何生命的诞生都是源于父精母血："父兮生我，母兮鞠我。抚我畜我，长我育我，顾我复我，出入腹我。欲报之德。昊天罔极！"（《诗经·小雅·谷风之什》）中华民族便把血缘关系作为伦理秩序和社会秩序的原型，同时，维护社会秩序的精神动力和人与人之间沟通的能力也集中于血缘亲情，"克明俊德，以亲九族。九族既睦，平章百姓。百姓昭明，协和万邦。黎民于变时雍"。（《尚书·虞书·尧典》）这样，中华文明形成之初，便从血缘关系出发建立了一套贯通首尾上下的大伦理系统，并以"情"作为中华民族精神的内核之一。在夏商周中华民族融为一体的过程中，对这一大伦理系统进行社会化、规范化的集中表现就是"礼"，"礼是仁而至智的圣者制作出来的，必须应乎情、合乎理，而又有教化的功能。礼的运行是一个文明社会之为文明的标志，知礼也是一个文明人的标志"①。中华文明的这一形成特点，决定了日后中华民族的两大精神主旨：一是对关系的重视，在道德哲学中体现为"伦理优先"的文化品格，"中国的道德强调道跟德相互对应，从人自己去了解世界，世界永远跟人同时存在，同时重要，因为人靠世界来滋养，世界也靠人来滋养，这就是关系主义，人人为我，我为人人，我中有你，你中有我"②；二是对"情"的重视，在道德哲学中体现为把"情"提升到本体的高度，并把"情"作为维系人伦和谐的精神基础，"儒家始终从情感出发思考人生问题，'存在'问题，并由此建立人的意义世界与价值世界，这又是非常可贵的，应当说有其独特的贡献"③。

一 人因何而高贵？

伦理是人之所以为人的存在方式，其真义在于个体与其公共本质之间的关系。人类对这种关系的主动建构和能动维系构成了人和动物的根本区别。在动物界中虽然也存在关系，但是动物界中的关系只是动物本

① 成中英：《新觉醒时代——论中国文化之再创造》，中央编译出版社 2014 年版，第 352 页。

② 同上书，第 31 页。

③ 蒙培元：《情感与理性》，中国社会科学出版社 2002 年版，第 26 页。

能的呈现，而人类社会的关系却呈现为价值关系。从一定意义上说，人类社会的伦理关系本质上是人的“类”属性的事实和人的主体性价值之间的相互承认与相互承诺。而这种基于“伦”的主体性价值则彰显着人的本质属性，“后稷教民稼穑，树艺五谷；五谷熟而民人育。人之有道也。饱食、暖衣、逸居而无教，则近于禽兽。圣人有忧之，使契为司徒，教以人伦，父子有亲，君臣有义，夫妇有别，长幼有序，朋友有信”。（《孟子·滕文公上》）“仁”和“人伦”体现的都是人与其公共本质之间的价值关系。在儒家看来，“伦”作为反映人的精神生命的社会秩序，是社会最基本的价值，它是人之生命价值与意义的根本文化保障。

从人之生命存在的角度看，“伦”维护和满足着人类最基本生存需要。人一出生作为未完备的生命状态，其生存和成长需要得到首先来自于家庭共同体的细心呵护与教化。在儒家看来，人之所以能够形成群体社会，并在尊重差异的基础上能够分工与合作，世界万物能够为人所用，又能尊重和主动维系各守其分的伦理秩序，就在于人能够与其公共本质之间保持一致性。“水火有气而无生，草木有生而无知，禽兽有知而无义，人有气有生有知亦且有义，故最为天下贵。”（《荀子·王制》）荀子在这里所说的“义”实际上是人与其公共本质之间的一种价值呈现，而且是人的最基本价值。所谓“义”就是人按照“伦”的普遍性成己成物。在荀子看来，人之生命可贵之处在于人能够按“义”的要求处理各种关系。“义”不仅成为人区别于动物的根本属性，而且从现实的层面能够保障人的基本生存。有了义，人们就可以在安和的环境中生活和工作，尽己所能，去追求合乎“伦”的普遍价值。有了义，个体生命才能合成“类”的力量来共同应对来自于自然和社会本身的生存威胁。

从人的精神生命的存在来看，“伦理”是人之活动合理性和合法性的基础。而人能够成为伦理性的生命存在就在于人所拥有的主体性自由。人的主体性自由对于人具有双重的意义：一方面人通过发挥主体性自由超越“命”的外在限制，在创造物质财富、提升人类生活质量的同时，也能够通过求真、求善、求美的价值追求而建立一个强大而美好的世界；另一方面，由于主体性自由总是以个性化的方式表现出来，因此其在凸显个体价值的同时，又往往会使人局限于自我之中，与群体价值发生冲突，特别是主体性自由的发挥如果得不到有效疏导，其又有可能对群体的伦理普遍性产生极大破坏。如何化解这种冲突，对于重视关系的儒家情理主义道德哲学来说，如何处理个体与群体之间的关系尤为重要，于是，儒家便发挥“伦”之“理”的普遍性引导主体性自由，“子绝四：毋意，毋必，毋固，毋我”（《论语·子罕》），如何“绝”？就是通过“礼”之伦理普遍性引导和疏解个体与群体之间的冲突，“礼之用，和为贵。先王之道斯为美，小大由之。有所不行，知和而和，不以礼节之，亦不可行也”。（《论语·学而》）孔子继承周礼，又把“礼”转化和提升到伦理精神的高度，并与基于“情”的“仁”形成有机互动的精神哲学模式，实际上他正是深刻体悟到人自身主体性以及“类”的特性内在的联结与可能的冲突。在儒家情理主义道德哲学形态看来，人之所以为人的本质就在于能够发挥自身基于精神的主体性，养成一种向伦理实体回归的伦理觉悟和伦理能力，从而化解个别性与伦理普遍性之间的冲突和矛盾，而且人类一切精神活动和实践活动的合理性和合法性准则或标准就是“伦”之“理”。当然儒家情理主义道德哲学所界定的“伦”之“理”内涵极强的理性特征，但是此“理”不是纯粹的理性，而是始终以“情”为前提和内涵，或者直接就是“情理”，人按照伦理的要求去行动，实际上始终是以情感为内在驱动力的，“人皆有不忍人之心。先王有不忍人之心，斯有不忍人之政矣。以不忍人之心，行不忍人之政，治天下可运之掌上。所以谓人皆有不忍人之心者，今人乍见孺子将入于井，皆有怵惕恻隐之心，非所以内交于孺子之父母也，非所以要誉于乡党朋友也，非恶其声而然也”（《孟子·公孙丑上》），从对陌生人的“怵惕恻隐”到君王的“不忍人之心”，实际上都是情感的不同表现形式，这些情感通过发挥感通作用加强人与“人”之间的伦理关系，进而凸显人之所以为人的本质。

二 “伦”之“理”与“人”之“情”的相摩相荡

“伦”之“理”对人的引导作用的发挥虽然以情感为内在动力，但是这种情感又不是任意的，儒家情理主义道德哲学从天道的角度把“情”提升到本体的高度，特别是孟子直接把情感作为善性的根本内容，但是情感具体落实到个体生命中，呈现出纷繁复杂的情状，如有基于自然的血缘亲情，有人之情绪反应的喜怒哀乐爱恶欲之七情，有本体性的“四端”之情等多种情感形式。在这多种情感形式之中，有道德情感，也有自然情感，特别是自然情感，有些自然情感通过引导可以化育为道德情感，还有些自然情感或情欲却与道德背道而驰。

面对情感的纷繁复杂，如何发挥“情”的正面功能以维系人之所以为人的本质？在发挥“情”的道德哲学功能上，儒家情理主义道德哲学形态有两个路向。一是将道德情感置于主导地位，通过发扬和扩充道德情感来激发人的伦理觉悟和提升人的伦理能力，并把其他情感形式置于道德情感的引导之下，此路向以孟子为代表；二是通过“礼”的伦理教化，即通过人的理性反思能力来规约和引导人的自然情感，通过后天教化培养人的道德情感，此路向以荀子为代表，即荀子提出的“礼以养情”。孟子讲性善，他认为人类之所以能够由个体向伦理实体回归，实现人之所以为人的价值和意义，就在于人天生就具有的善端或者是善情，“仁义礼智，非由外铄我也，我固有之也，弗思耳矣”。（《孟子·告子上》）既然仁义礼智内在于人的生命之中，那么它又如何表现于外，转化成为人的伦理能力呢？孟子则从情理合一的角度论证四德的源起，“恻隐之心，仁也；羞恶之心，义也；恭敬之心，礼也；是非之心，智也”（《孟子·告子上》），其中“情”居于主导地位，“理”则起到反思和疏导的作用。在孟子看来，人的这四心只有顺着“伦”之“理”的路径，以道德性的自我战胜物质性的自我，通过开发先天的道德情感能力，就能够培养出“修身、齐家、治国、平天下”的伦理能力。而荀子似乎和孟子此种路向相反，荀子抓住自然情感的一面，认为人天生是恶的，但是由于人类有理性反思的能力，能够通过后天“礼”的教化功能开发出后天的向善之情，“今人之性，生而有好利焉，顺是，故争夺生而辞让亡焉；生而有疾恶焉，顺是，故残贼生而忠信亡焉；生而有耳目之欲，有好声色焉，顺是，故淫乱生而礼义文理亡焉。然则从人之性，顺人之情，必出于争夺，合于犯分乱理而归于暴。故必将有师法之化，礼义之道，然后出于辞让，合于文理，而归于治。用此观之，然则人之性恶明矣，其善者伪也”。（《荀子·性恶》）一持性善，强调先天的向善之情，一持性恶，强调后天的伦理之理和价值理性，似乎二者格格不入。实际上二者又具有内在的一致性，而这种一致性又相得益彰地强化了先秦儒家的情理精神。这种一致性主要体现在两个方面：一方面都把“情”作为伦理的内在精神根源，认为"伦理"存在的必要性和可能性都是因为人的情感需求，只不过孟子持先天的向善之情，而荀子持经过礼义教化的后天之向善之情；另一方面，在"情"的道德哲学功能的发挥方面落实于"伦"之"理"的引导和化育，这种一致性在化解人之个别性和伦理普遍性之间冲突和矛盾的同时，又共同维护和发展了儒家情理主义道德哲学形态"伦理优先"的文化品格。

先秦儒家情理主义道德哲学形态这种既以情理合一为伦理的内在精神根源，同时又注重以"伦"之"理"引导人的情欲需求和发挥人的向善之情可以说揭示了人类文明的真理。人类文明是人性之中情感和理性共同创造性发展的结果。人类的理性认知和反思能力使人类能够使万物为我所用，协助人类创造出强大的物质世界，为提升人类的自身认识世界、改造世界的能力发挥了重要贡献，但是由于"理性"的别异性特征，它在强化人的主体能力的同时，也将人类抛入到天人相分、群己相分的巨大风险之中，因为人之所以能生存于世，除了具有理性能力之外，更重要的是人还能团结一致，将诸多个体的力量凝结为类的力量来应对生存威胁。如何从"理"之别异性的危险中解放出来，这种解放的力量就来自于人类的另一种人性能力，即情感，情感最核心的特征就是合同性，而且这种合同性不同于"理"之形式普遍性的"集合并列"，而是以一种"你中有我，我中有你"的融合感通方式将个体投入到关系中来实现人之所以为人的价值和意义，所以人类通过"理性"具有求真的本性，会具有通过"情感"具有求善、求美的价值追求。儒家这种情理合一的道德哲学形态对于身处 21 世纪的人类具有重要的启发意义。可以说，过去的一百多年，人类在科技理性和经济理性的支撑下创造了巨大的物质文明，然而这种物质文明在造福人类的同时，也激发了人的物欲需求，如发生在 20 世纪的世界大战、法西斯发动的大屠杀以及面对科技文明对人类异化的危险，不得不让我们反思理性的黑暗面，同时透过对 20 世纪以及 21 世纪的理性反思，我们又认识到情感之于人类的重要性，"感情已重获尊严，'不可解释的'而且可能是非理性的同情心和忠诚重新获得了合法性，它们是不能根据它们的效用和目的去'解释他们自身'。人们在做任何事情的时候都不再疯狂地追求明显的或者潜在的效用。后现代世界是这样一个世界，在这个世界中，神秘之物不再是一个赤裸裸地等待着找出规则的沉默的外在异物”。“我们又一次学会了尊重模糊性，注意关心人类之情感，理解没有效用和可计算的酬劳之行为。”[①] 这也正是儒家情理主义道德哲学形态的现代文明意义之所在。

三　“和”的伦理目标

对于“伦理优先”的儒家道德来说，如何构建和谐的人伦关系是其终极价值追求，人之个体生命的全部价值和意义就是对关系特别是伦理关系的维护，“中国人的思维与此不同，关系是真正的内涵，建立更好的关系、更大的关系、更包容的关系是人的需要。人在关系中成长，在关系中超越，在关系中满足、继承。这是一种生态哲学，它超越而内在，理性而又情绪、情感，这种情感和意义我称之为感通”[②]。情感主要存在于关系中，并且是强化关系、融合关系的主要精神力量。儒家道德哲学也正是抓住了中华文明的这一特征，始终把伦理关系放在首位，并从中华文明的血缘文化出发，以血缘亲情作为“情”的根基和源泉，进而把“情”纳入到“五伦”的伦理关系网络。这样，“五伦”就为“情”从个别性提升到伦理普遍性提供了一个包括天人在内的大脉络，由个体到家庭，由家庭到社会，由社会到国家，由国家到天下，由天下到整个宇宙，在这个次第扩大的伦理关系中，“情”之求善、求美的内在精神动力不断被激发出来，由“孝悌之仁爱”到“天地万物一体为仁”，人之生命的价值和意义也不断地实现出来。

人的“类”本性以及意志自由的本性，一方面使人类的生存和繁衍始终离不开对“关系”的主动建构和维系，另一方面对于现实的关系来说，关系总是由个体组成的，这样，人类在构建关系时又总是面临着个体及其关系或由关系组成的整体之间的内在张力。如何化解内在张力？既在尊重个体自由自主性的同时也能构建和谐的人伦关系？对于这些问

① ［英］齐格蒙特·鲍曼：《后现代伦理学》，张成岗译，江苏人民出版社 2003 年版，第 38 页。

② 成中英：《新觉醒时代——论中国文化之再创造》，中央编译出版社 2014 年版，第 30 页。

题的思考和解决成为整个人类文明基本价值目标。西方文明以对象化的思维方式，利用理性之别异性的哲学功能把天人、人我之间处于对立的关系中，并运用理性力量通过强化自身认识世界、改造世界的能力以维系伦理关系，于是在西方文明发生之初，其“强力征服”的色彩极为强烈，并且这种“强力征服”为维系人伦关系、化解个体与伦理实体之间的关系抹上了一层悲剧性的色彩，如古希腊时期“苏格拉底之死”的悲怆和伦理意义、中世纪对上帝的绝对崇拜引发的宗教冲突及近代西方强国利用基于理性传统而发展起来的科技力量和经济力量侵略、欺凌弱国，以致引发两次世界大战，到现代人类又陷入于一个表面繁荣内藏危机的世界：科学技术在增强人类能力的同时又使人类面临被异化的危险，经济理性的独霸地位在提高人们物质水平的同时又极大刺激着人们的物质欲望，以致于消费主义盛行以及对大自然的疯狂掠夺，使人类面临着严重的生态危机，各国之间深层的军事较量而发展起来的现代科技武器一旦被触发又有可能使整个地球不复存在，世界恐怖主义和反恐怖主义的激烈较量而引发的社会恐慌。所有这些都在证明，人的理性能力虽然使人类会变得非常强大，如果不对其“别异性”的功能进行约束和引导，那么人之“类”的本性就会遭到破坏，从而从根基上破坏人之生命的价值和意义。与西方理性主义文明相比，中华文明特别是儒家情理主义道德哲学形态则更注重发挥“情”的合同功能来化解个体与其伦理实体之间的内在张力，即儒家始终以有机生态的整体主义思维方式感知、体悟天人之间、人我之间的伦理关系。这种感知体悟正发自于人性内心的向善之情，即孟子所言的“恻隐之心”“羞恶之心”“辞让之心”。人性之内在的向善之情首先具有源于天道的伦理普遍性，“道始于情，情生于性”，同时其落实到具体的个体生命中又具有特殊性。因此，人伦和谐的构建就在于如何通过提炼个体生命中具体的、特殊的“情”，并使之成为更合理的有利于个人和社会发展的力量。儒家情理主义道德哲学形态基于中华文明的血缘文化特征以及由家及国、家国一体的社会特征，首先以血缘亲情为基点，即把血缘亲情的伦理提炼作为“情”之根源，“孝悌也者，为仁之本与”，“孩提之童无不知爱其亲者，及其长也，无不知敬其兄也。亲亲，仁也；敬长，义也；无他，达之天下也”。（《孟子·尽心上》）儒家情理主义道德哲学把血缘亲情置于本根地位，看似简单直率，实际上其对血缘亲情的伦理提炼为发挥“情”的道德哲学功能延展了无限广阔的空间。从本体的角度看，血缘亲情基于不可改变的自然血缘关系，这就为“情”提供了本体根据，即人类文明的发展之所以必须根基于人性人情之需，就在于这是天道之必然，血缘亲情是人类所共有的通性，每个人的生命都源于父精母血，如果否认这一点就是否认生命本身，更是与“天道”背道而驰。同时，儒家对血缘亲情的重视并没有使其价值追求只局限于小范围的家庭，而是有发挥“情”的整体性特质，对血缘亲情无限外推，把对血缘亲情的重视提升为对天下人的大爱，其理由就是每个人都有亲人，都有亲人爱护，那么我们作为有血有肉的人也应当从爱亲人的移情共感出发像爱亲人一样爱天下之人乃至于整个宇宙的生命，从“爱其亲”“朋友如兄弟手足”到“移孝作忠”再到“天下一家”，依“五伦”关系的扩推，血缘亲情逐渐被提升为具有更大普遍性的道德情感和伦理情感。这样，与西方理性主义文明传统相比，儒家情理主义道德哲学形态在中国社会生活各个层面的渗透，使中国各种关系和社会活动都蒙上温情脉脉的面纱。当然，在这面纱之下，儒家重情的情理主义的世俗化和异化而成的人情社会在一定程度上破坏着社会公正，这种文化心理在今天仍对现代民主法治的运行起到一定的冲击和阻碍作用。但是，我们应当透过儒家情理主义世俗化、异化的外在表面，认识到儒家情理主义道德哲学形态对“情”的重视，不但没有使个体与伦理实体之间、诸伦理实体之间处于绝对对立中，而且始终以乐观的方式追求和实现人伦和谐，如“舜窃父而逃”，这里不存在徇私枉法，舜之“窃”和“逃”实际上既顾全了父子亲情，又维护了公法的神圣性，因为“窃”和“逃”本身就是一种“不义”。

从西方理性主义之别异性的弊端和中国情理主义之融通性的优势来看，以情理合一的方式构建人伦和谐具有更大的合理性。因为在现代社会乃至未来社会，随着科技、经济的发展以及社会组织力量的越发强大，特别是工具理性的日益主导地位，人类面临的未来威胁，就是人类面对纷繁的物质欲望会落入自满的自我中心主义中而与伦理普遍性渐行渐远，随之人会盲目依从金钱、权力、科技而渐失主体性。因此，如何在一切形式的科技理性、经济理性之上，建立一个反映人之“类”的本性和意志自由，是儒家基于情理合一的“伦理优先”传统重新唤醒人的伦理觉悟和培养人的伦理能力的本质之所在，“伦理世界的原初状态，是个体与实体直接同一的‘伦’的状态；原始文明智慧密码，是对‘伦’的诉求和依赖；因之，‘伦’的能力，是人类的本能，更是人类必须具有的基本文化能力”①。由情理精神促成的伦理世界里，个体生命在“伦”之“理”的引导之下超越自身的个别性和主观任意性进而成为普遍性的、主体性的生命存在，同时也是个体与伦理实体之间“你中有我，我中有你”的相互关联状态。这种主体性自由和伦理普遍性不是外部力量强加的，而是人性自有的向善之情的外化，而个体与伦理实体之间的相互关联不是个体间简单的“集合并列”，而是基于精纯感情（如血缘亲情）的精神联结。

第二节 “仁且智”的主体精神

先秦儒家情理主义道德哲学形态从中国血缘文化背景出发，以有机整体主义的思维建构了以修身为起点的“家庭—国家—天下”相统一的次第扩大的“伦理世界”，为个体生命实现自身价值和意义提供了伦理支撑，并进而凝练成为“伦理优先”的中国文化传统。但是，儒家道德哲学虽然以“伦理”规定人之所以为人的本质，但是其又始终强调人的主体自觉，认为“伦理”在人类精神文明史中的生命活力正源于人的主体性自觉，“为仁由己，而由人乎哉”。（《论语·颜渊》）这种主体性自觉就是循着“伦”之“理”，通过发挥与天俱来的向善之情以及原始的知觉理性，在修持自我成就自我的德性养成中成己成物，这也就是儒家道德哲学的另一文化品格——内在而超越，“而中国文化之系统，则自始即握在生命之中心，归本落实而显亲和性。此则以往为内在的、仁的系统。摄智归仁，仁以统智。以仁为体为中心，故曰仁的系统也。而智之表现为‘分解地尽理的’，则不显”②。“此是以宗法关系为底子之综合形态。其所透悟之超越普遍者，较合理而纯净，既超越而内在。故讲仁，讲性

① 樊浩：《“后伦理时代”的来临》，《道德与文明》2013 年第 6 期。

② 牟宗三：《历史哲学》，吉林出版集团有限责任公司 2010 年版，第 39 页。

善，而不讲上帝与爱也。”①

一　“性与天道”

儒家情理主义道德哲学形态的根本特征就是从人性论的角度探讨道德哲学之可能性和必要性。而关于如何探讨和言说人之本性，儒家又建构了一套从形上到形下的宇宙本体论，为人性成为道德哲学内在源动力提供本体根据。那么，人性又是什么？从自然的角度来看，人之生命与其他生命相比，在出生时是未完备的生命状态，需要家庭的呵护和教化才能健康成长，而且在自然体能方面则“力不若牛，走不若马”，但是人为何能“体天道”“牛马为人所用”？就是因为人虽然一无所有，但是具有与生俱来的灵明之性，能继善成性。而这灵明之性正源于天，所以人之性在于天，天则是人具有主体意识的本体根据。

“天命之谓性”，在儒家道德哲学中，天具有纯粹性、本源性和超越性的存在，整个宇宙间包括人在内的万事万物都是天的力量化育而成的实存，而人与物最大的不同，就是人还被天赋予欲望、情感、理性等灵明的能力，“水火有气而无生。草木有生而无知。禽兽有知而无义。人有气有生有知且有义。故最为天下贵”。（《荀子·王制》）而人的灵明知觉之本性作为天命之性所赋予，所以人的发生本源是天人合一。天是最为纯粹的最高存在，源于“天”的人性在原点上也是纯粹而至善的，故孟子曰：“恻隐之心，人皆有之；羞恶之心，人皆有之；恭敬之心，人皆有之；是非之心，人皆有之。恻隐之心，仁也；羞恶之心，义也；恭敬之心，礼也；是非之心，智也。仁义礼智，非由外铄我也，我固有之也，弗思耳矣。”（《孟子·告子上》）孟子认为人天生就具有善性，所谓善就是继承天道的本然纯粹性，无有偏颇，无有掩盖，无有扭曲。这种善性在人的生命中展现的就是一种“体天道”的创造力，此种创造力使得人性成为一个具有潜力和活力的存在，既是宇宙创化的结果，也是宇宙创化力的承载者。也正是在这个意义上，在中国文化中，“人”与天地并称“三才”，儒家道德哲学赋予人不同于物的神圣性与主体性，“人能弘道，非道弘人”。（《论语·卫灵公》）由此，人的存在过程和终极价值追求都

---

① 牟宗三：《历史哲学》，吉林出版集团有限责任公司2010年版，第40页。

是天人合一。

人性作为天道的承载者，在源头上具有无限的创造力，但是此性如何展现出来，形成人不同于物的价值世界和意义世界，即从内在走向超越？儒家情理主义道德哲学形态认为，性的现实表现就是情，“性自命出，命自天降。道始于情，情生于性。始者近情，终者近义。知情者能出之，知义者能纳之”。（《郭店楚简·性自命出》）“情”是天命之性在人之生命中具化为喜怒哀乐爱恶欲等七情。这七情与外物“接”有善有不善，但是由于“情”源于纯粹的善性，所以人接外物虽产生恶，但是人自身因成就天之善性又有能力扬善抑恶。而在如何扬善抑恶方面，先秦儒家情理主义道德哲学具有两种方式：一是以孟子为代表，孟子主张通过弘扬天生之善情（恻隐之心、羞恶之心、辞让之心），即以善情为内在精神动力弘扬自身主体性来引导情欲，避免因情欲引发的各种恶，“仁，人心也；义，人路也。舍其路而弗由，放其心而不知求，哀哉！人有鸡犬放，则知求之；有放心而不知求。学问之道无他，求其放心而已矣”。（《孟子·告子上》）但是“情”具化到个体中往往带有强烈的个别性和主观任意性，因此孟子仍重视价值理性（是非之心）对情的引导意义。二是以荀子为代表，荀子从人的自然情欲出发，认为自然情欲是世间恶的根源，但是人因天生具有的理性反思能力，能从经验教训中认知的价值理性引导人的自然情欲，也“可以涂之人为禹”，即其“礼以养情”的人性观。孟子与荀子，一主情，一主理，这是二者之间的主要差别，但是这种差别又是相对的。孟子虽然主情，但是也始终强调价值理性对人之本然纯粹的善情的引导意义，荀子虽然主理，但是其也始终重视人性人情之于礼仪制度的重要性，“荀子提出‘礼以养情’的命题，以此解释礼的人性基础与德性价值，认为礼根植于人的情感需要”①。也正因为如此，儒家既没有走向只重视情的情感主义，也没有走向只重视理性的理性主义，而是走向了以情为主情理合一的情理主义。

由此，儒家从性与天道的角度出发，赋予“情”以本体地位，情既具有潜能性又具有能动性。从潜能性而言，情与天之善德相联系，是“善端”，顺“善端”可以人之善性可以无尽发展，“以善服人者，未有

---

① 樊浩：《中国伦理精神的历史建构》，江苏人民出版社 1992 年版，第 130 页。

能服人者也。以善养人，然后能服天下。天下不心服而王者，未之有也”。(《孟子·离娄下》) 但是，“善端”只是现实的善之可能与萌芽，其在具体的生命中会受到耳目食色之性的困扰，人如果沉溺于情欲中，是与天道悖逆，最终会走向自我毁灭，所以儒家又极为强调根源于善情的主体能动性，主张通过扩充无尽的“善端”在引导规约自然情欲的基础上齐家治国平天下。人之善恶如何流转？20 世纪到 21 世纪，经济和科技帮助人类创造的巨大物质财富、战争的爆发对人性之善恶的流转展露无遗。关于人性是善是恶也充满了争议。但是无论如何，先秦儒家情理主义道德哲学形态中的性情论对善的肯定、对德性价值的发挥在 21 世纪对人性光明的重新开启具有重要的启发意义。

二 “仁且智”

先秦儒家情理主义道德哲学形态从“性与天道”的角度赋予“情”以本体地位，并将人之善情作为道德既应当又必要的精神基础。那么善情或“善端”如何成为人和社会现实的善一直是儒家道德哲学关注的核心课题。

儒家情理主义道德哲学作为一种入世文化，始终关注人的世界，关注如何实现社会的安宁与和谐，关注人在此岸世界中如何活得充满价值与智慧。而且，无论是社会的安宁和谐还是个体价值的实现，以及个体价值实现和社会安宁和谐的内在联结统一，儒家都把这种努力和目标落实到人具有向上追求的精神需要和向上提升的精神能力的发挥上，即“修身齐家治国平天下”的实现都内在统一于人之善性的觉醒和内在价值的发挥。这就是先秦儒家道德哲学中“仁”之善情与伦理觉悟，即人与人之间的情意感通以及个体对他人和社会的关爱能力。“仁”字最早见于《周书》，其作为王者之德，内含安民、保民、惠民的政治意义，而随着中华文明的发展，到春秋时期，“仁”的德性意味越来越浓厚，“爱亲之谓仁”(《国语·晋语》)、“弑君以求威，非吾所能为也。威行为不仁”(《国语·晋语二》)。孔子将“礼”与“仁”相结合，“克己复礼为仁”，把人的真情实感融入“礼”和“仁”中，“礼”因人之真情的注入，由外在的社会制度转化为人性提升和维护社会秩序的伦理实体，“仁”也由最初具有政治意义的工具理性转化为一种人的性情能力，并成为做人的最基本原则，“我欲仁，斯仁致矣”。在孔子那里，“仁—礼”统一，使“仁”成为儒家德性论的核心内容，爱人之情也成为人之道德能力的情感基础，但是情感并没有成为儒家道德哲学唯一的人性基础。儒家在重情的基础上也始终重视人的理性能力的发挥，所以“仁者爱人”不是一般的纯粹情感的爱，而是兼含理性的爱。关爱他人和社会，除了有一腔真情之外，还要有“己欲立而立人，己欲达而达人”的认知理性和实践理性。所以，孟子在继承孔子“仁爱”之学的基础上，又为儒家道德哲学提供了“情感+理性”的人性论前提，儒家情理主义道德哲学中人之德性的实现，实为“仁”的情感直觉（恻隐之心）与“智”的理性思考（是非之心）交互融合的结果。如孔子把人分为两面，即“仁”和“智”，“智者乐水，仁者乐山；智者动，仁者静；智者乐，仁者寿”。（《论语·雍也》）智者实际上是充满理性智慧的人，对外物有着透彻的理性认知，并在这种理性认知和反思的基础上，使万物为我所用，真正的智者善用万物而又不被万物所累，就像水一样充满着灵动性，但是始终又不改变自己的本性与目标。儒家从理性角度对“智”的解读对今天理性主导的时代具有重要的警醒作用：现代人在认知理性的支撑下，无论是从广度上还是深度上对世界的探索和认知都大大超过了前人，而且人类还从中获得前所未有的物质财富。但是不幸的是，人的物质欲望得到充分满足的同时却又被物欲所迷惑而消解自身向上追求的精神需求和向上提升的精神能力，由人发明的科学技术反而被技术异化而失去主体性自由，面对今天人类物质充盈和精神萎靡、生态危机的矛盾，人类应该反思工具理性的弊端和不足。仁者则是对他人和整个世界充满关爱之情的人，这种关爱之情能够消融人的个别性，使各个独立的个体凝结为“一”，彰显人的“类”本性，人类之所以能够从万物中凸显挺立出来，就是因为人自身的情感能力，把世界连接为一，同悲喜共苦乐，就像高山一样，博大而精深，既能承载河流穿行而过，更能孕育花草树木、飞禽走兽，自成一生机勃勃之世界，这也正是仁爱之力量。所以无论西方的宗教文化还是中国的伦理型文化，都极为重视“爱”之于人类的重要意义。“智”和“仁”都彰显着人类不同的生存智慧，到底何者更重要？儒家情理主义道德哲学形态从有机整体主义的思维方式出发，认为理想的道德人格应是仁智兼备、情理双修。

总结儒家情理主义道德哲学形态对人的主体性的挺立，其由于过于重视人自身的情感需求和人生智慧，而未能以自然为对象，用经验和理智的知识系统认识自然和利用自然，以至于中国人文精神发达，而自然科学则发展不足，“关于科学知识一面，我们必须知道，儒家在以前所确定的文化模型，虽是仁智合一的，然毕竟是以仁为笼罩，以智为隶属者。这不要紧。仁当该是笼罩的，智该当是隶属的。要者是：在以前儒家学术的发展中，智始终是停在圣贤人格中的直觉形态上，即智慧妙用的形态，圆而神的形态上；始终未能彰显出来，成为其自身之独立的发展，因而亦无其自身之成果。即智没有从直觉形态转而为‘知性形态’。它总是上属混化于仁中，而未暂时脱离乎仁而成为‘纯粹的知性’。因此，逻辑数学都出不来”①。因此，儒家情理精神要获得现代生命力，应当以积极的态度吸收工具理性的知识发展，通过工具理性改造世界，改善生活质量、生命质量，进一步彰显和实现儒家“仁且智”的情理精神所倡导的主体精神。当然，在这里，并不是使儒家情理精神湮没于现代工具理性之中，因为依托于工具理性而发展的科技和经济未能帮助人类解决“我应当如何生活”“我们如何在一起”的终极价值问题。况且，现代科技和经济的迅速发展是与人的权力欲和物质欲的驱动相互促成的。因此，儒家情理精神一方面要以开放的态度容纳工具理性中的知识论；另一方面又必须从人性人情之需出发对工具理性进行价值批判，强化科技发展和经济发展中的人文觉醒。

三　“乐”的精神自由境界

儒家以“情”为主、情理合一的情理主义道德哲学形态在人生境界追求中最终走向了“乐”的精神境界，即以情感的安适、满足、愉悦为人生的幸福状态，“以儒学为骨干的中国文化的精神是‘乐感文化’。‘乐感文化’的关键在于它的‘一个世界’（即此世间）的设定，即不谈论、不构想超越此世间的形上世界（哲学）或天堂地狱（宗教）。它具体呈现为‘实用理性’（思维方式或理论习惯）和‘情感本体’（以此为生活真

---

①　牟宗三：《道德的理想主义》，吉林出版集团有限责任公司2010年版，第109页。

谛或人生归宿，或曰天地境界，即道德之上的准宗教体验)”①。人与动物最根本的区别就是能够以主体的姿态感受痛苦与快乐，并始终以积极进取的主观能动性追求快乐，避免痛苦。儒家情理主义道德哲学形态正是从这种人性人情之需出发把“乐”作为人生最高境界的情感体验。当然，儒家所追求的“乐”虽然包含了感性情绪的自然性，但是其更深刻的本质乃是经由伦理化的社会情感、道德情感，其体现的是个体超越自然情欲和主观任意性束缚后的精神自由境界。

无论是孟子的性善论还是荀子的性恶论，都承认和肯定人之喜怒哀乐爱恶欲等情绪作为“情”的外在表现，其存在具有自然必然性，这种自然必然性对于人来说具有两面性：一是由于这些情绪的流露常常以个别性的方式表现出来，如果不加以社会性、伦理性的引导，就会流于主观任意性，进而侵蚀到人的公共本质性；二是对这些主观情绪如果加以伦理引导那么又会成为一种强大的情感动力，使人超越现实世界而建立起反映人之本质的意义世界，人类所特有的道德情怀、审美情趣无不是情感的社会化表现。正因为如此，从人性人情之需出发的先秦儒家情理主义道德哲学形态的首要任务就是对人的自然情感进行理性化的提升。在如何进行理性化提升方面，儒家又有两种路向：以情养情和以理导情。前者以孟子为代表，后者则以荀子为代表。孟子以人天生就具有的恻隐之情、羞恶之情、辞让之情的三种善情为基点，主张通过扩充这些善情来追求人生快乐和幸福，认为人生之乐本质上就是人之“尽性”的结果。当然在孟子看来，人能“尽性”并不是自然而然的，需要后天的教育和教化，需要以“是非之心”的理性认知来引导，并以“礼”的方式对人之自然情绪进行教化，而教化的结果则是有迹可循的，即由情而发的“乐”之境界就显现于人伦日用间：“父母俱存，一乐也”，这是从对自身生命之源的感怀中而获得的天伦之乐；“仰不愧于天，俯不怍于人，二乐也”，这是自身经由“尽性”而得的精神自由之乐；“得天下英才而教之，三乐也，王天下而不与存焉”，这是君子的社会责任，也是精神自由之乐的现实表现。在这里，孟子对精神自由、主体人格的追求已完全从物欲和权力欲的束缚中完全超脱出来，孟子这种价值追求对中国后世的影响

① 李泽厚：《论语今读》，生活·读书·新知三联书店2004年版，第25页。

深远，儒家虽然主张“学而优则仕”，但是又始终把自然欲望置于精神自由之下，保持了道德人格的独立性和优先性，对历史上的“愚忠”起到一定的纠偏和制衡作用。与孟子相比，荀子则更重视理性对情感的引导和规约作用。荀子从自然人性论出发，认为性情欲一体，具有自然必然性，而无道德意义，只有人顺自然欲望无限膨胀，而引发社会纷争，才是恶，也即是说，情和欲处于“恶”的待发点上，不加节制会走向恶，如果按照“礼”的理性疏导，使人的自然情感流露和情欲需求符合社会需要、遵守伦理规范，那么人之情感则成为人获得快乐的源泉，因此，伦理化的情感不再具有自然性，而是成为反映人之价值和意义的生命体验。荀子对人性的深刻洞察，特别是他所观察到的“今人之性，生而有好利焉，顺是，故争夺生而辞让亡焉；生而有疾恶焉，顺是，故残贼生而忠信亡焉；生而有耳目之欲，有好声色焉，顺是，故淫乱生而礼义文理亡焉。然则从人之性，顺人之情，必出于争夺，合于犯分乱理，而归于暴。故必将有师法之化、礼义之道，然后出于辞让，合于文理，而归于治”（《荀子·性恶》），这些人性现象在今天仍具有重要的经验认知意义。尤其是面对今天全球出现的诸如极具破坏力的战争危机、经济危机、生态危机，以及从个体层面出现的欲望无限膨胀、精神空虚、技术异化等现象，我们会进一步体会到荀子注重理性认知、礼乐教化、政治和法律管理的重要意义。

可以说，孟子和荀子在如何实现“乐”的方式上有所不同，但是这种不同却是相对的，二者更重要的关系是相辅相成。孟子基于人性本善追求“乐”的精神自由境界，肯定了人的主体性，把善恶交到人自身之中，维护了人之生命神圣性和人在世界中的主体地位。从现实角度看，人性本善，但是人之自然欲望以及贪欲的力量又如此强大，当人心被欲望遮蔽太久太厚，又很难显露或回归到人之善良本心中，孟子自身也意识到“荒岁多凶民”。面对现实的这种考验，显然荀子强调的后天基于理性的礼乐教化之社会治理，对孟子基于善情的求“乐”方式起到一定的补充作用。也正因为孟荀的相反相成，为人之主体性的挺立和主体性自由的实现既提供了形上依据，也提供了实践途径：一方面人之向善之情使人类拥有了求真、求善、求美的精神动力；另一方面，人之实践理性能力又借助万物把这种精神动力转化为人获得自由的现实支撑。

第三节 “合情合理”的实践智慧

实践是人类所特有的活动方式。从人与世界的关系来看，人是自然界的产物，是世界的一部分，但是人又不是被动地服从于与外在世界的客观关系中，而是有人的精神存在方式能动地作用于外在客观世界，这就是实践。人在改变世界的同时，也成就着自身作为人的价值和意义。从道德哲学的角度看，人通过“类”的实践活动（群居共处）获得了伦理普遍性，而且形成了多种能力（包括理性认知能力、克服意志软弱的能力、爱的情感能力），并成就了人的多重道德品格。由此，实践是人的根本存在方式。先秦儒家情理主义道德哲学形态是以“情”为主的，而“情”的根本哲学特征之一就是直接性，即具有道德认知不经理性的利益权衡直接转化为道德行为的特征，因此儒家情理主义道德哲学一方面从天道角度出发为道德哲学提供了一套本体根据，另一方面更为重视人作为主体的存在如何把内在德性修养转化为道德行为，对知行合一和对道德实践的重视是儒学的根本问题之一，“在传统社会中的亲子、兄弟等关系而言，这种关系在中国哲学（儒学）看来并不是相关对象本然的规定：对缺乏伦理意识者来说，亲（父母）兄等并不具有伦理的意义。同样，离开事亲、事兄等伦理之‘为’，亲子、兄弟之间也难以形成现实的伦理关系。只有在事亲、事兄等道德实践的展开过程中，具有伦理意义的社会关系才可以成立”①。由此，道德实践是人作为精神的存在，是知情意之于外在世界的呈现，是人与其伦理关系相合相通的现实方式。对于注重人伦日用、追求人伦和谐的儒家情理主义道德哲学形态来说，其在展现于成己成物过程中凝练出一系列既重视理性知识经验又关注人性人情之需的实践智慧。

一 “势”的智慧

人作为世界中的人，其道德实践活动虽然主要是人的内在德性修养的外在表现，但是在德性品格的现实展开过程中，总离不开其特定的现

① 杨国荣：《人类行动与实践智慧》，生活·读书·新知三联书店2013年版，第9页。

实背景，即所谓“势”。“‘势’尽管与人相涉，但非人所能任意地左右和支配。事实上，‘势’在形成之后，就呈现为一种现实的境遇和力量，人在行动和实践的过程中，需要对其加以正视和应对。”① 由于“势”是一种外在于人的力量，并不具有道德意义，而且对人的行动或实践具有双重影响和作用。从人与势的关系来看，一方面，“势”作为人类道德实践的客观背景，具有人力不可为的客观必然性，能够决定人能做什么或不能做什么；另一方面，人又可以发挥主体性的力量乘“势”而为，通过作用于“势”，利用“势”实现自身意义和价值，即人的道德思想、观念外化为“事”与“物”。对于“伦理优先”的儒家情理主义道德哲学形态来说，其极为重视基于人伦关系和人伦情境的“势”。孟子在谈到“仁政”时，借齐人之口，主张以道德的方式乘势而为，“齐人有言曰：‘虽有镃慧，不如乘势；虽有镃基，不如待时。’今时则易然也。夏后、殷、周之盛，地未有过千里者也，而齐有其地矣。鸡鸣狗吠相闻，而达乎四境，而齐有其民矣。地不改辟矣，民不改聚矣，行仁政而王，莫之能御也”。(《孟子·公孙丑上》)“智慧”指人的主体认知能力，“镃”指锄地用的农具。也即是说，主体条件再充分，也总受制于作为实践背景的“势”。对于践行仁政而言，也是如此，仁政的实施与实现需要充分利用天时地利人和。对于个体道德的实现而言，也应当重视“势”的影响，“居天下之广居，立天下之正位，行天下之大道；得志，与民由之；不得志，独行其道”。(《孟子·滕文公下》) 这里的“得志”和“不得志”实际上就是指人之行为所依据的“势”。得志时，应当顺势而为，把“道”发扬光大，不得志时，应当学会收敛，但是也应当坚挺自身的道德主体性，不能随波逐流。由此，“势”虽然客观性、制约人之实践的一面，人应当顺势而为。但是，顺势本身并非仅仅呈现为被动、消极的形态，它同时又涉及人对“势”的理性认知和关乎道德原则的价值评价。一方面，儒家思想强调，人在外化自身德性品格或道德实践过程中一定要审时度势，即应当以基于理性的道德认知疏导情意的感性冲动，以避免道德行为的不当或不合时宜；另一方面，儒家所倡导的以理性疏导情意，使人的道德行为顺势而行，并不是使人完全屈从于外在客观情势，而是以“体

① 杨国荣：《人类行动与实践智慧》，生活·读书·新知三联书店2013年版，第144页。

道”的方式顺势而为，即要人以道德的方式乘势而为，“处胜人之势，行胜人之道，天下莫忿，汤、武是也；处胜人之势，不以胜人之道，厚于有天下之势，索为匹夫不可得也，桀、纣是也。然则得胜人之势者，其不如胜人之道远矣”。（《荀子·强国》）“胜人之势”主要指人所处的有利的外在现实环境，“胜人之道”主要指道德认知转化为道德行为过程中所遵循的原则合范，对于儒家伦理型的文化来说，后者更具根本意义，“胜人之势”只有以“胜人之道”的方式加以利用才具有积极意义，实践结果才具有道德合理性。

儒家思想对“势”的重视和辩证分析，进一步强化了理性在其道德哲学体系中的作用，因为顺势而为，需要审时度势，无论是“审”还是“度”都需要认知理性和实践理性的参与，是道德主体能够正式面对不可抗拒之势，避免螳臂挡车的悲剧，显示了儒家审时度势的生存智慧，“子谓颜渊曰：‘用之则行，舍之则藏，唯我与尔有是夫！’子路曰：‘子行三军，则谁与？’子曰：‘暴虎冯河，死而无悔者，吾不与也。必也临事而惧，好谋而成者也。’”（《论语·述而》）当然儒家强调审时度势，也并未影响道德主体在道德实践中的优先性和核心地位，“用之则行，舍之则藏”。所以儒家虽然看到了“势”的不可抗拒性，但也并未走向消极无为，而是主张始终发挥人的主体性以体道。儒家的这种积极进取精神和主体精神在当今时代具有重要的启发意义。如前所述，现代社会分工越来越细，社会组织机构也越来越庞大，社会各种因素的彼此交叉融合形成的气势越来越大，而且瞬息万变，个体在其中所起到的作用则越来越被动，如何在“势”彰显人的道德主体性是现代社会所面临的时代课题。

二 “权变”智慧

对于重视人和人的现实生活的儒家来说，一方面从形而上的角度建构了一套“天—命—性—情—道”的本体论，为人的意志自由的发挥和主体性地位的确立提供了本体根据。另一方面也极为重视“势”之不以人的意志为转移的客观性，要求人“顺势而为”，但是“顺势”本身又不是人只处于被动服从地位，而更在于主体性的“为”，即人应该发挥道德主体性利用“势”达成知行合一，使人的道德价值获得实存。因此，在先秦儒家对“势”的辩证态度中又遭遇另外一个关于道德选择、道德判断的实践难题，即在复杂的社会情境中如何践行“伦”之“理”和“道”之“德”，这一难题集中表现在儒家的“经权之辩”中，在解决如何把伦理世界、道德世界、生活世界统一为“一”的实践问题中，儒家形成了特有的关于“权”的实践智慧，“‘经’和‘权’的学说正体现了儒家学者既尊重道德规则，又直面道德生活，‘极高明而道中庸’的态度和方法。尽管在对‘权’和‘经’的含义及其二者之间关系上存在分歧，但就道德选择中不能死守教条，应当对行为正当性问题进行辩证的、具体的思考和将原则性与灵活性结合起来进行道德判断这一点上，却是儒家一贯的共识”①。

孔子有感于礼崩乐坏的时代使命，他在继承周礼的同时，又“援仁入礼”，将人的真情实感和人之爱的情感能力作为“礼”的精神基础，这样“礼”不再是先秦之前的死板的外在客观礼仪制度，而是成为根植于人性人情之需的伦理实体，并作为中国伦理精神成为中国人解决“我应当如何”和“我们如何在一起”的道德智慧。先秦儒家一方面从重建社会秩序的时代使命出发，极为强调对“礼”、道德原则规范的坚守。但是，另一方面，先秦儒家又具有重视人、重视人的现实需求的人文精神，儒家的这种人文性义使其极为重视人在伦理生活中的自觉性、能动性和主动性的发挥。特别是孔子的“仁”—“礼”统一、原则性的“伦”之“理”和灵活性的人性人情之需的有机结合直接使“经权”问题成为儒家重要的道德实践问题。也正是孔子对中国伦理精神的这种伟大变革，使得经权问题成为儒家重要的道德实践问题。

孔子把“经”和“权”上升到哲学范畴的高度，用以解决道德原则，规范在具体、复杂道德情境中的应用问题。从义理上说，“经”主要指具有原则性的“伦”之“理”，人之所以为人的根据就在于人能够按照“伦”之“理”的原则性要求过有道德的生活，其展现的是“理”的客观性与别异性的一面，即人作为伦理关系中的一个节点，就必须“安伦尽分”，不可做逾越“礼”的行为。但是，对于重视现实生活的儒家情理主义来说，其强调对“礼”的恪守又不是摒除七情六欲的宗教式清修，

① 赵清文：《道义与结果在道德生活中如何统一——经权观与儒家规范伦理思想的性质》，《道德与文明》2015 年第 4 期。

而是认为对“礼”的践行要始终尊重人性人情之需，正所谓“仁者，人也”“仁者爱人”，当具有普遍性、客观性的“礼”落实于具有个别性的人性人情需求时，特别是在复杂的道德境遇中，就出现了“礼”之教条性与“人性人情之需”灵活性之间的内在张力问题，即如何行“权”的问题。从道德哲学的角度看，“经”体现了先秦儒家对“伦”之“理”的坚守，其本身面临着道德认知转化为道德行为过程中关于理性化或合理性的问题，“经”作为善恶选择和善恶评价的标注，守“经”可视为理性的行为。同时，由于道德实践展开于道德主体、具体情境和多重伦理关系的交织交融过程中，特别是面对现实情境与具有形式性的普遍规范、原则的冲突时，又需要行“权”的智慧，行“权”既包含了守“经”的理性化要求，又彰显了从具体的人性人情之需出发具有实质性的价值关注，行“权”展现的是道德实践过程中合“情”与合“理”的统一。“淳于髡曰：‘男女授受不亲，礼与？’孟子曰：‘礼也。’曰：‘嫂溺，则援之以手乎？’曰：‘嫂溺不援，是豺狼也。男女授受不亲，礼也；嫂溺，援之以手者，权也’。”（《孟子·离娄上》）先秦儒家主张“仁—礼”统一，但是在具体的道德实践中，对于重“情”特别是仁爱之情的儒家来说，仁爱良知更具根本性，反对以墨守成规阻碍仁爱良知的现实呈现。也正是基于这样的情理精神，孟子极为自信地作出“嫂溺，援之以手者”的道德选择和道德判断。在孟子看来，在“嫂溺”这样关乎生死存亡的紧急生命关头，而拘于“男女授受不亲”的经礼是禽兽行为，与人之仁爱良知本性相悖，在此，越礼行权才合乎情理。从此种角度看，先秦儒家“权”的智慧可以说是儒家情理主义道德哲学形态在实践中所演绎出的独有的实践智慧，“孔孟的经权学说，面对的是高层次原则规定的道德义务之间的冲突，这种冲突的解决依靠的是道德主体的内心情感和行为自律，没有那种理智精确的计算成分”①。

先秦儒家把“经权”问题作为重要的道德实践问题进行探讨，实际上是其情理主义道德哲学形态展开于道德实践中的必然演绎。先秦儒家一方面从“伦理优先”的价值取向出发，极为重视对“伦”之“理”的

---

① 郭昕：《境遇与经权的不谋而合——弗莱彻境遇伦理和孔孟经权学说之比思》，《学术论坛》2009 年第 9 期。

现实化、形式化的“礼”的坚守，并把对“礼”的坚守作为为人处世的根本准则，“兴于诗，立于礼，成于乐”。（《论语·泰伯》）从道德认知和道德教化上来说，“礼”就是“经”。但是，从“礼”的形式上看，其作为已成形的条文化原则规范，是静态的“经”，而且圣人在制定“礼”时，只是从普遍化、一般化的角度出发制定的，并不能穷尽人的日常生活和复杂多变的现实情境的所有情形，更何况在儒家看来，“礼”之存在的根据和最大合理性在于“礼因人情”，而人情则具有多变性和多样性，因此，这就为“权变”留下了广阔空间。从逻辑上看，“守经”与“权变”之间存在冲突和矛盾，“权变”似乎威胁着“经”之合理性存在。但是从现实上看，先秦儒家对权变的重视正凸显了其基本道德精神：“权变”本质上是情理合一精神的现实演绎，儒家主张人要过合情合理的生活，做有情有义的人，人如果在具体的道德情势中，对静态的“礼”或“经”持胶柱鼓瑟式的拘泥死板态度，对“礼”墨守成规，而不知从人性人情之需出发进行“权变”，那么也就违背了“礼”的真精神，因为“仁者，人也”，“礼”始终以“仁”为内在的终极根据。正如孟子在探讨“嫂溺援之以手”的伦理实验中所得出的结论，“嫂溺不援，是豺狼也”，出于恻隐之心的仁爱之情是权变的终极根据，因此以“善”为目的、合情合理的“权变”才是“合于道”；“权变”在一定程度上更加凸显了先秦儒家情理主义道德哲学形态中对主体精神的弘扬，外在于人的“礼”和“经”为人的道德选择和道德行为提供了准则，人要获得伦理性自由，需要恪守道德准则，但是这种恪守又不是被动的，而是人始终以一种主体性的姿态以权变的实践智慧将道德认知转化为道德行为，先秦儒家“权变”思想对人的主体性自由、自律精神的重视和发挥，实际上是先秦儒家开启人文精神的重要一环，“儒家学说的创始人孔子继续着从西周初年开始的将价值准则和行为标准的依据从神鬼转向人事的伟大变革，对人在伦理生活中的自觉性、能动性和主动性的突出和重视达到了前所未有的高度。人的主体地位的凸显，尤其是对人的意志自由的强调，对于真正基于‘自律’的伦理思考和道德行为的产生具有革命性的意义”①；儒家

① 赵清文：《道义与结果在道德生活中如何统一——经权观与儒家规范伦理思想的性质》，《道德与文明》2015年第4期。

从求善出发对“经”和“权”的辩证对待使得儒家道德哲学思想更具融通性，即其处于道德良心和道德自律出发对“经”在常态下的坚守，并未使儒家思想走向道德相对主义，同时其从具体道德情境和人性人情的多样化需求出发，主张在不违背“道”的前提下可以适度变通，这样儒家思想也没有走向道德普遍主义，从一定意义上说，儒家情理主义道德哲学形态对经权之辩的实践演绎也正展现了儒家在生活世界的情理兼容的中庸智慧，“以中道为形式的实践智慧，展开于不同的方面。就个体的精神生活而言，如《中庸》已指出的，喜、乐等情感的流露都要‘中节’，亦即把握适当的分寸，达到恰到好处。‘过’与‘不及’都是精神缺乏和谐、统一的表现，与之相对，精神层面的和谐应当保持在一定的‘度’之上。在这里，‘中道’与‘合度’呈现为统一的形态，二者的交融体现了精神生活与人格涵养中的实践智慧”①。

儒家经权之辩在中国社会的长期发展中，特别是其从情理合一精神出发对“权变”的肯定和辩护，尽管其在生活世界成为传统社会德治和人治社会治理模式的道德根据，遭遇到现代社会法治理念的批判，“中国社会里，一直广为盛行的开后门、打招呼、说说情、变通一下、通融通融、下不为例、情有可原、关照关照等，都可以看作是权变对经、权的挑战。没有对原则、规范的执著坚持，法治社会的形成就没有一点可能。产生于性情形而上学的哲学背景下、泛滥于官本位社会的历史土壤里的无执态度，无论如何，都已经不能再与眼前的时代需要和社会现实相适应”②。但是从先秦儒家权变智慧所依据的情理合一、“伦理优先”的道德传统来看，对现代社会所遭遇的一元和多元价值观之间的冲突和矛盾具有重要的启迪意义。“进入 21 世纪，思想道德文化领域的‘多’——多元、多样、多变在主导话语中成为共同关注的对象和问题。”③ 现代中国社会所面临的“一”与“多”的问题实际上是“经”与“权”的现代演绎，“一”是社会统一的价值形态，具有统一性、普遍性和客观性，是

① 杨国荣：《人类行动与实践智慧》，生活·读书·新知三联书店 2013 年版，第 299—300 页。

② 余治平：《经权、常变的智慧——中庸之道的哲学根据》，《中山大学学报》（社会科学版）2008 年第 1 期。

③ 樊浩：《中国大众意识形态报告》，中国社会科学出版社 2012 年版，第 6—7 页。

个体获得伦理普遍性的道德原则、规范，具有“经”的意义，而“多”则是现代社会面对全球化、市场经济、科学技术对人类生活方式、思想方式深度影响下的多样化、多变性演绎，如何实现“一”和“多”、普遍性和多样性的统一？先秦儒家的权变思想为我们提供了富有借鉴意义的实践智慧。后现代社会在对现代性进行批判使得现代社会呈现为一个前所未有的繁复多元的世界图景，面对多元、多样、多变的现实情势，“权变”被推向了极致，“一切都被允许”，甚至是具有普遍性、一般性的“经”也遭遇到瓦解。然而对于一个国家的道德建设而言，尽管多元、多样、多变是不可更改和忽视的“势”，但是为增强民族凝聚力，也必须重建“经”和“一”，为本民族提供普遍的、一般性的伦理原则规范，同时又必须恰当处理“经”和权变之间的辩证张力，“经”的重建和基本精神要为“权变”留下广阔空间，同时“权变”尽管必要，但是又不能违背“经”背后的“道”，即“反经合道”，从而使二者相得益彰，不离不弃。就如先秦儒家情理主义道德哲学形态从情理合一、伦理优先的角度坚守具有普遍性的“经”，但是面对复杂的“势”，又出于仁爱之情，肯定权变在生活世界中的合理性和必要性，“经权关系学说反映了儒家伦理以道义论为主、结果论为辅的道德选择和评价思想，反映了中国传统伦理既追求高尚的道德理想，又关注具体生活世界和生活情境，以高远的追求和高超的智慧试图去回避道德生活中胶柱守株式的教条主义和无所附丽的相对主义的努力”①。

三　“推”的智慧

先秦儒家情理主义道德哲学形态在关于“势”和“权变”进行道德辩护时，都非常强调人的道德主体性的发挥，强调德性之于社会运行和治理的重要性。特别是其对人的意志自由的强调、肯定，在当时社会具有划时代的意义，孔子援仁入礼、以仁释礼，将“礼”由西周时期的外在礼仪制度上升到伦理实体的高度，同时也将价值准则规范由以鬼神为依据转为人的主体性自由，使儒家开启了关注人性、关注现实人生的人

---

① 赵清文：《道义与结果在道德生活中如何统一——经权观与儒家规范伦理思想的性质》，《道德与文明》2015 年第 4 期。

文精神传统，“儒家能树立道德主体，故能肯定人文，开启文运”①。儒家尽管肯定人的主体精神、强调个体人格修养的重要意义，但是儒家道德哲学强调伦理之于道德的优先性，其追求的更高理想目标是实现人伦和谐。而在如何实现人伦和谐这一根本问题上，儒家则基于“情”之主体间的同情理解和彼此相感之特性，以“己所不欲，勿施于人”“己欲立而立人，己欲达而达人”的伦理思维方式，即通过“推己及人”实现人伦和谐。

“我们如何在一起”的伦理追问是人类文明的永恒话题和人类精神文明主题。西方宗教性文化从爱上帝出发，希冀上帝对人类的博爱精神来实现人类的终极平等和幸福。而以儒家为代表的中国伦理型文化则主张从“爱亲”出发的仁爱精神来实现人伦和谐，在追求“天下一家”的终极价值目标过程中实现人类终极幸福。孔子在提到如何践行仁爱精神时曾指出：“仁者己欲立而立人，己欲达而达人，能近取譬，可谓仁之方也。”（《论语·雍也》）这里“能近取譬”，即所谓“推己及人”，这一践行方式包含着两重内涵：一是实践主体具有根据“伦”之“理”的理性推理能力，二是“推己及人”的精神原动力来自于对他人的情感关照和仁爱能力。在先秦儒家情理主义道德哲学形态中，这两种能力的伦理结合在实践中具体展现为由“爱亲”到“爱人”一直到“天下一家”的情感外推和情感的伦理升华。其中，“爱亲”是实现人伦和谐的原初动力，“孝悌也者，为仁之本与”。（《论语·学而》）“孩提之童无不知爱其亲者，及其长也，无不知敬其兄也。亲亲，仁也；敬长，义也；无他，达之天下也。”（《孟子·尽心上》）从先秦儒家情理主义道德哲学形态产生的文明背景来看，其把“爱亲”作为本原性的道德情感契合了中国血缘文化传统和中国由家及国、家国一体的社会结构，“与由家及国、血缘本位的社会结构相适应，中国文化一开始就选择了情感的道路而拒绝向纯粹理性方向发展”②。同时，将“爱亲”作为实现人伦和谐的原初精神动力也契合了人的本真生活，对于具体的、现实的人来说，人之生命的诞生与成长始终离不开亲情之爱，人也正是在亲情之爱中开启了人之所以

① 牟宗三：《道德的理想主义》，吉林出版集团有限责任公司2010年版，第140页。

② 樊浩：《中国伦理精神的历史建构》，江苏人民出版社1992年版，第12页。

为人的人性觉醒。在一定意义上说，先秦儒家的“爱亲”之情是开启人伦和谐的一把钥匙，而最终如何使人伦和谐的愿景变为现实，还需对“爱亲”之情进行进一步的伦理升华，即需要“情”与“理”的交融。因为“爱亲”之情虽然浓郁和力量强大，但是其毕竟是处于家庭范围之内，要把“爱亲”之情提升为关照天下的大众情怀，就必须需要“伦”之“理”对于“爱亲”之“情”进行疏导和提升，因为情感表达的过程涉及适度性的问题，“喜怒哀乐未发，谓之中；发而皆中节，谓之和”。(《中庸》) 如何达到中和，爱亲之情能够提升为关爱天下的大众情怀，孟子给予了进一步的论证和价值原则的引导，即“四心”（恻隐之心、羞恶之心、辞让之心、是非之心）的互补互成，将这四心所具有的内在情感潜能在实践过程中不断地发挥出来，“爱亲”之情便能升华为“仁义”之情理精神乃至“老吾老，以及人之老；幼吾幼，以及人之幼”的大同理想，“亲亲、敬长是一种包含伦理内容（仁义）并具有本原性的道德情感，‘达于天下’，也就是将这种包含仁义内涵的本原性情感普遍推行于外。作为贯彻仁道等价值原则的方式，这种情感外推所体现的合理性，内在地制约着由此展开的实践活动，并赋予后者以实质意义上的理性化形态”①。恻隐之心是每个人都具有的对他人苦难的同情理解，但这只停留在思想意识层面，要把这种内在情感发挥出来，成为实践的精神动力，还需培养人的同理感应的想象力，而注重血缘亲情的儒家伦理把这种能力的培养，即主体间同情理解的自然共通点落实于家庭关系和家庭情感中，所以，“爱亲”之情既是起点又是终极落脚点。当然只有恻隐之心远远不够，要由认知转化为行为，还需其他情感力量的支持，只同情他人不一定落实为同情行为，因此还需羞恶之心的强化和推动，即通过道德评价的社会力量使羞恶之心成为带动道德行为的强劲力量。无论是恻隐之心还是羞恶之心都以主体德性和道德人格的方式呈现，对于儒家而言，主体道德人格的现实意义在于在一定的社会情势中处理人伦关系，践行人伦之理，因此又需要辞让之心加强主体间交往。辞让之心意味着主体间既需达到理性层面的彼此认知，也需情感上彼此认同，并以一种利他助人的文化情怀将个体的、私人的爱亲情感转化为具有更大伦理普遍性

---

① 杨国荣：《人类行动与实践智慧》，生活·读书·新知三联书店 2013 年版，第 264 页。

的以天下为己任的仁爱情怀。儒家在强调关爱他人和社会的仁爱情怀的同时，并不意味着消解个体道德上的独立反思能力，更不意味着将道德主体性淹没于社会公情中，因此又需要有“是非之心”以保持和提升人的道德主体性，以个体的独立和理性反思能力来思考大众化的社会情感是否真正符合“礼”的要求，符合“礼”便服从，不符合“礼”就应当以行动对社会道德偏见予以纠正，出于是非之心的道德实践才是真正对“仁”的践行，才会使人的存在过程充满价值和智慧，真正实现“仁—礼”的有机互动，“仁虽然是一种人的态度与行为，它却可从具体的事功（如管仲之仁）及其后果表现出来，更可以形成一套文物制度以及行为规范，这就是礼的制度与规范”①。这也正是先秦儒家道德哲学情理主合一、情理交融的魅力所在：既重视社会群体、人伦和谐，又尊重人的道德主体性和独立性。

现代文明中科技理性和经济理性等工具理性的“独霸”导致人类的情感空间日益萎缩，情感特别是道德情感作为人类精神文明的重要支撑力，是人类消除个体性差异，通过对他人移情共感的理解来追求和探寻“我们如何在一起”的伦理追问。尽管先秦儒家情理主义道德哲学形态所内含的“推己及人”的实践智慧对血缘亲情的推崇与现代都市文明之陌生人的社会显得格格不入，同时如前所述，其对亲情的情有独钟与现代法治精神和社会公德的强烈社会需求存在内在冲突和矛盾。但是我们也不可否认，无论个体处于什么样的社会化模式中，家庭关系、血缘关系还是人之生命必不可少的一部分，人对血缘亲情的渴求仍是人类精神生命成长的原初动力。对于今天的现代文明而言，我们可以反思、批判传统儒家重视亲情的伦理思维方式之于现代文明的相左之处，但是我们不可以否认血缘亲情之于人类重要的文明意义。另外，面对现代文明中极度推崇理性的文明弊端，“理性缺乏了一个转化为全体个人、也即属于有关人之为人的自我修养问题”②。儒家情理合一或情理交融的伦理精神和实践智慧更彰显着其在现代文明中的独特魅力。当然，这种独特魅力的

---

① 成中英：《新觉醒时代——论中国文化之再创造》，中央编译出版社 2014 年版，第 310 页。

② 同上书，第 307 页。

发现并不是复古，而是在新的情势下对儒家情理主义道德哲学进行重建，重建也意味着现代化的改造，这也符合儒家“顺势而为”的变化精神。重建与改造是一个辩证转化的过程。此一转化的前提就是立足于传统儒学与现代化的会通之处，使二者进行同情互惠的理解，从而互通有无，互补互成。传统儒家情理合一的伦理思维方式在契合中国血缘文化传统的同时，其在后来被政治利用的过程中也产生了异化，特别是儒家从“爱亲”出发的实践智慧在生活世界中被异化为人情主义。传统社会中对家族的推崇，导致在生活世界中“爱亲”难以升华为“仁爱天下”，其“仁爱天下”只停留于少数君子圣人的理想人格中。正是基于这种现实，其“亲亲互隐”的价值原则遭遇到中国现代文明的批判，如邓晓芒先生和郭齐勇先生的论争对传统儒家情理精神的现代重建问题具有很大的启发意义，特别是一些学者（如邓晓芒、刘清平）将血缘亲情作为产生传统社会负面价值的根源，实际上也切中了传统儒家过度推崇家庭关系和血缘亲情而缺乏认知理性的价值取向在生活世界中所导致的重要危机。因此，传统儒家情理主义道德哲学形态在现代重建的过程中应当以开放的态度吸收现代理性精神，运用现代理性精神的别异性从血缘亲情直接同一性中挺立出来，并进一步强化恭敬之心、辞让之心和是非之心的内在的理性之维，使儒家仁爱之情成为现代社会公德重要精神动力。当然，儒家情理主义道德哲学形态在吸收现代理性精神过程中，其重情的价值原则又可以矫正现代文明对工具理想的过度推崇，以弥补现代人的精神空白。

第九章

现代文明中"情—理"精神链的断裂

现代文明是主要以"理性"为主导的文明，特别是现代科技理性和经济理性占据绝对主导地位，以及由此促推的现代人认识世界和改造世界的能力的增强。由于人类在这两大理性形式的支撑下创造了前所未有的物质财富，深刻地改变着人们的生产方式和生活方式，进一步加剧了人类对"理性"的迷狂，以至于人的自然情欲超出价值理性的规约，而陷入对物质欲望的疯狂追求中，"但更为广泛的变化是消费社会的出现，它强调花销和占有物质；并不断破坏着强调节约、俭朴、自我约束和谴责冲动的传统价值体系"①。人的情感也在"理性"的绝对地位中逐渐失去其独立地位和本有的道德功能，即人的积极的、超越性的情感需求和情感能力逐渐贫乏而无力，人一方面被物质欲望充斥着，另一方面精神世界因为向善情感的贫乏而走向异化、孤独甚至是绝望，人的同情能力被理性的别异性逐渐消磨掉，"现代解放（运动）怀有使人社会化的理想目标，这个运动是由理性推进的、被清晰表达、合法签署的，因而又被命名为国家法律的规则所指导，这种规则将会代替个人的本能和情感，个人的本能和情感是不受约束、不受控制、没有被编纂因而'盲目的'力量（例如，涂尔干认为，脱去社会强制规范的强制桎梏，揭露出的不是一个自由的个体，而是一种具有动物热情的奴隶）"②。由此，"理"的独霸、"情"的失语导致人类陷入一系列精神困境或道德困境中，如何超

---

① ［美］丹尼尔·贝尔：《资本主义文化矛盾》，赵一凡、蒲隆、任晓晋译，生活·读书·新知三联书店1989年版，第112页。

② ［英］齐格蒙特·鲍曼：《后现代伦理学》，张成岗译，江苏人民出版社2003年版，第100—101页。

越这一困境，是当今人类文明无法回避的时代课题。

第一节　理性居于绝对地位的现代文明后果

人的精神追求和人类的精神文明史既彰显着人与动物的根本区别，同时也是人类自身从与外在客观世界中挺立出来的主要途径。“精神”作为人类特有的标志，其深刻性在于，其内在地包含群体性与个体性之间的矛盾，又立足于知情意相统一的人性机制中，试图超越这种矛盾凸显人之所以为人的价值和意义。而“精神”的这种深刻性集中体现于人类的伦理道德中。“伦理”反映了人的追求普遍性、同一性的本质特征，是人与实体相同一的标识，“道德”立足于人的意志自由，以个体性彰显的方式获得伦理普遍性。而伦理道德又共同统一于“伦理精神”中，“‘伦理精神’是个体与共体相统一的‘道德’精神，既融摄了个体的道德精神，又消解了个体道德精神的主体性与抽象性”[①]。并且，伦理道德直接实现于知情意的统一中：“伦”之“理”的呈现既需要理性的主体努力，更需要情感的认同，而对“道”之“德”的凝聚与获得既需要情感的超功利性而拥有神圣性，也需要意志的坚守并以基于伦理道德的实践智慧而超越人类的生存困境，从而实现人的同一性追求。然而，现代社会中，由于理性特别是工具理性的盛行，知情意统一的人性机制则处于精神链的断裂中。

一　工具理性对价值理性和人性情感的僭越

人类生存的需求是个体精神追求和人类精神文明内在原动力，而且由于人的群体性特征，使人类的精神文明不仅关注基于个体生存的个体利益，而且更为关注人类种族繁衍的整体利益和长远利益。为了生存，人类需要理性和理智的力量认识世界、改造世界，努力使世界变得适合人的生存。正是在人类关于生存的斗争中，理性成为维持人类生存、为满足人的物欲需求而日益膨胀的文化能力。当然人在发挥理性和理智的

---

① 樊浩：《道德形而上学体系的精神哲学基础》，中国社会科学出版社 2006 年版，第 14 页。

作用满足人类生存时，又不仅仅只停留于个体欲望的满足，而且还关注人的长远利益和整体利益，因此理性自身又分解为工具理性和价值理性：工具理性是人在追求物欲满足和功利价值的刺激下认识世界和改造世界，使“物”服务于人、满足人的生存需求，此种理性形式极为重视“物”及人的行为对人本身的效用和后果，甚至把人的情感需求和精神价值也置于功利之下或称为追求功利的方法和手段；价值理性超越个体的物欲需求，以非功利性的人类其他文化形态诸如伦理、美学、宗教作为认识世界、改造世界的精神动力，立足于人类的整体利益和长远利益，力求帮助人类超越自身的局限性和现实世界中的生存困境，以建构属人的价值世界和意义世界，进而成为人的精神生命的重要标识。

从工具理性和价值理性的特点来看，人类为了能够生存和繁衍，一方面，需要工具理性以获得认识世界、改造世界的人性能力，从外在自然世界中获得生存的物质基础，并且通过理性的思考使人类能够团结一致对抗来自于自然界和人类社会本身引发的生存危机；另一方面，人又不是被动地适应外在世界，同时人作为有精神的生命存在，不仅能够主动地维护个人利益，而且还能以理想性、超越性的方式维护他人利益、社会整体利益以及人类长远利益，因此人类又需要价值理性的支撑。因此，在人类依托理性生存于世时，既需要工具理性，也需要价值理性，虽然工具理性能够直接为人类带来切实利益，但是人作为“类”的存在和有精神的生命存在，更需要价值理性超越个体生命的有限性，在维护人类长远利益和整体利益中获得作为“人”之生命的实体性与永恒性。由于理性的根本属性是“别异性”，而真正能够把个体生命提升为实体性的存在、使人之个体成为“类”的存在的更深刻的精神动力还是情感。情感最深刻的哲学功能就是合同性，这种合同性正适应了人的“类”的存在以及人类精神文明对精神同一体的追求。然而，现代社会中科学技术、市场经济和工具理性的共生互动，在提升人类认识世界、改造世界的理性能力的同时，也进一步激发了人的物质欲望的急剧膨胀，人对欲望的追求和享受在人类的生命存在中占据了主导地位，而且在现代社会中人的欲望的膨胀，不再仅仅是对物质的绝对占有，而是通过对物质的攫取和占有获得一种精神和情感上的快感，其背后是人类贪婪的本能欲望。现代社会中，由于深度化了工具理性直接占据主导地位，以至于价值理性的引导作用和情感的合同功能在人类精神生命中日渐弱化，于是人类过度迷狂工具理性，而走向了非理性（人陷入“无意义”的空虚和迷茫中），情感也日益沦为人之欲望满足的被动呼应者，乃至于其存在只显现于对物欲的依附中，其追求精神同一性的神圣性和超功利性在工具理性的暴力中陷入瓦解和崩坏中，“在工具理性的奴役下，人的情感被丢弃，人的情感追求被完全忽略。然而当工具理性抵制并放逐了人的情感欲求后，却最终使人类灵魂陷入虚无与荒诞。可以说，工具理性的泛滥给人类的情感世界带来了沉重的灾难”①。

现代人类文明中，工具理性的滥施淫威，既是理性主义文明的深度发展，同时也是对人类情感的一次严重危机，其最终的文明后果只能是，人在理性的别异性中与自身追求同一性的精神本性渐行渐远，情感合同功能的弱化导致个体难以回归伦理实体中，从而陷入漂泊之中，鲍曼把现代人描述为“流浪者”和“观光客”可以说是最贴切的比喻。与此同时，工具理性在人类精神文明中对情感的僭越，也导致人之神圣性的追求不可避免地遭遇亵渎，“从时间（萦绕于我们心头的过去、现在和将来）到空间，把世界看成应有的世界，是我们‘分得的份额’的那个空间，也就是把它看成是领域的分裂。要理解超越，人就需要一种神圣感。要再造自然，人就能够侵犯亵渎。然而，如果没有领域的分裂，如果神圣遭劫，那么我们只有欲望和自私的混乱，以及围绕人类的道德之环的毁灭”②。

二　抽象的道德自由对伦理认同的消解

人类现有的任何精神文明形态，始终都围绕着人的个体性与“类本性”、人的自然生命存在和精神生命的张力与统一而行进着。从人的现实存在来看，人的个体性和意志自由使人具有了追求独立和自由的愿望和要求，而人的“类”本性又决定着人必须超越个别性而回归到“类”的

---

①　刘春芳：《工具理性背景下的情感形态与生存境遇——以英国作家马丁·艾米斯为例》，《东北师大学报》（哲学社会科学版）2009年第5期。

②　［美］丹尼尔·贝尔：《资本主义文化矛盾》，赵一凡、蒲隆、任晓晋译，生活·读书·新知三联书店1989年版，第224页。

存在中，获得生命的永恒性，同时，人一方面需要物质欲望的满足以维持自然生命的存在；另一方面人作为有精神的生命存在，又具有超越自然生命的有限性而追求无限性的本性。伦理道德作为人类精神文明的具体形态，其文明使命就是力图解决人类自身所面临的上述冲突和矛盾，以求得人之个体性与整体性、有限性与无限性的和谐统一。当然，这一冲突和矛盾的解决始终是以人的道德主体性的挺立为核心。而道德主体性的挺立又面临道德自由和伦理认同如何获得一致、知情意如何统一的“精神同一性”问题。伦理和道德作为精神的两种共生互动的精神形态，二者“一而二、二而一”的关系中既具有“同中之异”又具有“异中之同”。就“同中之异”而言，“伦理”作为“伦”之“理”，表征着人之生命存在的普遍性和实体性，“道德”作为“道”之“德”，表征着具有意志自由的人作为道德主体对“道”的追寻和获得，是人超越有限性获得无限性和永恒性的必经之路；就“异中之同”而言，伦理与道德虽具有不同的精神指向，但是二者的价值和意义始终指向人获得“精神同一性”的追求，“伦”之“理”为个体生命超越有限获得无限性提供普遍性依据，而“道”之“德”则是人以主体性的姿态分享“伦”之“理”的普遍性而成为实体性的存在。从此种角度看，伦理道德作为人之精神生命一体两面本应是和谐一致的，但是从人的现实存在来看，人作为具有自然性的生命存在，在获得伦理的普遍性的生命进程中，不断受到人之自然欲望的困扰乃至阻挠，同时人作为具有意志自由的生命存在，在发挥主体性获得“道”之“德”的过程中又不断受到人之主观任意性的困扰。中国传统伦理中，孟子的“求放心”、朱熹的“存天理，灭人欲”无不是围绕着这种冲突和困扰而提出的疏解之道。

由此，道德与伦理之间的共生互动关系，道德自由应当是与伦理认同内在统一的：道德自由只有建立在伦理认同的基础上才具有现实合理性，而伦理认同既以主体性自由为前提，同时其终极价值目标就是使个体获得道德自由，即超越有限性而获得无限性的人之生命品格。而道德自由与伦理认同的一致性的实现，又始终离不开“精神”之三大因子，即知、情、意的辩证统一：“伦理认同”既是人对“伦”之“理”的理性认知，同时更是人将自身投射到伦理关系中的情感体认，“伦理认同”的精神本质是情理合一的，例如儒家道德哲学中提出的“见父自然知孝，见兄自然知悌，见孺子入井自然知恻隐"，这里的"知"不仅仅只是基于事实的理性认知，而是情理合一的"伦理认同"；道德自由本质上是意志自由在人类行为中的现实化，意志自由不是绝对的，更不是为所欲为的，没有"伦"之"理"的普遍性的规范和约束，道德自由就无法真正解决人类精神文明中的个体性与整体性、有限性与无限性之间的冲突和矛盾，同时道德自由所拥有的精神内容和精神力量始终又是以道德情感为内核，如中国情理主义道德哲学形态中关于"乐"的道德理念就是以道德情感为依归的道德自由、精神自由，"乐"的情感一方面投射到伦理关系中，始终以伦理和谐为价值目标；另一方面又以主体性的挺立，以"求道""持道""行道"的乐观精神解决实现人伦和谐的过程中遭遇到的种种冲突和矛盾，从而建立一个以"天道"与"人道"相合一的意义世界和价值世界。

现代社会中所遭遇的精神危机和精神文明忧患本质上就是道德自由与伦理认同之间的内在统一性发生断裂，知情意的"精神统一"也因启蒙理性或工具理性的独霸地位而陷入"生态失衡"中。具体而言，随着现代性的兴起，特别是现代社会中推崇的启蒙理性，对个体自由和独立的极端强调导致的个人主义的兴起，以及科技理性、经济理性联姻之下对个体意志自由的激发和人之物欲的刺激，直接导致了抽象的道德自由对伦理认同的消解，使人类精神文明陷入价值混乱之中，这种价值混乱在现代中国直接展现为"现代"与"传统"的分离。中国的现代化过程是伴随着"世界历史"的到来、以被迫应对西方入侵的背景下展开的，不可避免地卷入到传统与现代、本土化与全球化的冲突中，特别是中国在走向现代化的路程中，"向西方学习"的现代化路径始终是以对传统的批判为逻辑进路，中华文明在追求"日日新"的过程中所导致的一个极端就是对"传统"的过度否定，特别是受西方追求个体独立自由的启蒙理性的影响，直接批判甚至否定中国重视整体的"伦理优先"的文化传统，以致于中国国民在倡导独立自由人格时，直接陷入脱离具体伦理情境和否定"传统"的抽象的道德自由中。事实上，人类精神文明作为具有绵延性的历史存在，"传统"不仅是联结"过去"与"未来"的"现在"，而且还是个体回归到实体性中的情感依赖和精神动力，更是一个民族能够团结一致、获得情感支撑的精神家园，"对待传统的过度批判，将导致一个民族‘集体失忆’，从而使社会精神处于‘失家园’的分崩离析的境地”①。从此种角度看，抽象的道德自由过度地强调“自我为中心”的抽象自由，在工具理性的利益权衡中，只关注自身利益能否实现，必然导致忽视对他人利益、社会整体利益和长远利益的移情观照，更确切地说，是情感的道德哲学功能在工具理性的暴力施压中日渐式微。现代人在借助追求独立、自由、民主，而执迷于抽象的道德自由，甚至为此而过度批判传统，实际上是对人之情感生命之源泉的断根批判，从而进一步加剧了情、理相分引发的不良文明后果。

三 “知—行”精神链的断裂

伦理道德作为一种实践精神，其本质就是知行合一，而知行合一的内在人性机制则是知情意的统一。“行”对于人来说，具有本质性的意义。因为人虽然源于自然，但是人在世界中的生存、发展乃至人之根本属性的展现都以“行”为圭臬。人正是在“行”中不断地深化对世界的理性认知，也正是在“行”确证着对世界的理性认知，并依此改造世界和人自身。在道德哲学的领域，“知行合一”并不是简单地基于理性的道德认知和付诸行动的道德实践的简单相加，而是涉及事实判断与价值评价、理性认知与情感认同以及意志坚守的融合问题。

首先，从道德行为的发动来看，“我应当如何”首先面临着道德行动的理由和原因问题，关于这一问题的回答，中西方道德哲学给予了不同的回答，西方宗教性文化从“原罪”的视角出发，认为“我应当如何做”的原因在于“我要赎罪，以期得到上帝的原谅和救赎”，而中国伦理型文化则从“天道”角度出发，以人性论为理论预设，依托伦理关系，认为“我应当如何做”的原因在于是“天命所定”，即在“修身、齐家、治国、平天下”的“行”中确证人之本善，而关于行动的发动原因或理由既需要理性认知，更需要情感上的认同。

其次，从行为的展开过程来看，其还面临着如何统一协调知情意之间的关系，人之“行”的特点首先不是盲目的本能冲动，而是在理性认知的引导下进行的，但是这同时也面临着另一困境，就是人之“行”又

---

① 樊浩：《中国伦理道德报告》，中国社会科学出版社 2012 年版，第 47 页。

会始终面临人的内在精神或主观意识的影响，以及情感的左右，正如休谟所言：“道德准则刺激情感，产生或制止行为。理性自身在这一点上是完全无力的，因此道德规则并不是我们理性的结论”①，因为在人类现实中存在大量“知其当行而未行”“知其当止而未止”的现象，从此种角度看，“行”的生成不仅需要“理”的引导，更需要“情”为其提供精神动力，因为“情”具有当下性和在场性，对具体的“行”具有直接的决定性，中国儒家所言的“见父自然知孝，见兄自然知悌，见孺子入井自然知恻隐”中的“自然”实际上展现的就是“情”的直接性特征。因此，在“行”的具体展开中也直接面临着情、理统一的问题。

从行为的外在情势来看，“行”虽然以个体性的方式表现出来，但是人又不是抽象的存在，人之“行”既存在于过去、现在、未来的时间绵延中，人之“行”的主体力量会受到人内在自然情欲和外在客观力量的影响、推动和制约：从道德角度看，这种力量表现为自然情欲、意志自由以及客观伦理力量的张力中，也正是这种张力既可以成为“知行合一”的动力，也可能成为“知”与“行”难以合一的阻力，由此，面对这种张力和互动，既需要道德理性认知，即中国儒家道德哲学所言的身心之学，此种认知已经超越了当下的感性认知和欲求而关涉“行”对他者以及人类整体利益在未来产生的结果和意义，其不仅包含事实认知，还包含价值评价，同时也需要情感的认同，因为道德哲学意义上的“知行合一”的价值目标是通过个体向伦理实体的回归实现人伦和谐，在此过程中，仅有道德理性认知远远不够，还需要个体对伦理实体的情感认同，因为情感的合同功能能够使个体超越自身的个别性、独立性投射到关系中来实现自身的精神追求和人之所以为人的意义呈现。另外，在知行合一的过程中，还面临着自然情欲满足、人的意志自由与外在的伦理期待的冲突和矛盾，所以知行合一还需“意志”的力量坚守“伦”的信念和价值认同，即如孔子所说“造次必于是，颠沛必于是”的精神力量克服意志软弱的问题。

由此，我们可以看到，“知行合一”内在精神机制便是知情意的统一，在这种统一中始终面临着自然情欲、主观任意性和意志自由、伦理

① ［英］休谟：《人性论》（下），关文运译，商务印书馆 1997 年版，第 497 页。

普遍性的冲突和矛盾。同时也意味着，要解决这些冲突和矛盾也必须依托于知情意的统一而努力构建知行合一。事实上，知行之间的断裂，本质上也“情”—“理”精神链的断裂，因为知行的断裂，意味着情理统一失去现实依托，因为情理合一不仅仅概念地存在于“精神”中，而且还现实地存在于人的行为展开中，同时也正是在“行”中，情理合一才能确证自身的现实合理性。然而，不幸的是，现代文明面临的重大道德危机就是知—行之间的断裂，正如樊浩教授在《中国伦理道德报告》中揭示出的，在当前我国伦理道德建设中存在“二元体质”的根本原因之一，就是认知与行动的脱节或对峙，而脱节的根源就在于只有认知的“理性”，而缺乏认知与行动、思维与意志统一的“精神”。现代社会中，科技理性对人类生存方式、思想方式的深刻改变，直接刺激了人们对认知理性的推崇，秉持“知识就是力量”的价值观念，执迷于对知识的获取，把“知”推向至高无上的地位，以至于以“知”代替“行”，甚至是以“科技知识”的获得代替“道德行为”，如现代生命科学技术无视人类生存价值而飞速发展，乃至于把人类陷入因生命科学技术引发的伦理恐慌中就是明证。现代人对认知理性的绝对推崇，其必然结果就是忽视人类价值理性对“知识”的工具价值的引导。在当代文明中，对人类精神生命影响巨大的另一工具理性形态即经济理性，可以说，经济理性追求利益最大化的哲学本质在市场经济环境中发挥得淋漓尽致。市场经济作为当代社会较为先进的经济方式，在一定程度上有效地缓解了资源优化配置的难题，同时也对利益最大化、对利润的追求特别是其对私利的追求极大地调动了人的积极能动性的发挥，但是其自身的局限性也极为明显。由于经济理性主要关注个人利益、经济利润的实现，所以，其为了实现利润最大化，在商品营销上无所不及，当代社会中消费主义的出现，消费主义对人的物欲的刺激、对人的精神领域的入侵无不是经济理性追求利润最大化的后果。同时，经济理性对个体私利的追求滋生的个人主义，也极大地破坏着个体与伦理普遍性之间的精神联结，人类情感的合同功能在经济理性对个人私利的绝对推崇失去其应有的道德意义和价值，这种破坏不仅从超越性的层面消解了“行”的神圣意义，而且从现实层面危害到人类的生存环境，例如现代社会面临的生态危机、中国严重的食品安全问题以及渗透到各个领域的信任危机，无不是因为经济理性关注个体私利的实现、追求利润最大化导致的恶果，这种恶果也进一步印证了如果缺乏足够坚强的道德意志和超功利的道德情感，人类的道德认知和向善之“行”在个人私利面前就会软弱无力。从道德哲学的角度看，经济理性滋生的个人主义只关注个体利益的实现问题，而缺乏对伦理实体的情感认同，本质上未给情感留下联结个体与伦理实体的空间。

面对现代社会中科技理性、经济理性对情理合一、知行合一的破坏，我们需要迫切解决的问题就是：“知”如何转化为“行”？如何发挥道德认知、道德行为对人类其他实践活动的价值引导作用？而且我们对理性独霸、情的道德哲学功能的弱化引发现代道德危机进行反思的同时，人类精神文明的历史使命就是如何从传统资源特别是中国儒家情理主义道德哲学形态中汲取情理合一的精神营养，以期恢复和重建“情”的伦理功能，并发挥“情”的直接性特征促成知行合一，为进一步实现情理合一提供现实支撑。

第二节　“情”之迷失的现代文明困境

“情”与“理”是人性的两人基本结构，人类因为“理”的存在而拥有了无限认识世界、改造世界的能力，因为“情”的存在，人类又能在洪荒的宇宙中凝结为“一”创造美好的人类世界，以对抗来自自然和人类自身引发的各种生存危机。由此，人类文明的创造和发展离不开“情”与“理”的共同作用，任何一方的缺失都有可能使人类陷入文明危机中，现代文明中“理”的绝对地位以及未给“情”留下足够的文明空间，而导致的一系列精神危机再次印证了“情”对人类独特的文明意义。现代理性文明中，“理”的独霸，“情”的缺位或情、理相分，已导致一系列精神危机和道德危机。

一　“伦”的消解

人之所以为人的本质不仅在于人以主体性的姿态从与世界的同一中挺立出来，更重要的是还能够超越自身的个别性向伦理实体性回归。所谓伦理实体性就是个体与整体的统一，即具有普遍性的个体，这种向伦理实体性的回归既源于人类对抗生存危机的现实需要，同时也源于人之精神力量的超越性，“作为人类中坚思想的‘最崇高概念’及其所表达的关于整体存在的意识，不仅是关于人与宇宙的整体性，而且甚至首先是关于人的‘类’存在的整体性，这便是人类精神史上‘人’的转向或人文转向的意义所在”[①]。从道德哲学的角度看，人的关于“类”的整体存在的意识就是“伦”的意识。“伦”表征着人的全部存在，正如黑格尔所意识到的，伦理在其发挥整合个体与实体的过程中，既包含着客观环节，又包含着主观环节，而“善”作为“伦”的价值目标，是在客观性中充满着主观性。因此，“伦”一方面表现为个体与其所生活的外在世界的客观关系，另一方面又表现为对这种客观关系的主体自觉和对维系伦理关系的能动建构。在人的本真存在中，对伦理关系的能动建构彰显着人的“精神”本性。西方建立于理性主义传统之上的宗教型文化，把对“伦”的建构人格化为“上帝”的理念，中国建立于血缘文化基础之上的伦理性文化，把对“伦”的建构具体化为人伦和天伦，其伦理思维方式为“人伦本于天伦”，也正是这一文化特质，一方面导致了“情”在中国文化中的绝对意义，另一方面又使血缘亲情处于本根地位，人类对他人和宇宙万物同情的根源都源于具有客观性、神圣性的血缘亲情。中西方文化对“情”和“理”的文明设计理路虽然不同，但是又具有共同特征，即始终把对“伦”的能动建构和主动维系作为人类的终极目标，“毋庸置疑，上帝和孔子分别是西方文明和中国文明最具象征意义和表达力的文化符号，它们所表征的精神本质，在文化设计的顶层相通。透过上帝和孔子的精神象征，不难发现，在这两个口号下‘死’了和‘倒’下的都是同一主体，这就是作为终极存在的‘伦’，或作为人的实体性存在的‘伦’”[②]。关于“伦”的觉悟和能动建构既需要“理”的力量把人与其外在世界的直接同一中以“主体”的姿态挺立出来，意识到“我”与万物的不同，如西方道德哲学中的“智慧”和中国道德哲学的“智”德，无不彰显着理性的力量，另外也需要情感的合同功能，在主体挺立的基础之上，实现“我”与世界的同一，西方宗教性文化倡导的“爱上帝”、中国追求的“天下一家”本质上彰显的人之伦理觉悟的终极意义。然而，

① 樊浩：《“后伦理时代”的来临》，《道德与文明》2013 年第 6 期。

② 同上。

现代社会中，工具理性的极度扩张和“情感”道德功能的弱化导致的严重后果，就是精神世界的碎片化，伦理、伦理实体、伦理觉悟遭受到前所未有的颠覆性危机。现代人在科技理性和经济理性的支撑下，人的自然欲望无限膨胀，与这种理性相适应的个体自由也达到前所未有的高峰，特别是网络技术的发展，使个体获得了更多的选择自由，个体的传统束缚日益松散。情欲的无限膨胀、个体自由的无限扩大引发的直接后果，就是现代人陷入一个支离破碎的世界，一个“伦”被颠覆甚至是被消解的世界，“我无家可归”，只能以流浪者和观光客的生存方式在世界游荡，“流浪者是没有目的的朝圣者，是一个没有旅行指南的游牧者”①，“也许只有将流浪者和观光客相结合后才可能表达后现代生活方式的全部现实”②，但是这种没有“伦”支撑的自由只是虚幻的自由，是与人追求“同一性”的精神本质相悖的虚假自由，是没有了精神和意义作为支撑的自由，“身体上的亲近，精神上的疏远；这就是流浪者和观光客的共同公式”③。如何回归到“伦”的实体中成为现代人摆脱精神痛苦和意义迷失的重要探索之路。

二　道德主体性的弱化

依托于工具理性支撑的现代社会展现的强大的物质文明和科技文明，为人的欲望的满足和自由的体验提供了前所未有的平台和空间。但是人毕竟是具有“类”本性和精神的生命存在，人可以在个体的生命和生活中追求自由和自主，但是又始终离不开群体的支撑。于是在理性的别异性的引导下，个体在追求自由和自主的同时，又始终面临着“我们如何在一起”的伦理群体或伦理普遍性的追问。于是，现代社会在理性独霸的特质中，又展现出一种文明的悖论：理性的别异性促使人追求自由和自主，使“我”与他者的共在走向断裂，而理性构建形式普遍性的特性又追求个体之间的联结，追求文明的共同体，但是这种建立在工具理性

① ［英］齐格蒙特·鲍曼：《后现代伦理学》，张成岗译，江苏人民出版社2003年版，第282页。

② 同上书，第283页。

③ 同上书，第284页。

之上的文明共同体又如此脆弱，“个体”的生存和“群体”的生存没有内在的精神联结，或者说，现代科技理性和经济理性促生的个人主义切断了个体与整体的精神联结，整体只是扩大化了的个体，只是保护个体利益实现的“权宜之计”，于是，“整体”对于个体而言，不再是精神的风向标。现代理性文明另一个吊诡的现象是，个体的凸显和个人主义的兴起并没有必然导致道德主体性的强化，反而在现代化大生产和消费主义盛行的经济社会中，道德主体性被淹没于感官享受和价值盲从中，在物质的繁华中，个体对个性的追求和体验不过是技术化、理性化的现代工业的“产品”而已，个体追求的所谓自由、个性的伸张不过是消费社会为刺激消费的手段而已，这一社会现象在当代中国极为凸显，在享乐主义和消费主义价值观的驱动下，我们迷狂中外的一切节日，而这些节日气氛不过是商家促销商品的手段而已，形形色色的节日背后的共同特征和隐喻是：大家都来消费吧，我们所有的快乐都是来自于只能来自于如何花钱、如何享乐中。而节日背后的向善的精神净化力和向“伦”回归的凝聚力被现代工业社会打得“形神俱散”，道德主体自身中那种向善的道德神圣感也随之被物欲所淹没，个体在物欲刺激后剩下的是情感的无力以及自我的空虚与无聊，乃至于自我的迷失。“我”被迫“扔”到这个世界，一方面在科技和经济双重力量的支撑中以及宣扬民主和权利的政治生活中，张扬个性，追求权利；另一方面，社会化大生产和系统的社会化由于未给道德上的同情共感留下足够的空间，个体又沦落为微不足道的“零部件”，追求伦理同一性的道德主体不复存在，“我”的行为被禁锢在社会的大机器中，人不作恶不再是出于向善之情，而是由于社会大机器禁锢个体的结果，“较之传统的等级制，民主的政治体制具有科层制的特点，而科层制本身在相当程度上可以看作是工具理性或技术理性在政治领域中的具体化，它在某种意义上将制度或体制理解为政治或法律的机器；作为机器，其运行常常按照固定的程式，具有超越于人或非人格的性质”[①]。于是，现代文明中，道德主体的陨落再一次开启了“我应当如何生活”的文明追问，再一次把个体与整体、利己与利他推向道

① 杨国荣：《儒家政治哲学的多重面向——以孟子为中心的思考》，《浙江学刊》2002 年第5 期。

德哲学的前沿。

三　“精神”的祛魅

现代文明对理性的绝对推崇，导致的“伦”的消解和“道德主体性”的弱化，引发的最深刻的文明后果就是“精神”的祛魅。“伦理道德的哲学本性是‘精神’，道德哲学体系必须体现‘精神’的本性，也必须有其精神哲学的基础。”① 人的精神追求，或者说人成为伦理性的存在和对道德主体性的发挥，是人与动物最大最根本的区别，同时也是人之所以为人的根本所在。“精神”本性上包含了人的意识和人的活动的全部内容。正因为人的精神追求，人能够发挥自身的积极能动性超越外在客观世界的局限性，认识世界和改造世界，从而创造出属人、适合人生存的外部环境。与此同时，人的精神追求还体现为为自身精神追求和实践活动提供神圣性根据。如西方宗教性文化认为人的精神活动和实践活动是上帝意志的体现，西方文化中关于“上帝的理念”成为人类精神世界的合法性和合理性根据；中国人的精神追求被设定为是“天道”的体现，人的一切精神活动和实践活动都应当是“体天道”，“天道”是人的一切行为合理性和合法性根据，人所追求的最高精神境界即为“天人合一”。在人类文明中，“精神”之所以被赋予神圣性，在于“精神”的哲学本性就是帮助人类超越现实世界和人自身的有限性以寻求具有无限性、永恒性的价值和意义。现代社会中，由理性支撑的科技文明和经济文明的飞速发展在进一步凸显理性力量的同时，也导致了人类对科技的迷信，对追求科学真理的迷狂，人类借助科技理性展现的强大改造世界的能力，使现代人一度相信，人类自身就拥有强大力量，“上帝”“天”的理念随之被推下神圣性的殿堂，西方“上帝死了”的宣告标志着“人”成为世界的价值中心，中国传统文化中的“天”被还原为自然界的客观法则。从道德哲学的角度看，“精神”是以价值和意义为目标的知、情、意的统一，任何一个精神要素在人的精神生命中都具有不可替代的作用。“精神”祛魅的直接后果就是，人的精神生命处于知、情、意的分裂中，这种分裂在现代文明中展现为以“知”为代表的理性占据绝对主导地位，启蒙理

---

① 樊浩：《道德形而上学体系的精神哲学基础》，中国社会科学出版社 2006 年版，第 1 页。

性对人的个体性的张扬、经济理性对人的物欲的无限刺激，人没有了神圣性的价值引导，势必陷入只有自私和欲望的混乱中，“理性和理智是人类自诞生之后在文明进化中发展并膨胀起来的一种文化能力，然而由于无论人之‘类’还是人之个体都是从实体中无中生有地诞生的不可解释的事实，由于人的最后宿命乃是复归于‘无’即死亡的不可逃脱的宿命，注定了人类文明中有许多不可被理性触摸的神圣之地，人类的起点和终点便是如此，作为终极认同和终极关怀，它们为人类的信仰和信念留下地盘。当人类不恰当地运用自己的智力和智慧，将理性放逐于那些具有终极意义的神圣之地并且滥施淫威时，便可能导致人类文明的瓦解和人类精神的崩坏”①。

第三节 先秦儒家情理主义道德哲学形态对情、理相分的辩证超越

当代人类文明中基于情、理相分的道德困境表明，要走出这一危机，必须重新定位“情”与“理”的道德哲学关系，恢复“情”—“理”的精神生态。而关于情、理在人类精神文明中的定位，中西方文明传统给予了不同的文化建构：西方文明对理性的情有独钟而形成的理性主义传统，试图通过“理性”构建形式普遍性的特点来建构“伦”的世界，这一传统的基本特点对“整体”的意识首先是以个体的独立和对个性的尊重为前提的，通过“理”的别异性把个体与整体相区别开来，然后再发挥“理”的形式普遍性追求个体与整体的统一，从积极的角度看，这种建立在“别”的基础上避免了整体对个体的湮灭，在追求“整体”的过程中仍能保持个体的独立与自由，这也是西方产生民主理念的重要文明根源，从消极的层面看，容易导致“理”的绝对地位，无法为情欲和情感留下足够的空间，关于此，西方文明中“情”与“理”的发展进程已经证实这一现实：古希腊时期对理性的绝对推崇，使情欲和情感一直处于“理性”的驾驭之下，未给“情感”的文明意义的发挥留下足够空间，中世纪理性与信仰的结合直接导致禁欲主义，情感与宗教结合服务于

① 樊浩：《“后伦理时代”的来临》，《道德与文明》2013 年第 6 期。

“上帝”，但是情感仍未获得独立意义。从文艺复兴开始，西方人在反思“神本”的过程中，情感的文明意义才彰显出来，以至于出现情感主义，但是西方理性主义传统并未得到根本动摇，而深度化了的工具理性——启蒙理性在西方发挥着更大的作用，以至于今天具体化了的工具理性——科技理性和经济理性占据着主导地位，使西方人进一步推崇理性，以至于西方发展了强大经济和科技的同时也遭遇着深刻的精神危机。中国文明则基于血缘文化背景，形成了以“情”为主情理合一的文明形态，这一文明形态注重对“情”的合同功能的发挥，注重“整体”对于个体的优先性。因此，中国传统文化特别是儒家道德哲学形态主张基于同情同感的仁爱精神维系“伦”，注重发挥“情”的力量，并把其作为个体向伦理实体回归的主导精神力量，“中国儒学中包含着强烈的人性情感主义：道德伦理并非理性意志刚性的规定，而是发自每个人性内心的向善之情，所谓‘道始于情，情生于性’”[①]。从积极的角度来说，中国情理主义传统对“情”独特的文明设计适应了中国传统社会中由家及国、家国一体的社会结构，进而逐渐积淀为支撑中华民族的强大精神力量，“情”的合同功能在中国文化中的极致发挥，使得儒家文化把人和社会的善的实现作为自己关注的核心问题，其对移情共感的忠恕之道的发挥和弘扬，涵育了中国儒家文化的包容性特质；从消极层面看，中国情理主义文化对“情”的主体地位的定位，使“理”处于从属性地位，以致于儒家文化在认知理性方面没有西方成熟，尤其是到近代，儒家道德哲学被封建集权政治所利用和禁锢，更难以开出西方近现代的科技文明和经济文明，另外儒家重“情”的文化对人伦关系的极度关注使其更倾向于关注群体价值、主张个体对群体的绝对服从，以至于儒家伦理在近代遭受到“以理杀人”的控诉。从中西方文化对情、理的不同文明设计以及现代社会中情理相分引发的精神危机来看，先秦儒家以“情”为主、情理合一的情理主义道德哲学形态正契合了伦理道德的“精神”本性。当然，在现代文明中，重新肯定先秦儒家情理主义道德哲学形态的合理性，并不是僵化地照搬或复制先秦儒家情理主义道德哲学形态，而是从中探

① 成中英：《新觉醒时代——论中国文化之再创造》，中央编译出版社 2014 年版，第 86 页。

讨情理合一的人性机制，通过“情”与“理”的精神生态互动，恢复伦理道德的“精神”本性，为现代人超越个别性回归到伦理实体中提供精神上的引导。

一 “情理合一”的人性机制

如前所述，现代文明所面临的“精神危机”主要精神根源是情、理相分。“情”与“理”作为人类精神生命中极具冲动力或行动力的人性因子，对人类认识世界、改造世界具有无可替代的作用，同时，也只有“情”与“理”的共生互动才能发挥人类的本质力量，并帮助人类创造出美好的精神世界，“在实践主体的内在人格或精神层面，广义的合理性或理性化以健全的精神形态为其表现形式：当理性与情意彼此冲突时，实践主体的内在人格便难以呈现健全、合理的形态。在其现实性上，人格的健全以理性（道心）与情意（人心）的统一为其题中之义，这种统一同时赋予实践主体的内在人格以广义的理性化或合理性的形态”①。也正是从此种意义上说，之所以肯定先秦儒家情理主义道德哲学形态的当代文明意义，就在于其正是建立在情理合一的基础之上。

人之“精神”作为知情意合一的统一体，人类现有文明形态对其的任何割裂都会面临难以逾越的文明障碍。关于此，西方情理二分的文明传统已暴露其弊端，即西方文明在情、理的两极中始终难以达到人性的平衡：西方对理性的极度推崇，始终使情感处于理性的压制之下。但是由于人类始终无法否认情感的文明意义，于是，西方文明又出现绝对推崇情感的情感主义，乃至否定理性的在人类道德活动的现实意义，如休谟就认为“理性就没有主动力”，实际上，他在这里完全忽视了理性的内在引导意义，这种引导对人类认识世界、改造世界起着与情感同等重要的推动作用。然而，西方情理相分、非此即彼的思维方式始终在“情”“理”的两极中摆动，以致于近代西方道德哲学中理性主义的绝对地位，又导致现代西方道德哲学非理性主义思潮的兴起，西方现代文明镜像中，理性主义与反理性主义、非理性主义的对抗一方面表征着西方道德哲学

① 杨国荣：《人类行动与实践智慧》，生活·读书·新知三联书店2013年版，第267页。

发展进入一个新的历史阶段，具有进步意义，但是这种进步又以西方文明宣布“上帝死了”的“失家园”为代价。而中国在近现代学习西方甚至模仿西方的过程中，对启蒙理性、科技理性、工具理性的绝对推崇，乃至忽视和否定中国传统文化中的情理合一的文明意义，以至于使现代中国陷入“伦之殇”的精神危机中。

当代人类文明中由于情理相分而引发的精神危机再一次证明，人之生命存在，既是理性的存在，又是情感的存在，同时正是“情”与“理”的共生互动才演绎出人类世界的丰富多彩，也赋予道德哲学以神圣性、普遍性和永恒性。先秦儒家道德哲学形态正是立足于情理合一的人性基地，为化解现代情理相分引发的道德困境提供了重要传统资源。在先秦儒家道德哲学形态中，孔子“仁—礼”统一的道德哲学层面从经验论的角度开创了儒家情理合一的传统，而孟子和荀子则进一步从人性论的角度为情理合一提供了本体论论证：孟子认为人性本善，而人之向善的精神根源便是“四心”，即“恻隐之心，仁也；羞恶之心，义也；恭敬之心，礼也；是非之心，智也”。（《孟子·告子上》）本质上就是以“情”为主、情理合一的人性结构；而荀子则从自然人性论出发，强调“礼”的客观性与神圣性，但是他又提出“礼以养情”，认为“礼”既植根于人的情感需求，同时“礼”的道德价值和意义就是以“礼”之“理”规约和引导人的自然欲望的满足，并调节主观与客观、个体与伦理实体之间的冲突和矛盾，进而实现人伦和谐。其实，无论孔子的“仁礼统一”、孟子的“四心”还是荀子的“礼以养情”始终都是以情理统一为人性基础。其合理性在于：先秦儒家情理主义道德哲学形态，首先发挥“理”的别异性功能，使人从与世界的自然统一中以主体性的姿态挺立出来，通过人的精神生命存在形态赋予人之生命以神圣性和超约性，“人之所以异于禽兽者几希，庶民去之，君之存之。舜明于庶物，察于人伦，由仁义行，非行仁义也”。（《孟子·离娄下》）同时也发挥“理”构建伦理普遍性的人性功能，即以“伦”之“理”超越个体的主观任意性，把个体从自然情欲和主观任意性的束缚中解放出来，为个体成为伦理实体的存在提供伦理原则和道德规范；但是外在的、客观的伦理原则和道德规范如何内化主体内在的“德”，则需要“情”的介入，因为“伦理”本质上彰显的是个体与其所在的伦理整体之间的关系，这种关系是包含着主观性的客观性，即道德主体对人伦关系的维系不仅需要基于理性的认知，更需要情感的认同，“情感”的哲学本性是合同性，其具有消融个体特殊性形成伦理普遍性的人性能力。也正因为如此，以“伦理优先”为文化品格的先秦儒家情理主义道德哲学形态始终把“仁”作为其核心价值理念，“仁”本质上是一种理性化的情感，其道德哲学魅力就是以人性情感为动力，同时又通过“伦”之“理”对“情”的个别性进行普遍化的提升，使偶然性上升为必然性，孟子所言的根源于“四心”的“仁义礼智”“非由外铄我也，我固有之也，弗思耳矣”先验判断，实际上就是强调道德之“情”的神圣性和必然性。也正是因为“情”—“理”之间的这种人性互动，“伦”—“理”—“道”—“德”—“得”之间才构成“精神”整体，“在理论上需要回归的那种被现代性所颠倒的一种最简单的道德智慧是：人的普遍性、社会实体建立的最重要的人性结构、伦理元素，不是理性，而是情感”①。

二 基于向善之情的人之主体性的挺立

无论是基于“天道”的情理合一的人性论的现实展开，还是对“天下一家”终极价值的欲求，都是以人主体性的挺立为前提和基础的。儒家情理主义道德哲学形态的基本精神就是立足于“性”与“命”并存的人之生命本质，而又不甘于人之生命被“命”所束缚和限定，而是始终发挥人性之中的主体性力量超越“命”，既儒家始终所倡导的“明知不可为而为之”的刚健进取精神。在这里，有一个有待确证的问题是，人的主体性如何挺立？或人之主体性挺立的动力源于何处？对于重“情”的儒家情理主义道德哲学形态而言，人之主体性挺立的根源就是由血缘亲情提升而来的向善之情。

现代社会最基本的特征就是人类在科技理性和经济理性的支撑下，拥有了强大的改造世界的能力，或者说，人受外在客观世界的束缚性越来越小，如人类通过市场经济的高效能积累了大量物质财富，通过网络技术实现了超越时空的人际交往，使地球变成一个“地球村”，通过生命

① 樊浩：《道德形而上学体系的精神哲学基础》，中国社会科学出版社 2006 年版，第 460 页。

科学技术不仅攻克了很多历史上难以克服的疾病，并在一定程度上延长了人的寿命和提升了人的生命质量，甚至可以通过制造新的生命来弥补人自身自然生命的不足。可以说，这些都是人类发展历程中取得的莫大进步和成就。但是人之生命存在毕竟是有限的，当人类无限推崇人类认识世界、改造世界并为人之利益服务的工具理性能力时，人又不可避免地被异化，人之主体性丧失于对金钱、权力、科学和技术的盲目追求中。如何避免现代社会中的人的异化？儒家情理主义道德哲学形态对向善之情的推崇和发挥和由此激发的人文精神为现代人提供了一套疏解之道，“现代化将人类世界变为无人性世界，将人变成机器和社会的毒品。现代化还有更深的问题需要指出和治愈。据此，儒学关于人的及其与自然、天的关系的看法因而显得特别有意义和有用途，儒家和谐、完美和有机联系的价值观以及责任、义务的自我修养观是医疗现代社会弊病的良药”①。在当代理性特别是工具理性至上的社会中，如何使人回到自身的独立性和主体性中，可以说是儒家在现代社会中重新唤起人性之善和人的主体性的本质所在。面对现代社会的多元文化，现代人无论从何种角度阐释和规定“善”，“善”都彰显着人作为具有精神生命的存在的“自我实现”和“自我挺立”，当然这里的“自我”又不是存于真空中的独立的、抽象的“自我”，而是在伦理关系中的主体挺立。而儒家情理主义道德哲学形态又把“善”的理念依托于人人所具有的“情”中，即以血缘亲情、道德情感和伦理情感为表现形式的向善之“情”。如前所述，“情”主要存在于关系中，其以合同性的精神哲学功能维系以和谐为价值目标的人伦关系。而且情感所展现出的合同性不是关系中的个体的简单相加，而是个体通过“情”的精神动力以主体的姿态，运用自身的意志自由，在身心关系、个体与他人、个体与群体以及天人之间中探寻和获得自我的独立意志和自由精神，“唯天下至诚，为能尽其性；能尽其性，则能尽人之性；能尽人之性，则能尽物之性；能尽物之性，则可以赞天地之化育；可以赞天地之化育，则可以与天地参矣”。（《中庸》）“诚”本质上是一种真情实感，这种真情实感既可以使个体与外在世界的自然

---

① 成中英：《新觉醒时代——论中国文化之再创造》，中央编译出版社 2014 年版，第 408 页。

同一中意识到自己的独立性与主体性，并通过自我的精神修养，从而达到对自己真实身份和精神根源的认知，“诚者物之终始，不诚无物。是故君子诚之为贵。诚者非自成己而已也，所以成物也。成己，仁也；成物，知也”。（《中庸》）儒家推崇的这种对自身真诚的认识以及由此激发的主体性能有效化解现代社会中因自由市场和科学技术产生的“虚假自由”。现代社会的悖论之处就是人通过市场经济可以平等自由交换、通过科学技术获得更强的改造世界的能力和更多自由，但是人又在这种“外在自由”中失落于渐失主体性的消费主义和技术主义中，人反而成为物欲和技术的奴隶，为其所控制，并因此失去自由和意志自由。而儒家强调的基于向善之情的人之主体性，人可以从现代理性秩序中的功能性关系中解放出来，经由“诚”之真情回归到本真的自我中，这种本真自我既可以自觉地认识到其所处的关系，同时又能体认到在这种关系中自我的生命价值和意义，只有这样，人才能意识到自己不是社会这部大机器的零件而已，而是体认到自己是一个有知觉力、有情感、能够关爱他人与世界的人：他有一种被伦理关系所赋予的而又不被这种关系所限定的本性独立的意志自由和道德能动性，即个体通过对“伦”之“理”的主体认同而获得“道”之“德”，进而达到“与天地参”的“天人合一”的精神自由境界。

当然，儒家基于向善之情的主体性的挺立并不是抽象的、个别的，而是具有极强的现实性。这种现实性就体现在“我”作为道德主体对他人和社会的爱和关怀的能力。在儒家情理主义道德哲学形态中，爱和关怀的能力集中体现为“仁”。“仁”最首要的规定就是“爱人”，“爱人”一方面将个体投入到伦理关系中，为个体向伦理实体的回归提供了中介，另一方面又规定了人之所以为人的本质，使人能够在对伦理关系的主动维护中超越自身自然情欲和主观任意性的束缚，而不断更新和完善自我。“仁”之“爱人”的情感既是有个别性存在走向伦理存在的精神动力，也是整个人类社会走向强大和美好的基础。“‘爱人’的规定，使‘仁’的道德与‘礼’的伦理在精神哲学上深切相通并相互转换，因为它使‘礼’的实体性要求转换为‘不孤立’‘与别一个人的统一’的主体德性。正是在这个意义上，‘仁’成为中国道德及其‘精神’气质的标志性话语和集中体现，也是孔子最具创造性的道德哲学贡献。"① 因为"爱"人才能更理性地认识自身的真实本性，因为"爱"人能够更加理性地对待个人利益与整体利益的关系，能培养人观照他人利益和社会整体利益的义务和责任，"个人福利的要求并不能如社会福利要求具有说服力，因而儒学传统强调社会福利胜过强调个人福利。还应该看到，儒家学者认为追求个人物质享受不利于个人道德理想的自我修养和自我完善，个人的自我修养和自我完善，一则要求个人献身于他人（在广泛复杂的范围里），再则要求克制、节制自身利益和愿望"②。根据儒家对"仁"的道德哲学建构，我们可以看到儒家情理主义道德哲学形态怎样才能有助于消解现代社会情理相分引发的精神危机。就现代社会由于理性的独霸引发的个人主义、利己主义以及个体利益与社会整体利益的矛盾和冲突而言，儒家主张情理互动，通过发挥"情"的合同功能、以仁爱的力量使个体重新回到"伦"的世界中。另外，儒家情理主义道德哲学形态对血缘亲情的重视和文化设计，可以说为现代人回归到自身的精神家园中开启了一条无尽而美好的大门。因为，无论现代政治、经济和科技怎样改变着人的生存方式和生活方式，但是人的开始始终源于家庭，家庭对于人的生命存在来说，它不仅是人的生物学生命的诞生地，更是人的精神生命的诞生地，因为"家"的文明意义就是"爱"。人对他人的爱和关怀的能力首先在家庭中萌芽和成长。当然，儒家情理主义对血缘亲情的重视，在生活世界中很容易使人以家庭为中心而不能使自身全力投入到为家庭之外的社会利益的追求，这的确给现代中国公民道德建设带来实际的困难。但是我们不能因此否认血缘亲情的精神家园意义，而且，儒家仁爱思想只是以血缘亲情为起点，仁爱更核心的价值理念是超越自身生命存在和家庭利益的一种大爱，所以儒家不仅有"孝悌也者，为仁之本与"，更有"以满腔子恻隐之心仁爱万物"的天下之爱。笔者以为，随着现代化建设的推进，这种实际的困难会被逐渐克服，政治、经济、科技与道德会逐步取得内在一致，因为人之所以为人的本质，

① 樊浩：《〈论语〉伦理道德思想的精神哲学诠释》，《中国社会科学》2013 年第 3 期。

② 成中英：《新觉醒时代——论中国文化之再创造》，中央编译出版社 2014 年版，第 405 页。

就是人的一切行为都须有精神的支柱。新加坡以儒家核心价值观为治国理念，在天然资源非常缺乏的情况下，能够使经济飞速发展，创造现代化建设的奇迹，更重要的是其宁愿牺牲部分经济利益，也重赏三代同堂的家庭，成为弘扬儒家仁爱精神的成功典范。反观中国现代化进程中存在的经济发展以牺牲文化和环境为代价的发展模式，以及由此引发的“伦”的消解、道德主体性的弱化、“精神”的祛魅等精神危机，我们有必要反省儒家情理主义道德哲学形态作为区别西方情理二分道德哲学传统的独特意义，我们应该据此思考如何发展出中国独具的现代化形式。儒家情理主义对“情”的道德哲学功能的发挥、对仁爱精神的弘扬、对道德主体性的强调，使其蕴含着深厚的现代化潜能。对于中国的现代进程及其所面临的困难而言，儒家情理主义的基本精神虽然不会独立自主地推进现代化，但是它却是中国现代化进程不可或缺的基本精神动力之一。

三 以“情—理”的共生互动构建人伦和谐

现代文明中情、理相分，特别是工具理性的独霸地位，以及由此滋生的个人主义直接消解着“伦”的整体性，这对于人类精神文明的发展来说，是莫大的曲折和磨难。“伦”作为人的实体性存在的标识，其对人类生命秩序和生活秩序的建构具有根本性的意义。因为人本身是自然存在和精神存在有机统一的生命体，人一方面需要满足自然生命的物质欲求，但是人更深刻的存在意义则体现在精神生命的完满上，这种精神生命既立足于人的自然欲求中，同时又始终以精神生命之无限延展性努力超越个体生命的有限性而追求无限，使个体由个别性存在提升为普遍性的存在，而“精神”的此种特性直接体现在“伦”的文明形态中，“伦理性的东西不是像善那样是抽象的，而是强烈现实的。精神具有现实性，现实性的偶性是个人。因此，在考察伦理时永远只有两种观点可能：或者从实体性出发，或者原子式地进行探讨，即以单个的人为基础逐渐提高。后一种观点是没有精神的，因为它只能做到集合并列，但是精神不是单一的东西，而是单一物与普遍物的统一”①。现代文明中，情、理相

① ［德］黑格尔：《法哲学原理》，范扬、张企泰译，商务印书馆1996年版，第173页。

分，理的独霸，不仅直接颠覆了道德哲学的人性根基，而且工具理性滋生的极端个人主义进一步打断了个体与伦理实体之间的精神联结。因此，要走出现代文明所面临的“伦”之消解的道德困境，需作出两种努力：一是重申价值理性以维护人类整体利益和长远利益的人性能力，以克服、超越工具理性的局限性；二是重新恢复“情”的伦理合同功能，发挥“情”消融个体的个别性而走向伦理普遍性的人性能力。并且这两种努力应处于共生互动中，即以“价值理性”克服个体感性情感的主观任意性，以“理”的别异性建构基于“别”的伦理秩序，这样“情”的投射就有“理”可循，而不会陷入主观情绪情感的个别性中，同时，“伦”要发挥其构建个体性与伦理实体性相同一的功能，更需要“情”的支撑，因为“情”可以以其合同功能，因循“伦”之“理”的普遍性，扬弃个体的个别性而与别人同一，“‘伦’之‘理’本质上是‘情’之‘理’。‘伦—理’结合，‘伦’走向‘理’的力，‘伦’与‘理’之间的‘共同媒介’，本质上是‘情理’，或‘情—理’统摄互动的能力”[①]。

在现代文明中，如何以“情—理”互动重建关于“伦”的信念，消解工具理性引发的负面文明效应？儒家情理主义道德哲学形态关于此，为我们提供了重要的伦理启示。儒家情理主义道德哲学形态对“情”的重视基因性地决定了其“伦理优先”的文化品格。孔子深感春秋末年周礼的崩塌陷落，于是提出以“仁”释“礼”，开创了“仁—礼”统一的儒家道德哲学，“仁—礼”统一本质上就是“情—理”的统摄互动。“礼”的内核是其伦理性，其展现的是个体与伦理实体之间的关系，“君君臣臣，父父子子”“父子有亲，君臣有义，夫妇有别，长幼有序，朋友有信”，如何维系人伦关系，使个体回归到“伦”的家园中？儒家道德哲学并没有停留于“伦之理”的理性基地中，而是将伦理关系维系的精神力量付诸于理性化的“情”，即“仁者爱人”。根据儒家对“情”的伦理设计，其主要弘扬了“情”的合同本性，依循“伦”之“理”的逻辑进路——“人伦本于天伦”，将血缘亲情置于“仁”的本根地位，“孝悌也者，其为仁之本与”（《论语·学而》），“不得乎亲，不可以为人。不顺

① 樊浩：《道德形而上学体系的精神哲学基础》，中国社会科学出版社 2006 年版，第 460 页。

乎亲，不可以为子。舜尽事亲之道而瞽瞍厎豫，瞽瞍厎豫而天下化，瞽瞍厎豫而天下之为父子者定，此之谓大孝”。（《孟子·离娄上》）儒家仁学思想把血缘亲情置于本根地位，适应了中国由家及国、家国一体的社会结构，并且也使其伦理道德规范具有可切近性，因为血缘亲情对每个人来说都是可获得的，同时，其仁爱精神并没有停留于血缘亲情中，而是通过“己欲立而立人，己欲达而达人”的理性推理和情感超越家庭私德，“以天下为己任”的情怀实现“天下一家”的大同世界。

第十章

情理主义的现代伦理精神建构

在世界历史的进程中，“工业化”“全球化”乃至于迅速崛起的“信息化”将人类社会的物质生产和社会运行抛入到前所未有的飞速发展期，这种飞速发展在改变物质世界的同时，也将人类精神文明带入到巨大旋涡中，这一旋涡把发展几千年的中西方文明传统、现代社会呈现的多元价值观混合在一起，使人类步入到“一切都被允许”的价值“丛林”中，而“一切都被允许”的另一面则是人类精神世界的迷茫与虚无，“自20世纪初以来，人类伦理精神和道德哲学的演进，日益呈现诸神之争的‘丛林’镜像。然而，‘诸神之争’的背后，是关于‘神’的自我认同和自我放逐，‘丛林’无论如何峰回路转，总有自己的生成法则”①。尽管现代社会以批判、解构传统来寻求生成法则，但是人类作为在“记忆”中前行的生命存在，其精神文明的发展史始终与传统相伴而生，这也是人类精神文明之真理。基于此，在“现代性”和“后现代”的西方论争中，中国要解决自身遭遇的现代“中国问题”，既需借鉴西方经验，更需要立足于自己的传统，以中国精神引导自身发展。而最能展现中华民族精神品格的莫过于反映和代表着中华民族深层的精神追求和深刻的道德智慧，即中华民族独特的情理精神，“宗法的家庭族系，依着亲亲之杀，尊尊之等，实兼融情与理而为一，含着丰富无尽藏的情与理之发扬与容纳”②。“与西方哲学形成对照的是，中国的儒家哲学不仅赋予情感以特殊重要的地位，在人的存在问题上具有重要意义，而且并没有将情感与理

---

① 樊浩：《韦伯“理想类型”与现代伦理形态》，《社会科学战线》2013年第12期。

② 牟宗三：《历史哲学》，吉林出版集团有限责任公司2010年版，第70页。

性对立起来，而是寻求二者的统一，并由此建立起具有普遍有效性的德性之学。”① 针对现代注重工具理性的科技文明和注重追逐现实利益的市场经济导致的现代性危机，中国情理精神对“情”的文明设计及其推崇的价值理性，为化解现代性危机具有重要的现实意义。

第一节 先秦儒家情理精神与现代理性精神的冲突与“和解”

西方自古希腊以来便奠定了以“理性”为根基的文明形态，乃至于形成理性主义文明传统。到近现代，随着文艺复兴中“人本”对“神本”的反抗，“理性”中的反思性和批判性被作为人的根本属性而置于西方整个价值系统中的本根地位，“现代性不外是一个理性的建构，是突出于习惯与历史传统之外的概念结构，对传统具有批判性但却不受传统批判”②。特别是近现代把理性的批判性推至巅峰的理性形态——启蒙理性使理性主义更是达到登峰造极的地位，不仅在西方道德哲学理论中出现一大批理性主义思想家，而且以理性主义为根本特征的现代性在批判和结构传统社会理念的基础上而兴起的科学、民主理念直接开启了西方的现代化过程，“理性精神的凸显构成了现代社会区别于前现代社会的基本标志。进步历史观的出现与个人主义的兴起也是建立在认肯人之理性能力的基础上的”③。“正是理性精神的凸显构成了现代社会的核心内容。事实上，现代化的成就与问题无一不与理性有关，因而人们对于现代化之是非毁誉的评说也离不开对于理性的评价。”④ 与西方理性精神凸显的现代化相比，中国情理主义传统对“情”的强调和情理合一理念的现实化则在现代社会中显得格格不入。同时，由于中国现代化进程主要是在“学习西方”、走向世界的导向中进行的，这样，中国现代化就无法避

---

① 蒙培元：《情感与理性》，中国社会科学出版社 2002 年版，第 18—19 页。

② 成中英：《新觉醒时代——论中国文化之再创造》，中央编译出版社 2014 年版，第 299 页。

③ 李翔海：《民族性与时代性——现代新儒学与后现代主义比较研究》，人民出版社 2004 年版，第 234—235 页。

④ 同上书，第 235 页。

免西方以理性精神为标识的现代化理念的深度影响。也正因为如此，儒家思想在面对现代化转化和重建这一问题上，如何处理儒学与现代化的关系一直成为中国由传统走向现代的根本议题之一和备受关注的重要问题之一。乃至于出现"全盘西化"（要现代化就不要儒学）和"儒家心性内圣开出新外王"（科学与民主）的两极结论。但是无论如何，我们都应当澄清的一个理念就是，尽管西方以理性精神为标识的现代化在全世界的影响非常深远，但是我们都不可否认，我们中国的现代化绝对不是西方社会理性独尊的现代化，我们的现代化应当立足于中国传统与特定历史背景中的现代化。因此，中国要实现立足于本国国情的现代化，就应当正视中国传统社会的主流价值意识形态，即中国情理主义传统。当然，我们从历史与传统的角度肯定中国情理精神传统，也并不是完全以其否定现代理性精神的价值和意义，而是以一种辩证的态度对待儒学与现代化的关系问题，即儒学的现代化意味着需要接受现代化理念的改造，中国的现代化进程也意味着儒学的现代转化与重建。

一　现代理性精神对人类文明的双重影响

基于西方理性主义传统，西方精神文明发展到近代，理性被推至登峰造极的地位，特别是在西方"人本"反对"神本"的文艺复兴期间，"理性"取代"上帝"成为西方人精神世界新的信仰，认知理性和工具理性在推动西方经济、政治、科技飞速发展的同时，其本身的地位也进一步得到强化。也正是西方文明对理性的膜拜开启了西方现代化的进程，"何谓现代性？西方哲学史上以笛卡尔（1596—1650）为西方现代哲学的创始者。我们可以把他的哲学作为西方现代性的一个思想代表来讨论。笛氏的哲学有数大特征：（1）强调自觉的原子方法论思考；（2）建立怀疑论的知识起点与上帝论的知识基础；（3）严格批判感观知觉，大力主张理性抽象思考；（4）树立人的身心二元与本体真实的精神物质二元；（5）缺乏伦理的关注。我们可以看到此五者主导了西方的现代化，也就决定了西方的现代化的特性”①。因此，提到人类文明的现代性，许多专家学者无不从理性的角度予以解读，如成中英先生认为现代性不外是一个理性的建构，李祥海认为，“‘理性’取代‘信仰’成为西方文明之现代阶段的基本特质”，刘清平教授也认为，“‘现代化’在很大程度上首先是一种‘理性化’，至少是以‘理性化’作为一个必不可少的本质维度的”②。因此以“理性”言说现代性似乎已达成学术共识。

到底何种“理性”促成了现代性？从一般意义上说，理性作为人性的重要内容之一，其彰显的是人作为意识的生命存在，人能够凭借理性的逻辑推理、思辨性、别异性等思维特征认识世界、改造世界，并在此基础上凸显人的主观能动性。对于现实的人和社会来说，理性在不同的社会情境下能够呈现出多种形态，如刘清平教授认为西方理性精神经历了“认知理性→实践理性→工具理性→启蒙理性”，并认为工具理性为西方迈入现代化进程奠定了经济基础，使西方现代社会的科技、经济、政治获得飞速发展。毋庸置疑，西方对认知理性、工具理性的发展和极致发挥为西方文明创造了巨大物质财富和先进的科技文明以及整齐划一、凸显个体价值的社会政治法律制度起到了关键性的作用。从此种角度看，西方对理性精神的文明设计具有中国儒家情理精神无可比拟的优越性，特别是其基于抽象理性和基于弘扬个体价值的社会运行模式的社会效率远远高于中国传统社会中容易造成内耗的人情社会。

然而，启蒙理性或工具理性虽然推进了现代化，但是其本身仍具有局限性，因为工具理性本质上通过人类实践活动确认工具的有效性，其以追求外在于人的功利性为价值目标。其在一定程度上推动了技术主义和物质主义的发展，但是同时也在一定程度上侵蚀着人类超越现实利益的意义追求。理性根本的哲学本性是别异性，西方现代文明中的工具理性进一步强化了理性的别异性特征。理性的本性是别异性，这种别异性既强调人我之别，也强调天人之别。“别”的结果就是与人追求“同一

① 成中英：《新觉醒时代——论中国文化之再创造》，中央编译出版社 2014 年版，第 298 页。

② 刘清平：《在情理性传统中实现理性化使命——论中国传统价值观的现代化转型》，《江苏行政学院学报》2012 年第 1 期。

性”的文明本性相悖，最终使人陷入严重的精神危机和生态危机中。具体而言，从人与世界的关系来看，工具理性把人之外在的世界当作征服的对象，认为人能过凭借理性的力量让世界为“我”服务。工具理性的这一理念从积极角度来说，其推动了西方科学技术和经济力量的迅猛发展，西方强国到近现代之所以能够对其他国家发动侵略特别是对中国的入侵和掠夺，很大程度上依托于工具理性而获得思想支撑和现实力量。与中国“四海之内皆兄弟”的仁爱精神相比，西方国家把自身的强大作为侵犯、掠夺他国的资本可以说是西方理性文明的演化的必然结果。从人与自然的关系看，人作为自然的一部分，应当是一体的，然而人类依托于工具理性的别异性思维，却把自然作为征服的对象，认为人类能够依托自身的理性能力，使自然置于人的控制中，然而，其引发的必然结果是，人在征服自然的过程中也陷入危害自身生命存在的生态危机中，西方现代文明由于过度强调人的理性能力，强调人对自然的征服，其对自然过度开发的结果就是引发了严重的生态危机。从人与人的关系来看，现代文明对工具理性的极致发挥，不仅把物当作工具，而且也把人当作工具，其结果是人与人之间的伦理同一性遭到极大破坏，即人的“类”存在和表达不再是“实体性的”，而是“原子的集合并列”，而深度化了的工具理性—启蒙理性，更进一步加剧了人的伦理实体性的解体；基于工具理性人与自然的分离、个体与伦理实体的分解对人类带来的最深刻的文明后果就是，个体生命处于游离状态，在工具理性支撑下经济发展带来的物质的空前丰盛，人的物质欲望被刺激，同时人作为具有精神生命的存在，因此人对欲望的追求又以“精神”“意识”的面貌乘虚而入，即人对欲望的狂热追求以信仰的方式加以表达，如消费主义的出现、中国近年来出现的双十一购物狂欢节无不彰显着人之物欲的膨胀，人在欲望的刺激下，个体摆脱伦理的束缚，欲望挣脱道德的束缚，最终走向了个体与伦理实体的分离，正如鲍曼对现代人生活方式的表达，即现代人以“流浪者”“观光客”的生存方式在世界游荡。

由此，现代文明中理性的独霸在给人类带来一系列文化危机的同时，其对技术的无限追求从更深层次冲击到对人之本质的传统文化认同，使现代人陷入伦理认同的危机中。无论是西方的宗教性文明还是中国的伦理型文明，都认为人之所以为人的本质在于人的同一性追求和人的同一性存在，从道德哲学的角度看，这种“同一性”集中表现为人成为伦理性的存在（在宗教性文明中，人的同一性的终极存在就是“与上帝同在”“立地成佛”，在伦理型的文明中，人的同一性存在就是“天下一家”“天人合一”）。西方现代理性文明由于过度强调“理”的别异性，使人与“上帝”分离，而分离的结果就是人开始走向世俗化的历程，进一步强化了对理性的认同和膜拜。同时，在现代社会，理性文明特别是工具理性的发展而产生的网络技术、生命科学技术对人类的现在和未来也产生着不可忽视的“双刃剑作用”：计算机网络技术的产生和应用对人类的生存方式和生活方式的深层影响和迅速蔓延可以说是以往任何科学技术都无法企及的，它在使人们的生活更加便利的同时，也有可能引发面对面交往方式的弱化、情感冷漠等社会危机，这是需要我们警醒的；生命科学技术的发展对人的生命的深度干预也将人类抛入到巨大的伦理变革中，“人类基因干预技术的出现及其现实应用，所能展开且已经展开出来的问题域，不只是一个技术问题或者技术革命的问题，其在深层上是哲学或伦理思维的变革。这虽然是一个很具体的技术伦理或科技伦理问题，但它根本上是对整个传统、整个文化的追问，甚至是对整个文明的反省和思考”①。面对现代社会理性精神特别是工具理性的强大威力，人类如何守护生命的尊严也是当今时代应对的严肃课题。

二 先秦儒家情理精神传统之现代审视

先秦儒家情理主义道德哲学形态从中国血缘文化出发，以血缘亲情为根基，通过“伦”之“理”对人的具体情感形式的引导，将“情”提升到本体的高度，如孟子以“向善之情”作为人性的主要内容，为先秦儒家道德哲学体系提供具有本体意义的人性前提和基础。

在先秦儒家道德哲学中，“情”的最大功能就是成为人伦和谐以及天人和谐的内在精神动力。具体而言，“亲亲”是实现人伦和谐的起点和根基，这与中国传统社会中以血缘关系为轴心的社会结构和社会治理模式相适应。先秦儒家则从人的精神生命的角度出发，认为“亲亲”是人之

---

① 田海平：《生命伦理如何为后人类时代的道德辩护——以“人类基因干预技术”的伦理为例进行的讨论》，《社会科学战线》2011 年第 4 期。

所以为人的起点和根源动力，也是培育其他社会情感、责任和义务的精神源泉，“其为人也孝悌，而好犯上者，鲜矣”，“君子务本，本立而道生。孝悌也者，其为仁之本与！”（《论语·学而》）与“情”的合同本性、超功利性相一致，儒家道德哲学认为，人之所以为人的重要性在于人能够从现实的人伦关系出发而养成的德性品质以及德性能力。对德性和品德的重视中西方文化是一样的，但是在如何养成德性方面，中西方则截然不同，儒家道德哲学从血缘亲情出发，认为人之德性是在人与人之间的相互信赖、相互关怀、彼此和谐相处的过程中获得和养成的。从积极角度看，儒家对“亲亲”的文化设计一方面适应了中国血缘文化传统，另一方面也极具现实性，“儒家伦理一向是以家庭为基本。孟子所言‘老吾老，以及人之老，幼吾幼，以及人之幼’（《孟子·梁惠王上》）即是以家庭关系与家人的自然情感作为人之同理感应想象的基础。孟子的下一步要求就是‘推’——由想象他人的感受而推衍出自己应当为他人做出的利他行为”①。先秦儒家道德哲学以血缘亲情为精神动力和心理基础以培育人的社会责任感在当今时代仍具有重要的现实意义，无论是古代的社会治理模式——“移孝作忠”“天下一家”，还是今天社会中对社会灾难的应对，基于血缘亲情的情感推扩都具有普遍的有效性。

当然，我们也不可以否认另外一种事实，就是先秦儒家以血缘亲情作为实现个体善的内在精神动力，同时又把血缘亲情的外在推扩作为实现社会善的心理基础，在中国整个文明发展中起到举足轻重的作用。然而，在这里需要注意的一个现实就是，儒家把“亲亲”作为道德哲学的根源动力，虽然具有现实性和可切近性，但是也隐藏着巨大风险，就是个体容易被“亲亲”之情所限制而无法追求更大的伦理普遍性，即个人容易囿于“家庭”中，而无视自身同时所担负的社会责任。而且自汉唐以来，其重视血缘亲情所潜在的风险，随着儒家道德哲学被政治所利用的工具化发展不断地被暴露出来。也正是由于血缘亲情的这一风险，儒家道德哲学中血亲情理究竟蕴含着何种文明意义在现代社会中引起大范围的广泛争论，有的学者对儒家血缘亲情的文明设计给予高度评价并进

---

① ［美］刘纪璐：《论恻隐之心在都市文化中的落实——儒家社会情感主义的提案》，《深圳大学学报》（人文社会科学版）2013 年第 3 期。

行论证，“‘亲亲相隐’本来就是人类性的、普世性的，而不是什么特殊性的、中国所独有的。西方对‘亲亲互隐’的探讨，在《理想国》和‘十二表法’中都有体现或记载。古时希腊社会有主张为亲属隐瞒罪过的观念。苏格拉底非难智者游叙弗伦告发父亲杀人，游氏也承认为子者讼父杀人是慢神的事。古希腊人认为亲子关系受神庇护，告发亲人使其受刑罚就是冒犯神。古中国人则将亲情理解为天赋的，告发亲人使其受刑罚就是冒犯天”①。还有的学者从现代社会公正、法治精神对儒家血缘亲情的伦理建构提出质疑和批判：“‘父子相隐’‘窃负而逃’‘封之有庳’三个案例已经清晰地表明了孔孟在这一问题上的基本立场：为了维系父慈子孝、兄友弟悌的血缘亲情，人们可以遮蔽、包庇甚至从事坑人害人的不道德行为，以至不惜突破‘不可坑人害人’的伦理底线。”② 这两种观点尽管相左，但是这种学术争鸣对我们今天理解儒家情理主义道德哲学形态具有重要意义。

笔者以为，儒家对血缘亲情的伦理建构对整个中华文明来说意义重大，因为它首先契合了中华文明血缘文化传统，同时又是与中国由家及国、家国一体的社会结构相匹配的伦理精神，是涵育中华民族仁爱精神的重要基因。当然我们也无法否认血缘亲情作为社会运行和社会治理的人性因子在其中所起的消极作用，如任人唯亲、家族式贪污腐败对社会所起到的巨大破坏作用。不过我们需要明确的是，儒家对血缘亲情的理论设置与儒家道德哲学的工具化、世俗化所起的作用是两个完全不同的问题，我们不能因为后者完全否认前者的文明意义。更重要的是，儒家虽然把血缘亲情置于本根地位，但是并不是拥有绝对至上的地位。因为儒家更为强调由“亲亲”而推扩提升的“尊尊”。“尊尊”体现的是对“亲亲”更大普遍性的文明提升，是由“爱亲”之情向“爱人”之情的推扩，是把个体由家庭成员提升为国家公民的情理精神。“尊尊”超越了一己之私和狭隘的家庭利益，其主要追求的“公”之利益。先秦儒家强调亲亲的本根地位，并不是使“亲亲”凌驾于“尊尊”之上，更不是提

---

① 郭齐勇、龚建平：《“德治”语境中的“亲亲相隐”——对穆南珂先生“商榷”的商榷》，《哲学研究》2004 年第 7 期。

② 刘清平：《关于儒家血亲情理学术争鸣的反思》，《江苏行政学院学报》2015 年第 1 期。

倡为维护家庭私利而损害社会公共利益。因为在儒家看来，人维护社会公利、利他行为的精神动力正源于“亲亲”之情，“自仁率亲，等而上之，至于祖；自义率祖，顺而下之，至于祢。是故，人道亲亲也。亲亲故尊祖，尊祖故敬宗，敬宗故收族，收族故宗庙严，宗庙严故重社稷，重社稷故爱百姓，爱百姓故刑罚中，刑罚中故庶民安，庶民安故财用足，财用足故百志成，百志成故礼俗刑，礼俗刑然后乐”。（《礼记·大传》）先秦儒家道德哲学特别是孔孟对血缘亲情的强调及其伦理设计对中华民族精神的形成和发展影响深远，使中华民族精神具有强烈的亲和性与黏合性。

先秦儒家虽然高扬人的精神生命，主张发挥人的主体性使人走向完善，但是儒家也并没有因此否定人之自然情欲的合理满足，而是认为人本身就是一个有机的整体，一方面人需要满足自然情欲，以维持生命的自然存在，另一方面又强调人应当挺立自身的道德主体性从自然情欲和主观任意性的束缚中解放出来。如何解放？先秦儒家的思维方式就是通过情感的“中和”修养，使个体生命由自在的自然存在提升为自在自为的道德存在，“喜怒哀乐之未发，谓之中；发而皆中节谓之和。中也者，天下之大本也；和也者，天下之达道也。致中和，天地位焉，万物育焉”。（《中庸》）即以情感的安和状态实现身心和谐，而身心和谐则是实现社会和谐、天人和谐的内在基础和价值前提，“物格而后知至；知至而后意诚；意诚而后心正；心正而后身修；身修而后家齐；家齐而后国治；国治而后天下平。自天子以至于庶人，壹是皆以修身为本”。（《大学》）由此可以看到，先秦儒家以“情”为根基的“吾性自足”价值理念展现为现实世界与意义世界的融合为一。人通过对自身内在向善本性的开拓、向善之情的修养，在提高自身生命世界的过程中达到“天地与我同一，而万物与我为一”的“天人合一”境界。面对现代科学技术、倾向于政治的民主自由理念以及市场经济的逐利性本质，儒家这一套强调个体内在精神修养的人文精神似乎与现代社会理念格格不入，并自近代以来不断得到现代理性文明的断根式冲击，“家族制、宗法制的社会结构已经遭到毁灭性的打击，建立在理性原则基础上的法制规范正在逐渐取代情感原则而成为人们处理社会关系的基本准则”①。同时，先秦儒家所彰显的价值理性过于强调向内致思生命体悟，以至于认知理性发展不足，这则成为中国近代未能发展其强大的自然科学的重要文化根源，“中国书所讲总偏乎人世间许多情理，如父慈、子孝、知耻、爱人、公平、信实之类。若西洋书，则其所谈的不是自然之理，便是社会科学之理，或纯抽象的数理或论理”②。而且其对以生命体认为核心的价值理性的过度强调而忽视工具理性的现实作用，也有其自身难以克服和应对的局限性，特别是与以科技和经济为支撑的现代社会更是格格不入。面对工具理性在现代社会中的绝对意义，中国传统情理精神缺乏对工具理性的文明设计，使其既成为与西方文明相区别的根本标志之一，同时其也被看作是近现代中国落后于西方的文化根源。

由此，中国情理主义传统如何把现代理性精神纳入到自身中，也是其进行现代转化的题中之义。

三 先秦儒家情理精神与现代理性精神之“和解”

理性最为本质的哲学特性就是别异性，即以对象性的思维方式认识人自身、认识世界、认识人与世界的关系。理性的这一特征对西方传统的最深远影响就是形成了西方“别”的意识（如西方现代哲学中倡导的二元论思想）和“征服”传统。特别是近现代以来，西方认知理性的发展对其认识世界和改造世界能力的增强进一步彰显了理性之于人类的根本意义。如在认知理性、工具理性支持下迅猛发展起来的电子信息技术改变了人类的生产、生活和交往方式，“原生态的伦理世界是由‘家庭—民族—男人、女人’构成的个体与实体直接同一的自然伦理世界。电子信息方式通过特殊的语言/交往实践，从四个方面展开对原生态伦理世界的颠覆性改造：意义符号即语言性质的变异；网络交往中虚拟的世界主义对原生伦理世界三维结构的解构；网络—媒介生活导致的‘位置感’的不确定以及由此导致的男女‘伦理性质’的蜕变；以及精神世界中

---

① 李翔海：《民族性与时代性——现代新儒学与后现代主义比较研究》，人民出版社 2004 年版，第 64 页。

② 梁漱溟：《中国文化要义》，上海人民出版社 2005 年版，第 113 页。

‘伦理意境’与‘悲怆情愫’的消解”[①]。现代生命科学技术的飞速发展以及其由实验室到应用过程的缩短，在深度干预人之自然生命的同时，也从根本上改变甚至颠覆着人类已建构的“伦理世界”和“道德世界”，人类辅助生殖技术使用捐赠的精子、卵子、胚胎以及克隆人技术等方式生育后代，直接打破了中国传统道德倡导的以夫妇为“原点”延续家族生命的伦理理念；人类基因组计划、人类辅助生殖技术等生命科学技术对人之自然生命的深度干预和强化，深刻地解构着儒家道德哲学以自然人、自然家庭为始点的精神生命建构方式。现代文明中由经济理性推动社会物质财富的增长，由科技理性支撑的人类生产、生活方式的深刻改变，对人类的未来发展而言是双重的，即一方面提高了人类的生命生活质量，另一方面又使人类陷入巨大的生态危机和精神危机中。特别是现代理性文明对理性“别异性”的极致发挥，不仅在强调“天人”之别的基础上把自然置于人类征服对象的境地，进而引发严重的生态危机，而且也导致人类“伦理世界”的解构，人不再以“伦理”的方式思考自身生命的价值和意义，而是以理性“别异性”的原子式思维方式思考和处理“我们如何在一起”和“我应当如何生活”的两大文明追问，其导致的必然结果，就是人类内在精神世界处于知、情、意的分裂中，特别是现代理性文明对“情”的漠视和压制，使“情”的合同性无法发挥应有的精神文明意义，以至于现代人的精神生命缺乏一种因“情”而生、使人之生命内外圆融的精神之光，进而在人的生活世界中，现代人陷入“流浪者”和“观光客”（鲍曼语）模式的精神困境中。现代理性文明未来发展的最大难题就是未能为“情”的文化功能的发挥留下足够的文明空间。

而先秦儒家情理主义道德形态对“情”的文明设计以及由此涵育出的“伦理优先”的文明传统，在应对现代文明难题中彰显出独特的文明智慧。先秦儒家情理主义道德哲学形态的根本文化特点就是以人性为原点，为人类所面临“我们如何在一起”和“我应当如何生活”两个一而二、二而一的生命困境提供最本原的疏解之道。以“吾性自足”的终极关怀价值系统为人类所遭遇的生存困境提供超越途径，并由此展现人之

---

① 樊浩：《电子信息方式下的伦理世界》，《中国社会科学》2007年第2期。

所以为人的高贵之处。何种“吾性自足”？儒家所谓的“性”就是以“情”为主的“情感+理性”的人性。先秦儒家情理主义道德哲学形态虽然极为重视血缘亲情的文明意义以及“情”的合同功能的发挥，但是其也重视理性在人类文明中的不可替代的意义和作用。不过，与西方理性主义文明不同的是，先秦儒家情理主义中的“理性”不具备独立性，而是一种“情”之“理”，呈现为以生命的安顿和觉解为终极价值目标的价值理性。具体而言：关于个体生命内在的身心关系，“身”代表着人的生物性需求和欲望追求，“心”代表着超越于物质欲望之上的精神追求和意义追求，先秦儒家极为强调以心之向善的灵明引导人的欲望追求，对生命之“意义”的呈现占据主导地位，正如孟子所言，“生，我所欲者，义，我所欲也，舍生而取义者也”，以至于德性主义在整个中华文明中占据着重要地位；在人与人关系的处理中，先秦儒家的价值理性更为强调的是“礼”之“理”、“伦”之“理”，人之所以为人的本质在于向伦理实体的回归，反对甚至否定个体利益凌驾于群体利益之上，从而形成“伦理优先”的文化传统；在天人关系上，先秦儒家情理主义道德哲学形态基于“情”之合同功能而形成的整体主义思维模式，始终强调天人一体，把人置于自然界的一环，主张以“仁爱”精神处理天人关系，如孔子提出的“弋不射宿，钓而不网”彰显着儒家“生生之谓大德”的生命情怀。面对现代文明中对工具理性极致发挥所造成的文明后果，先秦儒家情理精神所呈现的价值理性可以为现代理性主义文明中工具理性的极端发展起到一定的纠偏作用。

从现代社会的发展成果和发展方向上看，理性对于人类的生存和种族繁衍起着至关重要的作用，同时，由于理性引发的“别”的文明方式和功利的无限执着，如何发挥理性的作用更关乎人类文明的方向和人类的福祉。工具理性可以给人带来功利性的现实价值，但是人作为精神的存在，更需要以价值理性超越人的个体利益和眼前利益而维护人类的整体利益和长远利益，人类才能应对基于工具理性而发展的现代文明危机。无论是中国从血缘亲情出发的情理合一的文明方式，还是西方情理相分的文明方式，都共同言说人类精神文明的共同真理，即理性和情感对于人类精神生命和精神文明都具有不可替代的文化功能，人类因理性而强大，因情感而美好！因此，面对现代理性文明独霸、“情”的文化功能弱化的极端，我们要走出现代文明危机，应当重新恢复“情”的精神哲学功能，使“情”与“理”处于有机生态互动中，因为，我们既需要“理性”，把“人”从世界的原生态同一中挺立出来，发挥人本有的主观能动性，同时我们又需要“情”的合同功能建构属人的“同一性”世界，使人的“类”属性获得文化认同和伦理支撑。

第二节　后现代道德与先秦儒家情理精神之“价值共识”

现代化在理性特别是工具理性的支撑下，在人类历史上创造了前所未有的科技神话和经济神话，以至于“理性”在西方文化中取代“上帝”成为现代人新的精神信仰。然而，从人的多重需要来看，以现代科技革命、市场经济增长等为标识的“现代性”在深刻改变人的生产、生活和思想方式的同时，其引发的生态危机、金融危机、精神危机彼此交织在一起困扰着整个世界，于是后现代便在对现代性的质疑、批判、否定中应运而生，“后现代性是依现代性而存在的，因而不能脱离一个潜在的或显在的现代性。如果后现代构成对现代理性的挑战，那是因为现代理性中已包含了太多的矛盾与太多的分化，也就是包含了人的知识内部不统一与行为体系的不统一，以及知识与行为之间的众多不统一。后现代性应该带给我们对现代理性的深层反省，而不是要我们随着后现代性起舞”①。从后现代的产生背景，特别是其对现代性中工具理性、启蒙理性的批判和对包含情感在内的非理性的肯定，与先秦儒家道德哲学对“情”的肯定与文化设计具有某种契合之处。当然，这种契合并不代表儒家情理精神与后现代性的根本一致，二者仍具有本质区别。

一　对“情”的文化认同

情感与理性均为人性，特别是人的道德情感和道德理性既是人与动物的根本区别之处，同时也是人之精神生命的基本标识。然而，从西方

① 成中英：《新觉醒时代——论中国文化之再创造》，中央编译出版社 2014 年版，第 300 页。

开启的现代化进程在继承和发挥西方理性主义传统之上，把“理性”的人类文明价值推上巅峰。人作为有机的生命整体，情感对于人类来说，与理性同等重要，二者任何之一的偏废都会造成片面性的人，道德哲学也难以完成其提升和完善人性的文化使命。

对于人类文明而言，“理性”之别异性的积极意义在于通过主客观的二分，能够使人从原生态的“同一性”中解放出来，使人认识到人之所以为人的意志自由。现代道德宣扬理性、主张以理性为基础创立一种绝对可靠的道德价值合理性，即确立“善”或“正当”终极合理性依据，如康德提出的“绝对命令”、黑格尔的“绝对精神”本质上都是“理性”的化身，由此，个体不再以“上帝”为终极合理性依据，而是通过理性、通过自由自律的观念而建构起一套自我做主、自我负责的道德生活方式。从一定意义上说，现代道德对理性的推崇及其通过理性的自由自主而达到个性解放，内在地激发个体的道德自律精神，在维护人的尊严方面也具有划时代的意义，同时为现代社会自由、平等、民主等政治理念的兴起提供了重要的理论基础。然而，现代性道德对理性的过度推崇、相信理性是万能的又走向了另一种偏颇，即理性在成为个人解放的强大武器的同时，也造成了个体与其伦理实体之间的断裂，“‘上帝死了’与‘打倒孔家店’，在相当程度上既是一次理性的启蒙和理性的胜利，但也是一次理性之于神圣的暴力，其最后的结果也只能是：‘伦’死了，至少，‘伦’殇了！——不仅人格化的终极实体即上帝死了，而且作为生命根源的‘伦’的实体也死了，由此，生生不息的人的精神生命夭折了，人类走向失家园的艰难的漂泊之途”①。面对西方现代道德因过度推崇理性造成的人的“碎片化”存在，后现代道德主张应当关注“情感”在人类文明中的意义，即通过尊重具有模糊性和整体性的“情感”摒弃二元论的现代精神，“我们又一次学会了尊重模糊性，注意关心人类之情感，理解没有效用和可计算的酬劳之行。我们承认，并非所有的行为，特别是最重要的行为，需要被证明或者说明它们值得我们尊敬”②。后现代道德主

① 樊浩：《“后伦理时代”的来临》，《道德与文明》2013 年第 6 期。

② ［英］齐格蒙特·鲍曼：《后现代伦理学》，张成岗译，江苏人民出版社 2003 年版，第 38 页。

张通过重构“自我”与“他者”之间的情感联结和出于“类”意识的道德关怀而建立起我们“与他者共在”并且“为他者而在”。因为情感的合同性功能能够超越出于个体的利益权衡和利益计较，进而激发人的利他行为。伦理学致力于解决“我们如何在一起”的文化使命很大程度也有赖于人与人之间的情感依赖。现代道德由于过度强调理性的别异性而导致现代人处于“自我”与“他者”对立、冲突、矛盾的道德生活状态，后现代道德对此进行了猛烈抨击，并深刻地启发现代人对“伦”之殇的深层反省。然而，后现代道德由于并未走出西方理性主义传统的窠臼，它在解构“自我”与他者的二元对立时，努力建构“主客融而为一”的理论形态时，也并没有真正使现代人走出“无根无向”“支离破碎”“分崩离析”的生存境遇，“后现代主义将相对主义的价值取向推进到了极端，不仅宗教、哲学、科学联署为一体的文化图式被拒斥，三者各自的‘文化霸权’亦被剥夺。人的存在只能是在完全平面化、碎片化之中去寻找彻底的‘自由’——自由到虚无”①。

后现代道德在批判现代理性主义基础之上对情感的肯定，一方面有助于我们对现代性的深层反思，另一方面也进一步肯定了情感之于人类精神文明的重要意义。而先秦儒家以“情”为主、情理合一的道德哲学形态对“情”的文化设计和“情”的道德哲学功能的发挥，与后现代道德肯定情感的价值取向具有某种契合之处。从个体德性养成的角度看，儒家道德哲学中的向善之情（如孟子提出的恻隐之心、羞恶之心、辞让之心）是个体进行自我完善的主要心理基础和人性机制。如前所述，“情”具有超功利性，当“情”的超功利性融入个体德性修养中，它能够激发个体道德自觉，并以一种向内致思的主体能动性帮助个体确立崇高的道德理想和精神境界。这样，“情”能够使道德主体超越自身自然情欲的限制，从而避免个体毫无选择地沉沦于世俗化的大众中，使道德自我昂然挺立于利益纠缠的世界中。“情”之此种道德哲学功能的发挥既避免了人陷入对物欲的迷狂中，也挺立了人之作为人的主体性，进而超越片面的大众意识。关于这一点，对于趋向集团化的现代人而言至关重要。

① 李翔海：《民族性与时代性——现代新儒学与后现代主义比较研究》，人民出版社2004年版，第344页。

现代人在追求民主、平等的理念中，在渐渐失去独立性和个性的集团生活中，如何凸显人的主体性是现代社会所面临的重要挑战。而“情”作为人的内在精神需求的表达，其对主体性的挺立，对于我们走出现代性精神危机能够提供重要的激活力。从社会伦理秩序的维系看，“情”的合同功能能够为人伦和谐的构建提供不可替代的精神动力。人之所以为人的本质，除了人能够发挥自身的主观能动性去认识世界、改造世界之外，还在于人作为“类”的存在，能够积极思考和主动维系人之“类”本性的实现问题。从精神哲学的角度看，人之“类”的本性正实现于人的伦理普遍性中，即个体如何回归到伦理实体中，儒家道德哲学对此的表达就是“安伦尽分”“父子有亲，君臣有义，夫妇有别，兄弟有序，朋友有信”。在如何实现人向伦理实体回归这一问题上，先秦儒家道德哲学首先是依“伦”之“理”赋予“情”以运作的原理。对于父子、兄弟等天伦关系的维系上，儒家赋予血缘亲情以文化意义，强调血浓于水，以血缘亲情的自然必然性强化父子、兄弟之间的伦理义务。在人类所有的具体情感中，血缘亲情是最自然、最平实同时也是最强烈的情感之一，同时其内含的合同功能是家庭获得伦理同一性的主要精神动力，正如黑格尔所言：“作为精神的直接实体性的家庭，以爱为其规定，而爱是精神对自身统一的感觉。因此，在家庭中，人们的情绪就是意识到自己在这种统一中、即在自在自为地存在的实质中的个体性，从而使自己在其中不是一个独立的人，而成为一个成员。”[①] 家庭情感也是人类的自然相通点。儒家正是从这种相通点出发，对血缘亲情向外推扩，即处理家庭之外的社会伦理关系，也是以一个家庭成员对另一个家庭成员的移情共感为出发点，因此，儒家处理君臣关系的伦理理路是“移孝作忠”，而社会中对没有血缘关系的朋友关系的维系也是建立在犹如兄弟手足的情感基础上。以血缘亲情为出发点的移情共感对于激发人的利他行为极具现实性和有效性。它不仅极大适用于中国传统中基于自然经济的熟人社会，而且能有效化解现代都市文明中陌生人之间的冷漠。因为当我们以家庭成员的关怀态度“移情”到陌生人的身上，很容易拉近陌生人之间的距离，并同时唤起和激发人人所共有的恻隐之心，进而关照他人利益和社会公共

---

① ［德］黑格尔：《法哲学原理》，范扬、张企泰译，商务印书馆1996年版，第175页。

利益。其实，现实生活中，我们倡导的关照陌生人的慈善行为，以及我们所常说的“保家卫国”“没有国哪有家”的爱国之情也正是借由家庭之爱激发和培养起来的。

后现代道德在批判现代道德过分推崇理性而肯定包括情感在内的非理性对于人类文明的意义，与儒家对“情”的文化价值肯定具有某种契合之处，但是二者又有本质性的差别。即后现代道德并没有完全走出西方理性主义传统，而只是反对现代社会中工具理性的独大之势，力图以其他理性形态来去除因工具理性引发的精神危机，与儒家倡导的以“情”为主、情理合一的价值思维方式根本不同。

二　整体主义的价值理性

先秦儒家情理主义道德哲学形态对“情”的文明设计及其伦理功能的发挥，为化解现代性因极度推崇理性、贬抑情感而导致的精神危机提供了重要的理论资源和价值启示。同时先秦儒家情理主义道德哲学形态更深刻的价值合理性还在于从情理合一的角度对价值理性的涵容与弘扬，即先秦儒家道德哲学也对人的理性能力进行了充分肯定，只不过在先秦儒家的价值体系中，“理”不具有独立性，其根本价值是给予“情”以运作的秩序和原理，注重人之情感生命的安顿和终极依归，通过情理合一实现人之所以为人的本质，“从某种意义上说，仁知合一就是情感与理性的统一。仁是情感的真实内容，知是理性化的自觉”①。从此种意义上说，先秦儒家情理精神追求的是一种价值理性或目的理性，与后现代道德批判工具理性、主张回归到价值理性中具有一定的契合处。

从西方开启的现代化进程是在工具理性的支撑下进行的。工具理性在认识世界、改造世界方面具有不可替代的作用，但是工具理性更多关注、挖掘“物”的工具性价值，而且现代社会特别是现代科学技术对人之自然生命的深度干预，也将人植入“物”的工具性价值序列中，人的肉身存在被资源化、原料化、物质化，它使人变成了人力物质，被运用于预先安排好的目的。由此，现代化进程中理性之认知理性、工具理性的极度发展在增强人的力量的同时，人本身也面临着被物质化、工具化

① 蒙培元：《情感与理性》，中国社会科学出版社 2002 年版，第 77 页。

的风险。而人被工具化的社会恶果就是人之生命的价值和意义被虚无所侵蚀。西方后现代学者如马克斯·韦伯、丹尼尔·贝尔、鲍曼等人已经注意到，西方现代化进程中理性的独霸实质上是工具理性的独霸，工具理性对功利性价值的过度追求，使其难以满足人自身生命之安顿、精神之满足的需求，以致于价值理性日渐衰落，其导致的必然结果就是，人在价值世界和意义世界的迷失，神圣性遭遇亵渎是现代人的噩梦之一。“现代主义的真正问题是信仰问题。用不时兴的话语来说，它就是一种精神危机，因为这种新生的稳定意识本身充满了空幻，而旧的信念又不复存在了。如此局势将我们带回到虚无。由于既无过去又无将来，我们正面临着一片空白。”① “在理性征途的长远尽头，等待着的是道德虚无主义：道德虚无主义在其最深层的本质上并不是意味着相对论的过错——而是真正丧失了成为道德的能力。”② 如何走出噩梦？后现代道德在遵循西方理性传统的前提下，提出回归到价值理性或目的理性中，以消解工具理性的弊端，主张以建构理想的世界帮助现代性道德走出工具理性反文明的文化弊端。西方后现代思想家提出一系列的新的理性形式如“交往理性”“公共理性”以取代工具理性和深度化的工具理性——启蒙理性，要求从主客相分的对象性认知转入到对人本身价值和意义的深切关注，如鲍曼认为道德要走出工具理性的控制，需要唤醒人自身的道德良知，尤其是面对现代道德中存在的二元对立，多元冲突、交织、互叠的困境，“如果怀疑——就去咨询你的良知”③，并主张以道德良知为推动力和根基的道德责任重新恢复人的道德能力，“道德责任是人类最具私人性和最不可分割的财富，是最宝贵的人权”④。

儒家道德哲学本质上是关于人的学说，无论是孟子的性善论还是荀子的性恶论，都主张从人本身出发、从人向善的主体性追求建立美好的人类社会。而且，自孔子开始，儒家道德哲学中的“人”是身心一体、

---

① ［美］丹尼尔·贝尔：《资本主义文化矛盾》，赵一凡、蒲隆、任晓晋译，生活·读书·新知三联书店1989年版，第74页。

② ［英］齐格蒙特·鲍曼：《后现代伦理学》，张成岗译，江苏人民出版社2003年版，第292页。

③ 同上书，第295页。

④ 同上。

情理统一的存在，并且强调以“心”的道德主体性引导、规约人的物质性需求，通过情与理的统一，以理性引导人的情感流露。而且理性儒家情理主义道德哲学形态中，“理”本身不具独立性，其根本价值在于给予“情”运作原理，与现代社会中身心对立、以“理”抑制“情”的理性主义截然不同，“但现代人的精神分离、身心不调仍离不开这一身心对立的权力意志与物质欲望。如果现代性必须付出这样的代价，现代性的价值是可疑的。这也正是后代性所揭露的现代病”①。面对工具理性对人的技术化、物质化，如何以人为目的关注人本身的精神需求，先秦儒家情理主义道德哲学形态注重从人身心合一、情理合一、知行合一出发来安顿人的情感生命，为治疗现代病提供了一剂良方。从身心关系的角度看，在先秦儒家思想中，“身”代表着人的物质欲望和身体力行，“心”代表着人的道德主体性，在二者关系上，先秦儒家道德哲学主张以“心”引导“身”，认为“心”的道德主体性代表着人的根本属性和价值追求，“君子之所以异于人者，以其存心也，君子以仁存心，以礼存心”。（《孟子·离娄下》）“存心”本质上是人之向善的道德主体性的挺立。如何“存心”？或者说人之“存心”的精神动力源于何处？先秦儒家道德哲学立足于人自身的反省能力以挺立人之道德主体性，“吾一日三省”，“反身而诚”。先秦儒家提倡和强调的人之反省能力实为人的理性能力，而且这种理性能力以“情”为内核，即人对自身的反省、道德主体的挺立始终从人之情感需要出发，并以人之情感生命的安顿为终极价值目标，“君子有三乐，而王天下不与存焉。父母俱存，兄弟无故，一乐也；仰不愧于天，俯不怍于人，二乐也；得天下英才而教育之，三乐也”。（《孟子·尽心上》）因此，先秦儒家的“情”之“理”实为一种价值理性，即在情理合一的精神机制中，以人之价值和意义实现为目的的价值理性得到凸显。价值理性与工具理性最根本不同在于，前者立足于现实而又超越现实，即价值理性一方面肯定人之现实需要，即发挥理性之认识世界、改造世界的人性能力，以满足人的物质需求，另一方面又从人之精神需求和“类”本性出发，对把外在的东西置入以人为目的的价值序列中，主

---

① 成中英：《新觉醒时代——论中国文化之再创造》，中央编译出版社 2014 年版，第 320 页。

张"见利思义"甚至"舍生取义"；后者更关注"物"之工具价值和手段价值的实现，人的价值追求和意义实现更多展现为对"物"的追求和占有，随之人之精神追求也被淹没于物欲中，现代社会消费主义的兴起就是工具理性的典型代表，而工具理性的极端发展就是"人"也被划入"物"的范围而被工具化、物质化。由于儒家的价值理性是一种"情"之"理"，而"情"的根本属性是合同性，其所构建的以人为目的的价值序列，对人之价值和意义的呈现与西方的价值理性也具有根本的文化区别：西方文明中的价值理性以别异性的思维方式将人与外在世界处于对立中，强调人对外在世界的征服和占有，以一种人控制世界的方式表达人存在的状态；先秦儒家的"情"之"理"基于"情"的合同性则表现为一种整体主义的价值理性，强调"德"对"道"的分享，而不是"德"对"道"的征服和占有，要求人从自身情感生命出发去体悟外在世界，认为外在世界与人是同一的，同等重要，所以孔孟皆以"仁"为核心来处理人与人之间的关系，脱离于整体之外的个体不具独立性，只有个体以道德主体姿态承担在整体关系中的责任才获得价值和意义。先秦儒家这种整体性的价值理性发展到宋明时期，直接提出以"满腔子恻隐之心仁爱万事万物"天人一体的宇宙整体观，人既需要世界，世界也需要人。正因为先秦儒家的价值理性与西方价值理性的文明差异，中国伦理中的仁爱思想与西方宗教中以"上帝"为核心的博爱思想才存在着根本区别：前者为以"道德意志"为核心的文明形态，后者则是以"权力意志"为核心的文明形态。从此种意义上说，先秦儒家情理主义道德哲学中的整体主义的价值理性与西方基于对象性认知的价值理性相比，更能有效化解现代社会中身心分离、人我分离、科技世界侵蚀人文世界的"现代病"。

当然，在现代社会中，随着工具理性的深度发展和极端发展，其暴露出越来越深重的文明弊端，儒家基于情理合一的价值理性显示出更大的文明优势，但是其自身的文明缺陷也是不容忽视的，即儒家以"情"为主导的价值理性也并不能完全满足现代社会的需要。透过对现代文明成果和发展趋势的反思，科学与道德是人类文明未来的共同需要，先秦儒家从人本身出发构建的注重"德性"的价值系统，而未对认知理性留下足够的发展空间，以致于成为后来中国难以发展出西方近现代的科技文明的重要文化根源。因此，我们以后现代的视角认识到先秦儒家情理精神的价值合理性的同时，也应当清醒地看到其不足，应使先秦儒家的价值理性涵容现代西方哲学中认知理性、工具理性，再发挥“情”的合同功能“建立一个主客分合自如的知识论和知识系统观，包括科学研究、工业技术开发、社会经济发展的网连与互动”①。

三　基于“情理合一”的生态觉悟

先秦儒家以“情”为主、情理合一的情理主义道德哲学形态立足于中国血缘文化背景，成为与中国传统社会由家及国、家国一体社会结构相匹配的伦理精神，并且其对“情”之文明意义的极致发挥和将理性纳入到人之情感生命安顿的终极价值追求中，与现代社会工具理性的极度发展形成鲜明反差。其实，儒家情理合一的思维方式以及对“情”的合同功能的极致发挥还蕴含着更深刻的文明真理，即其孕育的有机整体主义的哲学理念实为“生态本位”的价值观，情理合一的价值合理性本质上是一种生态合理性。先秦儒家情理主义包含的“生态觉悟”理念在现代社会具有重要的文明意义，“如果对20世纪人类文明的历史发展作一整体的鸟瞰，作出这样的结论也许是恰当的：20世纪人类文明的最重要的、最深刻的觉悟之一，就是生态觉悟。从遍及全球的绿色运动到联合国和世界各国制定的生态伦理的规范，从西方马克思主义到后现代理论，无不在实践和理论层面上预示着20世纪人类文明的生态觉悟”②。

现代西方伦理学在继承西方理性主义传统基础上，又把理性主义推上巅峰地位，特别是其对工具理性的极度开发以及深度化的工具理性—启蒙理性对现代人精神世界的冲击，理性别异性的哲学功能随之得到淋漓尽致地发挥：在人与自然的关系上，基于工具理性的现代道德强调人与自然的对立关系，并依靠科技的力量持“人征服自然”的价值理念；从人自身角度看，西方理性主义以一种别异性的思维方式使知情意处于对立中，并主张理性的绝对主导地位，进而使伦理和道德也处于分裂中，

---

① 成中英：《新觉醒时代——论中国文化之再创造》，中央编译出版社2014年版，第286页。

② 樊浩：《伦理精神的价值生态》，中国社会科学出版社2001年版，第13页。

“康德赋予伦理道德以理性的乃至唯理性的特征，诉诸‘绝对命令’与‘普遍立法’，从而最终将伦理从道德哲学中驱逐出去”①；从伦理学与社会其他领域的关系来看，西方现代伦理学仍以理性的别异性思维方式处理伦理学与其他社会因子的关系，即强调伦理学的独立性和优先性，“现代西方伦理学中的各种理论体系大都是封闭的结构系统，它们不仅追求自身结构的系统性、统一性、稳定性和封闭性，而且对外宣传伦理学论证道德价值的绝对权威性和可靠性，缺乏与其他学科的交流和对话”②。西方现代伦理学对理性别异性的强调带来的直接文明后果就是使人类陷入危害人类自身生存的生态危机、自然情欲挣脱道德的束缚而陷入虚无、伦理与道德分裂使现代人陷入“伦理丛林”中。面对现代性引发的各种危机，后现代伦理提出生态观的价值理念。在关于人与自然的关系上，后现代道德反对人类中心主义的价值观，并从扩展人类道德关怀范围的角度，从根本上否定了现代伦理学中人控制自然、征服自然、掠夺自然的价值理念，认为人之外的自然物不是人类的异己力量，而是人类的“同伴”，人类应当以道德主体性的姿态担负起保护自然的道德责任。在此基础上，后现代道德提出的人与自然和谐发展的可持续发展理念对现代社会的长远发展意义深远。同时，透过人与自然生态关系的反思，后现代道德把针对自然的生态理念运用到对人的研究中，赋予其世界观和价值观的精神意义。由此，后现代道德又以一种多元性的视角打破各学科间的壁垒，主张以生态学的方法使伦理学与社会学、语言学、文学、经济学、人类学、法学等其他学科展开了广泛深入的交流和对话，并努力挖掘社会不同领域之间的有机联系。虽然后现代对现代性的批判并没有引起广泛认同，但是其在批判、解构现代价值理念的同时，其对生态价值理念的倡导对化解现代危机具有重要的启发意义，“无论是社会伦理精神还是个体伦理精神，在历史发展中都是人类文明和人类文化的有机体，都处于与历史上的和当下存在的各种文明和文化的有机关联中，在现实性上，也都是人的现实生活的一个有机构成，是与经济、社会的现

---

① 樊浩：《“伦理”—“道德”的历史哲学形态》，《学习与探索》2011 年第 1 期。

② 向玉乔：《后现代西方伦理学导论》，《伦理学研究》2009 年第 3 期。

实发展和价值形式构成的活的机体"①。

先秦儒家道德哲学"情"的注重以及对"情"的合同功能的文明设计，使先秦儒家思想直接形成了注重综合的思维特点，此种综合性特点与西方基于理性之别异性的分析思维形成鲜明对比。同时，先秦儒家注重的综合性思维特点不是各个要素的简单相加，而是认为人、人类社会、自然界乃至整个宇宙既各自构成一个有机整体，又彼此之间内在关联，像自然界的生命一样，整个世界是一个有机体，而这个有机体的生命力就是"道"或"天道"。正是在"道"或"天道"的主导下，万事万物得以化生，"道"或"天道"由此成为人和世界的本原，"天地絪緼，万物化醇，男女构精，万物化生"（《易经・系辞下》），"有天地，然后有万物；有万物，然后有男女；有男女，然后有夫妇；有夫妇，然后有父子；有父子，然后有君臣；有君臣，然后有上下；有上下，然后礼义有所错"。（《易经・序卦》）这样，在儒家有机整体主义的思维理路中，人和人类社会也被植入整个宇宙的生命序列中，以一种独特的"生态智慧"处理人自身以及人与世界的关系，"生态智慧不仅要求重新建构自然生态的平衡，而且更重要、更深层的是要重新建构人的精神生态、人格生态以及整个文明的价值生态的平衡"②。先秦儒家以"情"为主、情理合一的道德哲学形态以"道"或"天道"为本体根据，无论是具体的万事万物还是万事万物化育流行的规律，都是"道"的具体表现，因此，人所特有的精神生命以及基于人之"类"本性形成的伦理精神形态也是"天道"的表现。在"天道"如何落实到人类的伦理精神本体追问中，先秦儒家构建了一套以"伦理精神"为核心的生态价值系统，即"天道—性—情—伦理—道德—天人合一"的价值生态结构。具体而言，道德哲学作为人类精神文明的核心要素，其主要致力于回答"我应当如何"和"我们如何在一起"的两大文明追问，而且在回答这两大追问的过程中，"人"之主体性始终居于主导地位。人如何激发自身的主体性？先秦儒家道德哲学以"天道"为本体根据，通过"天命—性—情"的逻辑理路，认为人之主体性的激发和表现就在于人之性情，"喜怒哀悲之气，性也。

---

① 樊浩：《伦理精神的价值生态》，中国社会科学出版社 2001 年版，第 101 页。

② 同上。

及其见于外，则物取之也。性自命出，命自天降，道始于情，情生于性”。(《性自命出》) 由此，在先秦儒家道德哲学体系中，“情”既是神圣性、超越性的“天道”向现实世界落实的承接点，同时也是人以主体性的姿态回归到伦理实体中的内在精神动力，“天命之谓性，率性之谓道，修道之谓教”(《大学》)，“喜怒哀乐之未发，谓之中，发而皆中节，谓之和。中也者，天下之大本也；和也者，天下之达道也。致中和，天地位焉，万物育焉”。(《大学》)“情”虽然承继“天道”具有神圣性，但是其落实在具体的个体生命中，又常常具有主观任意性，因此，先秦儒家又非常重视“理”对“情”的引导作用，从而通过“理”的普遍性引导，发挥情感的正面功能，孟子的“四心”结构(“情感” + “理性”的人性结构)对此进行了完备论述。在情理合一的人性预设下，“伦理”既表现为个体遵循“伦”之“理”的价值理性之维，同时又注重人性人情之需，而在“伦”之“理”落实到个体“道”之“德”的过程中，其内在动力不是基于认知理性，而是基于情理合一的伦理认同，先秦儒家情理合一的“生态觉悟”不仅仅关注个体内在生命的身心和谐、人与其伦理实体之间的伦理和谐，而且也关注生命整体与本体的生态和谐，这种生态和谐具体表现为人通过对自然宇宙的生态觉悟，获得一种以“乐”为情感体验的精神自由，关于此，孔子有经典论述：“曰：‘莫春者，春服既成，冠者五六人，童子六七人，浴乎沂，风乎舞雩，咏而归。’夫子喟然叹曰：‘吾与点也!’”(《论语·先进》) 孔子对大自然的喟然感叹中，既蕴含着对“齐家、治国、平天下”等圣贤景象的愿景，又内在地包含着“澡身浴德，咏怀乐道”之与天地万物同流人生最高境界。

先秦儒家基于“天道”和情理合一的生态觉悟与后现代道德中生态价值理念存在根本不同，前者具有哲学本体论上的自发性，后者主要是出于现代社会因过度推崇工具理性而导致生态危机的现实需要。二者在现代性道德和后现代道德的价值交锋中既具有局限性又各自具有一定的价值合理性。就局限性而言，先秦儒家基于情理合一的生态觉悟倾向于以人之道德主体性的挺立追求天人合一的精神境界，更多倾向于自身道德人格的养成，以致于缺乏认知主体挺立之后的科学理性精神，乃至于无法完全应对现代科技时代的现实需要；后现代道德在指出现代性过度推崇理性的片面性和局限性之后，又走向了另一种极端，即通过制造

"异己和疯狂"来实现自身的价值合理性，因此，后现代道德对现代性进行批判，带给我们对理性深层反思的同时，也将道德哲学置于"碎片化"的状态，未能给人类在生态觉悟后提供人真正为自己做主的终极关怀价值系统，"后现代主义将相对主义的价值取向推到了极端，不仅宗教、哲学与科学联属为一体的文化图示被拒斥，三者各自的'文化霸权'亦被剥夺。人的存在只能是在完全平面化、碎片化之中去寻找彻底的'自由'——自由到虚无"①。基于二者各自的局限性，先秦儒家情理主义道德哲学应当涵容现代性中基于理性的知识论系统，以满足现代社会科技发展的现实要求，同时儒家也应当发挥天人相通的生命智慧和生态觉悟，为现代人走出"碎片化"的生命状态提供具有终极意义的价值启示和价值引导。

第三节　先秦儒家情理精神之现代形态的建构

中国的现代化进程是在"市场经济改革"和"学习西方、引进西方"两大向度中进行的，而且这两大向度又彼此交织和相互影响，给中国社会带来全方位巨变，特别是西方理性精神全方位渗透到中国各个领域的同时，也使中国面临如何对待传统和对传统道德进行重建的尖锐问题。特别是中国在"学习西方、引进西方"的过程中，我们对中国传统伦理精神的基本态度往往是以现代基于"理性"的价值理念批判审视传统理念，却缺乏用传统审视现代的一种诚意和敬意。任何文明都无法割裂过去，任何文明传统都包含着契合人之生命需求的价值真理，这些真理不会因时间的流逝而失去价值和意义，同时，任何文明传统也应时代要求而做出相应调整。儒家情理精神自先秦产生直到现代仍被探讨、肯定，即因为其自身既蕴含着人类文明真理，同时也因发挥作用的方式随着时代的改变不断做出相应调整而获得源源不断的生命力。面对现代社会的"中国问题"，显然单独的西方理念或纯粹的中国传统理念都难以应对当

① 李翔海：《民族性与时代性——现代新儒学与后现代主义比较研究》，人民出版社2004年版，第344页。

前的时代问题。因此，面对先秦儒家情理主义道德哲学形态蕴含的人类文明真理和其面临的现代理性精神的冲击，如何对其进行重建是一项复杂而重要的时代课题。

一 德性论与权利论的共生互动

在人的世界中，人何以能够从自在的世界中挺立出来，并成为自在自为的存在？关于这一追问，中国道德哲学传统特别是儒家道德哲学认为，人之所以为人的本质在于人具有天生的"向善之情"，"无恻隐之心，非人也，无羞恶之心，非人也"，人之德性的培养实为对人之"向善之情"的弘扬，人的道德能力实为人的情感能力的发挥，从而形成以"情"为主、情理合一的德性论。

情感与理性均为人性，一方面人之德性的养成需要理性，使人能够在对象性的认知中，更理智地认识到自己所遭遇的人自身身心之间、人我之间、人与自然之间等各种冲突、矛盾，进而在理性认知的基础上，再发挥自己的理性能力改造自身和外在世界，从而提升人类的生存能力和人性的完善；另一方面人性的提升和完善也离不开情感的存在，人自身虽然遭遇着各种冲突和矛盾，但是对"同一性"的追求是人的终极性追求，人之德性的终极价值，就是通过自身道德主体性的挺立，实现身心和谐、人我和谐和天人和谐等人生境界，由此，人之情感的超功利性、合同性在人之德性的养成中显得至关重要。在人之德性养成、人之生命价值和意义的呈现中，只有理性主导而没有情感的介入，人就会流于利益计算的工具性存在，而只有情感没有理性的引导，人又会流于主观任意性中。从此种意义看，只有情理统一才能真正使人从自然情欲和主观任意性的束缚中解放出来，并真正实现道德自由。因此，先秦儒家虽然重视"情"在人之德性养成中的重要性，但是也非常重视"理"的价值引导，也正因为如此，孟子在继承孔子仁学基础上，形成了"仁义礼智"情理合一、天人一体的德性结构。孔孟都认为"仁"为人之本，是天人合一的最高境界，人之德性修养的最高境界就是实现仁德，而人具有仁德的内在精神动力便是恻隐之情，然而恻隐之情只是仁之"端"，其在实现的过程中会因人生处境与各种人伦关系的错综复杂而遭遇到各种变数，即"养其大体为大人，养其小体为小人"，人之天生具有的向善之情要升华为人之所以为人的德性，需要以人的理性能力对人自身身心关系、人我关系、天人关系有所知觉和认识，所以还需“智德”（“是非之心，智之端也”），即以人自身的理性能力做出是非善恶的判断，并在此基础上做出意志选择。当然从向善之情出发的意志选择不是从个体主观好恶出发，而是需要依循具有伦理普遍性的道德原则，即道德选择要“适宜”，这便是“义”德。道德作为一种实践精神，可以说，“义”德是人最重要的情感能力和道德实践能力。因为“义”之道德合理性是建立在“仁”的基础之上的，它展现的人作为道德主体对人的尊敬和他人的善意关怀，并在大是大非、生死抉择中展现为超越自身生死大义凛然，包含着一种关照他人、关照世界的大爱精神。可以说，“义”德强调的对他人利益的关照成为建立处理人伦关系行为规范的最高准则。“义”既需一“智德”的理性之别异功能，在对人自身身心、人我、天人之差异认识的基础上，更需以“情”的合同性顾全人与人之间的情感联结，并以“情”之感通功能保障人与人之间的沟通交往能力。由此，由“居仁由义”出发而形成的道德原则规范虽具有条文法令式的社会功能，但它又不是死板的法，而是合情合理的规法，这便是“礼”，“恭敬之心，礼之端也”“礼因人情”。从先秦儒家德性论的结构和内在意涵来看，其性情论的人性预设为挖掘和发挥人内在的主体性提供了广阔的空间，形成了“为仁由己”的主体性品格，以致于个体无论在何种现实情境下，哪怕身陷囹圄，都不会遮蔽由内而外的德性之光，也正因为如此，整个中华民族无论遭遇何种困境，都会有一大批仁人志士能够以个体的力量挺身而出，在“以天下为己任”的豪情中不惜牺牲自身个人利益而关照他人利益和社会整体利益、长远利益。

先秦儒家这种由内而外的德性之光无论是在过去还是现在都具有强大的激励力量。然而，个体的力量虽然蕴含无限的潜能，但是这种潜能的发挥与壮大却有赖于其所处的社会环境及其价值取向，从此种意义上说，个体的力量是有限的，尤其是面对集团行为的不义之时，个体力量更显微弱和不堪一击，个体的道义追求或沦为个体无力的独白。先秦儒家基于个体的德性论在现代化大生产和个体存在感较弱的集团生活中，个体德性力量的彰显所受到的束缚越来越明显，“与个体相比，集团行为不仅会造成更为严重的伦理道德后果，现代文明中的重大伦理灾难和道德后果如战争掠夺、生态危机的主体都是集团，而且集团行为往往是个体伦理道德精神的直接的‘社会环境’，其影响也更为深刻。只有将集团与个体行为同时作为伦理道德规约的对象，并以此为相互影响的生态系统，才能真正解释和解决现代中国伦理道德精神的诸多课题和难题”①。面对现代文明中集团行为之影响力深度和广度的扩展，先秦儒家德性论遭遇着重大挑战：即先秦儒家德性传统因极为强调个体对伦理实体的绝对服从，极易使个体因集团内部的伦理性而消融自身对集团行为特别是不道德行为的道德评价能力，乃至于沉沦于集团利益的束缚中而失去独立的道德判断能力和道德行为能力；儒家德性论对个体内在主体性的极力强调，进而忽视对外在社会力量的道德约束乃至于个人正当利益经常被集团忽视或牺牲，也在一定程度上会造成个体德性难以对抗集团的不道德行为。由此，先秦儒家基于情理合一的德性思想要继续发挥自身的力量，就必须进行新的拓展，即德性需与现代文明中权利相整合。现代文明以理性主义为主导，而理性主义的现实演绎结果之一就是个人主义。个人主义是西方近现代民主理念的产物，其在强调人之自由自主、维护人的尊严和权利方面体现着人类社会的进步，“一般来说，个人主义思想价值体系可以表述为以下三种主张：一切价值均以人为中心；个人本身就是目的，具有最高价值，社会只是达到个人目的的手段；一切个人在道义上是平等的，任何人都不应当被当做另一个人获得幸福的工具”②。从个人主义的积极意义来说，先秦儒家基于“伦理优先”传统的德性论完全可以吸收现代个人主义价值观中的权利思想，即儒家基于情理合一的德性论在强调发挥个体道德主体性的同时，也应当维护个体权利的实现，也只有这样，个体也才不会湮没于集团利益中而失去自身独立的道德评价能力和道德行为能力，从而也会对集团行为起到一定的制约作用。

当然，个人主义虽然是现代理性精神的产物，对现代民主理念的实现提供了内在基础，但是个人主义毕竟是从个体出发的，是“‘集合并

---

① 樊浩：《中国伦理道德报告》，中国社会科学出版社 2012 年版，第 27 页。

② 卫建国：《个人主义道德观辨析——兼论为什么不能以个人主义为主导价值观》，《道德与文明》2003 年第 3 期。

列’的无精神的形式普遍性”[①]，特别是极端的个人主义极大地威胁着个体向伦理实体的皈依，因此，儒家德性思想在接纳现代文明中基于理性精神的权利观时，也应当坚持德性的立场，因为“德毋宁是伦理上的造诣”。

二　“仁”的转变：由家族到社群

先秦儒家基于情理合一的德性思想主要探讨的是基于个体的道德主体能力的培养与发挥，其回答的是“我应当如何生活”的道德追问，而与这一问题直接相关的另一个重要问题就是“我们如何在一起”的伦理追问，对于先秦儒家“伦理优先”的传统而言，后者更具根本意义，并始终认为“我们如何在一起”的伦理原则是“我应当如何生活”的终极依据。

关于解答“我们如何在一起”这一伦理追问，先秦儒家建构了一套以“仁”为基础和核心的伦理原则。在先秦儒家情理主义道德哲学形态中，“仁”不仅是一种指向个体德性修养的全德之德，而且也是个体向伦理实体依归的根本性伦理原则，是社会运行的总体性价值原则。具体而言，先秦儒家对“仁”之伦理原则的建构原理就是“人伦本于天伦”，即“仁”的根源动力来源于血缘亲情。首先，“仁”所代表的人性本质是恻隐之心。恻隐之心本质上是一个可以超越差异的情感和知觉。每个人在这个世界上都是独一无二的，并且每个人根据自身的伦理身份都具有与他人不同的利益需求，因此，在人与人的交往中，首先展现的是人与人之间的别异之处，那么如何才能感知彼此间的利益需求呢，或者说如何通过内在的心意相通而消除或超越彼此间的差异而以“我们”的方式生存于世？先秦儒家情理主义认为，基于恻隐之心的“仁”通过“同情”和移情而感知他人利益，并进而产生利他行为，从而使“我”成为“我们”的存在，“所以谓人皆有不忍人之心者，今人乍见孺子将入于井，皆有怵惕恻隐之心——非所以内交于孺子之父母也，非所以要誉于乡党朋友也，非恶其声而然也。由是观之，无恻隐之心，非人也”。(《孟子·公孙丑上》）其次，要通过“同情”或移情共感消除人与人之间的彼此差

---

① 樊浩：《中国伦理道德报告》，中国社会科学出版社2012年版，第5页。

异，为人与人“伦理地在一起”提供源源不断的内在精神动力，必须寻求人我之间的情感共通点，血缘亲情便是所有人之间的情感共通点。先秦儒家正是由此出发，赋予血缘亲情最深厚的伦理意义，认为人之道德感知、道德觉悟乃至道德行为的原初动力都与血缘亲情相关，于是，人我之间消除差异的伦理起点便是“爱亲”，家庭成为伦理的策源地。当然，儒家强调爱亲，但是其仁爱思想也没有完全囿于家庭血缘关系中，而是主张通过推己及人的方式，把爱亲之情投射到没有血缘关系的陌生人之间。在儒家的伦理世界中，人与人之间伦理关系的联结，没有纯粹的个体与个体之间的伦理交往，而是始终以家庭成员的身份去关照他人利益，以加强彼此间的伦理认同，“移孝作忠”“老吾老，以及人之老；幼吾幼，以及人之幼”。先秦儒家以“爱亲”为核心的仁爱思想极大地适应了中国血缘文化传统，为以自然经济为基础的熟人社会提供了重要的伦理支撑。

然而，随着中国社会结构的变迁、传统的熟人社会向现代都市文明的转变，儒家“爱亲”思想的弊端和局限性不断被暴露出来，特别是在宣扬民主、自由、权利、平等的现代文明中，儒家的血亲情理遭到无情批判，“如果说，在两千多年前的先秦时代，人们还认为杀个把人无关紧要，舜主动放弃最高公职而将杀人的父亲‘窃负而逃’还可以被某些人认为是‘美德’的话，那么在把人的生命看作具有至高无上价值的现代社会，这种行为就是典型的徇情枉法的腐败行为了”①。无论这种批判是否得到广泛认同，先秦儒家重视家庭血缘亲情的伦理取向在现代基于陌生人的都市文明中的局限性都是显而易见的。因此，先秦儒家情理主义道德哲学形态要获得新的生命力，应当对其仁爱原则依据现代文明社会的特点，进行革命性的变革。当然，儒家仁爱原则的转变并不是使其片面地迎合现代文明的一切尺度。先秦儒家情理主义道德哲学形态的现代重建是一个过去、现在和未来彼此相关的有机过程。一方面，现代文明应当积极吸收先秦儒家情理精神蕴含的人类文明真理，以指引现代人走出理性极度张扬的文明误区；另一方面先秦儒家情理主义应当适应现代

① 邓晓芒：《再议“亲亲相隐”的腐败倾向——评郭齐勇主编的〈儒家伦理争鸣集〉》，《学海》2007 年第 1 期。

文明的新发展和新需要变革自身，并努力寻求情理精神传统与现代理性精神的会通点。

随着中国社会的城镇化进程，传统的基于乡村的熟人社会不断被现代陌生人的都市文明所冲击，特别是现代文明基于理性的自由、独立、平等等理念的深度影响和中国计划生育政策催生的核心家庭，使血缘亲情发挥社会作用的空间越来越小，而如何处理血缘关系之外的伦理关系则更为凸显。现代都市文明中，由于基于地缘和业缘的人伦关系占据了更主要地位，而这种人伦关系的特点与血缘关系相比，其关系主要是一种利益联结，而这种利益联结既脆弱又具有易变性。而且，在都市文明中，人口越密集，人与人之间的情感互动、彼此关怀也越微弱，“米尔敢认为在都市密集的人群接触中，人与人之间的情感与关怀大打折扣。所以有人会放弃日常的礼貌，有人会不愿施小惠，甚至有人在他人急需济助时会置之不顾，詹诺凡斯的案例可以用‘情感的超载’来理解”①。特别是市场经济催生的经济理性、现代理性精神现实演绎的个人主义使非血缘关系的人与人之间的伦理互动变得越发微弱，人伦关系沦落为人际关系，人与人之间的别异性逐渐占据主导地位。然而人类文明的终极真理是“我”向“我们”的终极依归。从此种意义上说，现代文明应当积极吸收先秦儒家对“情”的文明设计，使人超越“理”的别异性，努力发挥“情”的合同功能，通过情感的超功利性、直接性把个体性的“我”凝结为具有伦理实体性的“我们”，在挺立人之道德主体性的过程中实现人之为人的价值和意义。

从现代社会理性精神过度张扬引发的社会弊端来看，先秦儒家对“情”的文明设计在今天仍具有深刻的价值合理性。但是由于其自身对理性特别是对认知理性的发展不足，这种不足不仅在历史上对中国近代发展产生消极影响，而且又与以理性为支撑的现代社会存在深度悖论。因此，先秦儒家情理主义道德哲学形态还应当以开放的精神涵育现代理性精神。尽管先秦儒家情理精神与现代理性精神存在深度悖论，并且儒家虽然重“情”，但是其对“理”的肯定和发挥使其与现代理性精神的会通

---

① ［美］刘纪璐：《论恻隐之心在都市文化中的落实——儒家社会情感主义的提案》，《深圳大学学报》（人文社会科学版）2013 年第 3 期。

有了可能。当然，这种会通不是二者的相互取代，而是在同情互惠理解的基础之上互通有无，即通过依托现代理性精神为儒家情理精神传统的现代重建开辟新的发展机遇，同时通过情理精神的价值合理弥补现代理性精神的弊端。对于回答“我们如何在一起”这一伦理追问而言，建立于血缘文化背景之下先秦儒家情理主义道德哲学形态显然难以适应现代依托于工业化、信息化的现代公民社会。因此，儒家情理主义道德哲学形态应当涵容现代理性精神。具体而言，中国现代社会已经打破了原有的“家国一体”的社会结构，其伦理后果就是在现代的集团生活中，每个人从家庭中走出来，以个体的身份进入社会，以利益关系缔结各种各样的组织形式，并依据利益划分承担作为集团成员和国家公民的责任和义务。故此，先秦儒家之“爱亲”思想虽然对培养个体德性具有重要意义，但是对于现代集团生活和公民道德而言，已远远不适应现代公民社会的需求。先秦儒家情理精神要获得现代生命力，就必须对接基于现代理性精神的民主理念，应当将以“爱亲”为核心转变为以“爱人”为核心，由“爱亲”的常态化走向“爱人”的常态化。当然这一转化对先秦儒家情理精神传统而言是一场巨大的挑战。众所周知，绝大多数人由诞生到成长的整个历程都是在浓郁的亲情中进行的，因此“爱亲”成为一种自然，特别是父母爱孩子更是本能之爱，无须教化便天生拥有，但是对于无血缘关系的人如何去爱，却需要一番理性的引导和情感上的激发。由此，儒家仁爱原则既需继续发挥“爱亲”的伦理意义，同时又必须从“爱亲”的自然情感中超越出来，在现代理性精神，特别是在内含自由、权利、民主等价值理性的引导下，把“爱亲”包含的利他行为、责任意识、关照他人的功利意识升华为一种关照社会整体利益和长远利益的具有更为普遍性的伦理情感。

三 “伦理—道德”的“精神回归”

先秦儒家情理主义道德哲学形态的现代重建不仅仅只关涉到如何对接现代理性精神，其更重要的文明使命是如何解决时代难题，这也是其获得新生命力的根源所在。从“我应当如何生活”的道德追问和“我们如何在一起”的伦理追问这两大一而二、二而一人类精神文明的基本问题来看，现代人所面临的根本难题就是，“伦理”与“道德”的精神断裂。樊浩教授在《“伦理”—“道德”的历史哲学形态》一文中指出，在现代文明中，无论是以“理智的德性”为基因、追求道德自由的“西方传统”，还是道德强势话语下伦理优先的“中国传统”所遭遇的现代难题的精神根源，都在于伦理与道德的分离甚至是分裂。并进而指出，要解决这一难题应当建立起伦理与道德的价值生态。如何建立二者之间的价值生态，先秦儒家情理精神特别是其对“情”的合同功能的发挥和对价值理性的弘扬，为解决现代精神文明的这一难题提供了重要的伦理启示。

先秦儒家情理主义道德哲学形态对“情”的合同功能的文化设计，在思维方式上孕育成有机整体主义哲学理念。这一理念融入伦理道德关系的理论建构中，伦理道德呈现为“伦—理—道—德”的生态互动，而且这种生态互动始终以情理合一为内在精神机制。具体而言，在先秦儒家道德哲学中，“伦”作为对个体与实体之间关系的表达，体现为两对关系：个体与家庭实体之间的关系——“天伦”、个体与国家或社会实体之间的关系——“人伦”。“天伦”和“人伦”构成了最基本的伦理关系，并且在先秦儒家的伦理思维模式中，“天伦”是“伦”的本源和范型，“人伦本于天伦”。而且相对于个体而言，“伦”无论作为家庭伦理实体还是作为社会伦理实体相对于个体来说都具有不可更改的客观必然性，个体向它的回归是个体无法改变的必然命运。“伦”要从自在的客观存在转化成为自为的客观存在和普遍物，必须要有道德主体的自觉认同和维系。而“理”便是对“伦”的领悟、认同和自觉维系。当然在先秦儒家构建的道德哲学体系中，“理”对“伦”的认同和维系是以“情”为前提的，“中国伦理在对人性的认同中，倾向于把人性情感化，孟子的‘四心’之中四分之三是情，只有‘是非之心’是理，而这种理还不是西方式的纯粹理性，而是情理之理。同时对伦理关系也情感化，‘人伦本于天伦’的五伦模式，就是一种情感化人伦关系与伦理实体”①。“理”作为对“伦”的自觉意识，还停留在理论理性的层面，这种理论理性要获得现实性，还需要向实践理性转化。在先秦儒家情理主义道德哲学形态中，这一转化的环节便是“理”向“道”的转化。“理”向“道”转化的内在动力

---

① 樊浩：《人伦传统与伦理实体的建构》，《中国人民大学学报》1996 年第 3 期。

主要是“伦理感”。“伦理感”作为具有伦理普遍性的情感，其本质是个体扬弃自身的情欲需求和主观特异性向实体回归的一种追求和冲动。先秦儒家情理主义道德哲学形态以“仁爱”作为伦理感的集中表达，认为“仁”作为个体与实体之间、个体向实体回归的设计，它以伦理普遍性“爱”即“爱亲”和“爱人”使个体扬弃自身的独立性和个别性而成为家庭成员和国家公民的普遍性存在。“道”作为实践理性，虽然具有很强的实践性，但其仍停留于抽象的层面而不具有现实性。“道”获得现实性必须通过个体的行为努力落实到个体的“德”中，即作为行为规范的“道”必须被个体认同，内化为个体德性，才具有现实性。道德感是“道”向“德”转化的内在动力。道德感由伦理感转化而来，“是伦理的‘实体感’内化为个体的‘道德感’”①，它是个体按照伦理普遍性的要求行动而产生的情感能力和德性品质。先秦儒家通过情理合一的人性机制使“伦—理—道—德”处于有机的生态互动中。其这一理论特点和道德哲学的建构方式对现代社会走出伦理与道德相悖的精神危机提供了重要价值启示，即儒家道德哲学对情理合一的文化设计以及“情”之合同功能的发挥，正能弥补现代理性精神的局限性。因为只有情理合一和情理互动才能真正提升人性，使“我们”的伦理追求获得现实性，“单纯的理性推论主要表现为逻辑层面的活动，其中并不涉及实质的内容，它固然具有理性的性质，但其中的合理性主要呈现形式的意义；基于情感沟通的外推（情感的外推）则既体现了理性的形式（推论），又包含了价值的内容（仁爱），由此展现的理性化，同时呈现实质的意义”②。

不过，由于先秦儒家情理主义道德哲学形态形成于中国传统血缘文化，在随着中国封建社会的发展历程中，其与政治的联姻，其固有的局限性乃至弊端不断被凸显和放大。同时，其对血缘亲情的重视和围绕血缘关系而建构的一套价值系统，与现代人的在凸显个体基础之上的集团生活的价值诉求存在不适应性。因此，先秦儒家情理精神要获得新的生命力还需进行深刻变革，即必须醇化和包含现代理性精神。先秦儒家的

---

① 樊浩：《道德形而上学体系的精神哲学基础》，中国社会科学出版社 2006 年版，第 289 页。

② 杨国荣：《人类行动与实践智慧》，生活·读书·新知三联书店 2013 年版，第 263 页。

伦理秩序建立在血缘关系基础之上，其理性功能的发挥便是给予血缘亲情以运作的原理，情感更占据着主导地位，理性只是处于从属地位。而现代社会中，社会分工的细化、集团力量的强化、核心家庭的兴起、个体价值的凸显等社会现实极大地弱化了血缘关系的社会意义，由此儒家情理主义道德哲学形态要对现代伦理秩序的维护发挥作用，仅仅以血缘亲情本根依据难以应对现代伦理难题，还应当涵容现代理性精神，通过发挥理性的形式普遍性对血缘亲情和个体情感进行普遍性升华，即把这两种情感升华为社会情感。在此需要做两方面的努力：一是需要对恻隐之心、爱亲之情进行理性的引导和提升，人人都有恻隐之心，都有爱亲之情，但是如何把恻隐之心、爱亲之情落实到个体行动中，使个体不会随波逐流，在大众的情感洪流中要保持自身独立的道德判断，就必须建立在一定的理性认知基础之上，尤其是现代理性精神强调的个体独立、自由等理念，有助于个体在集团生活和社会大众生活模式中保持自身的反思能力和独立判断能力；二是社会还应当建立普遍的道德标准和社会主流价值观，为个体发挥自身的向善之情提供可持续性动力。现代理性精神对个体独立、自由的强调和凸显，在彰显和充分发挥个体价值的同时，其带来的弊端就使个体很容易陷入自身的主观任意性。另外在现代基于陌生人的都市文明中，人与人之间的情感互动也日渐式微。因此，要强化人与人之间的伦理互动，构建人伦和谐，激发个体的向善之情，为个体德性的现实化提供文化支撑，还需要社会发挥理性的哲学功能，基于“伦”的实体性建立普遍的伦理认同，并形成一定的价值共识。无论是伦理认同还是形成价值共识，既需要理性之别异性的支撑，也需情感上的认同。因为伦理认同和价值共识一方面展现为社会化和集团化对个体任意性、独立性的消解，但是这种消解并不是绝对的，并不是以消解个体独立思考能力与自信心为代价，而应当是在伦之普遍性和整体性要求与个体独立性之间保持恰当的平衡。关于此，先秦儒家伦—理—道—德之间的有机互动为现代社会“伦理—道德”的价值生态建构提供了一定的理论资源，“儒学的重人伦、重群体就包含着对个体、对个人价值的肯定，甚至可以说，儒学的重人伦、重群体就是从重个人出发的，而最终则要回归到对每一个具体的个人的关注”[①]。不过由于儒家伦—理—道—德的有机统一是建立在血缘关系基础之上，并主要以血缘亲情为内在精神原动力，所以其在注重挖掘个体主体性价值的同时，更为关照社会群体和社会人伦关系，强调个体对人伦关系的绝对认同。先秦儒家的这一理论特色与现代社会理性精神对个体价值的强调出现严重冲突，以至于中国由传统社会向现代社会转型过程中，遭遇到严重的伦理与道德的断裂，“当前我国社会在关于一些重大问题的伦理道德判断及其价值取向方面，不仅遭遇伦理—道德的深刻矛盾，而且伦理与道德两种判断和取向势均力敌，它既是一种高度的共识，又是一种截然的对峙，体现为社会精神的二元性特征和伦理道德的二元体质”[②]。由此，儒家要发挥在现代社会中的生命力，一方面需要融合现代理性精神，充分尊重个体的独立性和主体性价值；另一方面需要继续发挥“情”的文化功能，保持在“情”之合同基础上形成的“伦理优先”传统，以“伦”之“理”消解个体的自然情欲的过度张杨和主观任意性，进而使普遍性的“伦”之“理”内化为个体的“道”之“德”。

面对现代社会理性独霸引发的文明危机，先秦儒家情理精神的现代重建可以说是现代人走出这一文明危机的重要探索，同时也是先秦儒家情理主义道德形态的新发展。这一新发展不是使儒家情理精神传统与现代理性精神处于对抗状态，而是使儒家情理精神传统醇化和包含现代理性精神，即儒家情理精神既要承接基于现代理性的科技文明和经济文明，同时又需对现代人进行价值引导，即以合情合理的价值追求使个体从物欲陷逆中挺拔出来，以情理合一的人性机制建立完善统一的个人（儒家的理想人格就是通情达理、有情有义的人）、以“仁爱”消解个体之间的别异性而使“我们伦理的在一起”、以有机整体主义的思维模式实现伦理—道德的价值生态。

① 洪修平：《论儒学的人文精神及其现代意义》，《中国社会科学》2000 年第 6 期。

② 樊浩：《“伦理”—“道德”的历史哲学形态》，《学习与探索》2011 年第 1 期。

结　语

向“伦”的回归

现代理性主义文明依托人类认识世界、改造世界的强大理性能力，深刻地改变人类生命存在方式和生活方式：现代生命科学技术对人之自然生命局限性的弥补乃至对自然生命的增强，从深层次上改变了人对“自然生命”的文化设计与价值认同；现代信息技术对人的生活方式、思想方式、交往方式产生了革命性的变革，“天涯若比邻”的诗意向往变成了现实；市场经济对社会生产的刺激在产生丰厚物质财富的同时，与其相适应的价值理念也渗入到现代人的精神世界中，对现代人起着不可或缺的精神支撑作用。然而，由于理性的本性是别异性，现代理性文明带给我们更深刻的文明反思就是，如何破解其“原子式思维方式”引发的“伦”的精神文明困境。人作为有意识的“类”的生命存在，其精神生命终极价值追求是“同一性”，即人类精神文明探寻的终极问题是“我们如何在一起?”而现代理性文明对理之别异性和工具性的极致发挥，使个体从同一性中挺立出来，“我”得以凸显、展现，却又使“我”丧失了回到“我们”中去的伦理能力。

面对现代理性主义极端发展所引发的此种文明忧患，如何使工具理性回到以“人是目的”的价值序列中？如何恢复人的伦理能力？核心任务就是重新恢复现代人对“伦”的信任和信念。关于“伦”的信任和信念不仅仅只关乎到人之“类”本性的文化需求，同时也是人之向上、向善本性的彰显与归宿。由此，我们仍需探讨的问题是：“伦”之对于人类的精神文明意义；“伦”如何成为人的“精神家园”？在这一精神家园中我们追求的终极价值是什么？而对着三大问题的共同回答就是：向“伦”的“回家”努力！

一 人类的美好家园：伦理共同体

人类追求的最美好世界是什么？关于此，先秦儒家道德哲学认为人类最好的世界就是“伦”的世界。由此，孔子有感于其所处的“礼崩乐坏”，提出“郁郁乎文哉，吾从周”，认为周朝建立的以“礼”为核心的世界是人类文明的美好回忆。由此，孔子以“仁”释“礼”，通过“复礼”实现个别性与伦理普遍性的合一，“与西方道德哲学不同的是，‘礼’不仅表现出强烈的‘伦’的实体气质，而且彰显家庭与国家直接同一即家国一体的伦理规律”①，“‘礼’之道不仅具有永恒价值，而且具有家园意义——既是民族精神的历史家园，也是个体精神的文化家园”②。在孔子之后，孟子和荀子虽然发展孔子道德哲学的不同面向，但是他们都始终重视“伦”对于人和人类世界的文明意义：“伦”是人性向善的现实依托；“伦”是人之“类本性”的最美好状态。

恩格斯把人类意识誉为“地球上最美的花朵”，提出“思维着的精神是地球上最美的花朵”。正因为人是具有意识或精神的生命存在，世界不再是自在地存在着，人类运用自身的意识认识世界、认识自身并在此基础上改造世界和改造自身，为人本身创造了一个属人的世界，进而能在世界中保存自身的生命存在和进行种族繁衍。然而，人所具有的意识、精神对人来说又具有双重意义，即人的精神生命使人具有了其他生命不可比拟的优越性，也正因为如此，在人所建构的价值世界中，人的价值被置于最高地位，人自身和物都被纳入到人的责任范围中。但是由于人类作为自然界的一员，其自然需求又使人成为有限的存在，特别是当人的意识服务人的自然欲求时，人的自然欲望又会成为与“恶”相伴的贪欲，这种贪欲最深刻的伦理本质就是会陷溺人之向上向善的本性，解构人与其伦理实体的同一性。正是有感于人性的这种风险，先秦儒家孔孟荀都非常重视人之向上向善本性的现实呈现和作用的发挥。如何避免人性陷溺于自然情欲的风险？在先秦儒家看来，只有在“伦”的世界中，“善”才会真正获得现实性，个体生命才会获得永恒的价值和意义，“伦”

---

① 樊浩：《〈论语〉伦理道德思想的精神哲学诠释》，《中国社会科学》2013 年第 3 期。

② 同上。

是人类超越自身有限性的“精神”追求。“所以人既是高贵的东西同时又是完全低微的东西。他包含着无限的东西和完全有限的东西的统一、一定界限和完全无界限的统一。人的高贵处就在于能保持这种矛盾，而这种矛盾是任何自然东西在自身中所没有的也不是它所能忍受的。”① 先秦儒家道德哲学始终认为，人追求一种超越的存在，但是这种超越的存在始终不离自然与人文，因此孔子提出“见利思义”、孟子承认“生我所欲也”、荀子更是肯定人之自然欲望得以满足的必要性和合理性，同时先秦儒家更为强调对自然束缚和对生命有限性的超越。如何超越？使个体融入“伦”的世界中，人只有在“伦”的世界中才会摆脱动物性的束缚，彰显人的高贵之处。孔子提出的“君君臣臣，父父子子”、孟子提出的“圣人忧之，教以人伦：父子有亲，父子有亲，君臣有义，夫妇有别，长幼有序，朋友有信”、荀子的“化性起伪”实际上都是期望以“伦”的文化设计或“礼”作为个体向善的伦理教养和社会伦理教化原则，并基于此使个体由个别性的生命存在成为具有伦理普遍性的实体性存在。“不学礼，无以立。”（《论语·季氏》）对于儒家而言，成为“人”的过程实际上就是遵循“伦”的普遍性要求的伦理教化过程。这也正是先秦儒家“格物、致知、正心、诚意、修身、齐家、治国、平天下”八条目的根本意义所在。

人为何追求向上向善？这又与人的“类本性”相关。人成为优越于其他生命形式的根本性就在于人是有意识的生命存在。但是人之精神能力的发挥又不是抽象的，而是始终在“关系”中发挥自身认识世界、改造世界的能力，也即是说，人只有在“类”中才能展现自身的主体性能力，“人有气、有生、有知，亦且有义，故最为天下贵。力不若牛，走不若马，而牛马为用，何也？曰：人能群，彼不能群也”。（《荀子·王制》）人正因为在诸多群体形态中实现自身作为人的价值和意义。在儒家看来，最能体现人的精神本性和人类最美好的“群”形态就是在“伦理共同体”，“在人的精神发展进程中，伦理世界是个体与实体直接同一的世界。作为民族精神的家园，它是原初社会中个体与家庭、民族两大伦理实体自然同一的世界；作为个体精神的家园，它是作为家庭成员和民

① ［德］黑格尔：《法哲学原理》，范扬、张企泰译，商务印书馆1996年版，第46页。

族公民的伦理实体意识"[1]。这里仍有待追问的就是，"伦理共同体"因何成为人类最美好的"群"形态？如前所述，在所有的生命形式中，人的优越之处在于人的意识，同时，人又是最脆弱的生命存在，"三年免于怀""力不若牛，走不若马"，人的出生和成长都需要家人和社会的关爱，即人只有在群体中才能获得自身生命的保存。于是，人最大的使命就是如何过一种集体的生活。如弗洛姆认为，对于人来说，最大的恐惧和痛苦就是人的孤独，"一个人一旦孤独，就意味着他与外界的联系被割断，使自己的能量得不到充分的发挥，也不能得到他人的帮助"[2]。因此，他把人的群体生活作为消除人之孤独感的有效途径，"对人类生存问题最准确的答案应该是：人与人之间的协调和每一个人都能与群体融为一体所能体现出来的爱的价值"[3]。而对于"伦理优先"的先秦儒家道德哲学而言，个体最美好的生命状态就是对人伦关系的主体认同和自觉维系。因为只有"伦"所展现的价值不仅仅只是维护个体个别利益的实现，而且更关注关乎整个"类"的整体利益和长远利益。"伦"基于向善的价值理念，关照每一个个体利益的实现和人作为人的尊严的现实维护，如《论语》中，孔子家里马厩失火，孔子回到家后听说失火的意外之后，"问人不问马"，体现了对人的尊重。另外，"伦"更重要的文明意义就是其所强调的个体对他人和社会的主体责任感，正是这种基于伦理关系的主体责任感，人不仅获得作为人的价值和尊严，而且社会中的弱势群体也能获得作为人的价值和尊严。孟子所倡导的"老吾老，以及人之老；幼吾幼，以及人之幼"的大同社会实际上也是人类社会中最美好的"群"形态。由此，在以对"伦"的信念和认同为精神引领的伦理共同体成为人类的最美好世界。

总之，"伦"之所以成为人类的美好家园，首先它能够使人之个体超越自身的有限性，在价值世界或意义世界中获得无限性的追求，同时"伦"之向善的价值追求是人获得作为人的价值和尊严的现实依托。正是在伦理共同体中，人与人之间基于伦理认同的彼此关爱，使

---

① 樊浩：《〈论语〉伦理道德思想的精神哲学诠释》，《中国社会科学》2013年第3期。

② ［美］弗罗姆：《爱的艺术》，萨茹菲译，光明日报出版社2006年版，第15页。

③ 同上书，第27页。

人由最脆弱的自然生命存在成为最强大而又美好的生命存在，因为正是在伦理认同中，人才能实现“成为一个人，并尊重他人为人”的价值呈现。

二　“伦”如何成为“精神家园”？

从人作为有意识的生命存在和“类”本性的生命存在出发，“伦”成为人类最美好的家园。但是，这一美好家园不会自然形成，人也不会自然而然地回到“精神家园”中，需要人作为道德主体进行积极主动的建构和维系。如何建构和维系？或者说，建构和维系的动力源于何处？这也是人类精神文明所努力探讨的根本问题之一。

基于人作为有意识的生命存在和人的“类”本性，人类虽然构建了与自身生命精神本性相合一的伦理世界，但是对于具体的现实来说，个体又不会自然而然的成为伦理的存在，“圣人忧之，教以人伦”，“教”本身意味“我”成为“我们”存在需要个体能动地确立起关于“伦”的信念和对“伦”的主体认同。因此，有待进一步探究的就是，“我”成为“我们”的精神动力到底源于何处？关于此，中西方人类精神文明得出一个共同的结论：“情”与“理”均为人性，并且在人类的精神生命中都具有不可替代的作用，“情”以合同性的哲学功能反映着人的“类”本性，将个体的人凝结为“类”的力量以弥补人的“未完备”的生命状态；而“理”则以其别异性的哲学功能把人从与外在世界的直接同一中分离和挺立出来，进而强调“人”与“动物”的根本区别之处就是人能够依凭自身的理性力量不会被动地服从外在的既定世界，而是通过强调理性的自由自主认识世界、改造世界，并力争把外在于人的世界改造成为属人的世界。由此可以看到，“情”与“理”之于人类精神文明都具有举足轻重的作用。然而，以“理性独大”为本质特征的现代文明对工具理性极端推崇却使人类陷入“从原子出发”的碎片化状态中，个体失去对“伦”的信念和对“伦”的主体认同。理性之别异性功能在现代社会挺立“自我”的同时，特别是其“原子式思维方式”带来的直接后果就是“伦”的实体性遭遇解体。同时，现代经济理性对人的自然情欲的无限激发，不但没有自然地实现“仓廪实而知礼节”的道德期望，反而极大地刺激人的自然欲望的无限膨胀。

在理性和情欲的双重挤压中，情感在道德哲学中追求和实现个体与伦理实体相统一的合同功能被边缘化，“精神”也随之失去其把个人由个体性存在提升为伦理普遍性存在的实体能力。伦理世界难以成为人的精神家园，现代人只能以“流浪者”和“观光客”的生命存在方式游荡于世界。

现代理性主义文明所遭遇的现实难题再一次证明知情意的统一之于人类文明的重要意义。现代人要有效化解此种精神困境，必须重新正视“情”的文化功能，重新发挥“情”的合同功能，为“我”成为“我们”的生命存在提供精神动力。关于此，先秦儒家情理主义道德哲学形态为我们提供了丰富的传统资源。先秦儒家道德哲学作为中国伦理型文化的重要源头，其对中国文化的最大贡献就是从血缘关系出发建构了与中国传统社会由家及国、家国一体的伦理世界或人伦结构。更重要的是，先秦儒家道德哲学形态在维系人伦关系方面确立了不同于西方情理相分的情理主义传统，主张以“情”为主的情理合一，立足于“情感+理性”的人性机制，在“情”与“理”相互渗透的过程中，着力发挥“情”的合同功能。“情”的最大文化功能就是能穿透人之个别性的面纱，使独立的个体彼此凝结为“一”，而这也是“伦”的题中之义。儒家情理主义道德哲学维系其“伦理优先”的文化本质正得益于其对“情”的文化设计和对“情”的文化功能的发挥。在儒家情理主义道德哲学体系中，“情”的道德哲学形态主要有三种，即血缘亲情、基于人性的向善之情以及伦理情感。在这三种情感中血缘亲情因其自然性而具有了神圣性，同时由于其对构建和谐的家庭人伦关系所不可替代的作用，又使其自身成为最具有根源意义的情感形态，故而儒家强调“孝悌也者，为仁之本欤”。然而，在儒家的视阈中，血缘亲情虽然具有根源性的意义，但是其毕竟只囿于血缘关系范围之内，因此，把基于血缘亲情的“自然德性”提升为具有更大伦理普遍性的“主体德性”，还需要更具主体性的情感形态，这便是孟子提出的以“四心”为核心的向善之情。由此，我们所追求“居伦由理”的伦理认同和“尊道贵德”的价值共识的精神动力正源于人人所具有的向善之情，“恻隐之心，仁之端也，羞恶之心，义之端也，辞让之心，礼之端也，是非之心，智之端也”，人的向善之情首先在家庭环境中能够获得启蒙，“见父自然知孝，见兄自然知悌”，同时这种向善之情又能够依托“人伦本于天伦”的理性引导，进而炼化成为“伦”之“理”与人之“情”彼此交融的伦理情感。伦理情感与血缘亲情和具有本体意义的向善之情（孟子“四心”）最根本的不同就是，它在“伦”之“理”的引导下，既超越了血缘亲情的自然性，又超越了向善之情的主观性，其既具有“伦”之“理”的客观性和价值真理性，同时又内化为主体内在的价值体认，成为德性的基本结构。先秦儒家对“情”的此种文化设计既为“理”之文明功能的发挥留下充足的空间，同时也强化了“伦”之于人类文明的重要意义，这也是儒家对于人类文明的最重要贡献之一：“‘仁义’的本质是什么？‘仁’以合同，‘义’以别异。‘仁者爱人’，所有的伦理道德，无论宗教伦理还是世俗伦理，都以‘爱’为原点，为什么？因为‘爱’的本质是‘不独立’‘不孤立’，从肯定的方面诠释，就是‘在一起’。道德就是回归伦理而重新‘在一起’的精神旅程，也许，这就是孔子‘克己复礼为仁’的精神哲学真谛之所在”①。

现代人沦落成为“流浪者”和“观光客”的根本原因就是过于推崇工具理性的价值，以致于将人的需要过多地执着于对外物的占有，进而导致自身内在的情感需求遭到漠视。因此，现代人要走出漂泊无依的状态，应当重新重视价值理性对实现人之生命意义的引导作用，以及重新恢复“情”应有的文明地位，使人在情意感通中冲破个别性的束缚而与他人“伦理地在一起”，使“伦”成为人类的精神家园。

三 “精神家园”中幸福之呈现

人为何冲破种种现实的阻碍，而以人所特有的主观能动性展现人之向上、向善的本性，并在“伦”的世界安顿生命？或者说，人为何使“伦”成为精神家园？对这一问题的道德哲学回答就是：只有在“伦”的世界中，人真正成为目的而不是手段，同时人也摆脱自然情欲和主观任意性的束缚而获得真正的自由，无论是“人是目的”的道德前提还是“人的自由追求”的道德目标，其最终都指向人对幸福的渴望与获得。因

① 樊浩：《伦理道德能为价值共识贡献什么》，《道德与文明》2014 年第 4 期。

此可以说，对于人来说，“伦”成为精神家园的最完满状态就是幸福的呈现，人之所以向善、在“伦”之“理”的引导中成为有德的人就在于对幸福的向往，也正是在幸福的情感体验中，人的同一性追求获得了现实性。

人之幸福的实现离不开一定的物质保障，但是物质仅是实现幸福的必要手段，真正的幸福乃是一种基于“伦”的精神自由的实现。关于此，现代社会出现的“财富增长和幸福未见增长”的悖论再一次印证了幸福的精神本性。现代社会对工具理性的极度推崇大大提高了社会生产力，人类的物质生产获得空前提高，但是由于现代人沉迷于工具理性的思维模式中，难以满足人之生命价值与意义的精神需求，“现代社会有秩序的实践直观地遵守着行为主义在方法论上的原则：最有秩序的社会将会是这样一种社会，在这种社会里行为者所想所感已经不再重要——因为不论他们的思想和情感是什么，结果不会受影响”[①]。随之而来的就是作为人的内在情感感受和精神满足的幸福随之消失。这也是现代社会中产生“财富增长和幸福未见增长”悖论的深层原因。因此，现代人要走出由物质欲望铸就而成的迷宫，实现幸福追求的首要条件就是在“伦”中安顿自身的情感和实现生命的价值和意义。先秦儒家情理主义道德哲学形态所形成的“伦理优先”的文化品格为我们重构人伦和谐、探索幸福真谛提供了重要的价值启迪：人作为“类”的存在，个人幸福的实现是以个人与其所处社会之间的和谐为前提的，个人幸福不是抽象的个体感受，其首先表现为“我”之生命价值和意义在于来自于对“伦”的认同。如孟子提出以“三乐”为主要内容的幸福观，“君子有三乐，而王天下不与存焉。父母俱存，兄弟无故，一乐也；仰不愧于天，俯不怍于人，二乐也；得天下英才而教育之，三乐也。君子有三乐，而王天下不与存焉”。（《孟子·尽心上》）孟子把最平常、最朴实也最容易满足的亲情之爱的获得看作人生最重要的快乐之一，而且也是人生获得幸福的基础，孟子对血缘亲情的重视使其幸福观具有了可切近性。并由此出发，通过“推己及

① ［英］齐格蒙特·鲍曼：《后现代伦理学》，张成岗译，江苏人民出版社 2003 年版，第 145 页。

人”的伦理思维方式，将“天伦”之乐提升到“老吾老，以及人之老；幼吾幼，以及人之幼”的人伦之和谐状态，并把人伦和谐作为人之终极幸福。而这一人类文明智慧正是现代工具理性所难以达到和企及的。现代人对工具理性的极度推崇使人自身陷入“个人利益的战场中”，关于“伦”的信念和认同遭到消解。因此，为消解现代社会中的情感冷漠、重新恢复“伦”的文化功能，我们应当在今天重新审视先秦儒家情理主义道德哲学形态对“情”的文化设计以及“伦理优先”的文化品格对人之幸福呈现的重要支撑作用。

现代社会出现“财富增长和幸福未见增长”之悖论另一深层原因就是，现代人在对工具理性的绝对崇拜甚至迷信中，过于关注人或物的工具价值，往往把人当作社会大生产的手段，而这一迷雾带来的直接文明后果就是现实世界与意义世界之间出现难以逾越的鸿沟：西方在“启蒙运动”的裹挟中，“上帝之死”使西方人陷入生命的碎片化状态中，人之终极意义的探寻失去“伦”的现实依托，“‘上帝死了’，尼采颠覆了人类的精神家园，人类被逐出精神的伊甸园，不同的是，尼采杀死了上帝，而他又不可能像上帝那样仁慈和全知全能，不能为人类精神提供一条拯救之路”[①]；随着现代科学技术的发展，中国具有超验性、神圣性和道德性的“天”也被驱逐出人的精神领域和道德领域，人的生存意义和生命意义只能寄托在此岸的经验世界，没有任何超验的、神圣性的存在为人的终极存在提供精神家园。人的情感需求和意义追求陷溺于物欲的享受中，人之向善之情难以获得清明地对待和发挥，向上、向善的人性之光辉被世俗物欲所遮蔽而暗淡无光，正如丹尼尔·贝尔所揭示的：“世俗世界将重新侵犯人的意识。人们将发现道德理想无法革除倔强的物质欲望和特权的遗传。”[②] 人类也不可避免地陷入“空虚”与“荒谬”的道德困境中：人的价值和意义只体现在茫然的、日复一日的重复“如何花钱”“如何享乐”等肉体享乐和刺激中，以至于造成世俗世界与意义世界的分离、灵与肉的分离、道德与生活的断裂。在物

① 樊浩：《伦理，如何“与‘我们’同在”?》，《天津社会科学》2013 年第 5 期。

② ［美］丹尼尔·贝尔：《资本主义文化矛盾》，赵一凡、蒲隆、任晓晋译，生活·读书·新知三联书店 1992 年版，第 75 页。

质追求日益压倒精神追求的过程中，人类则难以感受到以精神自由为真意的幸福感。如何贯通现实世界与意义世界？先秦儒家基于“情”的合同性以及人之情意感通的认识能力，以“人道”体“天道”的超越现实世界的思维方式和把精神自由作为幸福最高境界的幸福观为沟通现实世界和意义世界架起了一座桥梁。而以“人道”体“天道”所获得的最高幸福体验就是“天人合一”之乐。如孔子赞赏的“吾与点也”之乐实际上就是“物我两忘、天人一体、超然物外、超生死超功利的一种自由境界的乐趣”①。“曰：‘莫春者，春服既成，冠者五六人，童子六七人，浴乎沂，风乎舞雩，咏而归。’夫子喟然叹曰：‘吾与点也！’”（《论语·先进》）此段文字表面上描写的是一段温馨和谐、其乐融融的春游图景，但是在孔子的喟然感叹中却蕴含着高于“齐家、治国、平天下”的圣贤景象，即“澡身浴德，咏怀乐道”，从而与天地万物同流，此乃人生最高之乐趣。“吾与点也”后来之所以受到宋明理学的大加赞赏，就是因为其所体现的极高的境界。而且先秦儒家所追求的天人合一之“乐”的幸福体验不是脱离现实的空灵玄想，而是始终深深地扎根于“齐家”“治国”“平天下”的现实世界中，因此天人合一之“乐”的情感体验就存在于“仰不愧于天，俯不怍于人”的“即世间而又超世间”中。先秦儒家此种沟通现实世界与意义世界的幸福观既具有切近性又具有超越性：此种幸福一方面肯定了人追求物质欲望满足的现实合理性，另一方面，这种强调精神自由的幸福观又能有效制约个体情欲的过度膨胀，从而激发个体生命超越个体情欲和一己私利，建立起以社会整体利益、长远利益为主要内容的意义世界，同时，这也是“伦”之真义所在，“‘意义’之所以被称为意义，‘价值’之所以被称为价值，并不是说它全无利益的内涵，而是说它是对眼前的和个体的利益的有限性的扬弃和超越，是对无限和永恒的追求”②。因此，现代要超越现实世界与意义世界之间的鸿沟，必须重申和弘扬先秦儒家基于“伦理优先”的幸福观。唯其如此，我们才能真正有效抑制人类物质欲望的疯狂膨胀，个体才不再是在现实世界中飘荡的幽魂，而是在

① 蒙培元：《情感与理性》，中国社会科学出版社 2002 年版，第 358 页。

② 樊浩：《伦理精神的价值生态》，中国社会科学出版社 2001 年版，第 188 页。

“伦”的世界中获得归属感，因为我们所追求的幸福是“全面的而不是片面的幸福，长远的而不是短暂的幸福，普遍的而不是个别的幸福，世代的而不是当代的幸福”①。

① 转引自茅于轼、徐景安《伦理·道德·幸福》，《社会科学论坛》2009年第5期。

参考文献

著作：

1. 陈来：《古代宗教与伦理——儒家思想的根源》，生活·读书·新知三联书店 1996 年版。
2. 成中英：《新觉醒时代——论中国文化之再创造》，中央编译出版社 2014 年版。
3. 杜维明：《二十一世纪的儒学》，中华书局 2014 年版。
4. 樊浩：《道德形而上学体系的精神哲学基础》，中国社会科学出版社 2006 年版。
5. 樊浩：《伦理精神的价值生态》，中国社会科学出版社 2001 年版。
6. 樊浩：《文化撞击与文化战略——中西比较文化原理》，河北人民出版社 2001 年版。
7. 樊浩：《中国大众意识形态报告》，中国社会科学出版社 2012 年版。
8. 樊浩：《中国伦理道德报告》，中国社会科学出版社 2012 年版。
9. 樊浩：《中国伦理精神的历史建构》，江苏人民出版社 1992 年版。
10. 冯友兰：《中国哲学史》（上、下册），华东师范大学出版社 2000 年版。
11. 贺麟：《文化与人生》，商务印书馆 2005 年版。
12. 胡适：《博爱：胡适人生讲演集》，云南人民出版社 2012 年版。
13. 黄慧英：《儒家伦理：体与用》，上海三联书店 2005 年版。
14. 焦循撰：《孟子正义》（上、下册），中华书局 1987 年版。
15. 荆门市博物馆：《郭店楚墓竹简》，文物出版社 1998 年版。
16. 黎靖德编：《朱子语类》，中华书局 1994 年版。

17. 李天虹:《郭店竹简〈性自命出〉研究》，湖北教育出版社 2002 年版。
18. 李翔海:《民族性与时代性——现代新儒学与后现代主义比较研究》，人民出版社 2004 年版。
19. 李泽厚:《论语今读》，生活 · 读书 · 新知三联书店 2004 年版。
20. 李泽厚:《实用理性与乐感文化》，生活 · 读书 · 新知三联书店 2005 年版。
21. 李泽厚:《中国古代思想史论》，天津社会科学院出版社 2003 年版。
22. 梁漱溟:《东西方文化及其哲学》，商务印书馆 2005 年版。
23. 梁漱溟:《人心与人生》，广西师范大学出版社 2005 年版。
24. 梁漱溟:《中国文化要义》，上海人民出版社 2005 年版。
25. 林火旺:《伦理学入门》，上海古籍出版社 2005 年版。
26. 罗国杰、宋希仁:《西方伦理思想史》，中国人民大学出版社 1985 年版。
27. 蒙培元:《情感与理性》，中国社会科学出版社 2002 年版。
28. 牟宗三:《道德的理想主义》，吉林出版集团有限责任公司 2010 年版。
29. 牟宗三:《寂寞中的独体》，新星出版社 2005 年版。
30. 牟宗三:《历史哲学》，吉林出版集团有限责任公司 2010 年版。
31. 钱穆:《孔子传》，生活 · 读书 · 新知三联书店 2002 年版。
32. 钱穆:《论语新解》，生活 · 读书 · 新知三联书店 2002 年版。
33. 钱穆:《中国文化史导论》，商务印书馆 1994 年版。
34. 钱穆:《朱子学提纲》，生活 · 读书 · 新知三联书店 2002 年版。
35. （宋）朱熹:《四书章句集注》，中华书局 1983 年版。
36. 苏舆撰:《春秋繁露义证》，中华书局 1992 年版。
37. 孙希旦集解:《〈礼记集解〉》（上、中、下），中华书局 1982 年版。
38. 唐君毅:《道德自我之建立》，广西师范大学出版社 2005 年版。
39. 唐君毅:《中国哲学原论 · 原性篇》，中国社会科学出版社 2005 年版。
40. 王先谦撰:《荀子集解》，中华书局 1988 年版。
41. 韦政通:《伦理思想的突破》，中国人民大学出版社 2005 年版。
42. 邬国义、胡果文、李晓路:《国语译注》，上海古籍出版社 1994 年版。
43. 肖群忠:《道德与人性》，河南人民出版社 2003 年版。
44. 肖群忠:《伦理与传统》，人民出版社 2006 年版。

45. 徐复观：《中国人性论史（先秦篇）》，台湾商务印书馆 1969 年版。
46. 杨伯峻编著：《春秋左传注》，中华书局 1987 年版。
47. 杨伯骏译注，《论语译注》，中华书局 1990 年版。
48. 杨伯骏译注，《孟子译注》，中华书局 1990 年版。
49. 杨国荣：《伦理与存在》，上海人民出版社 2002 年版。
50. 杨国荣：《人类行动与实践智慧》，生活·读书·新知三联书店 2013 年版。
51. 杨天宇撰：《礼记译注》，上海古籍出版社 2005 年版。
52. 杨向奎：《宗周社会与礼乐文明》，人民出版社 1997 年版。
53. 余英时：《文化评论与中国情怀》，广西师范大学出版社 2006 年版。
54. 余英时：《现代儒学论》，上海人民出版社 1998 年版。
55. 张岱年：《中国古典哲学概念范畴要论》，中国社会科学出版社 1989 年版。
56. 张岱年：《中国伦理思想研究》，江苏教育出版社 2005 年版。
57. 张岱年：《中国文化论争》，中国人民大学出版社 2006 年版。
58. 张世英：《境界与文化——成人之道》，人民出版社 2007 年版。
59. 张世英：《新哲学讲演录》，广西师范大学出版社 2004 年版。
60. 朱贻庭主编：《中国伦理思想史》（增订本），华东师范大学出版社 2003 年版。
61. ［德］彼德·科斯洛夫斯基：《后现代文化——技术发展的文化后果》，毛怡红译，中央编译出版社 2006 年版。
62. ［德］黑格尔：《法哲学原理》，范扬、张企泰译，商务印书馆 1996 年版。
63. ［德］黑格尔：《精神现象学》（上、下卷），贺麟、王玖兴译，商务印书馆 1996 年版。
64. ［德］黑格尔：《精神哲学》，杨祖陶译，人民出版社 2006 年版。
65. ［德］黑格尔：《历史哲学》，王造时译，上海书店出版社 1999 年版。
66. ［德］黑格尔：《哲学科学全书纲要》，薛华译，上海人民出版社 2002 年版。
67. ［德］康德：《纯粹理性批判》，蓝公武译，商务印书馆 1997 年版。
68. ［德］康德：《道德形而上学原理》，苗力田译，上海人民出版社 1997

年版。
69. ［德］康德：《实践理性批判》，邓晓芒译，人民出版社 1999 年版。
70. ［古希腊］亚里士多德：《尼各马可伦理学》，廖申白译注，商务印书馆 2003 年版。
71. ［古希腊］亚里士多德：《亚里士多德全集》第 8 卷，苗力田译，中国人民大学出版社 1977 年版。
72. ［美］阿拉斯代尔·麦金太尔：《德性之后》，龚群、戴扬毅译，商务印书馆 2003 年版。
73. ［美］爱德华·O. 威尔逊：《论人性》，方展画、周丹译，浙江教育出版社 2001 年版。
74. ［美］安乐哲、罗思文：《〈论语〉的哲学诠释》，中国社会科学出版社 2003 年版。
75. ［美］丹尼尔·贝尔：《资本主义文化矛盾》，赵一凡、蒲隆、任晓晋译，生活·读书·新知三联书店 1989 年版。
76. ［美］弗罗姆：《爱的艺术》，萨茹菲译，光明日报出版社 2006 年版。
77. ［美］麦特·里德雷：《美德的起源：人类本能与协作的进化》，刘珩译，中央编译出版社 2004 年版。
78. ［美］斯蒂文森：《伦理学与语言》，姚新中、秦志华等译，中国社会科学出版社 1991 年版。
79. ［英］齐格蒙特·鲍曼：《后现代伦理学》，张成岗译，江苏人民出版社 2003 年版。
80. ［英］休谟：《人性论》，关文运译，商务印书馆 1997 年版。
81. ［英］亚当·斯密：《道德情操论》，蒋自强、钦北愚、朱钟棣、沈凯璋译，胡企林校，商务印书馆 1997 年版。

论文：

1. 陈良运：《论〈周易〉的情理品位》，《周易研究》1997 年第 3 期。
2. 程金生：《情感在形而上学中地位的历史考察》，《江西社会科学》1998 年第 4 期。
3. 丁四新：《论郭店楚简“情”的内涵》，《现代哲学》2003 年第 4 期。
4. 樊浩：《“冲动形态的伦理”与道德教育的哲学范式》，《中国德育》

2006 年第 5 期。
5. 樊浩：《传统的文化功能与主体的现实责任——以希尔斯的理论为参照》，《孔子研究》2001 年第 1 期。
6. 樊浩：《从本体伦理世界观到生态伦理世界观——当代道德哲学范式的转换》，《学习与探索》2005 年第 5 期。
7. 樊浩：《道德体系的人文之根与价值之始》，《人文杂志》2004 年第 4 期。
8. 樊浩：《道德哲学体系中的个体、集体和实体》，《道德与文明》2006 年第 3 期。
9. 樊浩：《“后伦理时代”的来临》，《道德与文明》2013 年第 6 期。
10. 樊浩：《“伦理”—“道德”的历史哲学形态》，《学习与探索》2011 年第 1 期。
11. 樊浩：《伦理的实体与不道德的个体》，《学术月刊》2006 年第 5 期。
12. 樊浩：《伦理感、道德感与“实践道德精神”的培育》，《教育研究》2006 年第 6 期。
13. 樊浩：《伦理精神与宗教境界》，《天津社会科学》1997 年第 4 期。
14. 樊浩：《伦理，如何“与‘我们’同在”?》，《天津社会科学》2013 年第 5 期。
15. 樊浩：《伦理生态与伦理精神的价值合理性建构》，《人文杂志》2000 年第 4 期。
16. 樊浩：《论“新儒学理性”与“新儒学情结”》，《中国社会科学》1999 年第 2 期。
17. 樊浩：《〈论语〉伦理道德思想的精神哲学诠释》，《中国社会科学》2013 年第 3 期。
18. 樊浩：《人伦传统与伦理实体的建构》，《中国人民大学学报》1996 年第 3 期。
19. 樊浩：《人伦坐标与伦理秩序》，《学术研究》1998 年第 1 期。
20. 樊浩：《修养传统与道德自我的建构》，《人文杂志》1996 年第 4 期。
21. 樊浩：《中国社会价值共识的意识形态期待》，《中国社会科学》2014 年第 7 期。
22. 樊浩：《中国社会价值共识的意识形态期待》，《中国社会科学》2014

年第 7 期。
23. 樊和平：《善恶因果律与伦理合理性》，《上海社会科学院学术季刊》1999 年第 2 期。
24. 方明：《朱谦之“唯情哲学”批判》，《南京师范大学学报》（哲学社会科学版）2007 年第 4 期。
25. 何怀宏：《道德哲学的可能性与限度》，《复旦学报》（社会科学版）2006 年第 4 期。
26. 洪修平：《论儒学的人文精神及其现代意义》，《中国社会科学》2000 年第 6 期。
27. 黄人杰：《中国传统人伦思想与五伦的道德观》，《河北学刊》2005 年第 2 期。
28. 黄意明：《性情交涉中孔子情感论》，《兰州学刊》2006 年第 8 期。
29. 刘清平：《儒家伦理：道德理性还是血亲情理?》，《中国哲学史》1999 年第 3 期。
30. 刘清平：《在情理性传统中实现理性化使命——论中国传统价值观的现代化转型》，《江苏行政学院学报》2012 年第 1 期。
31. 刘尚明、彭隆辉：《价值的情感意向性建构——迈农的价值基础理论探究》，《江西师范大学学报》（哲学社会科学版）2003 年第 4 期。
32. 刘文英：《中国传统精神哲学论纲》，《中国哲学史》2002 年第 2 期。
33. 马育良：《先秦儒家对于“情”的理论探索》，《安徽大学学报》（哲学社会科学版）2001 年第 1 期。
34. 马育良：《荀子对礼之存在合理性的另一种论证》，《孔子研究》1997 年第 3 期。
35. ［美］刘纪璐：《论恻隐之心在都市文化中的落实——儒家社会情感主义的提案》，《深圳大学学报》（人文社会科学版）2013 年第 3 期。
36. 汤一介：《“道始于情”的哲学诠释——五论创建中国解释学问题》，《学术月刊》2001 年第 7 期。
37. 王洁：《略论儒家的“情”观》，《江苏社会科学》2005 年第 3 期。
38. 向世陵：《儒家人文精神与快乐境界》，《河北学刊》2006 年第 4 期。
39. 肖群忠：《中庸之道与情理精神》，《齐鲁学刊》2004 年第 6 期。
40. 杨向奎：《中庸与我国传统道德哲学》，《中国哲学史》1996 年第

4 期。
41. 余治平:《经权、常变的智慧——中庸之道的哲学根据》,《中山大学学报》(社会科学版)2008 年第 1 期。
42. 张舜清:《儒家生命伦理的精神、模式及特性——对“易道生生”的义理解读》,《武汉大学学报》(人文科学版)2008 年第 3 期。
43. 张自慧:《“克己复礼为仁”的因果必然性及其现代意义》,《孔子研究》2011 年第 5 期。
44. 赵清文:《道义与结果在道德生活中如何统一——经权观与儒家规范伦理思想的性质》,《道德与文明》2015 年第 4 期。

后　记

窗外的明月静静地悬挂于浩瀚的夜空中，柔和的月光涤荡着俗世的喧嚣。在这样安静的夜晚，我的心终于能够静下来面对本真的我，认真回顾和反思本书的诞生过程。本书萌芽于我的博士论文《“情”与先秦儒家道德哲学形态研究》。13年前，在恩师樊和平教授的学术引领下，开始逐步感受学术独有的魅力，恩师所展现的哲学睿智深深触动着我内在的灵魂。然而，由于我的性格偏向于女性的感性特征，尽管在专业上学习哲学，然而在选题时却是一种诗意偶然。偶然读到林清玄散文集《情的菩提》，他说：“最大的感恩是，我们生而为有情的人，不是无情的东西，使我们能凭借情的温暖，走出冷漠或混乱或肮脏或匆忙或无知的津渡，找到源源不绝的生命之泉。”有感于这段充满诗意的文字，于是“任性地”选择了“情”。当然，这种诗意的偶然和“任性选择”也不是凭空乍现，而是累积于对恩师著作的研读。樊和平教授在著作中多次论证情感对于中国伦理精神的重要意义。正是他的诸多论证，让我有勇气和信心开展对这一主题的深入研究，并以“情”作为博士论文的主题，在恩师的悉心指导下，博士论文终于画上了句号。但是对这一主题的思考和研究远没有结束。于是，十年前带着这一问题投入人生的第一份工作中。在教学和科研的双重压力中，继续对这一问题进行深入研究。在研究中发现，“情”本身并不能完全表达中国伦理精神的独特性，中国伦理精神本质上是情理合一的，并展现了与西方情理相分的文化传统相区别的“中国话语形态”和“中国精神”。基于这一认识，我把研究主题进一步扩展，即由“情”扩展“情理主义”，开始以情理精神为切入点重新梳理先秦儒家道德哲学的发展脉络和特点，并立足于当今情理相分的文明困境，挖掘先秦儒家情理主义道德哲学形态的现代形态和现代价值。为了使这一研究主题得到更多认可，开始以此为学术目标进行国家社会科学基金的申报。在项目申报时写课题论证书再一次激发了我对这一主题的钟爱和学术冲动。尤其是第三次申报时，这种学术冲动最为强烈，至今记忆犹新。当时刚刚生完孩子，无论是安静的夜里抱着孩子还是在白天琐碎的忙乱中，关于这一主题的思考在大脑中始终萦绕不断，第一次做母亲的新奇体验和学术冲动奇妙地交织在一起，使我对情理主义道德哲学形态情有独钟。所幸上天垂怜，在第三次申报时终于成功，喜悦与忧虑并生，如何不负各位专家的肯定和支持，使这一主题研究达到“国家水平”？在这样的忧虑下，我再一次带着“国家使命”踏上“学术苦旅”的征程。为了使这一征程达到上述目标，我的基本研究思路是既立足于先秦，以史为基，但是又不局限于先秦历史中，而是用道德哲学的思辨，首先对情和理进行形而上的分析概括，进而以此为理论武器深入分析先秦儒家孔孟荀的情理精神。审视传统的目的是为现代人遭遇的精神困境寻求合法资源，因此在梳理挖掘孔孟荀道德哲学体系中情理精神的基础上，我又立足于时代需要分析先秦儒家情理主义道德哲学形态的合理性和局限性，为实现其创造性地现代转化提供一己之见。当然，理想很丰满，但是由于自身学术功力尚浅，本书的许多观点和论证还需要进一步完善。

本书的最终完成得到学术界许多前辈和同仁的启发、指导和帮助。在研究过程中，我的恩师田秀云教授和樊和平教授多次给予指导和鼓励，并提出很多富有建设意义的学术建议，多年的师生情谊随着岁月的沉淀不仅没有淡化，反而更加醇厚，两位恩师诲人不倦、严谨治学的态度以及醍醐灌顶的学术指引让我终身受益；本课题的参与者广东财经大学黄瑜副教授、金陵科技学院胡娟副教授、中国矿业大学牛俊美副教授、西南财经大学崔雪如副教授等多位同仁为本课题的完成做出了诸多学术贡献；本书的出版非常感谢东南大学人文学院许敏老师提供的指导和帮助；中国社会科学院出版社张林主任为本书尽快问世做了很多努力和付出；本课题开始于儿子的出生后，结束于女儿的出生前，我能够在“女性身份”的“五指山”中依然保有“学术初心”，离不开家人默默地支持和付出；在此一并表示由衷的谢意！本书仍有许多未尽之处，为不辜负各位良师益友的帮助，今后我会更加努力，严格要求自己。

郭卫华

2018 年 3 月 9 日